U0709774

民國職官年表外編

中華民國時期東北職官年表
僞滿洲國職官年表

佟佳江 編

中華書局

圖書在版編目(CIP)數據

民國職官年表外編/佟佳江編.—北京:中華書局,
2011.3

ISBN 978 - 7 - 101 - 07465 - 9

Ⅰ. 民…　Ⅱ. 佟…　Ⅲ. 職官表－中國－民國
Ⅳ. D693.63

中國版本圖書館 CIP 數據核字(2010)第 112195 號

責任編輯:張榮國

民國職官年表外編

佟佳江 編

*

中華書局出版發行

(北京市豐臺區太平橋西里38號　100073)

http://www.zhbc.com.cn

E - mail:zhbc@zhbc.com.cn

北京市白帆印務有限公司印刷

*

787 × 1092 毫米 1/16 · 55¼印張 · 2 插頁 · 1240 千字

2011 年 3 月第 1 版　2011 年 3 月北京第 1 次印刷

印數:1 - 2000 冊　定價:160.00 元

ISBN 978 - 7 - 101 - 07465 - 9

出版説明

本書包括《中華民國時期東北職官年表》和《僞滿洲國職官年表》兩部分。兩表與《民國職官年表》中的相關内容具有承繼和延伸的關係,爲求簡潔,我們徵得佟佳江先生同意後,將二者合一,取名爲《民國職官年表外編》。

《中華民國時期東北職官年表》和《僞滿洲國職官年表》在編寫格式上都參照了《辛亥以後十七年職官年表》,因此本書體例與《民國職官年表》大體相同。爲便於讀者使用,説明如下:

一、任免日期用阿拉伯數字標明。任免時間僅知月份、不詳日期者,如三月任免,標以"3,?.";任免月日均不詳者,標以"?,?."。

二、表中使用的簡稱:

(1)任　即任命。

(2)免　即免職。

(3)辭　即辭職並經批准。

(4)署　即署理。

(5)代　即代理。

(6)兼　即該員原有任命之本職,又兼任他職。

(7)調　即調離。指已離其原職,調任他職,但尚未下免職令。

(8)離　即離職。

(9)派　即委派。

(10)裁　即將缺裁撤。

(11)假　即請假並經批准。

(12)護　即護理,官員出缺,以次級官員守護印信,代理其事。

(13)試用　即任職官員未完全符合法定資格,但其學歷、經歷與所任職務確屬相當,先行試用。試用一年後,認爲銓叙合格,再予以任命。

(14)未就　即任命後因故未到任,或不接受其任命者,均稱未就。

(15)休職　即因病一時的停職。

(16)權理　即任職官員的資格與其所任職務規定的資格不相符,則以權理稱之。

(17)交卸　即解除職務,向後任交代。

(18)視事　即到職開始工作。

(19)褫職　即革去官職。

(20)就職　即正式到任。

(21)停職　即暫時停止職務。

(22)復職　即解職後又恢復職務。

此外,"潛逃"、"去向不明"、"被捕"、"自殺"、"病"、"出國考察"、"被俘"可視爲離職,"自任"、"推戴"則是特殊歷史背景下非正常的任職方式。

三、對於需要説明的問題,在各表内以兩種方式處理:(1)有關全表的説明文字,用"説明"

的方式處理;(2)對某一條目進行説明的文字,以"註①註②……"的方式處理,在具體的條目下加入註碼。

四、本書與《民國職官年表》相比,在人物字號、籍貫和若干官職的稱謂方面略有不同,由於編者於二〇〇八年一月辭世,我們未及請教,加之資料有限,無法一一查覈,故均保持原貌。

中華書局編輯部
二〇一〇年七月

序　言

一

　　我大學畢業後，深受劉壽林先生《辛亥以後十七年職官年表》影響，爲給研究東北地方史提供準確的工具書，參照劉表格式編寫了《中華民國時期東北職官年表》。

　　《中華民國時期東北職官年表》錯誤很多，不準確之處更多，所以許多地方用問号或不詳來表述。學術著作有如積薪，後來居上，這是千真萬確的。但願有人繼續此業，編寫出更全面、更準確的職官年表。

　　職官任免有的屬地方當局（省方或東北當局），有的屬中央政府（北京、南京），二者是有區別的。凡地方當局任免者在任免時間上加△號。

　　人名録中籍貫按現在行政區劃叙述。如莫德惠係原吉林省雙城縣人，雙城縣現屬黑龍江省，因此人名録做“莫德惠爲黑龍江省雙城縣人”。有少數地方歷史沿革不清，如原吉林省永吉縣現在分屬吉林市和永吉縣，書中做“×××　　原吉林省永吉縣人”叙述。

　　1945年抗戰勝利後，旅順、大連爲蘇聯軍隊佔領，事實上大連已成爲共産黨解放區，國民黨企圖行使對大連的統治以失敗告終。同樣，“由於共産黨領導的武裝力量的存在，使得國民黨只能佔領東北的半壁江山，國民黨的政治制度也只能在有限的地域上推行”（筆者《中華民國時期東北職官概述》）。當時哈爾濱市、合江省、黑龍江省、嫩江省、興安省完全爲共産黨佔領，國民黨根本無法派官員進行統治。因此，哈爾濱市、大連市、合江省、黑龍江省、嫩江省、興安省等省市的職官表顯得支離破碎。

二

　　《僞滿洲國職官年表》中涉及的年号、職官、地理等，爲簡便起見一律不加“僞”字。

　　《僞滿洲國職官年表》主要依據僞滿當局發行的《政府公報》、《滿洲國官吏録》、《滿洲國現勢》以及《盛京時報》和部分《大同報》、《康德新聞》等資料編成。僞滿建立前後各表，主要依據殘缺的《奉天省政府公報》、《吉林省長官公署公報》、《東省特別區政務週報》等資料編成。

　　九一八事變後各地傀儡政權的職官，是各地日僞組織自行設置的，並由各地自行任免。僞滿建立之初，地方軍政機關實行日僞統一的官制，但也沿襲某些九一八事變前的職官，如市政籌備處和省會公安局之類。

　　僞滿初年地方官員的任免權已由僞中央行使，但是某些官員仍由省方當局任免。有的先由地方當局任免，隨後又由中央任免，這種情况表示如下：“×××　　×××2.10.任”，説明×××在二月十日之前已在任上。

　　應該指出，列入《僞滿洲國職官年表》者絶大多數是日本帝國主義的走狗，他們受到歷史的斧鉞之誅，完全是咎由自取。但是，表中的人物也有例外。一、某些賣國賊如熙洽之流爲了拼凑自己的傀儡班底，把一些愛國人士委以僞職，如潘鶚年（潘曾送給熙一盆蘭花，諷喻熙保持民族氣節）、誠允（不久在今黑龍江省濱縣組織抗日的吉林省政府）、李錫恩、靳造華（後來日

1

偽當局聲稱靳是"張學良分子")等,他們拒受偽職,不久紛紛入關南下;二、有的人如湯玉麟雖然在立場上一度徘徊,却終於保持了民族大節。再如馬占山於抗日途中發生動搖,接受偽職,後來終於重樹義旗,再度抗日;三、有的人表面上接受偽職,暗中堅持抗日活動,如國民黨抗日志士王賓章;四、有的人雖然接受偽職,愛國之心尚未泯滅,或暗中支持抗日鬥争,如孫文敷(孫氏慘遭日寇殺害),或蹈海以示愛國之心,如朱榕(朱氏受到重慶國民政府的表彰)。上述這些人物在歷史上都是值得贊美的。只是限於"職官年表"的體例,他們不能不列名其中。

本書的體例、格式完全仿照劉壽林先生的《辛亥以後十七年職官年表》一書。本書的錯誤在所難免,鈔寫時筆誤也在意料之中,熱心的讀者發現錯誤後,或著文,或賜書,予以批評指正,我將衷心歡迎。

佟佳江
1987 年 8 月於吉林大學

目　録

四、附　　錄

偽滿洲國職官年表

一、九一八事變後偽滿洲國建立前各地傀儡政權之部

二、執政府及皇帝直隸機關之部

三、中央之部

四、地方之部

五、附　錄

中華民國時期東北職官年表

一、1912—1931、1932、1933 部分

1. 東北地區職官年表

名　稱　＼　年　代	民國元年(1912 年)
東 三 省 總 督	**趙爾巽** 3,15. 改稱東三省都督；^①7,17. 改稱奉天都督，毋兼轄吉黑兩省。
東三省西邊宣撫使	(9,8. 設；旋裁)**張錫鑾** 9,8. 任。
東 三 省 籌 邊 使	**章太炎** 11,23. 國務院電開大總統令；12,29. 抵長春。

註①：是時東三省都督，俗稱奉天都督或盛京都督，與 7 月 17 日後的奉天都督職權不同。後者不兼轄吉黑兩省。

1. 東北地區職官年表

名　稱 ＼ 年　代	民國二年(1913 年)
東三省籌邊使	(7,15. 裁)**章太炎** 7,15. 辭。
東四盟宣慰使	**蘇珠克圖巴圖爾** 10,18. 任。
	德色賚都布 10,18. 任。

1. 東北地區職官年表

名　稱　　　　年　代	民國三年(1914 年)
鎮安上將軍	張錫鑾 6,30. 任鎮安上將軍督理奉天軍務兼節制吉林黑龍江軍務。
東四盟宣慰使 (2,18. 裁)	蘇珠克圖巴圖爾
	德色賚都布

5

1. 東北地區職官年表

名 稱 ＼ 年 代	民國四年(1915 年)
鎮安上將軍	**張錫鑾** 8,22. 改任彰武上將軍督理湖北軍務。**段芝貴** 8,22. 任。

1. 東北地區職官年表

名　稱 ＼ 年　代	民國五年(1916 年)
鎮安上將軍	**段芝貴** 4,23. 假；6,20. 免。
東蒙宣撫使	**丹巴多爾濟** 8,30. 任。

1. 東北地區職官年表

名　稱　＼　年　代	民國六年(1917 年)
東蒙宣撫使	**丹巴多爾濟** 3,14. 交御。

1. 東北地區職官年表

名　稱 ＼ 年　代	民國七年(1918 年)
東三省巡閱使	張作霖 9,7. 任。

1. 東北地區職官年表

年　代 名　稱	民國八年(1919年)
東 三 省 巡 閱 使	**張作霖**
東三省清鄉局督辦	**王順存** 11,20. 任。
東 北 邊 防 總 司 令	**吳俊陞** 12,18. 啓用關防。

1. 東北地區職官年表

名　稱 ＼ 年　代	民國九年(1920 年)
東 三 省 巡 閱 使	張作霖
鎮 威 上 將 軍	張作霖 10,10. 任。
東三省清鄉局督辦	王順存
東北邊防總司令	(何時裁撤不詳)吳俊陞

1. 東北地區職官年表

名　稱 ＼ 年　代	民國十年(1921 年)
東 三 省 巡 閲 使	張作霖
鎮 威 上 將 軍	張作霖
蒙 疆 經 略 使	張作霖 5,30. 任。
東三省清鄉局督辦	王順存 3,29. 調署東邊道尹。 王順存 3,29. 兼。

1. 東北地區職官年表

名 稱 ＼ 年 代	民國十一年(1922 年)
東 三 省 巡 閱 使	(5,10. 裁,奉方拒命)**張作霖**
鎮 威 上 將 軍	**張作霖**
蒙 疆 經 略 使	(5,10. 裁)**張作霖**
東三省保安總司令	**張作霖** 7,3. 自任。
東三省清鄉局督辦	△(8,23. 裁併奉天省警務處)**王順存**兼。

1. 東北地區職官年表

名　稱＼年　代	民國十二年（1923 年）
東 三 省 巡 閱 使	張作霖
鎮 威 上 將 軍	張作霖
東三省保安總司令	張作霖

1. 東北地區職官年表

年代 名稱	民國十三年(1924年)
東 三 省 巡 閱 使	(12,10.裁)**張作霖**
鎮 威 上 將 軍	**張作霖**(12,10.東三省"一切軍事仍由該上將軍節制")
東 三 省 保 安 總 司 令	**張作霖**
東三省交通委員會委員長	**王永江**5,⌃14.任。
東 三 省 交 涉 總 署 長	**鍾世銘**10,⌃17.由奉天交涉員兼任;12,4.調任財政次長。**高清和**⌃12,20.任。

1. 東北地區職官年表

名　　稱 ＼ 年　代	民國十四年(1925 年)
鎮　威　上　將　軍	**張作霖**
東 三 省 保 安 總 司 令	**張作霖**
督 辦 東 三 省 邊 防 墾 務	**張作霖** 1,7. 任。
東三省交通委員會委員長	**王永江**
東 三 省 交 涉 總 署 長	**高清和**

1. 東北地區職官年表

年代\名稱	民國十五年(1926 年)
鎮 威 上 將 軍	張作霖
東 三 省 保 安 總 司 令	張作霖
督 辦 東 三 省 邊 防 墾 務	張作霖
東 三 省 交 通 委 員 會 委 員 長	王永江
東 三 省 交 涉 總 署 長	高清和

1. 東北地區職官年表

名 稱 ＼ 年 代	民國十六年(1927 年)
鎮 威 上 將 軍	張作霖
東 三 省 保 安 總 司 令	張作霖(吳俊陞10,3. 兼)
督 辦 東 三 省 邊 防 墾 務	張作霖
東 三 省 邊 防 司 令	吳俊陞10,3. 任。
東三省交通委員會委員長	王永江 11,1. 卒。
東 三 省 交 涉 總 署 長	高清和

1. 東北地區職官年表

年代 \ 名稱	民國十七年(1928年)12月31日之前	
鎮 威 上 將 軍	張作霖 6,4. 卒。	
東三省保安總司令	張作霖(吳俊陞兼;6,4. 卒)6,4. 卒。張作相 6,21. 被推舉,拒任。張學良 7,2. 任。	
督辦東三省邊防墾務	張作霖 6,4. 卒。	
東 三 省 邊 防 司 令	吳俊陞 6,4. 卒。	
東三省交通委員會委員長	鄭　謙 7,30. 任(常蔭槐?,?. 代)。	
東三省交涉總署長	高清和 8月調任奉天省公署參議。王鏡寰 8,20. 任。	
辦理興安屯墾事宜①	鄒作華 10,3. 任。	
東北最高法院②	院　長	孔昭焱 10,28. 任。
	首席檢察官	魏大同 10,28. 任。

註①:辦理興安屯墾事宜旋改稱興安區屯墾督辦。
註②:東北最高法院旋改稱最高法院東北分院。

1. 東北地區職官年表

名　稱 ＼ 年　代		民國十七年(1928年)12月31日
東北邊防軍司令長官公署	司令長官	張學良 12,31. 任。
	秘 書 長	
東三省交通委員會委員長		鄭　謙(常蔭槐?,?. 代)1,20. 卒。翟文選 1,30. 代(高紀毅 1,30. 代)。
東 三 省 交 涉 總 署 長		王鏡寰
興 安 區 屯 墾 督 辦		鄒作華
最高法院東北分院	院　　　長	孔昭焱
	首席檢察官	魏大同

1. 東北地區職官年表

名 稱 ＼ 年 代		民國十八年(1929年)
東北邊防軍司令長官公署	司令長官	**張學良**
	秘書長	**王樹翰** ?,?. 任。
國 防 司 令		(7,27. 設;旋撤)**張作相** 7,27. 任。
國 防 副 司 令		(7,27. 設;旋撤)**萬福麟** 7,27. 任。
東北政務委員會	主 席	**張學良** 1,7. 任。
	委 員	**張學良 張作相 萬福麟 翟文選 常蔭槐** 1,10. 卒 **湯玉麟 袁金鎧 莫德惠 劉哲 劉尚清 張景惠 沈鴻烈 王樹翰 方本仁** 以上 1,7. 任。
	秘書長	**王樹翰** ?,?. 任
東三省交通委員會委員長①		**鄭 謙** (常蔭槐代)1,20. 卒。**翟文選** 1,30. 代(高紀毅 1,30. 代)。
東 三 省 交 涉 總 署 長		(?,?. 改稱東北交涉總署長)**王鏡寰**
興 安 區 屯 墾 督 辦		**鄒作華**
最高法院東北分院	院 長	**孔昭焱**
	首席檢察官	(7,31. 改稱檢察長)**魏大同**

註①：是年 3 月，東三省交通委員會改稱東北交通委員會。

1. 東北地區職官年表

名　稱 ＼ 年　代		民國十九年(1930 年)
東北邊防軍司令長官公署	司令長官	張學良
	秘 書 長	王樹翰
東北政務委員會	主　席	張學良
	委　員	張學良　張作相　萬福麟　翟文選　湯玉麟　袁金鎧 莫德惠　劉　哲　劉尚清　張景惠　沈鴻烈　王樹翰 方本仁　臧式毅 1,22. 任。
	秘書長	王樹翰
東北交通委員會委員長		翟文選(高紀毅代)2,13. 辭。 高紀毅?,?. 代。
東北交涉總署長		(4,18. 裁)王鏡寰
興安區屯墾督辦		鄒作華
最高法院東北分院	院　長	孔昭焱
	檢察長	魏大同

1. 東北地區職官年表

名　稱 ＼ 年　代		民國二十年(1931 年)
東北邊防軍司令長官公署	司令長官	張學良①
	秘書長	王樹翰
東北政務委員會	主　席	張學良
	委　員	張學良　張作相　萬福麟　翟文選　湯玉麟　袁金鎧 莫德惠　劉　哲　劉尚清　張景惠　沈鴻烈　王樹翰 方本仁　臧式毅
	秘書長	王樹翰
東北交通委員會委員長		高紀毅
興安區屯墾督辦		鄒作華 出國考察(高仁紱?，?. 代)。
最高法院東北分院	院　長	孔昭焱
	檢察長	魏大同

註①：是年 9 月 23 日，張學良任命張作相代理東北邊防軍司令長官。

2. 奉天省、遼寧省職官年表

名　稱 ＼ 年　代	民國元年(1912 年)
總　　　督	(3,15. 改東三省總督爲東三省都督；7,17. 改稱奉天都督) 趙爾巽 11,3. 辭。張錫鑾 11,3. 署；11,16. 任。
民　政　使	張元奇 2,3. 調署學部副大臣。王永江 6,2. 署。吳震澤 ?,?. 署。孫百斛 7,8. 署。
提　法　使	蕭應椿 署。汪世傑　彭穀孫 7,17. 署。
提　學　使	盧靖
交　涉　使	許鼎霖 1,26. 調任資政院總裁。孫葆縉 ?,?. 署；?,?. 調任洮南知府。于冲漢 ?,?. 署(7,17. 視事)。
度　支　使	朱鍾琪　榮厚
勸　業　道	陳琪
山 海 關 監 督	夏偕復 12,16. 任。
東 三 省 鹽 運 使	周肇祥　張翼廷 10,20. 署。鄧邦述 12,18. 任。
高 等 審 判 廳 丞	(8,19. 改廳丞爲廳長) 潘鴻賓　彭穀孫 7,17. 調。程繼元 7,17. 代。
高 等 檢 察 廳 檢 察 長	汪世傑
錦 新 營 口 道	袁祚廙　鄭焯
臨 長 海 道	
興　鳳　道	俞明頤　錫齡阿 7,19. 署。王永江 ?,?. 署；10,17. 任。朱淑薪 12,5. 任。
洮　昌　道	
盛 京 副 都 統①	德裕 10,14. 免。三多 10,14. 署。
興 京 副 都 統②	墨麒 1,9. 免。恩澤 1,11. 由廣州漢軍副都統任。
金 州 副 都 統③	德裕 兼；10,14. 免。三多 11,10. 兼署。
軍 務 司 長	(新設) 張鉞 12,30. 任。

註①②③：旗官爲清制之遺存。

24

2. 奉天省、遼寧省職官年表

年代　　　名稱	民國二年(1913年)1月8日之前
都　　　督	張錫鑾
民　政　使	孫百斛
提　法　使	
提　學　使	
交　涉　使	于冲漢署。
度　支　使	榮厚
勸　業　道	陳琪
山　海　關　監　督	夏偕復
東　三　省　鹽　運　使	鄧邦述
高　等　審　判　廳　長	程繼元代。
高　等　檢　察　廳　檢　察　長	汪世傑
錦　新　營　口　道	鄭焯
臨　長　海　道	
興　鳳　道	朱淑薪
洮　昌　道	
盛　京　副　都　統	三多署。
興　京　副　都　統	恩澤
金　州　副　都　統	三多兼署。
軍　務　司　長	張鉞

2. 奉天省、遼寧省職官年表

年代 / 名稱	民國二年(1913年)1月8日之後
都督	張錫鑾
民政長	(1,8. 設)張錫鑾 1,10. 兼;10,13. 免。許世英 10,13. 任。
内務司長	(1,8. 設)榮 厚 1,27. 任。
財政司長	(1,8. 設)趙臣翼 1,27. 任;10,25. 辭。袁金鎧 10,25. 任;11,12. 免。王黻煒 11,12. 署。
教育司長	(1,8. 設)莫貴恒 1,27. 任。
實業司長	(1,8. 設)馮紹唐 1,27. 任。
省會警察廳長	(1,8. 設)姜思治 2,12. 任;5,13. 免。廖 彭 5,13. 署。
特派交涉員	(1,8. 設)于冲漢 4,5. 任。
山海關監督	夏偕復 12,26. 調任駐美公使。
安東關監督	徐致善 1,11. 任;2,15. 調任山西國稅廳籌備處長。祝瀛元 2,25. 任。
東三省鹽運使	鄧邦述 11,6. 調任九江關監督。羅振方 11,10. 任。
高等審判廳長	程繼元代;1,11. 任。
高等檢察廳檢察長	袁青選 3,10. 任。
司法籌備處長	(1,8. 設;9,23. 裁)王 耒 1,19. 署。
國稅廳籌備處長	(1,10. 設)巢鳳岡 1,10. 任。欒守綱 1,10. 署;2,15. 調。
中路觀察使	(1,8. 設;7,8. 裁)張翼廷 1,28. 任。
南路觀察使	(1,8. 設)王樹翰 1,28. 任。
西路觀察使	(1,8. 設;7,8. 裁)錢 鑅 1,28. 任。
東路觀察使	(1,8. 設)朱淑薪 1,28. 任。
北路觀察使	(1,8. 設)王秉鉞 1,28. 任。
盛京副都統	三 多署。
興京副都統	恩 澤 6,28. 免。德 裕 6,28. 任。
金州副都統	三 多兼署。

2. 奉天省、遼寧省職官年表

名稱 ＼ 年代	民國三年(1914 年)
都　　　　督	(6,30. 改稱鎮安上將軍)**張錫鑾**
洮 遼 鎮 守 使	**吳俊陞** 3,17. 任。
東 邊 鎮 守 使	**馬龍潭** 5,16. 任。
民 政 長	(5,23. 改稱巡按使)**許世英** 1,4. 派爲政治會議委員;3,20. 免。**張錫鑾** 1,4. 兼署。**張元奇** 9,27. 任。
內 務 司 長	(5,23. 裁)**榮　厚**
財 政 司 長	(5,23. 裁)**王黻煒** 1,11. 辭。**張翼廷** 1,11. 任;3,17. 調任國稅廳籌備處長。**張翼廷** 3,17. 兼。
教 育 司 長	(5,23. 裁)**莫貴恒**
實 業 司 長	(5,23. 裁)**馮紹唐**
政 務 廳 長	(5,23. 設)**任毓麟** 6,9. 任;10,30. 辭;10,31. 辭。**史紀常** 10,30. 任;10,31. 任。①
財 政 廳 長	(5,23. 設)**張翼廷** 5,25. 任;11,1. 辭。**董元亮** 11,1. 任。
省 會 警 察 廳 長	**廖　彭** 署;7,7. 免。**宋文郁** 7,7. 署。
特 派 交 涉 員	**于冲漢** 7,22. 免。**馮國勳** 7,22. 任。**田　潛** 11,6. 署。
山 海 關 監 督	**沈致堅** 2,8. 署。
安 東 關 監 督	**祝瀛元**(王秉權 9,4. 署)
東 三 省 鹽 運 使	**羅振方**
高 等 審 判 廳 長	**程繼元** 6,22. 免。**沈家彝** 6,22. 署。
高 等 檢 察 廳 檢 察 長	**袁青選** 6,22. 免。**梁載熊** 6,22. 署。
國 稅 廳 籌 備 處 長	(5,23. 裁)**巢鳳岡** 1,9. 調任東三省官銀號督辦。**伍元芝** 1,9. 署。**張翼廷** 3,17. 由財政司長任。
南 路 觀 察 使	(5,23. 改觀察使爲道尹;6,2. 改稱遼瀋道尹)**王樹翰** 6,8. 免。**榮　厚** 6,8. 由原內務司長任。
東 路 觀 察 使	(5,23. 改觀察使爲道尹;6,2. 改稱東邊道尹)**朱淑薪** 10,13. 免。**談國楫** 10,6. 代;10,13. 署。
北 路 觀 察 使	(5,23. 改觀察使爲道尹;6,2. 改稱洮昌道尹)**王秉鉞** 3,26. 免。**王　耒** 3,27. 署;6,8. 任。
盛 京 副 都 統	**三　多** 署。
興 京 副 都 統	**德　裕**
金 州 副 都 統	**三　多** 兼署。

註①:任毓麟 10 月 30 日辭;10 月 31 日辭。所以有兩次辭,前一辭是奉天省方下令,後一辭是中央下令。同樣,史紀常 10 月 30 日任;10 月 31 日任。前一任是省方下令,後一任是中央下令。

2. 奉天省、遼寧省職官年表

年代　　名稱	民國四年(1915年)
鎮 安 上 將 軍	**張錫鑾** 8,22. 調。**段芝貴** 8,22. 任。
洮 遼 鎮 守 使	**吳俊陞**
東 邊 鎮 守 使	**馬龍潭**
巡　按　使	**張元奇** 9,18. 調署内務次長。**段芝貴** 9,18. 兼署。
政 務 廳 長	**史紀常**(金世和 9,20. 代)11,8. 辭。**金世和** 11,8. 任。
財 政 廳 長	**董元亮** 9,23. 辭。**張厚璟** 9,23. 任。
全 省 警 務 處 長	(9,23. 設)**張宏周** 9,23. 任。
省 會 警 察 廳 長	**宋文郁**署。
特 派 交 涉 員	**田　潛**署;3,7. 任;8,5. 免。**馬廷亮** 8,5. 任。
山 海 關 監 督	**沈致堅**署;?,?. 離任。**曲卓新** 3,14. 署;9,23. 免。**張允言** 9,23. 署。
安 東 關 監 督	**祝瀛元**(王秉權署)9,14. 調任閩海關監督。**王秉權** 9,14. 任。
東 三 省 鹽 運 使	**羅振方** 1,15. 調財政部任用。**李　穆** 1,15. 由兩浙鹽運使任;4,10. 調京任用。**倉永齡** 4,10. 由河東鹽運使任。
高 等 審 判 廳 長	**沈家彝**署;8,10. 任。
高 等 檢 察 廳 檢 察 長	**梁載熊**署;8,10. 任。
遼 瀋 道 尹	**榮　厚**
東 邊 道 尹	**談國楫**署(去職時間不詳)。**方大英** 7,5. 任。
洮 昌 道 尹	**王　枿**
盛 京 副 都 統	**三　多**署。
興 京 副 都 統	**德　裕**
金 州 副 都 統	**三　多**兼署。

2. 奉天省、遼寧省職官年表

名 稱 ＼ 年 代	民國五年(1916年)
鎮 安 上 將 軍	**段芝貴** 4,23. 假;6,20. 免。
盛 武 將 軍	(4,22. 設;7,6. 改稱督軍)**張作霖** 4,22. 任;4,23. 暫署管理奉天軍務;7,6. 任。
幫 辦 軍 務	**馮德麟** 4,25. 任。
洮 遼 鎮 守 使	**吳俊陞**
東 邊 鎮 守 使	**馬龍潭**
巡 按 使	(7,6. 改稱省長)**段芝貴**兼;4,23. 假;6,20. 免。**張作霖** 4,23. 兼代;7,6. 兼署。
政 務 廳 長	**金世和**(金梁代;4,25. 到任)5,29. 免。**金 梁** 5,29. 任。
財 政 廳 長	**張厚璟**(王樹翰 4,18. 代)5,29. 免。**王樹翰** 5,29. 任。
全 省 警 務 處 長	**張宏周**(宋文郁?,?. 代;4,21. 視事;4,30. 署。王永江 11,8. 署)11,20. 免。**王永江** 11,20. 署。
省 會 警 察 廳 長	**宋文郁**署(王家勳 4,30. 署。王永江 11,8. 署);11,20. 免。**王永江** 11,20. 兼署。
特 派 交 涉 員	**馬廷亮**
山 海 關 監 督	**張允言**
安 東 關 監 督	**王秉權**
東 三 省 鹽 運 使	**倉永齡** 9,29. 免。**王鴻陸** 9,29. 由山東鹽運使任;10,18. 仍留山東鹽運使原任。**陳世華** 10,18. 由山東鹽運使任。
高 等 審 判 廳 長	**沈家彝**
高 等 檢 察 廳 檢 察 長	**梁載熊**
遼 瀋 道 尹	**榮 厚**
東 邊 道 尹	**方大英**
洮 昌 道 尹	**王 耒**
盛 京 副 都 統	**三 多**署。
興 京 副 都 統	**德 裕**
金 州 副 都 統	**三 多**兼署。

2. 奉天省、遼寧省職官年表

名稱＼年代	民國六年(1917年)
督　　　軍	張作霖
幫　辦　軍　務	馮德麟 7,15. 褫職。
洮　遼　鎮　守　使	(10,22. 裁)吳俊陞
東　邊　鎮　守　使	馬龍潭
省　　　長	張作霖兼署。
政　務　廳　長	金　梁 5,10. 調署任洮昌道尹。史紀常 5,10. 署。
財　政　廳　長	王樹翰(王永江 5,3. 代)5,22. 假(王永江 5,22. 代);9,17. 免。王永江 9,17. 任。
教　育　廳　長	(9,6. 設)許壽裳 9,7. 任;9,21. 調任江西教育廳長。謝蔭昌 9,21. 任。
實　業　廳　長	(9,6. 設)王孝絪 9,8. 任。
全　省　警　務　處　長	王永江署(王家勳 5,3. 代);5,22. 調。王家勳 7,30. 署。
省　會　警　察　廳　長	王永江兼署(王家勳 5,3. 代);5,22. 調。王家勳 7,30. 兼署。
特　派　交　涉　員	馬廷亮
山　海　關　監　督	張允言 7,27. 免。曾有翼 7,27. 任。
安　東　關　監　督	王秉權
東　三　省　鹽　運　使	陳世華 7,20. 免。金鼎勳 7,20. 署。
高　等　審　判　廳　長	沈家彝
高等檢察廳檢察長	梁載熊
遼　瀋　道　尹	榮　厚
東　邊　道　尹	方大英
洮　昌　道　尹	王　耒 5,10. 免。金　梁 5,10. 由政務廳長署。
盛　京　副　都　統	三　多署。
興　京　副　都　統	德　裕
金　州　副　都　統	三　多兼署。

2. 奉天省、遼寧省職官年表

名稱 ＼ 年代	民國七年（1918 年）
督　　軍	張作霖
東 邊 鎮 守 使	馬龍潭
省　　長	張作霖兼署。
政 務 廳 長	史紀常署。
財 政 廳 長	王永江
教 育 廳 長	謝蔭昌
實 業 廳 長	王孝絪
全 省 警 務 處 長	王家勳署。
省 會 警 察 廳 長	王家勳兼署。
特 派 交 涉 員	馬廷亮（關海清?，?. 署；3,23. 接任）4,2. 免。 關海清 4,2. 任。
山 海 關 監 督	曾有翼
安 東 關 監 督	王秉權
東 三 省 鹽 運 使	金鼎勳署；8,6. 任。
高 等 審 判 廳 長	沈家彝 1,9. 調署京師高等審判廳長；6,28. 回本任。 葉爾衡 1,9. 署；6,28. 調署福建高等審判廳長。
高 等 檢 察 廳 檢 察 長	梁載熊
遼 瀋 道 尹	榮　厚
東 邊 道 尹	方大英
洮 昌 道 尹	金　梁署（都林布5,24. 署）；10,15. 調。 都林布 10,15. 署。
盛 京 副 都 統	三　多署。
興 京 副 都 統	德　裕
金 州 副 都 統	三　多兼署。

2. 奉天省、遼寧省職官年表

名　　稱 ＼ 年　代	民國八年(1919 年)
督　　　　　軍	張作霖
東 邊 鎮 守 使	馬龍潭
省　　　　　長	張作霖兼署。
政 務 廳 長	史紀常署;8,21. 免。魁　陞 8,21. 署。
財 政 廳 長	王永江
教 育 廳 長	謝蔭昌
實 業 廳 長	王孝緗 8,21. 免。談國桓 8,21. 任。
全 省 警 務 處 長	王家勳署。
省 會 警 察 廳 長	王家勳兼署。
特 派 交 涉 員	關海清
山 海 關 監 督	曾有翼
安 東 關 監 督	王秉權
東 三 省 鹽 運 使	金鼎勳
高 等 審 判 廳 長	沈家彝 4,2. 免。秋桐豫 3,31. 署。呂世芳 6,13. 署。
高 等 檢 察 廳 檢 察 長	梁載熊 4,2. 免。顏文海 3,31. 署。楊光湛 6,13. 由江省檢察長任;8,18. 調京任用。梁載熊 8,18. 任。
遼 瀋 道 尹	榮　厚(史紀常 8,27. 署)9,4. 免。史紀常 9,4. 任。
東 邊 道 尹	方大英
洮 昌 道 尹	都林布署。
盛 京 副 都 統	三　多署。
興 京 副 都 統	德裕
金 州 副 都 統	三　多兼署。

2. 奉天省、遼寧省職官年表

名　稱 ＼ 年　代	民國九年(1920 年)
督　　　　軍	張作霖
東 邊 鎮 守 使	馬龍潭 3,?. 辭。 蔡平本 3,?. 任。 湯玉麟 10,14. 任。
省　　　　長	張作霖兼署。
政 務 廳 長	魁　陞署。
財 政 廳 長	王永江
教 育 廳 長	謝蔭昌
實 業 廳 長	談國桓
全 省 警 務 處 長	王家勳署。
省 會 警 察 廳 長	王家勳兼署。
特 派 交 涉 員	關海清
山 海 關 監 督	曾有翼 9,4. 免。 蘇毓芳 9,4. 任。
安 東 關 監 督	王秉權
奉 天 關 監 督	關海清 12,1. 署。
東 三 省 鹽 運 使	金鼎勳 9,4. 調京任用。 翟文選 9,4. 任。
高 等 審 判 廳 長	呂世芳署;8,26. 調回大理院推事本任。 單豫升 8,26. 任。
高 等 檢 察 廳 檢 察 長	梁載熊 9,16. 免。 張務本 9,16. 署。
遼 瀋 道 尹	史紀常
東 邊 道 尹	方大英(何厚琦 3,12. 署)5,29. 免。 何厚琦 5,29. 任。
洮 昌 道 尹	都林布署;5,29. 免。 馬龍潭 3,12. 署。
盛 京 副 都 統	三　多署;9,22. 調任僑工事務局長。 馮德麟 10,7. 任。
興 京 副 都 統	德　裕
金 州 副 都 統	三　多兼署;9,22. 調。 馮德麟 10,7. 兼署。

2. 奉天省、遼寧省職官年表

名　稱　　　　　　年　代	民國十年(1921年)
督　　　　　　軍	張作霖
洮　遼　鎮　守　使	(7,30. 設)闞朝璽 7,30. 任。
東　邊　鎮　守　使	湯玉麟
省　　　　　　長	張作霖兼署(王永江 6,27 代)。
政　務　廳　長	魁　陞署。
財　政　廳　長	王永江
教　育　廳　長	謝蔭昌
實　業　廳　長	談國桓
全　省　警　務　處　長	王家勳署。
省　會　警　察　廳　長	王家勳兼署。
特　派　交　涉　員	關海清(佟兆元 9,26. 署)10,4. 免。佟兆元 10,4. 任。
山　海　關　監　督	蘇毓芳
安　東　關　監　督	王秉權 4,16. 調京任用。齊耀珺 4,16. 由吉林財政廳長任。
奉　天　關　監　督	關海清署;10,25. 任。
東　三　省　鹽　運　使	翟文選
高　等　審　判　廳　長	單豫升
高　等　檢　察　廳　檢　察　長	張務本署;12,31. 任。
遼　瀋　道　尹	史紀常?,?. 免(5,19. 調任江省政務廳長)。何厚琦 3,29. 署;4,21. 署。
東　邊　道　尹	何厚琦 3,29. 調;4,21. 調。王順存 3,29. 署;4,21. 署。
洮　昌　道　尹	馬龍潭署。都林布 7,29. 署;8,10. 由吉黑榷運局長署。
盛　京　副　都　統	馮德麟
興　京　副　都　統	德　裕
金　州　副　都　統	馮德麟兼署。

2. 奉天省、遼寧省職官年表

名　稱　　　　　年　代	民國十一年(1922年)
督　　　　　軍	張作霖
洮　遼　鎮　守　使	闞朝璽
東　邊　鎮　守　使	湯玉麟
省　　　　　長	張作霖兼署(王永江代)。
政　務　廳　長	魁　陞署(潘鶚年 7,5. 代。王鏡寰 8,12. 代);10,4. 免。王鏡寰 10,4. 署。
財　政　廳　長	王永江
教　育　廳　長	謝蔭昌
實　業　廳　長	談國桓
全　省　警　務　處　長	王家勳署。
省　會　警　察　廳　長	王家勳兼署。
特　派　交　涉　員	佟兆元
山　海　關　監　督	蘇毓芳
安　東　關　監　督	齊耀珺
奉　天　關　監　督	關海清
東　三　省　鹽　運　使	翟文選
高　等　審　判　廳　長	單豫升
高　等　檢　察　廳　檢　察　長	張務本 3,14. 免。趙梯青 3,13. 代;3,14. 署。
遼　瀋　道　尹	何厚琦署。
東　邊　道　尹	王順存署。
洮　昌　道　尹	都林布署。
盛　京　副　都　統	馮德麟
興　京　副　都　統	德　裕
金　州　副　都　統	馮德麟兼署。
東　北　大　學　校　長	王永江12,25. 任。

説明:5月10日北京政府下令免張作霖本兼各職,任命吳俊陞爲督軍,袁金鎧署省長,尋以王永江爲省長。由於張作霖宣佈獨立,上述命令並未生效。

2. 奉天省、遼寧省職官年表

年代名稱	民國十二年(1923年)
督　　　軍	張作霖
洮遼鎮守使	闞朝璽
東邊鎮守使	湯玉麟
省　　　長	張作霖兼署(王永江代)。
政務廳長	王鏡寰署。
財政廳長	王永江
教育廳長	謝蔭昌
實業廳長	談國桓10,6.辭。張之漢11,16.署。
全省警務處長	王家勳署;6,16.辭。于　珍1,16.代;10,29.任。
省會警察廳長	王家勳兼署。陶景潛?,?.代;11,9.任。
特派交涉員	佟兆元3,1.調署遼瀋道尹。史紀常2,27.由江省政務廳長署;8,3.卒;張壽增8,9.署。
山海關監督	蘇毓芳
安東關監督	齊耀珺
奉天關監督	關海清
東三省鹽運使	翟文選
高等審判廳長	單豫升
高等檢察廳檢察長	趙梯青署;10,30.任。
遼瀋道尹	何厚琦署;2,10.卒。佟兆元3,1.署。
東邊道尹	王順存署。廖　彭12,1.署。
洮昌道尹	都林布署;2,25.卒。李友蘭10,12.署。
盛京副都統	馮德麟
興京副都統	德　裕
金州副都統	馮德麟兼署。
奉天市長	曾有翼5,3.任。
東北大學校長	王永江

2. 奉天省、遼寧省職官年表

名　　稱 ＼ 年　代	民國十三年(1924年)
督　　　　　軍	(12,10. 改稱督辦)**張作霖**
洮　遼　鎮　守　使	**闞朝璽** 12,11. 調署熱河都統。**張海鵬**?,?. 任。
東　邊　鎮　守　使	**湯玉麟**
開　海　鎮　守　使	(?,?. 設；?,?. 裁)**張宗昌**
省　　　　　長	**張作霖**兼署(王永江代)。
政　務　廳　長	**王鏡寰**署。
財　政　廳　長	**王永江**
教　育　廳　長	**謝蔭昌**　**祁彥樹**?,?. 署；△6,9. 接印。
實　業　廳　長	**張之漢**署。
全　省　警　務　處　長	**于　珍**
省　會　警　察　廳　長	**陶景潛**
特　派　交　涉　員	**張壽增**△3,11. 辭。**鍾世銘**△3,11. 署；△10,17. 調任東三省交涉總署長。 **鍾世銘**△10,17. 兼。**高清和**△12,20. 署。
山　海　關　監　督	**蘇毓芳**(孟昭漢 12,11. 署)
安　東　關　監　督	**齊耀珺**
奉　天　關　監　督	**關海清** 3,19. 卒。**焉泮春**△4,16. 署。
東　三　省　鹽　運　使	**翟文選**
高　等　審　判　廳　長	**單豫升**
高　等　檢　察　廳　檢　察　長	**趙梯青**
遼　瀋　道　尹	**佟兆元**署。
東　邊　道　尹	**廖　彭**署；2,7. 卒。**邴克莊** 3,14. 由署濱江道尹署。
洮　昌　道　尹	**李友蘭**署。
盛　京　副　都　統	**馮德麟**
興　京　副　都　統	**德　裕**
金　州　副　都　統	**馮德麟**兼署。
奉　天　市　長	**曾有翼**
東　北　大　學　校　長	**王永江**

37

2. 奉天省、遼寧省職官年表

名　　稱＼年　代	民國十四年（1925 年）
督　　　　　辦	張作霖
洮　遼　鎮　守　使	張海鵬
東　邊　鎮　守　使	湯玉麟
省　　　　　長	張作霖兼署（王永江代）。
政　務　廳　長	王鏡寰署。
財　政　廳　長	王永江
教　育　廳　長	祁彥樹署。
實　業　廳　長	張之漢署。
全省警務處長	于　珍　陳奉璋10,1.代。
省會警察廳長	陶景潛
特　派　交　涉　員	高清和署。
山　海　關　監　督	蘇毓芳（孟昭漢署）1,21.免。孟昭漢1,21.署。
安　東　關　監　督	齊耀珺
奉　天　關　監　督	焉泮春署。
東三省鹽運使	翟文選
高等審判廳長	單豫升
高等檢察廳檢察長	趙梯青
遼　瀋　道　尹	佟兆元署。
東　邊　道　尹	邴克莊署。
洮　昌　道　尹	李友蘭署。
盛　京　副　都　統	(?,?.裁)馮德麟5,1.交出印信，改任高等軍事顧問。
興　京　副　都　統	(?,?.裁)德　裕
金　州　副　都　統	(?,?.裁)馮德麟兼署。
奉　天　市　長	曾有翼
東　北　大　學　校　長	王永江

2. 奉天省、遼寧省職官年表

名 稱 ＼ 年 代	民國十五年（1926 年）
督　　　　　辦	張作霖
洮 遼 鎮 守 使	張海鵬
東 邊 鎮 守 使	湯玉麟 4,5. 調署熱河都統。
省　　　　　長	張作霖兼署（王永江代。莫德惠 4,7. 代）。
政 務 廳 長	王鏡寰署。
財 政 廳 長	王永江 4,10. 辭。莫德惠 4,10. 任。
教 育 廳 長	祁彥樹署。
實 業 廳 長	張之漢署。
全 省 警 務 處 長	陳奉璋代。
省 會 警 察 廳 長	陶景潛
特 派 交 涉 員	高清和署。
山 海 關 監 督	孟昭漢
安 東 關 監 督	齊耀珺　姚啓元 10,9. 署。
奉 天 關 監 督	焉泮春署。
東 三 省 鹽 運 使	翟文選
高 等 審 判 廳 長	單豫升
高 等 檢 察 廳 檢 察 長	趙梯青
遼 瀋 道 尹	佟兆元署。
東 邊 道 尹	邴克莊署。
洮 昌 道 尹	李友蘭署。戰滌塵 9,13. 署。
奉 天 市 長	曾有翼　李德新 9,2. 任。
東 北 大 學 校 長	王永江

2. 奉天省、遼寧省職官年表

名　稱　＼　年　代	民國十六年(1927年)
督　　　辦	張作霖
洮　遼　鎮　守　使	張海鵬
東　邊　鎮　守　使	
省　　　長	張作霖兼署(莫德惠代;10,3. 調任農商總長。劉尚清10,3. 署)。
政　務　廳　長	王鏡寰署;7,2. 任(關定保 10,13. 兼);10,22. 免。關定保 10,22. 任。
財　政　廳　長	莫德惠10,3. 調。劉尚清10,3. 兼。
教　育　廳　長	祁彥樹署;7,2. 任。
實　業　廳　長	張之漢署;7,5. 任。
全　省　警　務　處　長	陳奉璋代;7,2. 任。
省　會　警　察　廳　長	陶景潛　陳奉璋2,26. 兼。張樂山4,10. 署;11,8. 任。
特　派　交　涉　員	高清和署;7,7. 任。
山　海　關　監　督	孟昭漢署;7,14. 任。
安　東　關　監　督	姚啓元署;7,2. 任。
奉　天　關　監　督	焉泮春署;7,2. 任。
東　三　省　鹽　運　使	翟文選
高　等　審　判　廳　長	單豫升6,22. 調任司法次長。史延程6,28. 署。
高　等　檢　察　廳　檢　察　長	趙梯青
遼　瀋　道　尹	佟兆元署;7,2. 任。
東　邊　道　尹	邴克莊署;7,2. 任。
洮　昌　道　尹	戰滌塵署;7,2. 任。
奉　天　市　長	李德新
東　北　大　學　校　長	王永江11,1. 卒。劉尚清11,8. 就職。

2. 奉天省、遼寧省職官年表

名　稱 ＼ 年　代	民國十七年(1928年)12月30日之前
督　　　辦	張作霖 6,4. 卒。 張學良 6,20. 通電就職。
奉 天 保 安 司 令	張學良 6,21. 任。
洮 遼 鎮 守 使	張海鵬
東 邊 鎮 守 使	于芷山 11,?. 任。
省　　　長	張作霖兼署(劉尚清署);6,4. 卒。 劉尚清署。 翟文選 7,22. 由東三省鹽運使任。
政 務 廳 長	關定保(張之漢 2,16. 代) 7,24. 調任烟酒事務局長。 陳文學 7,26. 代。
財 政 廳 長	劉尚清 祁彥樹 7,26. 代。 張振鷥 8,14. 代。
教 育 廳 長	祁彥樹署; 7,26. 調。 王毓桂 7,26. 代。
實 業 廳 長	張之漢 劉鶴齡 8,14. 代。
秘 書 長	許寶蘅 9,3. 任。
全 省 警 務 處 長	陳奉璋 11,4. 調。 高紀毅 11,7. 接印。
省 會 警 察 廳 長	張樂山 ?,?. 停職。 白銘鎮 7,29. 任。
特 派 交 涉 員	高清和 8,?. 調任奉天省公署參議。 王鏡寰 8,20. 代。
山 海 關 監 督	孟昭漢 洪維國 10,17. 任。
安 東 關 監 督	姚啓元 喬賡雲 10,17. 任。 米春霖 ?,?. 任;?,?. 調任東省警察管理處長。
奉 天 關 監 督	焉泮春 富雙英 ?,?. 任。
東 三 省 鹽 運 使	翟文選 7,22. 調任省長。 張之漢 ?,?. 任。
高 等 審 判 廳 長	史延程署; 3,31. 任。
高等檢察廳檢察長	趙梯青 4,9. 免。 朱樹聲 4,9. 任。
遼 瀋 道 尹	佟兆元(12,31. 改任熱河省委員兼財政廳長)
東 邊 道 尹	邴克莊(12,31. 改任熱河省委員兼民政廳長)
洮 昌 道 尹	戰滌塵
奉 天 市 長	李德新
東北大學 校 長	劉尚清 張學良 8,16. 接印。
東北大學 副校長	劉風竹 8,16. 接印。

2. 奉天省、遼寧省職官年表

名　稱 ＼ 年　代	民國十七年(1928年)12月31日
委　　　　員	翟文選　陳文學　張振鷺　王毓桂　劉鶴齡　彭志雲 高紀毅　王鏡寰　王樹常　高維嶽　邢士廉 以上 12,31. 任。
主　　　席	翟文選 12,31. 兼。
民　政　廳　長	陳文學 12,31. 兼。
財　政　廳　長	張振鷺 12,31. 兼。
教　育　廳　長	王毓桂 12,31. 兼。
建　設　廳　長	彭志雲 12,31. 兼。
農　礦　廳　長	劉鶴齡 12,31. 兼。
秘　書　長	許寶蘅
全省警務處長	高紀毅
省會警察廳長	白銘鎮
特派交涉員	王鏡寰 代。
山海關監督	洪維國
安東關監督	
奉天關監督	富雙英
東三省鹽運使	張之漢
高等審判廳長	史延程
高等檢察廳檢察長	朱樹聲 署。
遼瀋道尹	
東邊道尹	
洮昌道尹	戰滌塵
奉天市長	李德新
東北大學　校長	張學良
東北大學　副校長	劉風竹
洮遼鎮守使①	張海鵬
東邊鎮守使②	于芷山

註①②：洮遼鎮守使、東邊鎮守使二職爲舊制度遺存，並非國民政府制度。

2. 奉天省、遼寧省職官年表

名稱＼年代	民國十八年（1929 年）
委　　　員	翟文選 12,31. 辭（翌年 1,13. 免）。臧式毅 12,31. 任（翌年 1,13. 任）。陳文學　張振鷺　王毓桂 10,8. 辭（翌年 3,3. 免）。劉鶴齡　彭志雲　高紀毅　王鏡寰　王樹常　高維嶽　邢士廉　吳家象 10,8. 代（翌年 3,3. 任）。
主　　　席	翟文選兼；12,31. 辭（翌年 1,13. 准辭）。臧式毅 12,31. 代。
民 政 廳 長	陳文學兼。
財 政 廳 長	張振鷺兼。
教 育 廳 長	王毓桂兼；10,8. 辭（11,11. 卒）。吳家象 10,8. 代。
建 設 廳 長	彭志雲兼。
農 礦 廳 長	劉鶴齡兼。
秘　書　長	許寶蘅 8,12. 任。
全 省 警 務 處 長	（2,1. 改稱全省公安管理處長；10,7. 復稱全省警務處長）高紀毅　孫旭昌 9,5. 任。
省 會 警 察 廳 長	（2,1. 改稱省會公安局長）白銘鎮
特 派 交 涉 員	王鏡寰代；11,5. 任。
山 海 關 監 督	洪維國
安 東 關 監 督	李友蘭 1,5. 任。
奉 天 關 監 督	（6,1. 改稱瀋陽關監督）富雙英
東 三 省 鹽 運 使	張之漢
高 等 法 院① 院　長	史延程
高 等 法 院① 首席檢察官	朱樹聲
遼 瀋 道 尹	（1,?. 裁）
東 邊 道 尹	（1,?. 裁）
洮 昌 道 尹	（1,?. 裁）戰滌塵
營 口 市 政 籌 備 處 長	史靖寰 1,25. 任。
安 東 市 政 籌 備 處 長	陳奉璋 1,25. 任。
興 安 市 政 籌 備 處 長	李　峰 11,9. 任。
瀋 陽 市 長	李德新
東北大學 校　長	張學良
東北大學 副校長	劉風竹
洮 遼 鎮 守 使	張海鵬
東 邊 鎮 守 使	于芷山

説明：2 月 5 日奉天省改稱遼寧省；4 月 2 日東北當局改奉天市爲瀋陽市。

註①：是年初按國民政府官制改組。

2. 奉天省、遼寧省職官年表

名　　稱　＼　年代	民國十九年(1930 年)
委　　　　　員	臧式毅　陳文學　張振鷺　劉鶴齡　彭志雲　高紀毅 王鏡寰　王樹常[①]　高維嶽　邢士廉　吳家象代。
主　　　　　席	臧式毅代;1,13. 兼。
民 政 廳 長	陳文學兼。
財 政 廳 長	張振鷺兼。
教 育 廳 長	吳家象代;3,3. 兼。
建 設 廳 長	彭志雲兼。
農 礦 廳 長	劉鶴齡兼。
秘　書　長	許寶蘅 1,21. 辭;3,3. 辭。金毓黻 1,21. 任;3,3. 任。
全 省 警 務 處 長	孫旭昌
省 會 公 安 局 長	白銘鎮
特 派 交 涉 員	(4,1. 改稱外交特派員) 王鏡寰
山 海 關 監 督	洪維國　史靖寰10,8. 代。
安 東 關 監 督	李友蘭
瀋 陽 關 監 督	富雙英
東 三 省 鹽 運 使	張之漢
高 等 法 院　院　　長	史延程
高 等 法 院　首席檢察官	朱樹聲
營口市政籌備處長	史靖寰
安東市政籌備處長	陳奉璋
興安市政籌備處長	李　峰
瀋 陽 市 長	李德新
東北大學　校　長	張學良
東北大學　副校長	劉風竹
洮 遼 鎮 守 使	張海鵬
東 邊 鎮 守 使	于芷山

註①:9 月 29 日王樹常任河北省政府委員兼省主席,遼寧省政府委員一職未免。

2. 奉天省、遼寧省職官年表

名　稱　＼　年　代	民國二十年(1931 年)9 月 18 日之前
委　　　員	臧式毅　陳文學　張振鷺　劉鶴齡　彭志雲　高紀毅 王鏡寰　王樹常　高維嶽　邢士廉　吳家象 4,17. 辭；5,30. 免。 穆魯庭 4,7. 任。黃顯聲 4,7. 任。①金毓黻 4,17. 任；5,30. 任。
主　　　　　　席	臧式毅兼。
民　政　廳　長	陳文學兼。
財　政　廳　長	張振鷺兼。
教　育　廳　長	吳家象 4,17. 辭；5,30. 免。金毓黻 4,17. 兼；5,30. 兼。
建　設　廳　長	彭志雲兼；?,?. 辭。劉鶴齡 ?,?. 兼。
農　礦　廳　長	(6,18. ;7,18. 改稱實業廳長)劉鶴齡 ?,?. 兼。
秘　　書　　長	金毓黻 4,17. 調；5,29. 辭；8,10. 辭。趙鵬第 5,29. 代；8,10. 任。②
全　省　警　務　處　長	孫旭昌 ?,?. 調任安東關監督。黃顯聲 3,6. 任。
省　會　公　安　局　長	白銘鎮 3,6. 調任營口商埠公安局長。黃顯聲 3,6. 兼。
外　交　特　派　員	王鏡寰
山　海　關　監　督	史靖寰
安　東　關　監　督	李友蘭 ?,?. 調。孫旭昌 ?,?. 任；5,4. 任。
瀋　陽　關　監　督	富雙英 ?,?. 調。姚啓元 5,6. 視事。
東　三　省　鹽　運　使	張之漢 8,18. 卒。張志良 8,31. 任；10,17. 任。
高　等　法　院　院　長	史延程
高　等　法　院　首席檢察官	朱樹聲
營　口　市　政　籌　備　處　長	史靖寰
安　東　市　政　籌　備　處　長	(4,1. 裁)陳奉璋
興　安　市　政　籌　備　處　長	李　峰
瀋　陽　市　長	李德新
東北大學　校　長	張學良
東北大學　副校長③	劉風竹
洮　遼　鎮　守　使	張海鵬
東　邊　鎮　守　使	于芷山

註①：穆、黃二人任省委委員爲東北當局所任，中央並未加委。註②：金、趙二人辭代秘書長是東北當局所爲。註③：1931 年撤銷副校長一職，改設秘書長，由寧恩承兼任(汪兆璠、吳家象：《東北大學成立經過及其在九·一八前的變遷情況》，《吉林文史資料選輯》第四輯)。

2. 奉天省、遼寧省職官年表

名 稱 ＼ 年 代	民國二十年(1931年)9月18日之後
委　　　　員	張振鷺　邢士廉　彭志雲　陳文學
主　　　　席	米春霖 9,23. 代。
財　政　廳　長	黃劍秋
警　務　處　長	黃顯聲
蒙　邊　督　辦	張海鵬 9,18. 之後任；10,1. 就職。
北 寧 路 警 備 司 令	常經武
遼 河 西 岸 警 備 司 令	張樹森
錦 東 警 備 司 令	黃顯聲
錦 州 前 敵 總 司 令	于學忠
遼北蒙邊宣撫專員	高文斌 10,?. 任。

説明：上述資料依據1931年《盛京時報》。米春霖在錦州主持遼寧省政府，上述職官爲張學良委任。熊正平（熊飛）《瀋陽錦州陷落紀略》（全國政協《文史資料選輯》第六輯）謂黃劍秋爲省秘書長。

3. 吉林省職官年表

名　稱 ＼ 年　代	民國元年(1912年)
巡　　　　撫	(3,15.改稱都督)**陳昭常**
民　政　使	**韓國鈞** 12,12.辭。**徐鼎康** 12,12.任。
提　法　使	**吳　燾**
提　學　使	**曹廣禎**假。**吳　燾**兼署。
交　涉　使	**郭宗熙**假。**黃悠愈**署。
度　支　使	**徐鼎康　饒昌齡**代。
勸　業　道	**黃悠愈　王荃本**署。**李澍恩**代。
高　等　審　判　廳　丞	(8,19.改廳丞爲廳長)**欒駿聲** 9,5.任。
高　等　檢　察　廳　檢　察　長	
西　南　路　道	**孟憲彝**
西　北　路　道	**李家鏊**
東　南　路　道	**陶　彬**
東　北　路　道	**唐啓堯**代。
護　軍　使	(新設)**孟恩遠** 11,22.任。

3. 吉林省職官年表

名　稱 ＼ 年　代	民國二年(1913年)1月8日之前
都　　　　　督	陳昭常
民　政　使	徐鼎康
提　法　使	
提　學　使	郭宗熙 1,6.任。
交　涉　使	黃悠愈 署。
度　支　使	饒昌齡 署。
勸　業　道	李澍恩 代。
高等審判廳長	欒駿聲
高等檢察廳檢察長	
西　南　路　道	孟憲彝
西　北　路　道	李家鏊
東　南　路　道	陶　彬
東　北　路　道	唐啓堯 代。
護　軍　使	孟恩遠

3. 吉林省職官年表

名　稱 ＼ 年　代	民國二年(1913 年)1 月 8 日之後
都　　　　　督	**陳昭常** 6,13. 辭。**張錫鑾** 6,13. 兼署(孟恩遠 6,13. 代)。
護　軍　使	**孟恩遠** 6,13. 節制全省軍隊。
民　政　長	(1,8. 設)**陳昭常** 1,10. 兼；6,13. 免。**齊耀琳** 6,13. 任。
内　務　司　長	(1,8. 設)**徐鼎康** 1,28. 任(孫家鶴 8,12. 代)。
財　政　司　長	(1,8. 設)**饒昌齡** 1,16. 任。
教　育　司　長	(1,8. 設)**郭宗熙** 1,28. 任。
實　業　司　長	(1,8. 設)**黃悠愈** 1,28. 任(李澍恩署；3,12. 視事。熊廷襄 5,17. 署)；9,7. 調署福建内務司長。**王莘林** ?,?. 署；10,14. 視事。
省　會　警　察　廳　長	(1,8. 設)**趙憲章** 2,18. 任。
特　派　交　涉　員	(1,8. 設)**宋春鰲** ?,?. 代。**傅　彊** 4,25. 任。
濱　江　關　監　督	**邵福瀛** 1,30. 任。
琿　春　關　監　督	**陶　彬** 5,15. 兼管稅務。
司　法　籌　備　處　長	(1,8. 設；9,23. 裁)**廖世經** 1,19. 署。
國　稅　廳　籌　備　處　長	(1,10. 設)**甘鵬雲** 1,10. 任；11,17. 調任黑龍江官銀號監理官。**文　錦** 11,26. 任。
榷　運　局　長	(1,10 設)**王家儉** 1,10. 任；12,14. 免。**董士恩** 12,14. 任。
高　等　審　判　廳　長	**欒駿聲**
高　等　檢　察　廳　檢　察　長	**楊光湛** 2,15. 署。
西　南　路　觀　察　使	(1,8. 設)**孟憲彝** 1,28. 署。
西　北　路　觀　察　使	(1,8. 設)**李家鏊** 1,28. 任。
東　南　路　觀　察　使	(1,8. 設)**陶　彬** 1,28. 任。
東　北　路　觀　察　使	(1,8. 設)**熊廷襄** 1,28. 任(魁福 5,17. 署)；12,7. 免。**魁　福** 12,19. 任。

3. 吉林省職官年表

名 稱＼年 代	民國三年(1914 年)
都　　　　督	(6,30. 改稱鎮安左將軍)**張錫鑾**兼署(孟恩遠代);6,30. 免。**孟恩遠** 6, 30. 任。
護　軍　使	(6,30. 裁)**孟恩遠**
民　政　長	(5,23. 改稱巡按使)**齊耀琳** 5,5. 幫辦吉林軍務;7,15. 調任江蘇巡按使。**孟憲彝** 7,15. 署。
內　務　司　長	(5,23. 裁)**徐鼎康**　**王荸林** 5,8. 由實業司長署。
財　政　司　長	(5,23. 裁)**饒昌齡**
教　育　司　長	(5,23. 裁)**郭宗熙**
實　業　司　長	(5,23. 裁)**王荸林**署;5,8. 調署內務司長。**王荸林** 5,8. 兼署。
政　務　廳　長	(5,23. 設)**王荸林** 6,5. 署;7,31. 免。**高　翔** 7,31. 以吉林縣知事署;8, 13. 任。
財　政　廳　長	(5,23. 設)**饒昌齡** 5,25. 任。
省會警察廳長	**趙憲章**
特派交涉員	**傅　彊**
濱江關監督	**邵福瀛** 3,14. 調任九江關監督。**侯延爽** 3,14. 任。
琿春關監督	**陶　彬**兼管稅務。
國稅廳籌備處長	(5,23. 裁)**文　錦** 1,20. 調任左右翼牲稅征收局長。**濮良至** 1,20. 任。
榷　運　局　長	(12,23. 與江省榷運局合併爲吉黑榷運局)**董士恩**
吉黑榷運局長	(12,23. 設)**董士恩** 12,23. 任。
高等審判廳長	**欒駿聲**
高等檢察廳檢察長	**楊光湛** 3,10. 調署黑龍江高等檢察長。**張映竹** 3,10. 由山東高等檢察長署。
西南路觀察使	(5,23. 觀察使改稱道尹;6,2. 西南路改稱吉長)**孟憲彝**署;7,15. 調。**郭宗熙** 7,18. 署(阮忠植 7,18. 署;9,1 免)。
西北路觀察使	(5,23. 觀察使改稱道尹;6,2. 西北路改稱濱江)**李家鏊** 9,4. 免。**李鴻謨** 9,4. 署。
東南路觀察使	(5,23. 觀察使改稱道尹;6,2. 東南路改稱延吉)**陶　彬**
東北路觀察使	(5,23. 觀察使改稱道尹;6,2. 東北路改稱依蘭)**魁　福** 4,1. 卒。**阮忠植** 4,5. 任。

3. 吉林省職官年表

年代　　名稱	民國四年(1915 年)
將　　　　軍	**孟恩遠**
吉 長 鎮 守 使	**裴其勳** 7,25. 任。
延 琿 鎮 守 使	**高鳳城** 8,7. 任。
寧 阿 蘭 鎮 守 使	**徐世揚** 8,7. 任。
巡 　 按 　 使	**孟憲彝**署;2,8. 任;8,19. 免。**王揖唐** 8,19. 任。
政 務 廳 長	**高　翔**
財 政 廳 長	**饒昌齡** 4,10. 調任河東鹽運使。**熊正琦** 4,10. 任。
省 會 警 察 廳 長	**趙憲章**
特 派 交 涉 員	**傅　彊**
濱 江 關 監 督	**侯延爽**
琿 春 關 監 督	**陶　彬**兼管稅務。
吉 黑 榷 運 局 長	**董士恩** 7,14. 免。**陳惟庚** 7,14. 任。
高 等 審 判 廳 長	**欒駿聲**
高 等 檢 察 廳 檢 察 長	**張映竹**署。
吉 長 道 尹	**郭宗熙**署;2,9. 任。
濱 江 道 尹	**李鴻謨**署;3,10. 免。**王樹翰** 3,10. 署。
延 吉 道 尹	**陶　彬**
依 蘭 道 尹	**阮忠植**

3. 吉林省職官年表

名　　稱 ＼ 年　代	民國五年(1916年)
將　　　　　軍	(7,6.改稱督軍)**孟恩遠**
吉 長 鎮 守 使	**裴其勳**
延 琿 鎮 守 使	**高鳳城**
寧 阿 蘭 鎮 守 使	**徐世揚** 9,6.卒。**陶祥貴** 9,10.署。
巡　　按　　使	(7,6.改稱省長)**王揖唐** 4,23.調任內務部總長。**郭宗熙** 5,1.由吉長道尹署。
政 務 廳 長	**高　翔**
財 政 廳 長	**熊正琦** 6,30.調任吉長道尹。**柴維桐** 6,30.由署吉長道尹署;9,21.辭。**李哲濬** 9,21.任;12,8.辭。**楊壽枬** 12,8.任。
全 省 警 務 處 長	(4,1.設)**趙憲章** 4,1.任。
省 會 警 察 廳 長	**趙憲章** 4,1.調。**趙憲章** 4,1.兼。
特 派 交 涉 員	**傅　彊** 11,2.免。**吳宗濂** 11,2.任。
濱 江 關 監 督	**侯延爽**
琿 春 關 監 督	**陶　彬** 兼管稅務;9,7.調。**張世銓** 9,22.兼管稅務。
吉 黑 榷 運 局 長	**陳惟庚** 5,26.調京任用。**董士恩** 5,26.任。
高 等 審 判 廳 長	**欒駿聲**
高 等 檢 察 廳 檢 察 長	**張映竹** 署;4,26.任。
吉 長 道 尹	**郭宗熙** 5,1.調署巡按使。**柴維桐** 5,8.署;6,30.調署財政廳長。**熊正琦** 6,30.由財政廳長任;8,28.免。**陶　彬** 9,7.由延吉道尹任。
濱 江 道 尹	**王樹翰** ?,?.免(4,18.代奉天財政廳長)。**李鴻謨** 3,4.任。
延 吉 道 尹	**陶　彬** 9,7.調任吉長道尹。**張世銓** 9,7.任。
依 蘭 道 尹	**阮忠植**

3. 吉林省職官年表

名　稱 ＼ 年　代	民國六年(1917年)
督　　　　　軍	**孟恩遠** 10,18. 調任將軍府誠威將軍。**田中玉** 10,18. 由察哈爾都統任。
吉 長 鎮 守 使	**裴其勳**
延 琿 鎮 守 使	**高鳳城**
寧 阿 蘭 鎮 守 使	**陶祥貴**
扶 農 鎮 守 使	(3,1. 設)**任福元** 3,1. 由陸軍第四旅長任；9,25. 卒。**高士儐** △10,9. 署；10,10. 署。①
省　　　　　長	**郭宗熙**署；11,21. 任。
政 務 廳 長	**高　翔**(瞿方梅2,24. 署)8,16. 辭。**瞿方梅** 8,16. 任。
財 政 廳 長	**楊壽枏**(高翔2,18. 署)4,26. 調任財政次長。**高　翔**署。**唐瑞銅** 8,1. 署；11,20. 調京任用。**劉彭壽** 11,20. 任。
教 育 廳 長	(9,6. 設)**錢家治** 9,7. 任；9,21. 免。**楊乃康** 9,21. 任。
實 業 廳 長	(9,6. 設)**陶昌善** 9,8. 任。
全 省 警 務 處 長	**趙憲章**
省 會 警 察 廳 長	**趙憲章**兼。
特 派 交 涉 員	**吳宗濂** 10,17. 調京任用。**王嘉澤** 10,17. 任。
濱 江 關 監 督	**侯延爽**
琿 春 關 監 督	**張世銓**兼管稅務。
吉 黑 榷 運 局 長	**董士恩** 11,27. 調任江省財政廳長。**曾宗鑒** 12,20. 任。
高 等 審 判 廳 長	**欒駿聲**
高等檢察廳檢察長	**張映竹**
吉 長 道 尹	**陶 彬**
濱 江 道 尹	**李鴻謨** 10,6. 免。**施昭常** 10,6. 任。
延 吉 道 尹	**張世銓**
依 蘭 道 尹	**阮忠植**

註①:高兩次署,前者爲省方下令,後者爲中央下令。

3. 吉林省職官年表

名　稱＼年　代	民國七年(1918年)
督　　　　軍	**田中玉** 3,29. 調回察哈爾都統本任。**孟恩遠** 3,29. 任。
吉 長 鎮 守 使	**裴其勳**
延 琿 鎮 守 使	**高鳳城**
寧 阿 蘭 鎮 守 使	**陶祥貴**
扶 農 鎮 守 使	**高士儐** 署。
省　　　　長	**郭宗熙**
政 務 廳 長	**瞿方梅**
財 政 廳 長	**劉彭壽**
教 育 廳 長	**楊乃康**
實 業 廳 長	**陶昌善**
全 省 警 務 處 長	**趙憲章**
省 會 警 察 廳 長	**趙憲章** 兼。
特 派 交 涉 員	**王嘉澤**
濱 江 關 監 督	**侯延爽** 9,24. 免。**毛祖模** 9,24. 任。
琿 春 關 監 督	**張世銓** 兼管稅務。
吉 黑 榷 運 局 長	**曾宗鑒**
吉 林 森 林 局 長	(12,6. 設)**朱邦達** 12,7. 任。
吉 林 採 金 局 長	(12,6. 設)**高　翔** 12,7. 任。
高 等 審 判 廳 長	**欒駿聲**
高等檢察廳檢察長	**張映竹**
吉 長 道 尹	**陶　彬**
濱 江 道 尹	**施昭常** 4,29. 免。**李家鏊** 4,29. 署。
延 吉 道 尹	**張世銓**
依 蘭 道 尹	**阮忠植**

3. 吉林省職官年表

名　　　　　稱 ＼ 年　代	民國八年(1919 年)
督　　　　　　　　軍	**孟恩遠** 7,6. 調任將軍府惠威將軍。**鮑貴卿** 7,6. 署。
吉 長 鎮 守 使	**裴其勳** 12,26. 免。**闞朝璽** 12,26. 任。
延 琿 鎮 守 使	**高鳳城**
寧 阿 蘭 鎮 守 使	**陶祥貴**
扶 農 鎮 守 使	**高士儐** 7,22. 免。**誠　明** 8,?. 任。
省　　　　　　　長	**郭宗熙** 10,23. 免。**徐鼐霖** 10,23. 任。
政 務 廳 長	**瞿方梅** ?,?. 辭。**莊　達** ?,?. 由阿城縣知事代；12,11. 視事。
財 政 廳 長	**劉彭壽** 1,27. 免。**丁道津** 1,27. 任；9,24. 調署甘肅財政廳長。**董士恩** 9,24. 由江省財政廳長署；12,2. 調任濱江道尹。**齊耀珺** 12,2. 任。
教 育 廳 長	**楊乃康**
實 業 廳 長	**陶昌善**
全 省 警 務 處 長	**趙憲章**
省 會 警 察 廳 長	**趙憲章**兼。
特 派 交 涉 員	**王嘉澤**
濱 江 關 監 督	**毛祖模**
琿 春 關 監 督	**張世銓**兼管稅務。
吉 黑 榷 運 局 長	**曾宗鑒** 12,24. 辭。**段芝清** 12,23. 任。
吉 林 森 林 局 長	**朱邦達** 8,21. 免。**王景福** 8,21. 由江省採金局長任。
吉 林 採 金 局 長	**高　翔**
高 等 審 判 廳 長	**欒駿聲**
高 等 檢 察 廳 檢 察 長	**張映竹**
吉 長 道 尹	**陶　彬**
濱 江 道 尹	**李家鰲**署；1,18. 免。**傅　彊** 1,18. 任；12,2. 免。**董士恩** 12,2. 由財政廳長任。
延 吉 道 尹	**張世銓**
依 蘭 道 尹	**阮忠植**

3. 吉林省職官年表

名稱 \ 年代	民國九年（1920年）
督　　　　軍	**鮑貴卿**署。
吉 長 鎮 守 使	**闕朝璽** 8,14. 改任東省鐵路護路軍總司令。
延 琿 鎮 守 使①	**高鳳城**　**張九卿** 10,?. 任。
寧 阿 蘭 鎮 守 使	(7,?. 改稱依蘭鎮守使) **陶祥貴** 4,13. 卒。**誠　明** ?,?. 任。
扶 農 鎮 守 使	(?,?. 裁) **誠　明**
濱 江 鎮 守 使	**高鳳城** 11,?. 任。
省　　　　長	**徐鼐霖** 9,2. 免。**鮑貴卿** 9,2. 兼署。
政 務 廳 長	**莊　達**代。**洪汝冲** ?,?. 代 (2,27. 就職)；6,4. 辭。**周玉柄** ?,?. 代 (6,14. 視事)。
財 政 廳 長	**齊耀珺**
教 育 廳 長	**楊乃康**
實 業 廳 長	**陶昌善** 1,20. 調京任用。**榮　厚** 1,20. 署(林松齡代；11,20. 卒。阮忠植 11,21. 代)。
全 省 警 務 處 長	**趙憲章**
省 會 警 察 廳 長	**趙憲章**兼。
特 派 交 涉 員	**王嘉澤**
濱 江 關 監 督	**毛祖模**
琿 春 關 監 督	**張世銓**兼管稅務；6,19. 免。**陶　彬** 7,24. 兼管稅務。
吉 黑 榷 運 局 長	**段芝清** 9,4. 調任奉天烟酒事務局長。**都林布** 9,16. 任。
吉 林 森 林 局 長	**王景福** 6,1. 免。**黃立猷** 6,1. 署。
吉 林 採 金 局 長	**高　翔** 6,1. 免。**阮忠植** 6,1. 署。
高 等 審 判 廳 長	**欒駿聲** 2,19. 免。**吳柄樅** 2,19. 署。
高等檢察廳檢察長	**張映竹** 11,11. 調任安徽高等審判廳長。**經家齡** 11,11. 由浙江高等審判廳長任。
吉 長 道 尹	**陶　彬** 6,19. 調任延吉道尹。**蔡運升** 6,19. 署。
濱 江 道 尹	**董士恩**
延 吉 道 尹	**張世銓** 6,19. 免。**陶　彬** 6,19. 由吉長道尹任。
依 蘭 道 尹	**阮忠植** 6,1. 調署採金局長。**邶克莊** 6,1. 署。

註①：10月份張作霖令改延琿鎮守使爲延吉鎮守使，由張九卿任。翌年6月14日中央明令發表。

3. 吉林省職官年表

名　稱＼年代	民國十年(1921年)
督　　　　軍	**鮑貴卿**署；3,12. 免。**孫烈臣** 3,12. 署。
吉長鎮守使	**耿玉田** 4,19. 視事；6,7. 任；6,24. 被捕(8,30. 卒)。**誠　明** 7,23. 任；10,10. 任。
延琿鎮守使	(6,14. 改稱延吉鎮守使)**張九卿**　**張九卿** 6,14. 任。
依蘭鎮守使	**誠　明** 7,23. 調。**劉香久** ?,?. 任；11,26. 任。
濱江鎮守使	**高鳳城**　**郭瀛洲** 11,8. 視事。
省　　　　長	**鮑貴卿**兼署；3,12. 免。**孫烈臣** 3,12. 兼署。
政務廳長	**周玉柄**代。**王樹翰** 7,21. 由財政廳長任。
財政廳長	**齊耀珺** 4,16. 調任安東關監督。**王樹翰** 5,9. 任；7,21. 調任政務廳長。**陳克正** 7,26. 署；11,15. 免。**榮　厚** 11,15. 由黑河道尹任。
教育廳長	**楊乃康** 7,26. 免。**周玉柄** 7,26. 任。
實業廳長	**榮　厚** 2,5. 調任江省財政廳長。**馬俊顯** 3,26. 任。
全省警務處長	**趙憲章**(鍾毓 4,19. 代)5,8. 免。**鍾　毓** 5,8. 任。
省會警察廳長	**趙憲章**兼(鍾毓 4,19. 代)；5,8. 免。**鍾　毓** 5,8. 兼。
特派交涉員	**王嘉澤** ?,?. 潛逃。6,19. 免。**孫其昌** 7,9. 由江省教育廳長任。
濱江關監督	**毛祖模**
琿春關監督	**陶　彬**兼管稅務。
吉黑榷運局長	**都林布** 8,10. 調署洮昌道尹。**閻澤溥** 10,5. 任。
吉林森林局長	**黃立猷**署；4,10. 免。**李銘書** 4,10. 署。
吉林採金局長	**阮忠植**署。
高等審判廳長	**吳柄樅**署；1,22. 免。**楊長溶** 1,22. 署；10,16. 調署河南檢察長。**徐金聲** 10,16. 署；11,19. 調署河南審判長。**陳克正** 11,19. 由署湖北檢察長任。
高等檢察廳檢察長	**經家齡** 9,6. 調署直隸高等檢察長。**何同椿** 9,6. 由署湖北高等檢察長署。
吉長道尹	**蔡運升**署。
濱江道尹	**董士恩** 7,17. 免。**張壽增** 7,17. 由黑河道尹任。
延吉道尹	**陶　彬**
依蘭道尹	**邴克莊**

57

3. 吉林省職官年表

名　　稱＼年　　代	民國十一年(1922年)
督　　　　　軍	**孫烈臣**署。
東北保安副司令	**孫烈臣**⌒6,4. 就任。
吉 長 鎮 守 使	(?,?. 裁)**誠　明**11,14. 卒。**翟景儒**?,?. 代。
延 吉 鎮 守 使	**張九卿**?,?. 直奉戰爭中被俘。**丁　超**?,?. 代(⌒6,24. 視事)。
依 蘭 鎮 守 使	**劉香久**
濱 江 鎮 守 使	**郭瀛洲**?,?. 調。**張煥相**⌒7,11. 視事。
綏 寧 鎮 守 使	**張宗昌**?,?. 任。
省　　　　　長	**孫烈臣**兼署(魁昇 ⌒6,8. 代；12,15. 辭。王樹翰 12,24. 代)。
政 務 廳 長	**王樹翰　周玉柄**⌒7,5. 由教育廳長任。**鄭　頤**12,25. 任。
財 政 廳 長	**榮　厚**⌒7,5. 辭。**蔡運升**⌒7,5. 由吉長道尹代。
教 育 廳 長	**周玉柄**⌒7,5. 調任政務廳。**王世選**⌒7,5. 代；⌒8,14. 辭。**于源浦**⌒8,14. 代。
實 業 廳 長	**馬俊顯**
全 省 警 務 處 長	**鍾　毓**
省 會 警 察 廳 長	**鍾　毓**兼。
特 派 交 涉 員	**孫其昌**⌒7,?. 調任吉長道尹。**蔡運升**?,?. 代；12,28. 辭。**榮　厚**⌒12,28. 代。
濱 江 關 監 督	**毛祖模**
琿 春 關 監 督	**陶　彬**兼管税務。
吉 黑 榷 運 局 長	**閻澤溥**
吉 林 森 林 局 長	**李銘書**署。
吉 林 採 金 局 長	**阮忠植**署；3,20. 調任安徽財政廳長。**李銘書**3,29. 兼署。
高 等 審 判 廳 長	**陳克正**
高等檢察廳檢察長	**何同椿**署。
吉 長 道 尹	**蔡運升**署；⌒7,5. 調代財政廳長。**孫其昌**7,?. 由特派交涉員任。
濱 江 道 尹	**張壽增**
延 吉 道 尹	**陶　彬**
依 蘭 道 尹	**邴克莊**署。

3. 吉林省職官年表

名　稱＼年　代	民國十二年(1923年)
督　　　　　軍	孫烈臣署。
東 北 保 安 副 司 令	孫烈臣
吉 長 鎮 守 使	(12,?. 復設)丁　超 12,?. 任。
延 吉 鎮 守 使	丁　超 12,?. 調任吉長鎮守使。
依 蘭 鎮 守 使	劉香久(去向不明) 陳玉昆 12,?. 任。
濱 江 鎮 守 使	張煥相
綏 寧 鎮 守 使	張宗昌(去向不明)
省　　　　　長	孫烈臣兼署(王樹翰代)。
政 務 廳 長	鄭　頤
財 政 廳 長	蔡運升 2,25. 調代濱江道尹。孫其昌 2,25. 由吉長道尹代。
教 育 廳 長	于源浦代。
實 業 廳 長	馬俊顯 5,27. 卒。馬德恩 5,28. 代。
全 省 警 務 處 長	鍾　毓
省 會 警 察 廳 長	鍾　毓兼。
特 派 交 涉 員	榮　厚代；2,8. 辭。蔡運升 2,8. 兼代；2,25. 調代濱江道尹。王莘林 3,3. 代。
濱 江 關 監 督	毛祖模 9,29. 免。魏紹周 9,29. 任。
琿 春 關 監 督	陶　彬兼管稅務。
吉 黑 榷 運 局 長	閻澤溥
吉 林 森 林 局 長	李銘書署。
吉 林 採 金 局 長	李銘書兼署。
高 等 審 判 廳 長	陳克正 3,8. 調署東省特別區高等審判廳長。誠　允?,?. 代(司法部令。6,12. 接印)。
高 等 檢 察 廳 檢 察 長	何同椿署。
吉 長 道 尹	孫其昌 2,25. 調代財政廳長。榮　厚 2,25. 代。
濱 江 道 尹	張壽增 2,25. 辭。蔡運升 2,25. 由財政廳長代。
延 吉 道 尹	陶　彬
依 蘭 道 尹	邴克莊署。

3. 吉林省職官年表

名　　稱 ＼ 年　代	民國十三年(1924年)
督　　　　　軍	(12,10. 改稱督辦)**孫烈臣**署;4,25. 卒。**張作相** 4,28. 任。
東北保安副司令	**孫烈臣**　**張作相** 4,28. 任。
吉 長 鎮 守 使	**丁　超**
延 吉 鎮 守 使	**吉　興** 1,10. 任。
依 蘭 鎮 守 使	**陳玉昆**
濱 江 鎮 守 使	**張焕相**
綏 寧 鎮 守 使	
省　　　　　長	**孫烈臣**兼署(王樹翰代);4,25. 卒。**張作相** 4,28. 兼(王樹翰 4,28. 代)。
政 務 廳 長	**鄭　頤**
財 政 廳 長	**孫其昌**代。
育　　廳　　長	**于源浦**代。
實 業 廳 長	**馬德恩**代。
全 省 警 務 處 長	**鍾　毓**
省 會 警 察 廳 長	**鍾　毓**兼。
特 派 交 涉 員	**王莘林**代。
濱 江 關 監 督	**魏紹周**
琿 春 關 監 督	(6,30. 改稱延吉關監督)**陶　彬**兼管稅務。
吉 黑 榷 運 局 長	**閻澤溥**
吉 林 森 林 局 長	**李銘書**署。
吉 林 採 金 局 長	**李銘書**兼署。
高 等 審 判 廳 長	**誠　允**代;1,10. 署。
高 等 檢 察 廳 檢 察 長	**何同椿**署;1,10. 任。
吉 長 道 尹	**榮　厚**代。
濱 江 道 尹	**蔡運升**代。
延 吉 道 尹	**陶　彬**
依 蘭 道 尹	**邴克莊**署;3,14. 調署奉天省東邊道尹。**莫德惠** 3,21. 代。**羅永慶** 12,21. 代。

3. 吉林省職官年表

名　稱 ＼ 年　代	民國十四年（1925 年）
督　　　　　辦	張作相
東 北 保 安 副 司 令	張作相
吉 長 鎮 守 使	丁　超
延 吉 鎮 守 使	吉　興
依 蘭 鎮 守 使	陳玉昆
濱 江 鎮 守 使	張焕相
綏 寧 鎮 守 使	
省　　　　　長	張作相兼（王樹翰代）。
政 務 廳 長	鄭　頤
財 政 廳 長	孫其昌代；5,2. 調代吉長道尹。榮　厚 5,2. 由代吉長道尹代。
教 育 廳 長	于源浦代。
實 業 廳 長	馬德恩代。
全 省 警 務 處 長	鍾　毓 4,14. 調。王寶善 4,14. 代。
省 會 警 察 廳 長	鍾　毓兼；4,14. 調。王寶善 4,14. 兼代。
特 派 交 涉 員	王莘林代；7,10. 調任臨時參政院參政。鍾　毓 7,10. 代。
濱 江 關 監 督	魏紹周
延 吉 關 監 督	陶　彬兼。
吉 黑 榷 運 局 長	閻澤溥
吉 林 森 林 局 長	李銘書署。
吉 林 採 金 局 長	李銘書兼署。
高 等 審 判 廳 長	誠　允署。
高 等 檢 察 廳 檢 察 長	何同椿
吉 長 道 尹	榮　厚代；5,2. 調代財政廳長。孫其昌 5,2. 由代財政廳長代。
濱 江 道 尹	蔡運升代。
延 吉 道 尹	陶　彬
依 蘭 道 尹	羅永慶代。

3. 吉林省職官年表

名　　稱 ＼ 年　代	民國十五年（1926年）
督　　　　　　　辦	張作相
東 北 保 安 副 司 令	張作相
吉 長 鎮 守 使	丁　超 2,1. 調任濱江鎮守使。陳玉昆 2,1. 由依蘭鎮守使任。
延 吉 鎮 守 使	吉　興
依 蘭 鎮 守 使	陳玉昆 2,1. 調。李　杜 2,1. 任。
濱 江 鎮 守 使	張煥相 2,1. 免。丁　超 2,1. 任。
綏 寧 鎮 守 使	李振聲 3,?. 任（ 3,16. 接印）。趙芷香 ?,?. 任。
省　　　　　　　長	張作相兼（王樹翰代。鄭頤 5,22. 代； 8,6. 辭。誠允 8,6. 代）。
政 務 廳 長	鄭　頤 8,6. 辭。誠　允 8,6. 由高等審判廳長代。
財 政 廳 長	榮　厚代。
教 育 廳 長	于源浦代（聶樹清代）； 9,13. 卒。劉樹春 9,25. 代。
實 業 廳 長	馬德恩代。
全 省 警 務 處 長	王寶善代。
省 會 警 察 廳 長	王寶善兼代。吳德麟 7,15. 代。
特 派 交 涉 員	鍾　毓署。
濱 江 關 監 督	魏紹周
延 吉 關 監 督	陶　彬兼。
吉 黑 榷 運 局 長	閻澤溥
吉 林 森 林 局 長	李銘書署。
吉 林 採 金 局 長	李銘書兼署。
高 等 審 判 廳 長	誠　允署； 8,6. 調代政務廳長； 11,16. 免。富春田 ?,?. 代； 11,16. 署。
高 等 檢 察 廳 檢 察 長	何同椿
吉 長 道 尹	孫其昌代。
濱 江 道 尹	蔡運升代。
延 吉 道 尹	陶　彬
依 蘭 道 尹	羅永慶代； 6,8. 調省。章啓槐 6,8. 代。

3. 吉林省職官年表

名　稱 ＼ 年　代	民國十六年(1927 年)
督　　　　辦	張作相
東北保安副司令	張作相
吉長鎮守使	陳玉昆
延吉鎮守使	吉　興
依蘭鎮守使	李　杜
濱江鎮守使	丁　超
綏寧鎮守使	趙芷香
省　　　　長	張作相兼(誠允代)。
政務廳長	誠　允代;5,2. 任。
財政廳長	榮　厚代;5,3. 任。
教育廳長	劉樹春代;5,2. 任。
實業廳長	馬德恩代;5,2. 任。
全省警務處長	王寶善代;5,2. 任。
省會警察廳長	吳德麟代。
特派交涉員	鍾　毓署;5,2. 任。
濱江關監督	魏紹周
延吉關監督	陶　彬兼。
吉黑榷運局長	閻澤溥 4,16. 調任山東賑務督辦。**馬吟龍** 12,12. 視事。
吉林森林局長	李銘書署。(5,1. 合併於實業廳,由實業廳長兼;1929,1,31. 裁)
吉林採金局長	李銘書兼署。(5,1. 合併於實業廳,由實業廳長兼;1929,1,31. 裁)
高等審判廳長	富春田署。
高等檢察廳檢察長	何同椿
吉長道尹	孫其昌代;5,2. 任。
濱江道尹	蔡運升代;5,2. 任。
延吉道尹	陶　彬
依蘭道尹	章啓槐代;5,2. 任。

3. 吉林省職官年表

年代　名稱	民國十七年(1928年)12月31日之前
督　　　　　辦	張作相
東 北 保 安 副 司 令	張作相
吉 林 保 安 司 令	張作相 6,21. 任。
吉 長 鎮 守 使	陳玉昆 4,29. 卒。李桂林 5,10. 任。
延 吉 鎮 守 使	吉 興
依 蘭 鎮 守 使	李 杜
江 鎮 守 使	丁 超
綏 寧 鎮 守 使	趙芷香
省　　　　　長	張作相兼(誠允代)。
政 務 廳 長	誠 允
財 政 廳 長	榮 厚
教 育 廳 長	劉樹春
實 業 廳 長	馬德恩
全 省 警 務 處 長	王寶善 9,23. 調任依蘭道尹。王之佑 9,23. 任。
省 會 警 察 廳 長	吳德麟代。
特 派 交 涉 員	鍾 毓
濱 江 關 監 督	魏紹周 10,?. 免。常炳彝 10,?. 任。
延 吉 關 監 督	陶 彬兼;9,17. 卒。章啓槐 9,23. 兼。
長 春 關 監 督	(3,27. 設)孫其昌 4,3. 兼。
吉 黑 榷 運 局 長	馬吟龍　靳造華?,?. 任。
高 等 審 判 廳 長	富春田
高 等 檢 察 廳 檢 察 長	何同椿 4,1. 免;4,9. 免。蕭露華 4,1. 署;4,9. 署。
吉 長 道 尹	孫其昌
濱 江 道 尹	蔡運升
延 吉 道 尹	陶 彬 9,17. 卒。章啓槐 9,23. 任。
依 蘭 道 尹	章啓槐代;9,23. 調任延吉道尹。王寶善 9,23. 由全省警務處長任。

3. 吉林省職官年表

年代 名稱	民國十七年（1928 年）12 月 31 日
東北邊防軍駐吉 副司令長官	張作相 12,31. 任。
吉長鎮守使①	李桂林
延吉鎮守使	吉　興
依蘭鎮守使	李　杜
濱江鎮守使	丁　超
綏寧鎮守使	趙芷香
委　　員	張作相　章啓槐　榮　厚　王荸林　馬德恩　誠　允 孫其昌　鍾　毓　王之佑　熙　洽　劉　鈞 以上 12,31. 任。
主　　席	張作相 12,31. 兼。
民政廳長	章啓槐 12,31. 兼。
財政廳長	榮　厚 12,31. 兼。
教育廳長	王荸林 12,31. 兼。
建設廳長	
農礦廳長	馬德恩 12,31. 兼。
全省警務處長	王之佑
省會警察廳長	吳德麟
特派交涉員	鍾　毓
濱江關監督	常炳彝
延吉關監督	章啓槐 兼。
長春關監督	孫其昌 兼。
吉黑榷運局長	靳造華
高等審判廳長	富春田 署。
高等檢察廳檢察長	蕭露華 署。
吉長道尹②	孫其昌
濱江道尹	蔡運升
延吉道尹	章啓槐 (12,31. 改任民政廳長)
依蘭道尹	王寶善

註①②：此爲舊制度遺存，並非國民政府制度。

3. 吉林省職官年表

名　稱　　　　年　代	民國十八年(1929年)
東北邊防軍駐吉 副司令長官	張作相
吉長鎮守使	李桂林
延吉鎮守使	吉興
依蘭鎮守使	李杜
濱江鎮守使	丁超
綏寧鎮守使	趙芷香
委　　　員	張作相　章啓槐　榮厚　王荇林　馬德恩　誠允 孫其昌　鍾毓　王之佑　熙洽　劉鈞
主　　　席	張作相兼。
民政廳長	章啓槐兼。
財政廳長	榮厚兼。
教育廳長	王荇林兼。
建設廳長	孫其昌 2,9. 兼。
農礦廳長	馬德恩兼。
秘書長	潘鶚年 2,2. 任;8,12. 任。
全省警務處長	(2,1. 改稱全省公安管理處長;10,7. 復稱全省警務處長)王之佑
省會警察廳長	(2,1. 改稱省會公安局長)吳德麟
特派交涉員	鍾毓　鍾毓 11,5. 任。
濱江關監督	常炳彝
延吉關監督	張書翰 2,1. 兼。
長春關監督	周玉柄 2,1. 兼。
吉黑権運局長	靳造華
高等 法院① 院　　　長	富春田
首席檢察官	蕭露華
吉長道尹	(2,15. 之前裁)孫其昌 2,9. 改任建設廳長。
濱江道尹	(2,15. 之前裁)蔡運升
延吉道尹	(2,15. 之前裁)
依蘭道尹	(2,15. 之前裁)王寶善
吉林市政籌備處長	劉樹春 2,29. 任。
長春市政籌備處長	周玉柄 2,1. 任。
濱江市政籌備處長	蔡運升 2,1. 任。
延吉市政籌備處長	張書翰 2,1. 任。

註①:是年年初按國民政府官制改組。

3. 吉林省職官年表

名　稱　　　　　　　年　代	民國十九年（1930 年）
東北邊防軍駐吉副司令長官	張作相
吉 長 鎮 守 使	李桂林
延 吉 鎮 守 使	吉 興
依 蘭 鎮 守 使	李 杜
濱 江 鎮 守 使	丁 超
綏 寧 鎮 守 使	趙芷香
委　　　　　　　員	張作相　章啓槐　榮　厚　王荸林　馬德恩　誠　允 孫其昌　鍾　毓　王之佑　熙　洽　劉　鈞
主　　　　　　　席	張作相兼。
民 政 廳 長	章啓槐兼。
財 政 廳 長	榮　厚兼。
教 育 廳 長	王荸林兼。
建 設 廳 長	孫其昌兼。
農 礦 廳 長	馬德恩兼。
秘 書 長	潘鶚年
全 省 警 務 處 長	王之佑
省 會 公 安 局 長	吳德麟　劉國銓 4,3. 任。
特 派 交 涉 員	(4,1. 改稱外交特派員)鍾　毓。
濱 江 關 監 督	常炳彝 11,4. 調任河北省農礦廳長。巴英額 11,3. 由原黑河鎮守使代。
延 吉 關 監 督	張書翰兼。
長 春 關 監 督	周玉柄兼。
吉 黑 権 運 局 長	靳造華
高 等 法 院	院 長 富春田
	首席檢察官 蕭露華
吉林市政籌備處長	劉樹春
長春市政籌備處長	周玉柄
濱江市政籌備處長	蔡運升
延吉市政籌備處長	張書翰

3. 吉林省職官年表

名稱＼年代	民國二十年(1931年)9月18日之前
東北邊防軍駐吉副司令長官	張作相
吉長鎮守使①	李桂林
延吉鎮守使	吉興
依蘭鎮守使	李杜
濱江鎮守使	丁超
綏寧鎮守使	趙芷香
委員	張作相 章啓槐 榮厚 王荜林 2月辭。3,27. 免。馬德恩 誠允 孫其昌 鍾毓 王之佑 熙洽 劉鈞 王世選 2,28. 任；3,27. 任。
主席	張作相兼。
民政廳長	章啓槐兼。
財政廳長	榮厚兼。
教育廳長	王荜林兼；2,?. 辭；3,27. 免。王世選 2,28. 任；3,27. 兼。
建設廳長	孫其昌兼。
農礦廳長	(6,28. ；8,1. 改稱實業廳長)馬德恩兼。
秘書長	潘鶚年
全省警務處長	王之佑
省會公安局長	劉國銓
外交特派員	鍾毓
濱江關監督	巴英額代。
延吉關監督	張書翰兼。
長春關監督	周玉柄兼。
吉黑榷運局長	靳造華
高等法院 院長	富春田
高等法院 首席檢察官	蕭露華
吉林市政籌備處長	劉樹春
長春市政籌備處長	周玉柄
濱江市政籌備處長	蔡運升?,?. 免。鍾毓 3,16. 任。
延吉市政籌備處長	張書翰

註①：据馮占海、金名世回憶,吉長鎮守使已改稱吉長警備司令。

3. 吉林省職官年表

名　稱 ＼ 年　代	民國二十年(1931年)9月18日之後
東北邊防軍駐吉副司令長官	**李振聲** ?, ?. 由原吉林訓練總監任。
財　政　廳　長	**徐晋賢** ?, ?. 由原乾安設治員任。
民　政　廳　長	**誠　允** ?, ?. 任。
農　礦　廳　長	**王寶善** ?, ?. 由原駐吉副司令長官公署秘書長任。
建　設　廳　長	**徐士達** ?, ?. 由哈爾濱電報局長任。
教　育　廳　長	**李樹滋** ?, ?. 由哈爾濱電業總辦任。
秘　　書　　長	**于　師** ?, ?. 由原駐吉副司令長官公署秘書任。
警　務　處　長	**高齊棟** ?, ?. 由哈爾濱警察廳長任。
特　派　交　涉　員	**鍾　毓**

説明:此表據1931年10月14日《盛京時報》編。是時吉林省政府在哈爾濱成立。

3. 吉林省職官年表

名　　稱 ＼ 年　代	民國二十一年(1932 年)
東北邊防軍駐吉 副 司 令 長 官	**李　杜** 7, 1. 代。
主　　　　席	**丁　超** 7, 1. 代。
哈 綏 警 備 司 令	**馮占海** 7, 1. 任。
寧 安 警 備 司 令	**王德林** 7, 1. 任。

4. 黑龍江省職官年表

名　稱＼年　代	民國元年(1912 年)
巡　　　　撫	(3,15. 改稱都督)**周樹模** 2,5. 假。**宋小濂** 2,5. 署(2,11. 視事)；3,15. 任。
民　政　使	**宋小濂** 2,5. 調署巡撫。**秋桐豫** ⌃2,7. 由提法使署；8,5. 回本任。**徐鼐霖** 8,5. 任。
提　法　使	**秋桐豫** 2,7. 署民政使(汪守珍 ⌃2,7. 署)；8,5. 回本任。
提　學　使	**張建勳** 假。**涂鳳書** 2,11. 署；12,7. 任。
高 等 審 判 廳 丞	(8,19. 改廳丞爲廳長)**汪守珍　周玉柄** 10,15. 任。
高 等 檢 察 廳 檢 察 長	**周貞亮** 1,22. 任。
興　東　道	(7,1裁)**徐鼐霖** ?,?. 調任軍務處長。**李夢庚** 1,16. 署。
愛　琿　道	(7,1. 改稱黑河道)**姚福昇** 12,10. 假。**張壽增** 12,10. 署；12,24. 署。
呼　倫　道①	**黃仕福**

註①：1 月 15 日呼倫貝爾地方發生叛亂，道員撤回省城，此缺廢止。

4. 黑龍江省職官年表

年代名稱	民國二年(1913年)1月8日之前
都　　　　　督	宋小濂
民　政　使	徐鼐霖
提　法　使	秋桐豫
提　學　使	涂鳳書
高 等 審 判 廳 長	周玉柄
高等檢察廳檢察長	
黑　河　道	張壽增署。

4. 黑龍江省職官年表

年代　名稱	民國二年(1913年)1月8日之後
都　　　　督	**宋小濂** 8,8. 免。**畢桂芳** 7,16. 護；10,30. 調京辦理交涉事宜。
護　軍　使	(新設)**朱慶瀾** 10,30. 任。
民　政　長	(1,8. 設)**宋小濂** 1,10. 兼；8,8. 免。**畢桂芳** 7,16. 兼護；10,30. 調。**朱慶瀾** 10,30. 兼署。
内　務　司　長	(1,8. 設)**于馹興** 2,5. 任。
財　政　司　長	(1,8. 設)**魁　陞** 2,5. 任。
教　育　司　長	(1,8. 設)**涂鳳書** 2,5. 任。
實　業　司　長	(1,8. 設)**金純德** 2,5. 任。
省　會　警　察　廳　長	(1,8. 設)**翟文選** 2,14. 任。**杜蔭田** 5,15. 代。**高登甲** 9,28. 由大通縣知事任。
特　派　交　涉　員	(1,8. 設)**張慶桐** 4,25. 任。
高　等　審　判　廳　長	**周玉柄**
高　等　檢　察　廳　檢　察　長	**盧　弼** 2,15. 署(段國垣 2,15. 暫署；4,26. 調任龍江地方審判廳長)。**張文翰** 4,26. 署；11,29. 免。**張文翰** 11,29. 署。
司　法　籌　備　處　長	(1,8. 設；9,23. 裁)**秋桐豫** 1,19 署。
國　稅　廳　籌　備　處　長	(1,8. 設)**袁毓麐** 1,10. 任；8,7. 免。**陳同紀** 8,7. 任。
権　運　局　長	(1,10. 設)**柴維桐** 1,10. 任。
黑　河　觀　察　使	(1,8. 設)**張壽增** 署；2,1. 任。

4. 黑龍江省職官年表

名　稱　＼　年　代	民國三年(1914 年)
都　　　　督	(6,30. 改稱鎮安右將軍)**朱慶瀾** 6,30. 任。
護　軍　使	(6,30. 裁)**朱慶瀾**
民　政　長	(5,23. 改稱巡按使)**朱慶瀾**兼署。
內　務　司　長	(5,23. 裁)**于駟興**
財　政　司　長	(5,23. 裁)**魁　陞**
教　育　司　長	(5,23. 裁)**涂鳳書**
實　業　司　長	(5,23. 裁)**金純德**
政　務　廳　長	(5,23. 設)**涂鳳書** 6,14. 任。
財　政　廳　長	(5,23. 設)**魁　陞** 5,25. 署。
省　會　警　察　廳　長	**高登甲**
特　派　交　涉　員	**張慶桐**
高　等　審　判　廳　長	**周玉柄**
高　等　檢　察　廳　檢　察　長	**張文翰**署；3,10. 免。**楊光湛** 3,10. 由吉林高等檢察長署。
國　稅　廳　籌　備　處　長	(5,23. 裁)**陳同紀**
榷　運　局　長	(12,23. 與吉林榷運局合併爲吉黑榷運局)**柴維桐**
龍　江　道　尹	(6,2. 設)**何　煜** 6,8. 任。
綏　蘭　道　尹	(6,16. 設)**于駟興** 6,18. 任。
黑　河　觀　察　使	(5,23. 改稱黑河道尹)**張壽增**

4. 黑龍江省職官年表

名 稱 ＼ 年 代	民國四年(1915年)
將 軍	朱慶瀾
巡 按 使	朱慶瀾兼署。
政 務 廳 長	涂鳳書
財 政 廳 長	魁 陞署;6,16. 免。唐宗愈 6,16. 任。
全 省 警 務 處 長	(11,11. 設)王順存 11,11. 任。
省 會 警 察 廳 長	高登甲 3,26. 調代通河縣知事。王順存 3,12. 任;4,1. 任;11,11. 調。王順存 11,11. 兼。
特 派 交 涉 員	張慶桐 10,14. 調任都護副使分充恰克圖佐理員。
高 等 審 判 廳 長	周玉柄
高等檢察廳檢察長	楊光湛署;12,16. 任。
龍 江 道 尹	何 煜
綏 蘭 道 尹	于馹興
黑 河 道 尹	張壽增 6,22. 調任都護副使分充恰圖佐理員。王 杜 6,23. 任。

4. 黑龍江省職官年表

年代 名稱	民國五年(1916年)
將 軍	(7,6. 改稱督軍)**朱慶瀾** 5,3. 調京;6,23. 免。**畢桂芳** 5,3. 署;6,23. 任; 7,6. 調任巡按使。**畢桂芳** 7,6. 兼署;7,31. 由巡按使任。
幫 辦 軍 務	**許蘭洲** 5,3. 任。
巡 按 使	(7,6. 改稱省長)**朱慶瀾** 兼署;5,3. 調京;6,23. 免。**畢桂芳** 5,3. 兼署;6, 23. 兼;7,6. 任;7,31. 調任督軍。**張國淦** 7,31. 任;8,11. 辭。**畢桂芳** 8, 11. 兼署。
政 務 廳 長	**涂鳳書** 5,7. 辭。**蔡運升** ⌢ 5,5. 代;5,16. 任。
財 政 廳 長	**唐宗愈** (魁昇 5,12. 署)
全 省 警 務 處 長	**王順存** 5,8. 免。**楊雲峰** ⌢ 5,10. 代;5,24. 任。
省 會 警 察 廳 長	**王順存** 兼;5,8. 免。**楊雲峰** ⌢ 5,10. 兼;5,24. 兼。
特 派 交 涉 員	**張壽增** 1,1. 任;5,26. 調任龍江道尹。**范其光** 5,28. 任。
高 等 審 判 廳 長	**周玉柄**
高 等 檢 察 廳 檢 察 長	**楊光湛**
龍 江 道 尹	**何 煜** (杜蔭田?,?. 代)5,26. 免。**張壽增** 5,26. 由特派交涉員任。
綏 蘭 道 尹	**于馴興**
黑 河 道 尹	**王 杜**

4. 黑龍江省職官年表

年代 名稱	民國六年(1917 年)
督　　軍	**畢桂芳** 7,26. 免。**鮑貴卿** 7,26. 任。
幫 辦 軍 務	**許蘭洲** 8,24. 調任將軍府參軍。
省　　長	**畢桂芳** 兼署;7,26. 免。**鮑貴卿** 7,26. 兼署。
政 務 廳 長	**蔡運升** 11,19. 免。**鄭　謙** 11,19. 任。
財 政 廳 長	**唐宗愈** (魁昇署;8,1. 免)8,1. 免。**王丕煦** 8,1. 任;11,27. 免。**董士恩** 11,27 由吉黑権運局長任。
教 育 廳 長	(9,6. 設)**劉　潛** 9,7. 任。
實 業 廳 長	(9,6. 設)**孟昭常** 9,8. 任。
全 省 警 務 處 長	**楊雲峰** 兼;8,23. 免。**張　仁** 8,23. 署。
省 會 警 察 廳 長	**楊雲峰** 兼;8,23. 免。**張　仁** 8,23. 兼署。
特 派 交 涉 員	**范其光** 8,7. 調任都護副使分充烏里雅蘇台佐理員;8,31. 調回本任。
高 等 審 判 廳 長	**周玉柄**
高 等 檢 察 廳 檢 察 長	**楊光湛**
龍 江 道 尹	**張壽增** 12,8. 調任黑河道尹。**王樹翰** 12,8. 署。
綏 蘭 道 尹	**于馹興** 12,8. 辭。**谷芝瑞** 12,8. 任。
黑 河 道 尹	**王　杜** 11,1. 免;**谷芝瑞** 11,1. 任;12,8. 調任綏蘭道尹。**張壽增** 12,8 任。

4. 黑龍江省職官年表

名 稱 ＼ 年 代	民國七年(1918 年)
督　　　　　軍	**鮑貴卿**
省　　　　　長	**鮑貴卿**兼署。
政　務　廳　長	**鄭　謙**
財　政　廳　長	**董士恩**
教　育　廳　長	**劉　潛**
實　業　廳　長	**孟昭常** 12,14. 免。**魏紹周** 12,14. 任。
全省警務處長	**張　仁**署。
省會警察廳長	**張　仁**兼署。
特　派　交　涉　員	**范其光**
黑龍江森林局長	(12,6. 設)**錢德芳** 12,7. 任。
黑龍江採金局長	(12,6. 設)**何守仁** 12,7. 任。
高　等　審　判　廳　長	**周玉柄**
高等檢察廳檢察長	**楊光湛**
龍　江　道　尹	**王樹翰**署。
綏　蘭　道　尹	**谷芝瑞**
黑　河　道　尹	**張壽增** 11,7. 免。**馬廷亮** 11,7. 任;12,12. 免。**施昭常** 12,12. 任。

4. 黑龍江省職官年表

年代 名稱	民國八年(1919年)
督　　　　軍	**鮑貴卿** 7,6. 調署吉林督軍。**孫烈臣** 7,6. 署；8,11. 任。
省　　　　長	**鮑貴卿** 兼；7,6. 免。**王樹翰** 7,25. 護。**孫烈臣** 8,11. 兼。
政　務　廳　長	**鄭　謙** 6,7. 免。**于馴興** 6,7. 任。
財　政　廳　長	**董士恩** 9,24. 調署吉林財政廳長。**劉尚清** 9,24. 署。
教　育　廳　長	**劉　潛** 1,23. 免。**廖宇春** 1,23. 任(鍾毓?,?. 代；譚士先?,?. 代)；9,25. 辭。**譚士先** 9,25. 署；9,30. 署。
實　業　廳　長	**魏紹周**
全省警務處長	**張　仁** 署；3,16. 任(車慶雲 7,?. 代)；10,29. 免。**宋文郁** 12,16. 署。
省會警察廳長	**張　仁** 兼署；3,16. 兼(車慶雲 7,?. 代)；10,29. 免。**宋文郁** 12,16. 兼署。
特　派　交　涉　員	**范其光** 3,13. 免。**鍾　毓** 3,13. 署；10,28. 任。
黑龍江森林局長	**錢德芳** 7,1. 免。**何守仁** 7,1. 任。
黑龍江採金局長	**何守仁** 7,1. 調。**王景福** 7,1. 任；8,21. 調任吉林森林局長。**董遇春** 8, 21. 任。
高　等　審　判　廳　長	**周玉柄** 10,16. 停職。**周詒柯** 10,19. 由廣東高等審判廳長署。
高等檢察廳檢察長	**楊光湛** 6,13. 調署奉天高等檢察長。**易恩侯** 6,13. 由陝西高等檢察長署。
龍　江　道　尹	**王樹翰** 署；2,18. 任。
綏　蘭　道　尹	**谷芝瑞**
黑　河　道　尹	**施昭常**

4. 黑龍江省職官年表

年 代　名 稱	民國九年(1920年)
督　　　　軍	**孫烈臣**署。
呼倫貝爾鎮守使	**張奎武**2,5. 任。
黑 河 鎮 守 使	**巴英額**6,24. 任。
省　　　　長	**孫烈臣**兼署。
政 務 廳 長	**于駟興**10,14. 調任森林局長。**朱佩蘭**10,14. 由森林局長任。
財 政 廳 長	**劉尚清**署;6,5. 任。
教 育 廳 長	**譚士先**署;7,22. 調任特派交涉員。**孫其昌**7,22. 署。
實 業 廳 長	**魏紹周**
全省警務處長	**宋文郁**署。
省會警察廳長	**宋文郁**兼署。
特 派 交 涉 員	**鍾　毓**2,5. 調任呼倫貝爾善後督辦。**施昭常**2,26. 任;7,22. 免。**譚士先**7,22. 由署教育廳長任。
黑龍江森林局長	**何守仁**(于駟興3,30. 代)5,8. 免。**朱佩蘭**5,8. 任;10,14. 調任政務廳長。**于駟興**10,14. 由政務廳長任。
黑龍江採金局長	**董遇春**
高 等 審 判 廳 長	**周詒柯**署;8,19. 調署京師高等檢查長。**安永昌**8,19. 由署陝西高等檢察長署;9,16. 回本任。**陳彰壽**9,16. 任;11,5. 免。**吳家駒**11,5. 署。
高等檢察廳檢察長	**易恩侯**署。
龍 江 道 尹	**王樹翰**
綏 蘭 道 尹	**谷芝瑞**
黑 河 道 尹	**施昭常**2,3免。**張壽增**2,3任。
呼倫貝爾善後督辦	**鍾　毓**2,5. 任。
呼倫貝爾副都統[①]	**貴　福**護;2,5. 任。

註①:呼倫貝爾副都統一缺參見呼倫貝爾特別區表。

4. 黑龍江省職官年表

名稱＼年代	民國十年(1921年)
督　　　軍	孫烈臣 3,12. 調署吉林督軍。吳俊陞 3,12. 署。
呼倫貝爾鎮守使	張奎武 9,19. 調任安泰鎮守使。張明九 9,19. 任。
黑河鎮守使	巴英額
綏海鎮守使	(7,28. 設)石得山 7,28. 任。
安泰鎮守使	(9,19. 設)張奎武 9,19. 任。
省　　　長	孫烈臣兼署;3,12. 調。吳俊陞 3,12. 兼署。
政務廳長	朱佩蘭 5,19. 免。史紀常 5,19. 任。
財政廳長	劉尚清 2,5. 免。榮　厚 2,5. 由吉林實業廳長任;7,26. 調任黑河道尹。董召棠 6,24. 任;7,26. 任。
教育廳長	孫其昌署;7,9. 調任吉林特派交涉員。于駟興 8,9. 署。
實業廳長	魏紹周 5,4. 免。董召棠 5,4. 署;6,24. ;7,26. 調任財政廳長。張星榆 6,24. 署;7,26. 署。
全省警務處長	宋文郁署;4,16. 調任龍江道尹。高雲崑 4,22. 署。
省會警察廳長	宋文郁兼署;4,16. 調。高雲崑 4,22. 兼署。
特派交涉員	譚士先
愛琿關監督	榮　厚 9,10. 兼;11,15. 調。宋文郁 11,29. 兼。
黑龍江森林局長	于駟興 8,9. 調署教育廳長。丁夢武 8,17. 署;8,31. 署。
黑龍江採金局長	董遇春
高等審判廳長	吳家駒署;12,31. 任。
高等檢察廳檢察長	易恩侯署;11,5. 任。
龍江道尹	王樹翰 4,16. 免。宋文郁 4,6. 視事;4,16. 任;11,22. 調任黑河道尹。董吉慶 11,?. 任。
綏蘭道尹	谷芝瑞
黑河道尹	張壽增 7,17. 調任濱江道尹。榮　厚 6,24. ;7,26. 由財政廳長任;11,15. 調任吉林財政廳長。宋文郁 11,22. 任。
呼倫貝爾善後督辦	鍾　毓 2,17. 免。程廷恒 2,17. 任。
呼倫貝爾副都統	貴　福

4. 黑龍江省職官年表

名　稱＼年　代	民國十一年(1922年)
督　　　　　軍	吳俊陞署。
東 北 保 安 副 司 令	吳俊陞 6,4. 任。
呼 倫 貝 爾 鎮 守 使	張明九
黑 河 鎮 守 使	巴英額
綏 海 鎮 守 使	石得山
安 泰 鎮 守 使	張奎武
省　　　　　長	吳俊陞兼署(于駟興 8,8. 代)。
政 務 廳 長	史紀常(何時去職不詳。翌年 2,27. 署奉天特派交涉員)
財 政 廳 長	董召棠
教 育 廳 長	于駟興署(王賓章 8,10. 代)。
實 業 廳 長	張星榆署;5,13. 任。
全 省 警 務 處 長	高雲崑署。
省 會 警 察 廳 長	高雲崑兼署。
特 派 交 涉 員	譚士先　郝延鍾 12,6. 代。
愛 琿 關 監 督	宋文郁兼。
黑 龍 江 森 林 局 長	丁夢武署;5,13. 任(去職時間不詳)。
黑 龍 江 採 金 局 長	董遇春
高 等 審 判 廳 長	吳家駒
高 等 檢 察 廳 檢 察 長	易恩侯
龍 江 道 尹	董吉慶
綏 蘭 道 尹	谷芝瑞 10,11. 辭。 常蔭廷 10,11. 署。
黑 河 道 尹	宋文郁
呼 倫 貝 爾 善 後 督 辦	程廷恒
呼 倫 貝 爾 副 都 統	貴福

説明:5月10日北京政府任吳俊陞爲奉天督軍;馮德麟爲江省督軍;史紀常爲江省省長。由於張作霖宣佈獨立,此令並未生效。

4. 黑龍江省職官年表

年代\名稱	民國十二年(1923年)
督　　　　軍	吴俊陞署。
東北保安副司令	吴俊陞
呼倫貝爾鎮守使	張明九
黑 河 鎮 守 使	巴英額
綏 海 鎮 守 使	石得山
安 泰 鎮 守 使	張奎武(去向不明) 李冠英?,?. 任。
省　　　　長	吴俊陞兼署(于馴興代)。
政 務 廳 長	張星桂(何時任職不詳)
財 政 廳 長	董召棠
教 育 廳 長	于馴興署(王賓章代)。
實 業 廳 長	張星榆
全 省 警 務 處 長	高雲崑署。
省 會 警 察 廳 長	高雲崑兼署。
特 派 交 涉 員	郝延鍾代。
愛 琿 關 監 督	宋文郁兼。
黑龍江森林局長	趙仲仁 1,1. 任。
黑龍江採金局長	董遇春
高 等 審 判 廳 長	吴家駒
高等檢察廳檢察長	易恩侯 2,27. 調署直隸高等審判廳長。邱廷舉 3,8. 署。
龍 江 道 尹	董吉慶?,?. 卒。張興仁 9,20. 署。
綏 蘭 道 尹	常蔭廷署。
黑 河 道 尹	宋文郁
呼倫貝爾善後督辦	程廷恒
呼倫貝爾副都統	貴　福

4. 黑龍江省職官年表

名　　稱 ＼ 年　代	民國十三年(1924年)
督　　　　　軍	(12,10 改稱督辦)**吳俊陞**署；12,10. 任。
東北保安副司令	**吳俊陞**
呼倫貝爾鎮守使	**張明九**
黑河鎮守使	**巴英額**
綏海鎮守使	**石得山** 7,4. 卒。**石青山** 7,4. 任。
安泰鎮守使	**李冠英**
省　　　　　長	**吳俊陞**兼署(于駟興代)。
政務廳長	**張星桂**
財政廳長	**董召棠**
教育廳長	**于駟興**署(王賓章代)。
實業廳長	**張星榆**
全省警務處長	**高雲崑**署。
省會警察廳長	**高雲崑**兼署。
特派交涉員	**郝延鍾** 6,30. 調任森林局長。**張壽增** 6,30. 署；11,22. 任。
愛琿關監督	**宋文郁**兼。
黑龍江森林局長	**趙仲仁** 6,30. 調。**郝延鍾** 6,30. 任；11,27. 調任札免採木公司理事長。**丁夢武** 11,22. 任。
黑龍江採金局長	**董遇春**
高等審判廳長	**吳家駒** 12,2. 調署京師高等檢察長。**馬德彝** 12,2. 由京師高等檢察長署。
高等檢察廳檢察長	**邱廷舉**署。
龍江道尹	**張興仁** 7,18. 調。**丁夢武** 7,18. 代；9,16. 調。**程廷恒** 9,16. 署。
綏蘭道尹	**常蔭廷**署。
黑河道尹	**宋文郁**
呼倫貝爾善後督辦	**程廷恒** 9,16. 調。**趙仲仁** 9,16. 署。
呼倫貝爾副都統	**貴　福**

4. 黑龍江省職官年表

名 稱 ＼ 年 代	民國十四年(1925 年)
督　　　　辦	吳俊陞
東北保安副司令	吳俊陞
呼倫貝爾鎮守使	張明九
黑河鎮守使	巴英額
綏海鎮守使	石青山
安泰鎮守使	李冠英　梁忠甲 ?,?. 任。
省　　　　長	吳俊陞兼署(于駟興代)。
政務廳長	張星桂 1,13. 調署財政廳長。程廷恒 1,13. 由龍江道尹署。
財政廳長	董召棠 1,13. 調署龍江道尹。張星桂 1,13. 署。
教育廳長	于駟興署(王賓章代)。
實業廳長	張星榆
全省警務處長	高雲崑署；8,26. 調任呼海鐵路總理。劉德權 8,26. 署。
省會警察廳長	高雲崑兼署；8,26. 調。劉德權 8,26. 兼署。
特派交涉員	張壽增
愛琿關監督	宋文郁兼。
黑龍江森林局長	丁夢武
黑龍江採金局長	董遇春
高等審判廳長	馬德彝署。
高等檢察廳檢察長	邱廷舉署。
龍江道尹	程廷恒 1,13. 調署政務廳長。董召棠 1,13. 由財政廳長署。
綏蘭道尹	常蔭廷署。
黑河道尹	宋文郁
呼倫貝爾善後督辦	(3,2. 改稱呼倫道尹)趙仲仁署。
呼倫貝爾副都統	貴　福

4. 黑龍江省職官年表

名　　稱＼年　代	民國十五年(1926年)
督　　　　　辦	吳俊陞
東北保安副司令	吳俊陞
呼倫貝爾鎮守使	張明九
黑 河 鎮 守 使	巴英額
綏 海 鎮 守 使	石青山
安 泰 鎮 守 使	梁忠甲
省　　　　　長	吳俊陞兼署(于馴興代)。
政 務 廳 長	程廷恒署；9,18.調充清鄉處總辦。汪維城9,18.署。
財 政 廳 長	張星桂署。
教 育 廳 長	于馴興署(王賓章代)。
實 業 廳 長	張星榆
全 省 警 務 處 長	劉德權署。
省 會 警 察 廳 長	劉德權兼署。
特 派 交 涉 員	張壽增⌒5,1.調署黑河道尹。常蔭廷⌒5,1.由綏蘭道尹署。
愛 琿 關 監 督	宋文郁兼；3,12.調。章　霖3,20.護。張壽增⌒5,1.兼。
黑龍江森林局長	丁夢武
黑龍江採金局長	董遇春
高 等 審 判 廳 長	馬德彝署；1,13.調部任用。邱廷舉1,9.署；9,18.停職。李樹滋?,?.代(9,⌒25.就任)。
高等檢察廳檢察長	邱廷舉署；1,9.調。王錫九1,9.署。
龍 江 道 尹	董召棠署。
綏 蘭 道 尹	常蔭廷3,12.調。宋文郁3,12.署。
黑 河 道 尹	宋文郁3,12.調。常蔭廷3,⌒12.署；⌒5,1.調署特派交涉員。張壽增⌒5,1.署。
呼 倫 道 尹	趙仲仁署。
呼倫貝爾副都統	貴 福

4. 黑龍江省職官年表

名 稱 ＼ 年 代	民國十六年(1927 年)
督　　　辦	吳俊陞
東 北 保 安 副 司 令	吳俊陞
呼 倫 貝 爾 鎮 守 使	張明九
黑 河 鎮 守 使	巴英額
綏 海 鎮 守 使	石青山
安 泰 鎮 守 使	梁忠甲
興 東 鎮 守 使	(10,8. 設)彭金山 10,15. 任。
省　　　長	吳俊陞兼署(于馹興代)。
政 務 廳 長	汪維城署;3,17. 任;7,9. 調。王玉科 7,9. 署。
財 政 廳 長	張星桂署;3,17. 任。
教 育 廳 長	于馹興署(王賓章代)。
實 業 廳 長	張星榆 7,8. 卒。汪維城 7,9. 署。
全 省 警 務 處 長	劉德權署;3,16. 任。
省 會 警 察 廳 長	劉德權兼署;3,16. 兼。
特 派 交 涉 員	常蔭廷署;3,18. 任。
愛 琿 關 監 督	張壽增兼。
黑 龍 江 森 林 局 長	丁夢武
黑 龍 江 採 金 局 長	董遇春
高 等 審 判 廳 長	李樹滋代;3,18. 署。
高 等 檢 察 廳 檢 察 長	王錫九署;3,18. 任。
龍 江 道 尹	董召棠署;3,17. 任。常蔭廷 8,27. 代。
綏 蘭 道 尹	宋文郁署;3,17. 任。
黑 河 道 尹	張壽增署;3,17. 任。
呼 倫 道 尹	趙仲仁署;3,17. 任。
呼 倫 貝 爾 副 都 統	貴 福

4. 黑龍江省職官年表

名稱＼年代	民國十七年(1928年)12月31日之前
督辦	**吴俊陞**6,4.卒。**吴泰來**△6,5.由十八師師長護;6,8.視事;△6,20.調。**萬福麟**△6,20.代;△6,25.視事。
東北保安副司令	**吴俊陞**
黑龍江保安司令	**萬福麟**△6,21.任。
呼倫貝爾鎮守使	**張明九**△8,?.調。**張殿九**△8,?.任。
黑河鎮守使	**巴英額**
綏海鎮守使	(8,4.裁)**石青山**
安泰鎮守使	(?,?.裁)**梁忠甲**　**石青山**8,3.兼。
興東鎮守使	(?,?.裁)**彭金山**△2,?.被捕。**張殿九**△2,?.任;△8,?.調。**張明九**△8,?.任。
省長	**吴俊陞**兼署(于駟興代);6,4.卒。**于駟興**代。**常蔭槐**△7,22.任。
政務廳長	**王玉科**署;5,22.任。△8,3.調署特派交涉員。**馬景桂**8,3.署。
財政廳長	**張星桂**△8,3.調任森林局長。**龐作屏**△8,3.署。
教育廳長	**于駟興**署(王賓章代)。**王賓章**代;8,3.調任軍政兩署參議。**潘景武**8,3.署。
實業廳長	**汪維城**署;5,22.任;△8,3.調。**高家驥**△8,3.署。
秘書長	**張季霙**△8,2.任。
全省警務處長	**劉德權**8,4.辭。**孫潤庠**8,4.由巴彥縣知事署。
省會警察廳長	**劉德權**兼;△8,4.辭。**孫潤庠**△8,4.兼署。**梁　横**△8,?.任。
特派交涉員	**常蔭廷**3,14.調署龍江道尹。**李興唐**△3,14.署;△8,3.調任軍政兩署參議。**王玉科**△8,3.由政務廳長署。
愛琿關監督	**張壽增**兼。
黑龍江森林局長	(以後不録)**丁夢武**△8,3.調任廣信公司總辦。**張星桂**△8,3.任。
黑龍江採金局長	(以後不録)**董遇春**
高等審判廳長	**李樹滋**署;△4,12.任(去職時間不詳)。
高等檢察廳檢察長	**王錫九**　**秦超海**?,?.代。
龍江道尹	**常蔭廷**代;△3,14.署;8,3.辭。**李彭年**△8,3.代。
綏蘭道尹	**宋文郁**
黑河道尹	**張壽增**
呼倫道尹	**趙仲仁**
呼倫貝爾副都統	**貴　福**

4. 黑龍江省職官年表

名 稱 ＼ 年 代	民國十七年(1928年)12月31日
東北邊防軍駐江副司令長官	萬福麟 12,31. 任。
呼倫貝爾鎮守使	張殿九
黑河鎮守使	巴英額
委　　　員	常蔭槐　馬景桂　龐作屏　潘景武　陳耀先　高家驥　孫潤庠　李彭年　蘇炳文　宋文郁　萬國賓 以上 12,31. 任。
主　　　席	常蔭槐 12,31. 兼。
政　務　廳　長	馬景桂 12,31. 兼。
財　政　廳　長	龐作屏 12,31. 兼。
教　育　廳　長	潘景武 12,31. 兼。
建　設　廳　長	陳耀先 12,31. 兼。
農　礦　廳　長	高家驥 12,31. 兼。
秘　書　長	張季霙
全省警務處長	孫潤庠
省會警察廳長	梁　橫
特　派　交　涉　員	王玉科 署。
愛　琿　關　監　督	張壽增 兼。
高　等　審　判　廳　長	
高等檢察廳檢察長	秦超海 代。
龍　江　道　尹	李彭年 代。
綏　蘭　道　尹	宋文郁
黑　河　道　尹	張壽增
呼　倫　道　尹	趙仲仁
呼倫貝爾副都統	貴　福

4. 黑龍江省職官年表

名稱＼年代	民國十八年（1929年）
東北邊防軍駐江副司令長官	萬福麟
呼倫貝爾鎮守使	張殿九
黑河鎮守使	巴英額
委員	常蔭槐 1,10. 卒。萬福麟 1,11. 代；2,9. 任。馬景桂　龐作屛　潘景武　陳耀先 5,13. 免。高家驥　孫潤庠 5,13. 免。李彭年 5,13. 免。蘇炳文　宋文郁　萬國賓　劉廷選 5,8. 代；5,13. 任。竇聯芳 5,8. 代；5,13. 任。袁慶恩 5,8. 代；5,13. 任。陶經武 5,8. 代。
主席	常蔭槐兼；1,10. 卒。萬福麟① 1,11. 代；2,9. 兼。
民政廳長	馬景桂兼；3,9. 調；5,13. 調。劉廷選 3,9. 兼；5,13. 兼。
財政廳長	龐作屛兼。
教育廳長	潘景武兼；2,14. 調；5,13. 調。高家驥 2,14. 兼；5,13. 兼。
建設廳長	陳耀先兼；5,13. 免。潘景武 3,9. 兼；5,13. 兼。
農礦廳長	高家驥兼；2,14. 調；5,13. 調。潘景武 2,14. 兼；3,9 調。馬景桂 3,9. 兼；5,13. 兼。
秘書長	張季霙 1,14. 改任軍政兩署參議。汪維城 1,14. 代；2,16. 任；8,12. 任。
全省警務處長	（2,15. 改稱公安管理處長；10,7. 復稱全省警務處長）孫潤庠 1,31. 調任松浦市政局長。竇聯芳 1,31. 署。
省會警察廳長	（2,15. 改稱省會公安局長）梁橫
特派交涉員	王玉科署；11,5. 任。
愛琿關監督	張壽增
高等法院②　院長	王錫九 ?,?. 任。
高等法院②　首席檢察官	秦超海代。婁學謙 ?,?. 任。
龍江道尹	（2,15. 之前裁）李彭年代；1,4. 調任烟酒事務局長。
綏蘭道尹	（2,15. 之前裁）宋文郁
黑河道尹	（2,15. 之前裁）張壽增
呼倫道尹	（2,15. 之前裁）趙仲仁
黑河市政籌備處長	張壽增 2,14. 任。
呼倫市政籌備處長	趙仲仁 2,14. 任。
呼倫貝爾副都統	貴福

註①：萬福麟1月11日代，2月9日兼。1月11日代爲東北當局下令；2月9日兼爲中央下令。

註②：是年年初按國民政府官制改組。

4. 黑龍江省職官年表

名 稱 \ 年 代	民國十九年(1930年)
東北邊防軍駐江副司令長官	萬福麟
呼倫貝爾鎮守使	(?,?. 裁)張殿九
黑河鎮守使	(?,?. 裁)巴英額
呼倫貝爾警備司令	(?,?. 設)蘇炳文?,?. 任。
黑河警備司令	(?,?. 設)馬占山?,?. 任
委　員	萬福麟　馬景桂　龐作屏　潘景武　高家驥　蘇炳文 宋文郁　萬國賓　劉廷選　竇聯芳　袁慶恩　陶經武
主　席	萬福麟兼。
民政廳長	劉廷選兼。
財政廳長	龐作屏兼。
教育廳長	高家驥兼。
建設廳長	潘景武兼。
農礦廳長	馬景桂兼。
秘書長	汪維城
全省警務處長	竇聯芳
省會公安局長	梁　横
特派交涉員	(4,1. 裁)王玉科
愛琿關監督	張壽增兼;12,?. 調。
高等法院　院長	王錫九
高等法院　首席檢察官	婁學謙
黑河市政籌備處長	張壽增12,?. 調任中蘇會議專門委員。齊肇豫12,?. 代。
呼倫市政籌備處長	趙仲仁
呼倫貝爾副都統	貴　福

91

4. 黑龍江省職官年表

名 稱 　　年 代	民國二十年(1931 年)
東北邊防軍駐江副司令長官	萬福麟 11,17. 免。 馬占山 10,10. 兼代(20 日就職)。
呼倫貝爾警備司令	蘇炳文
黑河警備司令	馬占山　王南屏 10,?. 任。
江省警備司令	朴炳珊[①] 10,20. 任。
委　員	萬福麟 11,17. 免。 馬占山 10,10. 代;11,17. 任。 馬景桂　龐作屏 潘景武　高家驥 1,5. 免。 蘇炳文 5,30. 免。 宋文郁 5,30. 免。 萬國賓　竇聯芳　袁慶恩　陶經武　鄭林皋 1,15. 任。 許光曜 4,18. 任;5,30. 任。 趙仲仁 5,30. 任。
主　席	萬福麟兼;11,17. 免。 馬占山 10,10. 代;11,17. 兼。
民政廳長	劉廷選兼。
財政廳長	龐作屏兼。
教育廳長	高家驥兼;1,15. 免。 鄭林皋 1,15. 兼。
建設廳長	潘景武兼;4,18. 免;5,30. 免。 許光曜 4,18. 兼;5,30. 兼。
農礦廳長	(9,8. 改稱實業廳長)馬景桂兼;9,8. 免。 許光曜 9,8. 兼。
秘書長	汪維城　董文瑞 10,21. 代。
全省警務處長	竇聯芳
省會公安局長	梁　橫　劉允升 ?,?. 由省會公安局督察長代。
愛琿關監督	齊肇豫 ?,?. 代。
高等法院	院　長	王錫九
	首席檢察官	婁學謙
黑河市政籌備處長	齊肇豫代。
呼倫市政籌備處長	趙仲仁　高家驥 ?,?. 任。
呼倫貝爾副都統	貴　福

註①：朴爲"檏素"之"檏"音，並非"瓢"音。

4. 黑龍江省職官年表

名稱 ＼ 年代	民國二十一年(1932年)
委　　　員	**馬占山** **韓立如** 5,3. 任。**郎官普** 5,3. 任。**鄒邦傑** 5,3. 任。**周維泰** 5,3. 任。
主　　　席	**馬占山**
民 政 廳 長	**韓立如** ?,?. 代(4,21. 啓用關防);5,3. 由原蘿北縣長兼。
財 政 廳 長	**郎官普** ?,?. 代(4,21. 啓用關防);5,3. 由黑河市政籌備處長兼。
教 育 廳 長	**鄒邦傑** ?,?. 代(4,21. 啓用關防);5,3. 由愛琿縣長兼。
實 業 廳 長	**周維泰** ?,?. 代(4,21. 啓用關防);5,3. 由原黑河豐源金礦經理兼。
秘 書 長	**周德鈺** 6,2. 任。
警 務 處 長	**韓立如** ?,?. 兼。**李俊卿** ?,?. 由原第三旅副官長任。
黑河市政籌備處長	**郎官普** ?,?. 由原黑河縣長任。

説明:1932年1月1日張景惠就任偽黑龍江省長,隨之馬占山動搖並參加偽政權。原黑龍江省主要官員因之投敵。4月,馬氏再揭抗日義旗,5月在黑河重組省政府,並得到中央加委。12月5日,黑龍江省政府停止工作。

5. 熱河地方職官年表

名　稱　　　　　　年　代	民國元年(1912 年)
都　統	**錫　良** 2,9. 免。**昆　源** 2,9. 由三姓副都統署。**姜桂題** 4,6. 任(昆源署)。**熊希齡** 12,22. 任(昆源署)。
熱河道	**徐士佳** 1,9. 免。**王迺斌** 1,9. 任。

5. 熱河地方職官年表

名　稱　＼　年　代	民國二年(1913 年)
都　　　　　統	**熊希齡** 7,31. 改任國務總理。**姜桂題** 8,1. 署(舒和鈞護);10,5. 兼督辦熱河北邊防務。
赤　峰　鎮　守　使	(7,21. 設)**陳光遠** 7,21. 任。
經棚林西鎮守使	(11,7. 設;12,19. 改稱林西鎮守使)**米振標** 11,7. 任。
軍　務　廳　長	(5,10. 設;12,31. 裁)**舒和鈞** 5,18. 任。
內　務　廳　長	(5,10. 設;12,31. 裁)**李大鈞** 5,18. 任;9,12. 調任國務院秘書。**胡家鈺** 9,12. 任。
財　政　廳　長	(5,10. 設;12,31. 裁)**趙廷揚** 5,18. 任。
教　育　廳　長	(5,10. 設;9,30. 裁)**胡家鈺** 5,18. 任;9,12. 調。
實　業　廳　長	(5,10. 設;9,30. 裁)**楊　楷** 5,18. 任。
蒙　旗　廳　長	(5,10. 設;12,31. 裁)**希里薩喇** 5,18. 任(張秉彝?,?. 代)。**張秉彝** 11,7. 署。
外　交　專　員	(5,10. 設;9,30. 裁)**祝毓英** 5,18. 任。
司　法　籌　備　專　員	(5,10. 設;9,30. 裁)**王克家** 5,18. 任。
國稅廳籌備分處長	**羅振方** 5,31. 任;9,4. 代理農林次長。**趙廷揚** 9,14. 兼。
熱河警察廳長	**馮夢雲** 9,15. 任。
権　運　局　長	**歐本麟** 4,23. 由湘岸権運局長任;9,9. 調任宜昌権運局長。**趙廷揚** 9,9. 兼。
熱　河　道	(1,8. 改稱熱河觀察使;5,10. 裁)**王迺斌**
赤　峰　觀　察　使	(5,10. 設)
朝　陽　觀　察　使	(5,10. 設)

5. 熱河特別区職官年表

名　　稱 ＼ 年　代	民國三年(1914 年)
都　　　　　統	**姜桂題**署(舒和鈞護)；6,30. 任昭武上將軍兼。
赤　峰　鎮　守　使	(5,21. 裁)**陳光遠**
林　西　鎮　守　使	**米振標**
會辦熱河防剿事宜	(5,21. 設；9,30. 裁)**陳光遠** 5,21. 任。
軍　務　廳　長	(1,1. 設；7,6. 裁)**舒和鈞** 1,13. 任。
民　政　廳　長	(1,1. 設；7,6. 裁)**戚朝卿** 1,13. 任。
軍　務　處　長	(7,6. 設)**舒和鈞** 9,14. 兼。
總　務　處　長	(7,6. 設)**譚椒馨** 9,1. 兼。
國稅廳籌備分處長	(5,23. 裁)**趙廷揚**兼。**陸鍾岱** 1,14. 兼。
榷　運　局　長	(裁撤時間不詳)**趙廷揚**兼。**陸鍾岱** 1,14. 兼。
財　政　分　廳　長	(6,5. 設)**陸鍾岱** 6,18. 任。
熱　河　警　察　廳　長	**馮夢雲**
審　判　處　長	(5,21. 設)**戚朝卿** 7,16. 兼。
赤　峰　觀　察　使	(5,23. 改觀察使爲道尹；7,6. 裁)
朝　陽　觀　察　使	(5,23. 改觀察使爲道尹；7,6. 裁)
熱　河　道　尹	(7,6. 設)**戚朝卿** 7,8. 任。

説明:1 月 1 日設熱河特別區。

5. 熱河特別区職官年表

年代 名稱	民國四年(1915年)
都　　統	姜桂題兼。
林西鎮守使	米振標
軍務處長	舒和鈞
總務處長	譚椒馨
財政分廳長	陸鍾岱 3,2.卒。王得庚 3,8.任;11,1.辭。劉鳳鑣 11,1.署。
熱河警察廳長	馮夢雲
審判處長	戚朝卿兼。
熱河道尹	戚朝卿

5. 熱河特別区職官年表

名　　　稱　　＼　　　年　代	民國五年(1916 年)
都　　　　統	**姜桂題**兼。
林 西 鎮 守 使	**米振標**
朝 陽 鎮 守 使	(7,4. 設)**殷　貴** 7,4. 任。
軍 務 處 長	**舒和鈞**
總 務 處 長	**譚椒馨**
財 政 分 廳 長	**劉鳳鑣**署。
全 區 警 務 處 長	(10,4. 設)**馮夢雲** 10,4. 任。
熱 河 警 察 廳 長	**馮夢雲** 10,4. 調。**馮夢雲** 10,4. 兼。
審 判 處 長	**戚朝卿**兼。
熱 河 道 尹	**戚朝卿**

5. 熱河特別区職官年表

年代 名稱	民國六年(1917年)
都　　　統	姜桂題兼。
林西鎮守使	米振標
朝陽鎮守使	殷　貴
軍　務　處　長	舒和鈞
總　務　處　長	譚椒馨
財　政　分　廳　長	(4,16.去掉分字)劉鳳鑣
全區警務處長	馮夢雲
熱河警察廳長	馮夢雲兼。
審　判　處　長	戚朝卿兼。
熱　河　道　尹	戚朝卿

5. 熱河特別区職官年表

名　　稱＼年　代	民國七年(1918年)
都　　　　統	姜桂題
林 西 鎮 守 使	米振標
朝 陽 鎮 守 使	殷　貴
軍 務 處 長	舒和鈞
總 務 處 長	譚椒馨
財 政 廳 長	劉鳳鑣
全區警務處長	馮夢雲
熱河警察廳長	馮夢雲兼。
審 判 處 長	戚朝卿兼。
熱 河 道 尹	戚朝卿

5. 熱河特別区職官年表

名　　稱 ＼ 年　代	民國八年(1919 年)
都　　　　統	姜桂題
林 西 鎮 守 使	米振標
朝 陽 鎮 守 使	殷　貴
軍 務 處 長	舒和鈞
總 務 處 長	譚椒馨 3,21. 免。馮祖德 3,21. 任。
財 政 廳 長	劉鳳鑣 1,27. 免。譚椒馨 1,27. 署。
全 區 警 務 處 長	馮夢雲
熱 河 警 察 廳 長	馮夢雲兼。
審 判 處 長	戚朝卿兼。
熱 河 道 尹	戚朝卿

5. 熱河特別区職官年表

名　称　＼　年　代	民國九年(1920年)
都　　　統	姜桂題
林西鎮守使	米振標
朝陽鎮守使	殷　貴
軍務處長	舒和鈞
總務處長	馮祖德
財政廳長	譚椒馨署。
全區警務處長	馮夢雲
熱河警察廳長	馮夢雲兼。
審判處長	戚朝卿兼。
熱河道尹	戚朝卿

5. 熱河特別区職官年表

名 稱 ＼ 年 代	民國十年(1921年)
都 統	**姜桂題**9,10. 調任陸軍檢閱使。**汲金純**9,10. 任。
林 西 鎮 守 使	**米振標**11,12. 免。**楊德生** ⌢10,?. 任。
朝 陽 鎮 守 使	**殷 貴**
軍 務 處 長	**舒和鈞**
總 務 處 長	(12,18. 改設政務廳長)**馮祖德**11,22. 辭。**李心曾**11,22. 任。
財 政 廳 長	**譚椒馨**署;1,22. 免。**白承頤**1,22. 任;10,25. 免。**欒駿聲**10,25. 任。
全 區 警 務 處 長	**馮夢雲**
熱 河 警 察 廳 長	**馮夢雲**兼。
特 派 交 涉 員	(5,21. 改赤峰交涉員設)**張翼廷**5,28. 任。
審 判 處 長	**戚朝卿**兼;11,8. 辭。**李心曾**11,29. 署。
熱 河 道 尹	**戚朝卿**11,8. 辭。**李心曾**?,?. 任。
熱 河 林 墾 督 辦	**張 勳**1,26. 任(未就)。

5. 熱河特別区職官年表

年代 名　稱	民國十一年(1922年)
都　　　統	**汲金純** 5,29. 免。**王懷慶** 5,29. 兼。
幫 辦 軍 務	**米振標** 5,29. 任。
林 西 鎮 守 使	(8,31. 改稱赤林鎮守使)**楊德生　李鬱周　張殿如** 6,2. 任。
朝 陽 鎮 守 使	**殷　貴**
軍 務 處 長	**舒和鈞** 2,16. 辭。**關寶祥** 2,16. 任。**張廣熙** 12,20. 任。
政 務 廳 長	**李心曾** 5,?. 離熱。**湯銘彝** 8,16. 任。
財 政 廳 長	**欒駿聲** 7,14. 免。**王世榮** 7,14. 任。
全區警務處長	**馮夢雲** 2,8. 辭。**王文藻** 2,8. 兼;夏,卒。
熱河警察廳長	**馮夢雲**兼;2,8. 辭。**王文藻**
特 派 交 涉 員	**張翼廷** 4,19. 辭。**張秉彝** 4,19. 任。
審 判 處 長	**李心曾**署。**朱重慶** 8,24. 署。
熱 河 道 尹	**李心曾** 5,?. 離熱。**劉景沂** 8,16. 任。
熱河林墾督辦	**張　勳**(未就)

5. 熱河特別区職官年表

名　　稱 ＼ 年　代	民國十二年(1923年)
都　　　　　統	王懷慶兼。
幫　辦　軍　務	米振標
赤　林　鎮　守　使	張殿如
朝　陽　鎮　守　使	殷　貴?,?.卒。龔漢治8,28.任。
軍　務　處　長	張廣熙
政　務　廳　長	湯銘彝　陸長廙11,1.任
財　政　廳　長	王世榮
全區警務處長	李傳勳8,14.任。
熱河警察廳長	李傳勳8,14.兼。
特　派　交　涉　員	張秉彝
審　判　處　長	朱重慶署。
熱　河　道　尹	劉景沂
熱河林墾督辦	張　勳(未就)9,12.卒。

5. 熱河特別区職官年表

名　稱 ＼ 年　代	民國十三年(1924 年)
都　　　統	**王懷慶**兼;7,1. 免。**米振標**7,1. 署;12,11. 免。**李景林** 11,2. 任。**闞朝璽** 12,11. 署。
幫　辦　軍　務	(7,1. 裁;9,17. 設;11,18. 裁)**米振標**7,1. 調。**劉富有** 9,17. 任;10,3. 免。
赤　林　鎮　守　使	(9,17. 裁)**張殿如**
赤　開　護　軍　使	(9,17. 設;11,18. 裁)**張殿如** 9,17. 任。
開　綏　鎮　守　使	(9,17. 設)**張連同** 9,17. 任。
朝　陽　鎮　守　使	**龔漢治**(離任時間不詳) **楊德生** 12,3. 前往視事。
軍　務　處　長	**張廣熙**8,24. 免。**郭鳳書**8,24. 任。**高金山** 11,?. 任。
政　務　廳　長	**陸長廕**8,4. 免。**孫文漢**8,4. 任
財　政　廳　長	**王世榮**10,4. 免。**陳賡虞**10,4. 署。
全區警務處長	**李傳勳　邱鍾岳**?,?. 署。
熱河警察廳長	**李傳勳**兼。**邵　侃**?,?. 署;12,19. 赴任。
特　派　交　涉　員	**張秉彝**
審　判　處　長	**朱重慶**署;6,5. 任。
熱　河　道　尹	**劉景沂　趙運昌**11,?. 任。
熱河林墾督辦	(11,8. 裁)**曹　鍈** 1,22. 任。

5. 熱河特別区職官年表

名　　稱 ＼ 年　代	民國十四年(1925年)
都　　　　　統	**闞朝璽** 11,30. 離熱；12,4. 免。**宋哲元** 12,4. 任。
承 平 鎮 守 使	(設、裁時間不詳)**張鵬飛** 4,?. 任；?,?. 改任朝陽鎮守使。
開 綏 鎮 守 使	**張連同**
朝 陽 鎮 守 使	**楊德生　陳九芝**(隨闞撤退) **張鵬飛**?,?. 任。
軍 務 處 長	**高金山　王守中** 7,28. 署(去職時間不詳)。
政 務 廳 長	**孫文漢** 2,11. 免。**尹壽松** 2,11. 任(離任時間不詳)。
財 政 廳 長	**陳賡虞**署；2,10. 免。**高寶忠** 2,10. 署(離任時間不詳)。
教 育 廳 長	**劉聚五**?,?. 任(羅振邦代；離任時間不詳)。
實 業 廳 長	**洪維國** 11,5. 任(離任時間不詳)。
全 區 警 務 處 長	**邱鍾岳**署；2,16. 任(離任時間不詳)。
熱 河 警 察 廳 長	**邵　侃**署；4,10. 任(離任時間不詳)。
特 派 交 涉 員	**張秉彝** 2,16. 免。**劉明源** 2,16. 署(離任時間不詳)。
審 判 處 長	**朱重慶**(離任時間不詳) **黨積齡** 12,27. 署。
熱 河 道 尹	**趙運昌**(離任時間不詳)

5. 熱河特別区職官年表

名　　　称 ＼ 年　代	民國十五年(1926年)
都　　　　　統	宋哲元(離任時間不詳) 湯玉麟 4,5. 署。
開 綏 鎮 守 使	(?,?. 裁)張連同
朝 陽 鎮 守 使	(?,?. 裁)張鵬飛
軍 務 處 長	張維藩 3,10. 任。李樹春 ?,?. 任。
政 務 廳 長	屠義源 2,24. 任。牛　蘭 ?,?. 任
財 政 廳 長	李象臣 3,16. 署。姜承業 ?,?. 署。
教 育 廳 長	虞銘新 1,26. 任。鄭慶餘 ?,?. 任。
實 業 廳 長	張秉彝 ?,?. 任。
全 區 警 務 處 長	劉子誠 3,14. 署。應大鉬 ?,?. 任。
熱 河 警 察 廳 長	劉子誠 3,14. 兼。應大鉬 ?,?. 兼。
特 派 交 涉 員	王守德 2,4. 任。裴子晏 ?,?. 任。
審 判 處 長	黨積齡 署；8,26. 調任察哈爾審判處長。張永德 8,26. 署。
熱 河 道 尹	范慶煦 2,23. 任。李世藩 ?,?. 任。

5. 熱河特別区職官年表

名 称 ＼ 年 代	民國十六年(1927年)
都　　　統	湯玉麟署;8,18.任。
赤林鎮守使	(?,?.設)劉山勝
軍務處長	李樹春
政務廳長	牛　蘭　牛　蘭9,8.任。
財政廳長	姜承業署。
教育廳長	鄭慶餘　鄭慶餘9,17.任;?,?.卒。
實業廳長	張秉彝　張秉彝9,24.任。
全區警務處長	應大鉬　應大鉬9,8.任。
熱河警察廳長	應大鉬　應大鉬9,8.兼。
特派交涉員	裴子晏　裴子晏9,13.任。
審判處長	張永德署;12,17.任。
熱河道尹	李世藩　楊國棟9,8.任;?,?.卒。

5. 熱河特別区職官年表

名　稱 ＼ 年　代	民國十七年(1928年)12月30日之前
都　　　統	**湯玉麟**
熱河保安司令	**湯玉麟** 7,3. 推戴。
赤林鎮守使	(?,?. 裁) **劉山勝**
軍務處長	(2,22. 改稱軍務廳長) **李樹春**
政務廳長	**牛　蘭** 4,3. 免。 **張翼廷** 4,3. 任。
財政廳長	**姜承業** 署;3,29. 任。
教育廳長	
實業廳長	**張秉彝**
全區警務處長	**應大鈿**
熱河警察廳長	**應大鈿** 兼。
特派交涉員	**裴子晏**
審判處長	**張永德**
熱河道尹	**梁國棟** 1,2. 任;1,19. 任(12,31. 改任建設廳長)。

説明:9月17日熱河特別區改爲熱河省。

5. 熱河省職官年表

年代 名 稱	民國十七年(1928年)12月31日
委　　　員	**湯玉麟　邧克莊　佟兆元　梁國棟　李元著　金鼎臣** 以上 12,31. 任。
主　　　席	**湯玉麟** 12,31. 兼。
民 政 廳 長	**邧克莊** 12,31. 兼。
財 政 廳 長	**佟兆元** 12,31. 兼。
教 育 廳 長	
建 設 廳 長	**梁國棟** 12,31. 兼。
全區警務處長	**應大鈿**(離職時間不詳)
熱河警察廳長	**應大鈿** 兼(離職時間不詳)。
特 派 交 涉 員	**裴子晏**
審 判 處 長	**張永德**
熱 河 道 尹	

5. 熱河省職官年表

名　稱 ＼ 年　代		民國十八年(1929 年)
委　員		湯玉麟　邴克莊 11,?. 辭；1930,3,7. 免。佟兆元 6,12. 免。梁國棟　李元著　金鼎臣　姜承業 6,12. 任。張秉彝 11,?. 任；1930,3,7. 任。
主　席		湯玉麟兼。
民政廳長		邴克莊兼；11,?. 免。張秉彝 11,?. 兼。
財政廳長		佟兆元兼；6,12. 免。姜承業 1,19. 代；6,12. 兼。
教育廳長		張翼廷 6,12. 兼。
建設廳長		梁國棟兼。
秘書長		李樹春 8,12. 任。
全省警務處長		(2,1. 改稱省公安管理處長；10,7. 復稱全省警務處長)張貴良 ?,?. 任。
熱河警察廳長		(2,1. 改稱省會公安局長)張貴良 ?,?. 兼。
特派交涉員		裴子晏 ?,?. 卒。孫廷弼 ?,?. 代。李效朋 12,18. 任。
熱河道尹		(2,15. 之前裁)
高　等 法　院①	院　長	張永德
	首席檢察官	劉世奇 8,24. 到任。

註①：是年年初按國民政府官制改組。

112

5. 熱河省職官年表

名　稱＼年　代	民國十九年(1930 年)
委　　　員	湯玉麟　梁國棟　李元著　金鼎臣　姜承業　張翼廷　張秉彝
主　　　席	湯玉麟兼。
民 政 廳 長	張秉彝兼。
財 政 廳 長	姜承業兼。
教 育 廳 長	張翼廷兼。
建 設 廳 長	梁國棟兼。
秘 書 長	李樹春
全省警務處長	張貴良
省會公安局長	張貴良兼。
特 派 交 涉 員	(4,1. 裁)李效朋
高 等 法 院　院　長	張永德
首席檢察官	劉世奇

5. 熱河省職官年表

名　稱 ＼ 年　代	民國二十年(1931 年)
委　　　員	湯玉麟　梁國棟 5,1. 免。李元著　金鼎臣　姜承業　張翼廷 張秉彝　李樹春 5,1. 任。
主　　　席	湯玉麟兼。
民 政 廳 長	張秉彝兼。
財 政 廳 長	姜承業兼。
教 育 廳 長	張翼廷兼。
建 設 廳 長	梁國棟兼;5,1. 免。李樹春 5,1. 兼。
秘　書　長	李樹春 5,1. 調任建設廳長。談國楫 5,1. 任。
全省警務處長	張貴良
省會公安局長	張貴良兼。
高 等 法 院　院　　　長	張永德
高 等 法 院　首席檢察官	劉世奇

5. 熱河省職官年表

年代 名　稱		民國二十一年（1932 年）
委　　　員		湯玉麟　李元著 1,31. 免。金鼎臣　姜承業 11,19. 免。張翼廷 張秉彝　李樹春　湯佐輔 1,31. 任。張貴良 11,19. 任。
主　　　席		湯玉麟兼。
民 政 廳 長		張秉彝兼。
財 政 廳 長		姜承業兼;4,6. 免。湯佐輔 4,6. 兼。
教 育 廳 長		張翼廷兼。
建 設 廳 長		李樹春兼。
秘 書 長		談國楫
全省警務處長		張貴良
省會公安局長		張貴良兼。
高　等 法　院	院　　長	張永德
	首席檢察官	劉世奇

5. 熱河省職官年表

名　　　稱 ＼ 年　代	民國二十二年(1933 年)
委　　　員	湯玉麟　金鼎臣　張翼廷　張秉彝　李樹春　湯佐輔　張貴良
主　　　席	湯玉麟兼。
民 政 廳 長	張秉彝兼。
財 政 廳 長	湯佐輔兼。忠　芳 2,7.任。
教 育 廳 長	張翼廷
建 設 廳 長	李樹春
秘　書　長	談國楫
全省警務處長	張貴良
省會公安局長	張貴良兼。
高 等 法 院　院　　長	張永德
高 等 法 院　首席檢察官	劉世奇

116

6. 呼倫貝爾特別區職官年表

名　稱＼年　代	民國四年(1915 年)
副 都 統	**勝　福**11,16. 任。
幫辦旗務	**車和雅**12,18. 任。

説明:11 月 6 日中俄簽訂《呼倫條約》,規定呼倫貝爾爲直隸中央政府的特別區。

6. 呼倫貝爾特別區職官年表

名　稱＼年　代	民國五年(1916 年)
副 都 統	**勝　福**
幫辦旗務	**車和雅**
左 廳 長	**成　善** 1,22. 任。
右 廳 長	**成　瑞** 1,22. 任。

6. 呼倫貝爾特別區職官年表

名　稱　＼　年　代	民國六年(1917 年)
副 都 統	**勝 福**
幫辦旗務	**車和雅**
左 廳 長	**成 善**
右 廳 長	**成 瑞** 4,?. 卒。

6. 呼倫貝爾特別區職官年表

名　稱＼年　代	民國七年(1918 年)
副 都 統	**勝　福**
幫辦旗務	**車和雅** 9,11. 辭。**成　善** 9,11. 任。
左 廳 長	**成　善** 9,11. 調任幫辦旗務。**成　德** 11,12. 任。
右 廳 長	**巴嘎巴迪** 2,1. 任。

6. 呼倫貝爾特別區職官年表

名 稱 ＼ 年 代	民國八年(1919 年)
副 都 統	**勝 福** 12,14. 卒。**貴 福** ?,?. 護。
幫辦旗務	**成 善**
左 廳 長	**成 德**
右 廳 長	**巴嘎巴迪**

6. 呼倫貝爾特別區職官年表

名　稱 ＼ 年　代	民國九年(1920 年)
副 都 統	**貴　福**護;2,5. 任。
幫辦旗務	**成　善**
左 廳 長	**成　德**
右 廳 長	**巴嘎巴迪**

説明:1 月 28 日撤銷呼倫貝爾特別區,呼倫貝爾仍歸黑龍江省管轄;呼倫貝爾副都統一缺見黑龍江省職官年表。

7. 東省特別區職官年表

年代　　　　名　稱	民國六年(1917年)
東 省 鐵 路 督 辦	**郭宗熙** 12,29. 任。
(吉林省)中東路 警 備 總 司 令	**陶祥貴** 12,17. 任。

説明:東省特別區職官是逐漸設置的。是時未設東省特別區,也無"東省特別區"一詞。1920年10月中國政府公佈的《東省特別區域法院編制條例》中,首次出現東省特別區一詞,"東省鐵路界内爲訴訟上便利起見定爲東省特別區域"。參見佟佳江:《中華民國時期東北職官概述》,《吉林大學學報》1996年第4期;"東省特別區就是管轄中東鐵路沿綫兩旁十一公里以内的地方,南路由長春起至哈爾濱止,東路由哈爾濱起至綏芬河止,西路由哈爾濱起至臚濱(滿洲里)止。"參見楊文洵、葛綏城、喻守珍:《中國地理新志》。

7. 東省特別區職官年表

名　稱＼年　代	民國七年(1918年)
東省鐵路督辦	郭宗熙
(吉林省)中東路警備總司令	陶祥貴
(江省)中東路臨時警備總司令	(?,?.設;9,21.改稱東省鐵路警備司令)張煥相 2,6.任。車慶雲 9,21.任。

124

7. 東省特別區職官年表

名　稱＼年　代	民國八年(1919 年)
東 省 鐵 路 督 辦	**郭宗熙** 8,11. 免。**鮑貴卿** 8,11. 任。
（ 吉 林 省 ） 中 東 路 警 備 總 司 令	(7,1. 改設吉林中東路護路軍總司令)**陶祥貴**
（ 江 省 ） 中 東 路 臨 時 警 備 總 司 令	(?,?. 改設江省中東路護路軍總司令)**車慶雲　耿玉田** ?,?. 任(8,1. 接任視事)。
東省鐵路護路軍總司令①	**鮑貴卿** 8,11. 兼。

註①：8月11日吉林中東路護路軍總司令與江省中東路護路軍總司令裁併爲東省鐵路護路軍總司令。

7. 東省特別區職官年表

名　　稱 ＼ 年　代	民國九年(1920 年)
東 省 鐵 路 督 辦	**鮑貴卿** 6,1. 免。 **宋小濂** 6,1. 任。
東省鐵路護路軍總司令	**鮑貴卿** 兼;6,1. 免。 **張景惠** 6,1. 任(9,21. 任察爾哈都統)。 **闞朝璽** 8,14. 任。
警 察 總 管 理 處 長	**董士恩** 12,10. 以濱江道尹兼。
高 等 審 判 廳 長	(10,31. 設) **傅　彊** 11,3. 署。

7. 東省特別區職官年表

名　稱 ＼ 年　代	民國十年(1921 年)
東 省 鐵 路 督 辦	**宋小濂**
東省鐵路護路軍總司令	**闕朝璽　孫烈臣** 3,31. 兼。
警 察 總 管 理 處 長	**董士恩** 兼；7,21. 免。**金榮桂** 7,21. 任。
市 政 管 理 局 長	**董士恩** 2,5. 以濱江道尹兼。
路 警 處 長	(4,?. 設)**劉德權** 4,?. 任。
高 等 審 判 廳 長	**傅　彊** (7,27. 調部查看,單豫升代)9,1. 調部任用。**李家鏊** 9,1. 署。

7. 東省特別區職官年表

名　稱　　＼　　年　代	民國十一年(1922 年)
行　政　長　官	(11, 24. 設)**朱慶瀾** 11, 24. 兼。
東　省　鐵　路　督　辦	**宋小濂** 1, 4. 免。**王迺斌** 1, 4. 任(王景春 3, 18. 以會辦署)。
東省鐵路護路軍總司令	**孫烈臣**兼。**朱慶瀾** 10, 17. 任。
警　察　總　管　理　處　長	**金榮桂**
市　政　管　理　局　長	**董士恩**兼;8, 17. 免。**馬忠駿** 8, 17. 任。
路　警　處　長	**劉德權**
高　等　審　判　廳　長	**李家鏊**署。

7. 東省特別區職官年表

名 稱 ＼ 年 代	民國十二年(1923年)
行 政 長 官	**朱慶瀾**兼。
東 省 鐵 路 督 辦	**王迺斌**(王景春署)
東省鐵路護路軍總司令	**朱慶瀾**
政 務 廳 長	(?,?. 設)**蔡運升** 3,?. 以濱江道尹兼。
警 察 總 管 理 處 長	**金榮桂** 4,29. 辭。**溫應星** 4,29. 任。
市 政 管 理 局 長	**馬忠駿**
地 畝 管 理 局 長	**張煥相** 8,1. 以濱江鎮守使兼。
路 警 處 長	**溫應星**
高 等 審 判 廳 長	**李家鰲**署;3,8. 免。**陳克正** 3,8. 由吉林高等審判廳長署;7,17. 任。

7. 東省特別區職官年表

名 稱 ＼ 年 代	民國十三年(1924 年)
行　政　長　官	**朱慶瀾**兼。
東　省　鐵　路　督　辦	**王廼斌**(王景春署)
東省鐵路護路軍總司令	**朱慶瀾**
政　務　廳　長	**蔡運升**兼。
警　察　總　管　理　處　長	**温應星** 9,?. 辭。**王順存** 9,?. 任。
市　政　管　理　局　長	**馬忠駿**
地　畝　管　理　局　長	**張煥相**兼。
路　警　處　長	**温應星**
高　等　審　判　廳　長	**陳克正**

7. 東省特別區職官年表

名 稱 ＼ 年 代	民國十四年(1925年)
行 政 長 官	**朱慶瀾**兼;2,11. 辭。 **王樹翰** 2,11. 兼。 **于冲漢** 8,11. 視事。 **張煥相**?,?. 代(11,28. 視事)。
東 省 鐵 路 督 辦	**王迺斌**(王景春署；1,29. 辭)1,29. 辭。 **鮑貴卿** 1,29. 任;9,21. 辭。 **劉尚清** 9,21. 任。
東省鐵路護路軍總司令	**朱慶瀾** 2,11. 辭。 **張作相** 2,11. 兼代。
政 務 廳 長	**蔡運升**兼。
警 察 總 管 理 處 長	**王順存　金榮桂**?,?. 代(3,13. 赴任)。
市 政 管 理 局 長	**馬忠駿**?,?. 辭。 **儲　鎮**?,?. 代(9,9. 視事)。
地 畝 管 理 局 長	**張煥相**兼。
路 警 處 長	**溫應星　張貴良** 9,?. 任。
高 等 審 判 廳 長	**陳克正**

131

7. 東省特別區職官年表

名　稱＼年　代	民國十五年(1926年)
行　政　長　官	**張煥相**代；﹏3,5. 任。
東　省　鐵　路　督　辦	**劉尚清** 9,23. 辭。**于冲漢** 9,23. 任。
東省鐵路護路軍總司令	**張作相**兼代。
政　務　廳　長	**蔡運升**兼。**林斯賢** ?,?. 任。
教　育　管　理　局　長	**李紹庚** 8,16. 兼。
警　察　總　管　理　處　長	**金榮桂**代。
市　政　管　理　局　長	**儲　鎮**代。
地　畝　管　理　局　長	**張煥相**兼(去職時間不詳)。**馮惟德** ?,?. 任。
路　警　處　長	**張貴良　鄂雙全** ?,?. 代。
哈　爾　濱　特　別　市　長	**儲　鎮** 11,1. 任。
高　等　審　判　廳　長	**陳克正**

7. 東省特別區職官年表

年代 名稱	民國十六年(1927年)
行 政 長 官	**張煥相** **張煥相**7,7. 任。
東 省 鐵 路 督 辦	**于冲漢**6,2. 辭。**呂榮寰**6,2. 任。
東省鐵路護路軍總司令	**張作相**兼代;9,8. 兼。
政 務 廳 長	**林斯賢**代;8,16. 任。
教 育 管 理 局 長	(10,6. 改稱教育廳長)**李紹庚**兼;7,16. 辭。**傅閏成**7,16. 代;10,6. 任。
警 察 總 管 理 處 長	(7,21. 改稱警察管理處長)**金榮桂**代;10,8. 任。
市 政 管 理 局 長	**儲 鎮**代;10,8. 任。
地 畝 管 理 局 長	**馮惟德**
路 警 處 長	**鄂雙全**代;10,8. 任。
哈 爾 濱 特 別 市 長	**儲 鎮**
高 等 審 判 廳 長	**陳克正**

7. 東省特別區職官年表

名　　稱 ＼ 年　代	民國十七年(1928 年)
行　政　長　官	**張煥相** 11,13. 免。 **張景惠** 11,19. 視事。
東　省　鐵　路　督　辦	**呂榮寰**
東省鐵路護路軍總司令	**張作相**兼。
政　務　廳　長	**林斯賢　葆　廉** 11,?. 任。
教　育　廳　長	**傅閏成　張國忱** 11,?. 任(11,19. 視事)。
警　察　管　理　處　長	**金榮桂　米春霖** 11,?. 任。
市　政　管　理　局　長	**儲　鎮　何玉芳** 11,?. 任(11,19. 視事)。
地　畝　管　理　局　長	**馮惟德　高紀毅** 11,?. 任 。 **應振復**?,?. 任。
路　警　處　長	**鄂雙全　張厚琬** 11,?. 任。
哈　爾　濱　特　別　市　長	**儲　鎮　何玉芳** 11,?. 任。
高　等　審　判　廳　長	**陳克正**

7. 東省特別區職官年表

名 稱 ＼ 年 代	民國十八年(1929年)
行 政 長 官	張景惠
東 省 鐵 路 督 辦	呂榮寰 12,8. 調省任用。 郭福綿 12,8. 由中東路理事代(翌年 1,6. 卸任)。 莫德惠 12,31. 任(翌年 1,20. 任)。①
東省鐵路護路軍總司令	張作相兼。
政 務 廳 長	葆 廉
教 育 廳 長	張國忱
警 察 管 理 處 長	米春霖?,?. 調任東三省兵工廠總辦。
市 政 管 理 局 長	何玉芳
地 畝 管 理 局 長	應振復
路 警 處 長	張厚琬
哈 爾 濱 特 別 市 長	何玉芳
高 等 法 院② 院 長	陳克正
高 等 法 院② 首席檢察官	祝 諫(何時任職不詳)

註①：12月31日任爲東北當局令；翌年1月20日任爲南京國民政府令。

註②：是年按國民政府官制改組。

7. 東省特別區職官年表

年 代　　　　名　稱		民國十九年(1930 年)
行　政　長　官		張景惠
東　省　鐵　路　督　辦		莫德惠
東省鐵路護路軍總司令		張作相兼。
政　務　廳　長		葆　廉
教　育　廳　長		張國忱　周守一 4,17. 發表(4,23. 視事)。
警　察　管　理　處　長		鮑文樾 1,6. 任。
市　政　管　理　局　長		何玉芳(11,4. 調任河北省工商廳長)　宋文郁 10,6. 任。
地　畝　管　理　局　長		應振復
路　警　處　長		張厚琬
哈　爾　濱　特　別　市　長		何玉芳　宋文郁 10,6. 任。
高　等　法　院	院　長	陳克正
	首席檢察官	祝　諫

7. 東省特別區職官年表

名　稱＼年　代	民國二十年(1931年)
行　政　長　官	張景惠
東　省　鐵　路　督　辦	莫德惠
東省鐵路護路軍總司令	張作相兼。丁　超 11,7. 代。
政　務　廳　長	葆　廉
教　育　廳　長	周守一
警　察　管　理　處　長	鮑文樾 3,14. 調任參謀本部參謀次長。王瑞華 3,23. 任。
市　政　管　理　局　長	宋文郁
地　畝　管　理　局　長	應振復(6,12. 調任軍事參議院參議)　臧啓芳 3,13. 任。
路　警　處　長	張厚琬
哈　爾　濱　特　別　市　長	宋文郁
高　等　法　院　院　長	陳克正
高　等　法　院　首席檢察官	祝　諫

8. 東三盟職官年表

名 稱 ＼ 年 代		民國元年(1912年)
哲里木盟	盟　　　長	齊默特色木丕勒
	副　盟　長	那木濟勒色楞
	幫　辦　盟　務	那蘭格呼勒
		什呼布勞丕勒
	備兵札薩克	齊默特色木丕勒兼。
卓索圖盟	盟　　　長	色凌那木濟勒旺寶
	副　盟　長	達克丹彭蘇克
	幫　辦　盟　務	貢桑諾爾布
	備兵札薩克	色凌那木濟勒旺寶兼。
昭烏達盟	盟　　　長	巴咱爾吉里第
	副　盟　長	林沁諾依魯布 12,23.卒。
	幫　辦　盟　務	贊巴勒諾爾布
	備兵札薩克	贊巴勒諾爾布兼。

8. 東三盟職官年表

名　稱	年　代	民國二年(1913 年)
哲里木盟	盟　　長	齊默特色木丕勒
	副　盟　長	那木濟勒色楞
	幫　辦　盟　務	那蘭格呼勒
		什呼布勞丕勒
	備兵札薩克	齊默特色木丕勒兼。
卓索圖盟	盟　　長	色凌那木濟勒旺寶
	副　盟　長	達克丹彭蘇克
	幫　辦　盟　務	貢桑諾爾布
	備兵札薩克	色凌那木濟勒旺寶兼。
昭烏達盟	盟　　長	巴咱爾吉里第
	副　盟　長	札噶尔 4,22. 卒。
	幫　辦　盟　務	贊巴勒諾爾布?,?. 卒。 多布柴 5,12. 任。
		色丹那木札勒旺寶 7,20. 任。
	備兵札薩克	贊巴勒諾爾布?,?. 卒。

139

8. 東三盟職官年表

名　稱	年　代	民國三年(1914 年)
哲里木盟	盟　　長	齊默特色木丕勒
	副　盟　長	那木濟勒色楞
	幫　辦　盟　務	那蘭格呼勒
		什呼布勞丕勒
	備兵札薩克	齊默特色木丕勒兼。
卓索圖盟	盟　　長	色凌那木濟勒旺寶
	副　盟　長	達克丹彭蘇克
	幫　辦　盟　務	貢桑諾爾布
	備兵札薩克	色凌那木濟勒旺寶兼。
昭烏達盟	盟　　長	巴咱爾吉里第
	副　盟　長	札噶尔
	幫　辦　盟　務	多布柴
		色丹那木札勒旺寶
	備兵札薩克	

8. 東三盟職官年表

名　稱	年　代	民國四年(1915 年)
哲里木盟	盟　長	齊默特色木丕勒
	副盟長	那木濟勒色楞
	幫辦盟務	那蘭格呼勒
		什呼布勞丕勒
	備兵札薩克	齊默特色木丕勒兼。
卓索圖盟	盟　長	色凌那木濟勒旺寶
	副盟長	達克丹彭蘇克
	幫辦盟務	貢桑諾爾布
	備兵札薩克	色凌那木濟勒旺寶
昭烏達盟	盟　長	巴咱爾吉里第7,29.辭。蘇珠克圖巴圖爾8,8.任。
	副盟長	札噶尔
	幫辦盟務	多布柴
		色丹那木札勒旺寶
	備兵札薩克	

8. 東三盟職官年表

名 稱 年 代		民國五年(1916 年)
哲里木盟	盟　　長	齊默特色木丕勒
	副 盟 長	那木濟勒色楞
	幫 辦 盟 務	那蘭格呼勒
		什呼布勞丕勒 2,16. 卒。烏爾圖那蘇圖 3,26 任。
	備兵札薩克	齊默特色木丕勒兼。
卓索圖盟	盟　　長	色凌那木濟勒旺寶
	副 盟 長	達克丹彭蘇克
	幫 辦 盟 務	貢桑諾爾布
	備兵札薩克	色凌那木濟勒旺寶兼。
昭烏達盟	盟　　長	蘇珠克圖巴圖爾
	副 盟 長	札噶尔
	幫 辦 盟 務	多布柴
		色丹那木札勒旺寶
	備兵札薩克	蘇珠克圖巴圖爾 12,11. 兼。

8. 東三盟職官年表

名　稱	年　代	民國六年(1917 年)
哲里木盟	盟　　長	齊默特色木丕勒
哲里木盟	副　盟　長	那木濟勒色楞
哲里木盟	幫　辦　盟　務	那蘭格呼勒
哲里木盟	幫　辦　盟　務	烏爾圖那蘇圖
哲里木盟	備兵札薩克	齊默特色木丕勒兼。
卓索圖盟	盟　　長	色凌那木濟勒旺寶
卓索圖盟	副　盟　長	達克丹彭蘇克
卓索圖盟	幫　辦　盟　務	貢桑諾爾布
卓索圖盟	備兵札薩克	色凌那木濟勒旺寶兼。
昭烏達盟	盟　　長	蘇珠克圖巴圖爾
昭烏達盟	副　盟　長	札噶尔
昭烏達盟	幫　辦　盟　務	多布柴
昭烏達盟	幫　辦　盟　務	色丹那木札勒旺寶
昭烏達盟	備兵札薩克	蘇珠克圖巴圖爾兼。

8. 東三盟職官年表

名稱	年代	民國七年(1918年)
哲里木盟	盟　　長	齊默特色木丕勒
	副　盟　長	那木濟勒色楞
	幫辦盟務	那蘭格呼勒
		烏爾圖那蘇圖
	備兵札薩克	齊默特色木丕勒兼。
卓索圖盟	盟　　長	色凌那木濟勒旺寶 2,10. 卒。貢桑諾爾布 3,13 任。
	副　盟　長	達克丹彭蘇克
	幫辦盟務	貢桑諾爾布 3,13. 改任盟長。棍布札布 5,6. 任。
	備兵札薩克	色凌那木濟勒旺寶兼。
昭烏達盟	盟　　長	蘇珠克圖巴圖爾
	副　盟　長	札噶尔
	幫辦盟務	多布柴
		色丹那木札勒旺寶
	備兵札薩克	蘇珠克圖巴圖爾兼。

8. 東三盟職官年表

名稱 / 年代		民國八年(1919年)
哲里木盟	盟　　　長	齊默特色木丕勒
	副　盟　長	那木濟勒色楞
	幫　辦　盟　務	那蘭格呼勒
		烏爾圖那蘇圖
	備兵札薩克	齊默特色木丕勒兼。
卓索圖盟	盟　　　長	貢桑諾爾布
	副　盟　長	達克丹彭蘇克
	幫　辦　盟　務	棍布札布
	備兵札薩克	
昭烏達盟	盟　　　長	蘇珠克圖巴圖爾
	副　盟　長	札噶尔
	幫　辦　盟　務	多布柴?.?.卒。
		色丹那木札勒旺寶
	備兵札薩克	蘇珠克圖巴圖爾兼。

8. 東三盟職官年表

名　稱 \ 年　代		民國九年(1920 年)
哲里木盟	盟　長	齊默特色木丕勒
	副　盟　長	那木濟勒色楞
	幫　辦　盟　務	那蘭格呼勒 8,1.卒。
		烏爾圖那蘇圖
	備兵札薩克	齊默特色木丕勒兼。
卓索圖盟	盟　長	貢桑諾爾布
	副　盟　長	達克丹彭蘇克
	幫　辦　盟　務	棍布札布
	備兵札薩克	
昭烏達盟	盟　長	蘇珠克圖巴圖爾
	副　盟　長	札噶尔
	幫　辦　盟　務	德色賚都布 1,15.任。
		色丹那木札勒旺寶
	備兵札薩克	蘇珠克圖巴圖爾兼。

8. 東三盟職官年表

	年　代	民國十年(1921 年)
哲里木盟	盟　　長	齊默特色木丕勒
	副　盟　長	那木濟勒色楞
	幫 辦 盟 務	陽倉札布 3,5. 任。
		烏爾圖那蘇圖
	備兵札薩克	齊默特色木丕勒兼。
卓索圖盟	盟　　長	貢桑諾爾布
	副　盟　長	達克丹彭蘇克
	幫 辦 盟 務	棍布札布
	備兵札薩克	
昭烏達盟	盟　　長	蘇珠克圖巴圖爾
	副　盟　長	札噶尔
	幫 辦 盟 務	德色賚都布
		色丹那木札勒旺寶
	備兵札薩克	蘇珠克圖巴圖爾兼。

8. 東三盟職官年表

名　稱	年　代	民國十一年(1922年)
哲里木盟	盟　　長	齊默特色木丕勒
	副　盟　長	那木濟勒色楞
	幫　辦　盟　務	陽倉札布
		烏爾圖那蘇圖
	備兵札薩克	齊默特色木丕勒兼。
卓索圖盟	盟　　長	貢桑諾爾布
	副　盟　長	達克丹彭蘇克
	幫　辦　盟　務	棍布札布
	備兵札薩克	
昭烏達盟	盟　　長	蘇珠克圖巴圖爾
	副　盟　長	札噶尔
	幫　辦　盟　務	德色賚都布
		色丹那木札勒旺寶
	備兵札薩克	蘇珠克圖巴圖爾兼。

8. 東三盟職官年表

名 稱 / 年 代		民國十二年(1923 年)
哲里木盟	盟　　　長	齊默特色木丕勒
	副　盟　長	那木濟勒色楞
	幫　辦　盟　務	陽倉札布
		烏爾圖那蘇圖
	備兵札薩克	齊默特色木丕勒兼。
卓索圖盟	盟　　　長	貢桑諾爾布
	副　盟　長	達克丹彭蘇克
	幫　辦　盟　務	棍布札布
	備兵札薩克	
昭烏達盟	盟　　　長	蘇珠克圖巴圖爾
	副　盟　長	札噶尔
	幫　辦　盟　務	德色賚都布
		色丹那木札勒旺寶
	備兵札薩克	蘇珠克圖巴圖爾兼。

8. 東三盟職官年表

名 稱 ＼ 年 代		民國十三年(1924 年)
哲里木盟	盟　　　長	齊默特色木丕勒
	副　盟　長	那木濟勒色楞
	幫 辦 盟 務	陽倉札布
		烏爾圖那蘇圖
	備兵札薩克	齊默特色木丕勒兼。
卓索圖盟	盟　　　長	貢桑諾爾布
	副　盟　長	達克丹彭蘇克
	幫 辦 盟 務	棍布札布
	備兵札薩克	貢桑諾爾布 4,12. 兼。
昭烏達盟	盟　　　長	蘇珠克圖巴圖爾 12,27. 免。
	副　盟　長	札噶尔
	幫 辦 盟 務	德色賚都布 12,27. 免。
		色丹那木札勒旺寶
	備兵札薩克	蘇珠克圖巴圖爾兼。

8. 東三盟職官年表

名　稱	年　代	民國十四年(1925 年)
哲里木盟	盟　　長	齊默特色木丕勒
	副 盟 長	那木濟勒色楞
	幫 辦 盟 務	陽倉札布
		烏爾圖那蘇圖
	備兵札薩克	齊默特色木丕勒兼。
卓索圖盟	盟　　長	貢桑諾爾布
	副 盟 長	達克丹彭蘇克
	幫 辦 盟 務	棍布札布
	備兵札薩克	貢桑諾爾布兼。
昭烏達盟	盟　　長	札噶尔 1,8. 任。
	副 盟 長	札噶爾 1,8. 改任盟長。色丹那木札勒旺寶 1,19. 任。
	幫 辦 盟 務	阿拉瑪斯圖呼 1,8. 任。
		色丹那木札勒旺寶 1,19. 改任副盟長。
	備兵札薩克	

8. 東三盟職官年表

名　稱		年　代	民國十五年(1926 年)
哲里木盟		盟　　長	齊默特色木丕勒
		副　盟　長	那木濟勒色楞
		幫　辦　盟　務	陽倉札布
			烏爾圖那蘇圖
		備兵札薩克	齊默特色木丕勒兼。
卓索圖盟		盟　　長	貢桑諾爾布
		副　盟　長	達克丹彭蘇克
		幫　辦　盟　務	棍布札布
		備兵札薩克	貢桑諾爾布兼。
昭烏達盟		盟　　長	札噶尔
		副　盟　長	色丹那木札勒旺寶
		幫　辦　盟　務	阿拉瑪斯圖呼
			勒欽旺楚克10,30.任。
		備兵札薩克	

8. 東三盟職官年表

	年代 名　稱		民國十六年(1927年)
哲里木盟	盟　　長		齊默特色木丕勒
	副　盟　長		那木濟勒色楞
	幫　辦　盟　務		陽倉札布
			烏爾圖那蘇圖
	備兵札薩克		齊默特色木丕勒兼。
卓索圖盟	盟　　長		貢桑諾爾布
	副　盟　長		達克丹彭蘇克
	幫　辦　盟　務		棍布札布
	備兵札薩克		貢桑諾爾布兼。
昭烏達盟	盟　　長		札噶尔
	副　盟　長		色丹那木札勒旺寶
	幫　辦　盟　務		阿拉瑪斯圖呼
			勒欽旺楚克
	備兵札薩克		

8. 東三盟職官年表

名　稱	年　代	民國十七年(1928年)
哲里木盟	盟　　　長	齊默特色木丕勒
	副　盟　長	那木濟勒色楞
	幫　辦　盟　務	陽倉札布
		烏爾圖那蘇圖
	備兵札薩克	齊默特色木丕勒兼。
卓索圖盟	盟　　　長	貢桑諾爾布
	副　盟　長	達克丹彭蘇克
	幫　辦　盟　務	棍布札布
	備兵札薩克	貢桑諾爾布兼。
昭烏達盟	盟　　　長	札噶尔
	副　盟　長	色丹那木札勒旺寶
	幫　辦　盟　務	阿拉瑪斯圖呼
		勒欽旺楚克
	備兵札薩克	

8. 東三盟職官年表

名　稱	年　代	民國十八年(1929 年)
哲里木盟	盟　　長	齊默特色木丕勒
	副　盟　長	那木濟勒色楞
	幫　辦　盟　務	陽倉札布
		烏爾圖那蘇圖
	備兵札薩克	齊默特色木丕勒兼。
卓索圖盟	盟　　長	貢桑諾爾布
	副　盟　長	達克丹彭蘇克
	幫　辦　盟　務	棍布札布
	備兵札薩克	貢桑諾爾布兼。
昭烏達盟	盟　　長	札噶尔
	副　盟　長	色丹那木札勒旺寶
	幫　辦　盟　務	阿拉瑪斯圖呼
		勒欽旺楚克
	備兵札薩克	

8. 東三盟職官年表

	年代名稱	民國十九年(1930 年)
哲里木盟	盟　　長	齊默特色木丕勒
	副 盟 長	那木濟勒色楞
	幫 辦 盟 務	陽倉札布
		烏爾圖那蘇圖
	備兵札薩克	齊默特色木丕勒兼。
卓索圖盟	盟　　長	貢桑諾爾布
	副 盟 長	達克丹彭蘇克
	幫 辦 盟 務	棍布札布
	備兵札薩克	貢桑諾爾布兼。
昭烏達盟	盟　　長	札噶尔
	副 盟 長	色丹那木札勒旺寶
	幫 辦 盟 務	阿拉瑪斯圖呼
		勒欽旺楚克
	備兵札薩克	

8. 東三盟職官年表

名 稱	年 代	民國二十年(1931年)
哲里木盟①	盟　　長	齊默特色木丕勒
	副 盟 長	那木濟勒色楞
	幫 辦 盟 務	陽倉札布
		烏爾圖那蘇圖
	備兵札薩克	齊默特色木丕勒兼。
卓索圖盟	盟　　長	貢桑諾爾布 1,13. 卒。達克丹彭蘇克 2,16. 任。
	副 盟 長	達克丹彭蘇克 2,16. 改任。阿育勒烏貴 2,16. 任。
	幫 辦 盟 務	棍布札布
	備兵札薩克	貢桑諾爾布兼。
昭烏達盟	盟　　長	札噶尔
	副 盟 長	色丹那木札勒旺寶
	幫 辦 盟 務	阿拉瑪斯圖呼
		勒欽旺楚克
	備兵札薩克	

註①：1931年9月18日後淪陷於日本侵略者。

8. 東三盟職官年表

	年代 名　稱		民國二十一年(1932年)
卓索圖盟	盟　　長		達克丹彭蘇克
	副　盟　長		阿育勒烏貴
	幫　辦　盟　務		棍布札布（去職時間不詳）漢羅札布 5,23. 任。
	備兵札薩克		達克丹彭蘇克 7,1. 兼。
昭烏達盟	盟　　長		札噶尔
	副　盟　長		色丹那木札勒旺寶
	幫　辦　盟　務		阿拉瑪斯圖呼（去職時間不詳）諾拉嘎爾札布 5,23. 任。
			勒欽旺楚克
	備兵札薩克		札噶爾 7,1. 兼。

8. 東三盟職官年表

名　稱 ＼ 年　代		民國二十二年(1933年)
卓索圖盟①	盟　　　長	達克丹彭蘇克
	副　盟　長	阿育勒烏貴
	幫　辦　盟　務	漢羅札布
	備兵札薩克	達克丹彭蘇克兼。
昭烏達盟②	盟　　　長	札噶尔
	副　盟　長	色丹那木札勒旺寶
	幫　辦　盟　務	諾拉嘎爾札布
		勒欽旺楚克
	備兵札薩克	札噶爾兼。

註①②：1933年淪陷於日本侵略者。

二、1940—1945 部分

（1940——1945年事）

1. 遼寧省職官年表

名　稱 ＼ 年　代	民國二十九年(1940 年)
委　　員	萬福麟 5,3. 任。
主　　席	萬福麟 5,3. 兼。

名　稱 ＼ 年　代	民國三十年(1941 年)
委　　員	萬福麟
主　　席	萬福麟兼。
主任秘書	洪　釴 4,17. 任。

名　稱 ＼ 年　代	民國三十一年(1942 年)
委　　員	萬福麟
主　　席	萬福麟兼。
主任秘書	洪　釴

1. 遼寧省職官年表

名　稱 ＼ 年　代	民國三十二年(1943 年)
委　　員	**萬福麟**
主　　席	**萬福麟**兼。
主任秘書	**洪　釣**

名　稱 ＼ 年　代	民國三十三年(1944 年)
委　　員	**萬福麟**
主　　席	**萬福麟**兼。
主任秘書	**洪　釣**

名　稱 ＼ 年　代	民國三十四年(1945 年)9 月 3 日之前
委　　員	**萬福麟**
主　　席	**萬福麟**兼。
主任秘書	**洪　釣**

2. 吉林省職官年表

名　稱　　　　年　代	民國二十九年(1940 年)
委　　員	**鄒作華** 5,3. 任。
主　　席	**鄒作華** 5,3. 兼。

名　稱　　　　年　代	民國三十年(1941 年)
委　　員	**鄒作華**
主　　席	**鄒作華** 兼。
主任秘書	**叢　森** 6,21. 任。

名　稱　　　　年　代	民國三十一年(1942 年)
委　　員	**鄒作華**
主　　席	**鄒作華** 兼。
主任秘書	**叢　森** (去職時間不詳) **程　烈** 4,8. 任。

2. 吉林省職官年表

名稱＼年代	民國三十二年(1943 年)
委 員	**鄒作華**
主 席	**鄒作華**兼。
主任秘書	**程 烈**

名稱＼年代	民國三十三年(1944 年)
委 員	**鄒作華**
主 席	**鄒作華**兼。
主任秘書	**程 烈** 2,11. 免。**魏德超** 4,19. 署。

名稱＼年代	民國三十四年(1945 年)9 月 3 日之前
委 員	**鄒作華**
主 席	**鄒作華**兼。
主任秘書	**魏德超**署。

3. 黑龍江省職官年表

名　稱 ＼ 年　代	民國二十九年(1940 年)
委　員	**馬占山** 5,3. 任。
主　席	**馬占山** 5,3. 兼。

名　稱 ＼ 年　代	民國三十年(1941 年)
委　員	**馬占山**
主　席	**馬占山**兼。

名　稱 ＼ 年　代	民國三十一年(1942 年)
委　員	**馬占山**
主　席	**馬占山**兼。
主任秘書	**容聿肅** 2,28. 署。

3. 黑龍江省職官年表

名稱＼年代	民國三十二年(1943 年)
委　　員	**馬占山**
主　　席	**馬占山**兼。
主任秘書	**容聿肅**署;5,7. 任。

名稱＼年代	民國三十三年(1944 年)
委　　員	**馬占山**
主　　席	**馬占山**兼。
主任秘書	**容聿肅**

名稱＼年代	民國三十四年(1945 年)9 月 3 日之前
委　　員	**馬占山**
主　　席	**馬占山**兼。
主任秘書	**容聿肅**

4. 熱河省職官年表

名　稱 ＼ 年　代	民國二十九年(1940 年)
委　　員	**繆澂流** 5,3. 任。
主　　席	**繆澂流** 5,3. 兼。

名　稱 ＼ 年　代	民國三十年(1941 年)
委　　員	**繆澂流** 12,9. 免。**刘多荃** 12,9. 任。
主　　席	**繆澂流** 兼;12,9. 免。**刘多荃** 12,9. 兼。
主任秘書	**洪　聲** 6,11. 署。

名　稱 ＼ 年　代	民國三十一年(1942 年)
委　　員	**劉多荃**
主　　席	**劉多荃** 兼。
主任秘書	**洪　聲** 署;7,8. 任。

4. 熱河省職官年表

名　稱 ＼ 年　代	民國三十二年(1943 年)
委　　員	**劉多荃**
主　　席	**劉多荃**兼。
主任秘書	**洪　聲**

名　稱 ＼ 年　代	民國三十三年(1944 年)
委　　員	**劉多荃**
主　　席	**刘多荃**
主任秘書	**洪　聲**

名　稱 ＼ 年　代	民國三十四年(1945 年)9 月 3 日之前
委　　員	**劉多荃**
主　　席	**劉多荃**兼。
主任秘書	**洪　聲**

三、1945—1948 部分

1. 東北地區職官年表

名　稱		年　代　　民國三十四年（1945 年）
國民政府軍事委員會委員長東北行營	主　　任	熊式輝 9,1. 任。
	參　謀　長	何柱國 ?,?. 任（因病去職）。董英斌 ?,?. 任。
	秘　書　長	胡家鳳 ?,?. 任。
	政治委員會 主任委員	熊式輝 9,4. 兼。
	政治委員會 委　員	莫德惠　朱霽青　萬福麟　馬占山　鄒作華　馮　庸 以上 9, 4. 任。
	經濟委員會 主任委員	張嘉璈 9,4. 兼。
	經濟委員會 委　員	張振鷺　齊世英　王家楨　馬　毅 以上 10,9. 任。何　庸　錢天鶴　凌鴻勛　龐松舟　霍亞民 以上 10,9. 兼。①
司令長官部 東北保安	司　令　長　官	關麟徵 10,8. 任；10,26. 免。杜聿明 10,18. 任；10,26. 任。②
	副司令長官	梁華盛 12,11. 任。
	參　謀　長	趙家驤 12,11. 任。
外　交　部　東　北　特　派　員		蔣經國 9,4. 任。
中國長春鐵路公司理事長		張嘉璈 ?,?. 任。
國　立　東　北　大　學　校　長		臧啓芳 1939,7,19. 任。

註①：東北行營經濟委員會兼職委員多半是經濟學家或技術專家並擔任政府要職者，如凌鴻勛爲交通部常務次長，何庸爲經濟學家，錢天鶴爲農林部常務次長，龐松舟爲糧食部政務次長等，霍亞民爲中國銀行總稽核。他們均未到東北任職。少數人如凌鴻勛到東北進行過視察。後來未見免職。因此，本表不再登錄。

註②：杜聿明 10 月 18 日任爲内部下令；10 月 26 日任爲國民政府明令發表。

1. 東北地區職官年表

			民國三十五年(1946年)
委員長東北行營① 國民政府軍事委員會		主 任	熊式輝
		參 謀 長	董英斌
		秘 書 長	胡家鳳(去職時間不詳)
	政 治 委員會	主任委員	熊式輝兼。
		委 員	莫德惠 朱霽青 萬福麟 馬占山 鄒作華 馮 庸 張作相 1,22. 任。王樹翰 1,22. 任。那木濟勒色楞 1,22. 任。
	經 濟 委員會	主任委員	張嘉璈兼。
		委 員	張振鷺 齊世英 王家楨 馬 毅
東北保安司令長官部		司 令 長 官	杜聿明
		副司令長官	梁華盛 孫 渡 10,24. 中央社瀋陽電。
			鄭洞國 3,26. 任。
			馬占山 9,23. 中央社电调任。
		參 謀 長	趙家驤
外 交 部 東 北 特 派 員			蔣經國 9,?. 提辭呈;翌年 12,22. 免。高維翰 ?,?. 代。張劍非 ?,?. 以外交部西亞司幫辦代(中央社 10,3. 電訊)。
中國長春鐵路公司理事長			張嘉璈
國 立 東 北 大 學 校 長			臧啓芳
哲 里 木 盟 盟 長			那木濟勒色楞 3,28. 任。
卓 索 圖 盟 盟 長			達克丹彭蘇克(見159頁)

註①:8月7日改稱國民政府主席東北行轅。8月7日爲下令改稱;9月1日正式改稱。

1. 東北地區職官年表

名　稱 \ 年　代			民國三十六年(1947 年)
國民政府主席東北行轅	主　　任		熊式輝 8,29. 免。陳　誠 8,29. 以參謀總長兼。
	副　主　任		鄭洞國 ?,?. 任。
			羅卓英 12,30. 任。
	參　謀　長		董英斌 (何時去職待查)
	秘　書　長		彭濟群 9,11. 兼。
	政治委員會 10,?. 裁併	主任委員	熊式輝兼。
		委　　員	莫德惠　朱霽青　萬福麟　馬占山　鄒作華　馮　庸　張作相　王樹翰　那木濟勒色楞
	經濟委員會 10,?. 裁併	主任委員	張嘉璈兼；3,1. 調任中央銀行總裁；5,31. 免。關吉玉 ?,?. 代；5,31. 任。
		委　　員	張振鷺　齊世英　王家楨　馬　毅　關吉玉 3,30. 任。文　群 3,30. 任。
	政務委員會①	主任委員	陳　誠 10,6. 兼。
		副主任委員	王樹翰 10,6. 任。
		常務委員	高惜冰　王家楨　馮　庸　鄒作華　朱懷冰 以上 10,29. 任。
		委　　員	人數眾多,難以登錄。
東北保安司令長官部②	司　令　長　官		杜聿明 7,8. 離東北。鄭洞國 7,13. 任。
	副司令長官		梁華盛　孫　渡　鄭洞國
			馬占山 5,5. 就職。
			孫立人 5,19. 就職。
外 交 部 東 北 特 派 員			張劍非代。
中國長春鐵路公司理事長			張嘉璈 (王徵 ?,?. 代)4,9. 免。陳延炯 4,9. 由交通部東北特派員任。
國 立 東 北 大 學 校 長			臧啓芳 10,31. 免。
國 立 長 春 大 學 校 長			黃如今 4,29. 任。
哲 里 木 盟 盟 長			那木濟勒色楞
卓 索 圖 盟 盟 長			達克丹彭蘇克
昭 烏 達 盟 盟 長			蘇達那木濟勒 ?,?. 代。

註①：10 月設。
註②：8 月 15 日裁,併入東北行轅。

1. 東北地區職官年表

名稱 ＼ 年代			民國三十七年(1948 年)
東北行轅①	國民政府主席	主　　任	陳　誠兼;2,5. 離開東北;5,13. 免。衛立煌 2,12. 代。
		副 主 任	鄭洞國　羅卓英　衛立煌 1,17. 任。萬福麟 5,5. 任。
		參 謀 長	赵家骥?,?. 任。
		秘 書 長	彭济群
政治委員會		主任委員	陳　誠兼;4,24. 免。衛立煌 3,25. 兼代;4,24. 免。張作相 4,24. 任。
		副主任委員	王樹翰 3,25. 免。高惜冰 3,25. 任。
		委　　員	高惜冰　彭濟群　張振鷺　馬愚忱　董英斌　趙家驥　董文琦　吳瀚濤　馬　毅　那木濟勒色楞　袁克徵　律鴻起以上 9,6. 任。
		常務委員	王家楨　高惜冰　彭濟群以上 9,6. 任。
東北剿匪總司令部②		總司令	衛立煌 1,17. 任;10,30. 離瀋。11,10.;11,26. 撤職查辦。周福成 10, 30. 代。
		副總司令	鄭洞國 8,5. 任。羅卓英 8,5. 任。萬福麟 8,5. 任。董英斌 8,5. 任。馬占山 8,5. 任。范漢杰?,?. 任。梁華盛?,?. 任。孫　渡?,?. 任。張作相?,?. 任。陳　鐵?,?. 任。廖耀湘?,?. 任杜聿明 10,20. 任; 11,9. 任。
外 交 部 東 北 特 派 員			張劍非代。
中國長春鐵路公司理事長			陳延炯 7,22. 免。劉政因 7,22. 以助理理事長代。
國 立 東 北 大 學 校 長			劉樹勳 9,11. 任。
國 立 長 春 大 學 校 長			黃如今(張德馨?,?. 代)5,18. 辭。張德馨代(6,3. 離長赴解放區)。羅雲平 5,8. 任。
哲 里 木 盟 盟 長			那木濟勒色楞
卓索圖盟	盟　　長		達克丹彭蘇克
	副 盟 長		沁布多爾濟 5,19. 任。
	幫辦盟務		恩和阿木爾 7,13. 任。
昭 烏 達 盟 盟 長			蘇達那木濟勒代。

註①:5 月 19 日裁,併入東北剿總。5 月 19 日下令合併,6 月 1 日完成合併。
註②:1948 年 1 月設。

2. 遼寧省職官年表

名 稱 \ 年 代	民國三十四年(1945年)9月3日之後
委 員	徐 箴 9,4. 任。韓 涵 楊志信 卞宗孟 魏華鵾 朱玖瑩 韓清淪以上 10,23. 任。
主 席	徐 箴 9,4. 兼。
民政廳長	韓 涵 ?,?. 兼。
財政廳長	楊志信 ?,?. 兼。
教育廳長	卞宗孟 ?,?. 兼。
建設廳長	魏華鵾 ?,?. 兼。
秘書長	羅大愚 10,23. 任。
警務處長	鍾繼興 9,6. 任。
會計長	呂之渭 ?,?. 任。
社會處長	
高等法院 院 長	李祖慶 ?,?. 代。
高等法院 首席檢察官	

2. 遼寧省職官年表

名　稱 ＼ 年　代			民國三十五年(1946 年)
委　員			徐　箴　韓　涵　楊志信　卞宗孟　魏華鵾　朱玖瑩 韓清淪　林家訓 12,31. 任。金　鎮 12,31. 任。
主　席			徐　箴兼。
民政廳長			韓　涵兼。
財政廳長			楊志信兼。
教育廳長			卞宗孟兼。
建設廳長			魏華鵾兼。
秘　書　長			羅大愚(去職時間不詳) 朱玖瑩?,?. 兼。
警務處長			鍾繼興
會　計　長			呂之渭
社會處長			荊可獨 7,2. 任。
高　等 法　院		院　長	李祖慶代；10,30. 任。
		首席檢察官	夏惟上 12,11. 任。

2. 遼寧省職官年表

名　稱　　＼　　年　代	民國三十六年(1947年)
委　　員	徐　箴　韓　涵　楊志信　卞宗孟　魏華鵾　朱玖瑩 10,29. 免。韓清淪　林家訓　金　鎮 10,29. 免。趙毅 10,29. 任。馮小彭 10,29. 任。
主　　席	徐　箴兼。
民政廳長	韓　涵兼。韓　涵 2,28. 兼。
財政廳長	楊志信兼。楊志信 2,28. 兼。
教育廳長	卞宗孟兼。卞宗孟 2,28. 兼。
建設廳長	魏華鵾兼。魏華鵾 2,28. 兼。
秘書長	朱玖瑩兼；10,29. 免。盛世馨 ?,?. 任。馮小彭 ?,?. 代。
警務處長	鍾繼興
會計長	呂之渭
社會處長	荊可獨
高　等　法　院　院　長	李祖慶
高　等　法　院　首席檢察官	夏惟上

2. 遼寧省職官年表

名　稱 ＼ 年　代		民國三十七年(1948 年)
委　員		徐　箴 2,18. 免。王鐵漢 2,18. 任。韓　涵 3,24. 免。楊志信 3, 24. 免。卞宗孟 4,24. 免。魏華鵾 3,24. 免。韓清渝 3,24. 免。林家訓 3,24. 免。趙　毅 3,24. 免。馮小彭 7,8. 免。張式綸 3,24. 任。王洽民 3,24. 任；4,24. 免。吳希庸 3,24. 任。郭克悌 3,24. 任；9,30. 免。武泉遠 3,24. 任。秦靖宇 3,24. 任。黃嘉漢 4,24. 任。劉慕曾 4,24. 任。賀　奎 7,8. 任。王同寅 9,30. 任。
主　席		徐　箴兼；2,18. 免。王鐵漢 2,18. 兼。
民政廳長		韓　涵兼；3,24. 免。張式綸 3,24. 兼。
財政廳長		楊志信兼；3,24. 免。王洽民 3,24. 兼；4,24. 免。黃嘉漢 4,24. 兼。
教育廳長		卞宗孟兼；3,24. 免。吳希庸 3,24. 兼；9,30. 免。王同寅 9,30. 兼。
建設廳長		魏華鵾兼；3,24. 免。郭克悌 3,24. 兼；9,30. 免。吳希庸 9,30. 兼。
秘書長		馮小彭代。卞宗孟 3,24. 兼；4,24. 免。劉慕曾 4,24. 兼。
警務處長		(5.9. 裁)鍾繼興
會計長		呂之渭
社會處長		(5.9. 裁)荆可獨
高　等 法　院	院　長	李祖慶 1,14. 調任河北高等法院一分院院長。魏大同 1,20. 由吉林高等法院院長任；10,?. 免。
	首席檢察官	夏惟上 10,13. 免(尋任山東高等法院青島分院院長)。

3. 安東省職官年表

名　稱 ＼ 年　代	民國三十四年(1945年)
委　員	**高惜冰** 9,4. 任。**王同寅　于學思　寧嘉風　吳希庸　李酉山　劉　和** 以上 10,2. 任。**王育文** ?,?. 任。
主　席	**高惜冰** 9,4. 兼。
民政廳長	**王育文** 12,1. 兼。
財政廳長	**于學思** 10,2. 兼。
教育廳長	**吳希庸** 11,1. 兼。
建設廳長	**李酉山** 10,1. 兼。
秘書長	**王同寅** 10,2. 兼。
警務處長	**張恒懋** ?,?. 代。
會計長	**高鳳桐** 11,1. 任。
社會處長	
高等法院　院　長	**孫希衍** 10,9. 代。
高等法院　首席檢察官	

3. 安東省職官年表

名　稱 ＼ 年　代	民國三十五年(1946 年)
委　　員	**高惜冰　王同寅　于學思　寧嘉風**?,?. 免。**吳希庸　李酉山 劉　和　王育文　包景華**12,31. 任。**王景烈**12,31. 任。
主　席	**高惜冰**兼。
民政廳長	**王育文**兼。
財政廳長	**于學思**兼。
教育廳長	**吳希庸**兼。
建設廳長	**李酉山**兼。
秘書長	**王同寅**兼。
警務處長	**張恒懋**代;3,1. 任。
會計長	**高鳳桐**
社會處長	**許君則** 7,8. 任。
高等法院　院長	**孫希衍**代;7,?. 任。
高等法院　首席檢察官	

3. 安東省職官年表

名 稱 ＼ 年 代	民國三十六年(1947 年)		
委　員	高惜冰　王同寅　于學思　吳希庸　李酉山　劉　和　王育文　包景華　王景烈		
主　席	高惜冰兼。		
民政廳長	王育文兼。王育文 2,28. 兼。		
財政廳長	于學思兼。于學思 2,28. 兼。		
教育廳長	吳希庸兼。吳希庸 2,28. 兼。		
建設廳長	李酉山兼。李酉山 2,28. 兼。		
秘書長	王同寅兼。		
警務處長	張恒懋		
會計長	高鳳桐		
社會處長	許君則		
高等法院	院　長	孫希衍	
	首席檢察官	崔鍾英 5,20. 任。	

3. 安東省職官年表

年代 名　稱		民國三十七年(1948年)
委　員		高惜冰 2,18. 免。董彦平 2,18. 任。王同寅 3,24. 免。于學思 3,24. 免。吳希庸 3,24. 免。李酉山 3,24. 免。劉　和 3,24. 免。王育文　包景華 3,24. 免。王景烈　楊志信 3,24. 任。高伯玉 3,24. 任。張慶泗 3,24. 任。張恒懋 3,24. 任。許虞揚 3,24. 任。馮小彭 7,8. 任。
主　席		高惜冰兼;2,18. 免。董彦平 2,18. 兼。
民政廳長		王育文兼。
財政廳長		于學思兼;3,24. 免。楊志信 3,24. 兼。
教育廳長		吳希庸兼;3,24. 免。高伯玉 3,24. 兼。
建設廳長		李酉山兼;3,24. 免。張慶泗 3,24. 兼。
秘書長		王同寅兼;3,24. 免。王兆民?,?. 任。馮小彭 5,8. 兼。
警務處長		(5,9. 裁)張恒懋
會計長		高鳳桐　廖映杰 7,1. 任。
社會處長		(5,9. 裁)許君則
高　等 法　院	院　長	孫希衍
	首席檢察官	崔鍾英

184

4. 遼北省職官年表

名 稱 ＼ 年 代	民國三十四年(1945年)
委 員	劉翰東 9,4. 任。 徐 鼐 張式綸 傅馥桂 白世昌 李充國 以上 10,2. 任。
主 席	劉翰東 9,4. 兼。
民政廳長	張式綸 ?,?. 兼。
財政廳長	傅馥桂 ?,?. 兼。
教育廳長	白世昌 ?,?. 兼。
建設廳長	李充國 ?,?. 兼。
秘書長	徐 鼐 ?,?. 兼。
警務處長	王泰興 10,9. 任。
會計長	黃嘉漢
社會處長	
高等法院 院 長	關福森 10,9. 代。
高等法院 首席檢察官	

4. 遼北省職官年表

名　稱 ＼ 年　代		民國三十五年（1946 年）
委　　　員		劉翰東　徐　鼐　張式綸　傅馥桂　白世昌　李充國　包宏霱 3,19. 任。張東凱 12,31. 任。王天任 12,31. 任。
主　　　席		劉翰東兼。
民政廳長		張式綸兼。
財政廳長		傅馥桂兼。
教育廳長		白世昌兼(3,17. 被俘。張式綸代;林耀山代;滿廣信代)。
建設廳長		李充國兼(3,17. 被俘。徐鼐代)。
秘書長		徐　鼐兼。
警務處長		王泰興
會計長		黃嘉漢 10,28. 權理。
社會處長		侯天民?,?. 任。
高　等法　院	院　長	關福森代。
	首席檢察官	

4. 遼北省職官年表

名 稱 ＼ 年 代	民國三十六年(1947年)
委　員	劉翰東　徐　鼐　張式綸　傅馥桂 10,29. 免。白世昌　李充國　包宏霽 10,29. 免。張東凱　王天任 10,29. 免。王洽民 10,29. 任。王泰興 10,29. 任。賀喜業勒圖墨爾根 10,29. 任。
主　　席	劉翰東兼。
民政廳長	張式綸兼。張式綸 2,28. 兼。
財政廳長	傅馥桂兼。傅馥桂 2,28. 兼；10,29. 免。王洽民 10,29. 兼。
教育廳長	白世昌兼(滿廣信代)。白世昌 2,28. 兼(滿廣信代)。
建設廳長	李充國兼(徐鼐代)。李充國兼；2,28. 兼。
秘書長	徐　鼐兼。徐　鼐 8,13. 兼。
警務處長	王泰興 9,10. 試用。
會計長	黃嘉漢權理。
社會處長	侯天民
高等法院　院　長	關福森代；1,18. 任。
高等法院　首席檢察官	趙榮凱 5,20. 署。

4. 遼北省職官年表

名 稱 ＼ 年 代	民國三十七年(1948 年)
委 員	劉翰東 2,18. 免。 徐 梁 2,18. 任。 徐 鼐 3,24. 免。 張式綸 3, 24. 免。 白世昌 3,24. 免。 李充國 3,24. 免。 張東凱 王洽民 3, 24. 免。 王泰興 賀喜業勒圖墨爾根 孫維善 3,24. 任。 高崧 山 3,24. 任。 程東白 3,24. 任。 張濯域 3,24. 任。 葉國光 3,24. 任。
主 席	劉翰東兼;2,18. 免。 徐 梁 2,18. 兼。
民政廳長	張式綸兼;3,24. 免。 孫維善 3,24. 兼。
財政廳長	王洽民兼;3,24. 免。 高崧山 3,24. 兼。
教育廳長	白世昌兼;3,24. 免。 程東白 3,24. 兼。
建設廳長	李充國兼;3,24. 免。 張濯域 3,24. 兼
秘書長	徐 鼐兼;3,24. 免。 葉國光 3,24. 兼。
警務處長	(5.9. 裁)王泰興
會 計 長	黃嘉漢權理;8,10. 免。 吳隆三
社會處長	(5.9. 裁)侯天民
高 等 法 院 院 長	關福森
高 等 法 院 首席檢察官	趙榮凱署。

5. 吉林省職官年表

名　稱＼年　代	民國三十四年(1945 年)9 月 3 日之後
委　　員	鄭道儒 9,4. 任。吳志恭　尚傳道　王寧華　胡體乾　徐晴嵐　張慶泗 以上 10,2. 任。
主　　席	鄭道儒 9,4. 兼(王寧華 ?,?. 代)。
民政廳長	尚傳道 ?,?. 兼。
財政廳長	王寧華 ?,?. 兼。
教育廳長	胡體乾 ?,?. 兼。
建設廳長	徐晴嵐 ?,?. 兼。
秘書長	毛介卿 代。
警務處長	谷炳倫 10,9. 任。
會計長	侯景文 ?,?. 任。
社會處長	
高等法院　院　　長	魏大同 ?,?. 代
高等法院　首席檢察官	

5. 吉林省職官年表

名　稱 ＼ 年　代	民國三十五年(1946年)
委　員	**鄭道儒** 10,2. 免。**梁華盛** 10,2. 任。**吳志恭　尚傳道　王寧華** (被俘;翌年 9,3. 免)**胡體乾　徐晴嵐　張慶泗　王侯翔** 12,31. 任。**黃炳寰** 12,31. 任。
主　席	**鄭道儒** 兼(王寧華代,被俘);10,2. 免。**梁華盛** ?,?. 兼(6,6. 視事);10,2. 兼。
民政廳長	**尚傳道** 兼(梁華盛?,?. 代)。
財政廳長	**王寧華** 兼(4,8. 被俘)。**沈　藻** ?,?. 代。**姜守全** ?,?. 代。
教育廳長	**胡體乾** 兼。
建設廳長	**徐晴嵐** 兼。
秘書長	**毛介卿　吳志恭**
警務處長	**谷炳倫** (何時去職待查) **黃炳寰** ?,?. 任。
會計長	**侯景文**
社會處長	**孫心超** 7,2. 任。
高 等 法 院 院　長	**魏大同** 代;10,30. 任。
高 等 法 院 首席檢察官	**孫英武** ?,?. 代(9,13. 已在任);12,7. 任。

5. 吉林省職官年表

年代 名稱	民國三十六年(1947年)
委　員	梁華盛　吳志恭　尚傳道　胡體乾　徐晴嵐12,6.免。張慶泗　王侯翔　黃炳寰10,29.免。姜守全9,3.任。宮其光10,29.任。于鎮藩12,6.任。
主　席	梁華盛兼。
民政廳長	尚傳道兼。尚傳道2,28.兼。
財政廳長	姜守全代;9,3.兼。
教育廳長	胡體乾兼。胡體乾2,28.兼。
建設廳長	徐晴嵐兼。徐晴嵐2,28.兼;12,6.免。于鎮藩12,6.兼。
秘書長	吳志恭兼。吳志恭8,13.兼。
警務處長	黃炳寰?,?.免。夏　松
會計長	侯景文　侯景文5,3.任。
社會處長	孫心超
高等法院　院長	魏大同
高等法院　首席檢察官	孫英武

5. 吉林省職官年表

名　稱 ＼ 年　代	民國三十七年(1948年)
委　　員	**梁華盛**　**吳志恭** 4,24. 免。**尚傳道**　**胡體乾**（3月被俘）**張慶泗** 5,8. 免。**王侯翔** 5,8. 免。**姜守全**　**宮其光** 5,8. 免。**于鎮藩** **崔垂宮** 5,8. 任。**李寓春** 5,8. 任。**王煥彬** 5,8. 任。**姚夢傑** 5,8. 任。
主　　席	**梁華盛** 兼;3,24. 免。**鄭洞國** 3,24. 兼代。
民政廳長	**尚傳道** 兼。
財政廳長	**姜守全** 兼。**侯景文** ?,?. 代。
教育廳長	**胡體乾** 兼;4,24. 免。**王煥彬** ?,?. 代。
建設廳長	**于鎮藩** 兼;4,24. 免。
秘書長	**吳志恭** 兼;4,24. 免。**崔垂言**
警務處長	(5,9. 裁)**夏　松**
會計長	**侯景文**
社會處長	(5,9. 裁)
高 等 法 院 ｜ 院　　長	**魏大同** 1,20. 調任遼寧高等法院院長。
｜ 首席檢察官	**孫英武**

6. 合江省職官年表

名　稱＼年　代	民國三十四年(1945年)
委　　員	**吳瀚濤** 9,4. 任。**富伯平　何漢文　祝步唐　楊大乾　楊守珍　李德潤** 以上 10,2. 任。
主　　席	**吳瀚濤** 9,4. 兼。
民政廳長	
財政廳長	
教育廳長	
建設廳長	
秘書長	
警務處長	**李龍飛** 10,9. 任。
會計長	
社會處長	
高等法院　院　長	**何承焯** 10,9. 代。
高等法院　首席檢察官	

6. 合江省職官年表

年代 名 稱		民國三十五年(1946年)
委　　員		吴瀚濤　富伯平　何漢文　祝步唐　楊大乾　楊守珍 李德潤　蔡宗濂 12,31. 任。　孟吉榮 12,31. 任。
主　　席		吴瀚濤兼。
民政廳長		
財政廳長		
教育廳長		楊大乾
建設廳長		
秘 書 長		
警務處長		李龍飛
會 計 長		吴靜山 12,26. 任。
社會處長		
高 等 法 院	院　　長	何承焯
	首席檢察官	

6. 合江省職官年表

名　稱　＼　年　代	民國三十六年(1947年)
委　員	吳瀚濤　富伯平　何漢文 1,23. 免。祝步唐　楊大乾　楊守珍　李德潤　蔡宗濂　孟吉榮　李　懋 1,23. 任。
主　席	吳瀚濤 兼。
民政廳長	李　懋 2,28. 兼。
財政廳長	祝步唐 2,28. 兼。
教育廳長	楊大乾 2,28. 兼。
建設廳長	楊守珍 2,28. 兼。
秘書長	富伯平 2,26. 兼。
警務處長	李龍飛
會計長	吳靜山
社會處長	
高等法院　院　長	何承焯 10,5. 司法行政部電令停職查辦。謝　健 9,?. 任。
高等法院　首席檢察官	

6. 合江省職官年表

名　稱 ＼ 年　代		民國三十七年(1948 年)
委　　員		吳瀚濤　富伯平 1,21. 免。 祝步唐　楊大乾　楊守珍　李德潤　蔡宗濂 6,17. 免。 孟吉榮　李　懋 6,17. 免。
主　　席		吳瀚濤兼。
民政廳長		李　懋兼；6,17. 免。
財政廳長		祝步唐兼。
教育廳長		楊大乾兼。
建設廳長		楊守珍兼。
秘書長		富伯平 1,21. 免。 楊湛霖 1,21. 任。
警務處長		(5,9. 裁) 李龍飛
會計長		吳靜山
社會處長		(5,9. 裁)
高　等 法　院	院　長	謝　健
	首席檢察官	

7. 松江省職官年表

名　稱＼年　代	民國三十四年（1945年）
委　　員	**關吉玉** 9,4. 任。**洪　鈁　師連舫　田雨時　梁　棟　吴紹璘　閻孟華** 以上 10,2. 任。
主　　席	**關吉玉** 9,4. 兼。
民政廳長	**師連舫** 兼。
財政廳長	**田雨時** 兼。
教育廳長	**梁　棟** 兼。
建設廳長	**吴紹璘** 兼。
秘書長	**洪　鈁** ?,?. 任。
警務處長	**李　峰** 10,9. 任。
會計長	**安永瑞**
社會處長	
高等法院　院　　長	**何宇銓** 10,9. 代。
高等法院　首席檢察官	

7. 松江省職官年表

名　稱＼年　代	民國三十五年(1946 年)
委　　　員	關吉玉　洪　釚　師連舫　田雨時　梁　棟　吳紹磷 閻孟華　趙　毅12,31.任。吳　騫12,31.任。
主　　席	關吉玉兼。
民政廳長	師連舫
財政廳長	田雨時
教育廳長	梁　棟
建設廳長	吳紹璘
秘　書　長	洪　釚
警務處長	李　峰
會　計　長	安永瑞
社會處長	
高　等 法　院	院　　長	何宇銓
	首席檢察官	

7. 松江省職官年表

名　稱 ＼ 年　代	民國三十六年(1947 年)
委　　員	關吉玉 11,13. 免。 洪　鈁　師連舫 10,22. 免。 田雨時　梁　棟　吴紹璘　閻孟華　趙　毅 11,5. 免。 吴　騫
主　　席	關吉玉 兼;11,13. 免。 洪　鈁 11,13. 代。
民政廳長	師連舫 2,28. 兼;10,22. 免。
財政廳長	田雨時 2,28. 兼。
教育廳長	梁　棟 2,28. 兼。
建設廳長	吴紹璘 2,28. 兼。
秘書長	洪　鈁 ?,?. 兼。
警務處長	曹翰聲
會計長	安永瑞
社會處長	
高　等　法　院 院　長	何宇銓 9,?. 免。 何崇善 9,?. 任。
首席檢察官	

7. 松江省職官年表

名　稱＼年代	民國三十七年(1948年)
委　員	周福成 4,24. 任。洪　釳 6,17. 免 田雨時　梁　棟　吳紹磷 閻孟華 以上 6,17. 免。吳　騫　馬彭驥　李萬春　莫松恒 李文灝　景佐綱　趙踵武　李振唐 以上 6,17. 任。
主　席	洪　釳 代;4,24. 免。周福成 4,24. 兼。
民政廳長	馬彭驥 6,17. 兼。
財政廳長	田雨時 兼;6,17. 免。李萬春 6,17. 兼。
教育廳長	梁　棟 兼;6,17. 免。莫松恒 6,17. 兼。
建設廳長	吳紹磷 兼;6,17. 免。李文灝 6,17. 兼。
秘書長	洪　釳 兼;6,17. 免。景佐綱 6,17. 兼。
警務處長	(5,9. 裁) 李　峰
會計長	安永瑞
社會處長	(5,9. 裁)
高等法院　院　長	
高等法院　首席檢察官	

8. 黑龍江省職官年表

名　稱 ＼ 年　代	民國三十四年(1945年)9月3日之後
委　員	韓駿傑 9,4. 任。朱漢生　劉時范　吳越潮　劉全忠　劉政因　于犁伯 以上 10,2. 任。
主　席	韓駿傑 9,4. 兼。
民政廳長	劉時范 兼。
財政廳長	吳越潮 兼。
教育廳長	劉全忠 兼。
建設廳長	劉政因 兼。
秘書長	朱漢生 10,9. 代。
警務處長	董學舒 10,9. 任。
會計長	陳秉炎 10,9. 代。
社會處長	
高等法院 院　長	孟昭桐 10,9. 代。
高等法院 首席檢察官	

8. 黑龍江省職官年表

名　　稱＼年　代	民國三十五年(1946 年)
委　　　　員	韓駿傑　朱漢生　劉時范　吳越潮　劉全忠　劉政因 于犁伯　袁克徵12,31.任。叢　森12,31.任。
主　　　席	韓駿傑兼。
民 政 廳 長	劉時范
財 政 廳 長	吳越潮
教 育 廳 長	劉全忠
建 設 廳 長	劉政因
秘　書　長	朱漢生代。
代警務處長	董學舒代。
代 會 計 長	陳秉炎代;12,2. 試用。
社 會 處 長	
高 等 法 院　院　　長	孟昭桐代;7,?. 任。
首席檢察官	

8. 黑龍江省職官年表

名　稱 ＼ 年　代	民國三十六年(1947年)
委　　員	韓駿傑　朱漢生　劉時范 12,15. 免。吳越潮　劉全忠　劉政因 于犁伯　袁克徵　叢　森
主　　席	韓駿傑兼。
民政廳長	劉時范 2,28. 兼;12,15. 免。
財政廳長	吳越潮 2,28. 兼。
教育廳長	劉全忠 2,28. 兼。
建設廳長	劉政因 2,28. 兼。
秘書長	朱漢生代;8,13. 署
警務處長	董學舒
會計長	陳秉炎試用;10,13. 任。
社會處長	
高等法院　院　長	孟昭桐
高等法院　首席檢察官	

8. 黑龍江省職官年表

名　稱 ＼ 年　代		民國三十七年(1948 年)
委　員		韓駿傑　朱漢生　吳越潮 6,17. 免。 劉全忠 6,17. 免。 劉政因 于犁伯　袁克徵　叢　森
主　席		韓駿傑兼。
民政廳長		
財政廳長		吳越潮兼；6,17. 免。
教育廳長		劉全忠兼；6,17. 免。
建設廳長		劉政因兼。
秘書長		朱漢生署。
警務處長		(5,9. 裁)董學舒
會計長		陳秉炎
社會處長		(5,9. 裁)
高　等 法　院	院　長	孟昭桐
	首席檢察官	

9. 嫩江省職官年表

名　稱 ＼ 年　代	民國三十四年(1945年)
委　　員	**彭濟群** 9,4.任。**黃恒浩　梁中權　寧向南　劉博昆　趙憲文** 以上 10,2.任。**蒼寶忠** 10,9.任。
主　　席	**彭濟群** 9,4.任。
民政廳長	
財政廳長	
教育廳長	
建設廳長	
秘書長	
警務處長	**張維仁** 10,9.任。
會計長	
社會處長	
高　等 法　院　院　　長	**陳廣德** 10,9.代。
首席檢察官	

9. 嫩江省職官年表

名　稱 ＼ 年　代		民國三十五年(1946 年)
委　　員		彭濟群　黃恒浩　梁中權　寧向南　劉博昆　趙憲文 蒼寶忠　孫　麟 12,31. 任。王照垒 12,31. 任。
主　　席		彭濟群兼。
民政廳長		
財政廳長		
教育廳長		
建設廳長		
秘書長		劉博昆　黃恒浩
警務處長		張維仁
會計長		
社會處長		
高　等 法　院	院　長	陳廣德
	首席檢察官	

9. 嫩江省職官年表

名　稱 ＼ 年　代	民國三十六年(1947年)
委　　員	彭濟群　黃恒浩　梁中權　寧向南　劉博昆　趙憲文 蒼寶忠　孫　麟　王照堃
主　　席	彭濟群兼。
民政廳長	梁中權 2,28. 兼。
財政廳長	寧向南 2,28. 兼。
教育廳長	蒼寶忠 2,28. 兼。
建設廳長	
秘書長	黃恒浩 10,13. 兼。
警務處長	張維仁　熊文洪
會計長	袁鍾琪 5,3. 任。
社會處長	
高等 法院　院　長	陳廣德
高等 法院　首席檢察官	

9. 嫩江省職官年表

年代 名稱	民國三十七年(1948年)
委　　員	彭濟群　黃恒浩　梁中權　寧向南　劉博昆 6,14. 免。趙憲文 6,14. 免。蒼寶忠　孫　麟　王照塋
主　　席	彭濟群兼。
民政廳長	梁中權兼。
財政廳長	寧向南兼。
教育廳長	蒼寶忠兼。
建設廳長	
秘 書 長	黃恒浩兼。
警務處長	(5,9. 裁)張維仁
會 計 長	袁鍾琪
社會處長	(5,9. 裁)
高　等 法　院　院　長	陳廣德
高　等 法　院　首席檢察官	

10. 興安省職官年表

名　　稱　＼　年　代	民國三十四年(1945年)
委　　員	吳煥章 9,4.任。張震西　田樹滋　張松涵　于鎮藩　吉爾格郞　陳　封 以上 10,9.任。
主　　席	吳煥章 9,4.兼。
民政廳長	
財政廳長	
教育廳長	
建設廳長	
秘書長	王兆民 ?,?.代。
警務處長	趙炳坤 10,9.任。
會計長	
社會處長	
高等法院　　院　　長	劉世卿 10,9.代。
高等法院　　首席檢察官	周　還

10. 興安省職官年表

名 稱 ＼ 年 代	民國三十五年(1946年)
委　　員	吳煥章　張震西　田樹滋　張松涵　于鎮藩　吉爾格郎 陳　封　趙炳坤12,31.任。劉建華12,31.任。
主　　席	吳煥章兼。
民政廳長	
財政廳長	
教育廳長	
建設廳長	
秘書長	王兆民代。
警務處長	趙炳坤代。
會計長	
社會處長	
高等法院　院　　長	劉世卿代。
高等法院　首席檢察官	周　還

10. 興安省職官年表

名稱＼年代	民國三十六年(1947年)
委 員	吳煥章　張震西　田樹滋　張松涵　于鎮藩 12,6. 免。吉爾格郎　陳　封 3,26. 免。趙炳坤　劉建華　王兆民 3,26. 任。
主 席	吳煥章 兼。
民政廳長	張震西 2,28. 兼。
財政廳長	田樹滋 2,28. 兼。
教育廳長	張松涵 2,28. 兼。
建設廳長	于鎮藩 2,28. 兼;12,6. 免。
秘 書 長	王兆民 代;3,12. 署;3,26. 兼。
警務處長	趙炳坤
會 計 長	高文治
社會處長	
高 等法 院 院 長	劉世卿
高 等法 院 首席檢察官	周　還 9,?. 免。漆　璜 9,?. 任。

10. 興安省職官年表

名　稱 ＼ 年　代	民國三十七年(1948年)
委　　員	吳焕章　張震西　田樹滋　張松涵　吉爾格郎　趙炳坤 劉建華　王兆民
主　　席	吳焕章兼。
民政廳長	張震西兼。
財政廳長	田樹滋兼。
教育廳長	張松涵兼。
建設廳長	
秘書長	王兆民兼。趙南溟
警務處長	(5,9.裁)
會計長	
社會處長	(5,9.裁)
高等法院　院　　長	劉世卿
高等法院　首席檢察官	漆　瑛

11. 熱河省職官年表

名　稱 \ 年　代	民國三十四年(1945 年)9 月 3 日之後
委　員	劉多荃　譚文彬　谷宗瀛　劉廉克　毛韶青　高鵬雲 王恒昇　冀朝鼎　李守廉　洪　聲　尚武權　譚文彬以上 10,2. 任。
主　席	劉多荃兼。
民政廳長	譚文彬 10,2. 兼。
財政廳長	谷宗瀛 10,2. 兼。
教育廳長	劉廉克 10,2. 兼。
建設廳長	毛韶青 10,2. 兼。
秘書長	
警務處長	
會計長	
社會處長	
地政局長	王長璽 10,30. 任;11,17. 任。
高等法院 院　長	
高等法院 首席檢察官	

11. 熱河省職官年表

名　稱 ＼ 年代	民國三十五年(1946年)
委　　員	劉多荃　譚文彬　谷宗瀛　劉廉克　毛韶青　高鵬雲 9,9. 免。王恒昇　冀朝鼎　李守廉　洪　聲　尚武權　成蓬一 9,9. 任。
主　　席	劉多荃兼。
民政廳長	譚文彬兼。
財政廳長	谷宗瀛兼。
教育廳長	劉廉克兼。
建設廳長	毛韶青兼。
秘書長	莫松恒 1,31. 任；10,18. 免。
警務處長	
會計長	
社會處長	
地政局長	王長璽
高等法院　院　長	朱煥彪 1,31. 任。
高等法院　首席檢察官	

11. 熱河省職官年表

名　稱 \ 年　代	民國三十六年(1947年)
委　　員	劉多荃　譚文彬　谷宗瀛　劉廉克　毛韶青　王恒昇 9,3. 免。冀朝鼎　李守廉　洪　聲　尚武權　成蓬一　高清岳 9,3. 任。
主　　席	劉多荃兼。
民政廳長	譚文彬 1,23. 免。李守廉 1,23. 兼。
財政廳長	谷宗瀛兼。
教育廳長	劉廉克兼。
建設廳長	毛韶青兼。
秘　書　長	高清岳 1,18. 署;12,1. 兼。
警務處長	
會　計　長	孫熙文 8,8. 任。
社會處長	
地政局長	王長璽
高　等 法　院　院　長	朱煥彪
高　等 法　院　首席檢察官	

11. 熱河省職官年表

名　稱 ＼ 年代	民國三十七年(1948 年)
委　　員	劉多荃 2,18. 免。范漢杰 2,18. 任；6,22. 免。孫　渡 6,22. 任。譚文彬 5,19. 免。谷宗瀛 4,24. 免。毛韶青　冀朝鼎 4,24. 免。李守廉 2,18. 免；3,24. 任。洪　聲 4,24. 任。尚武權　成蓬一 3,24. 免。高清岳 4,24. 免。于國珍 2,18. 任；10,28. 免。沈祖同 4,24. 任；10,28. 免。沈遵晦 4,24. 任；10,28. 免。石　覺 10,28. 任。李培國 10,28. 任。孫　明 10,28. 任。
主　　席	劉多荃 兼；2,18. 免。范漢杰 2,18. 兼(于國珍 2,18. 代)；6,22. 免。孫　渡 6,22. 任。
民政廳長	李守廉 2,18. 免。于國珍 2,18. 兼；10,28. 免。李守廉 10,28. 兼。
財政廳長	谷宗瀛 兼；4,24. 免。沈祖同 4,24. 兼；10,28. 免。
教育廳長	劉廉克 兼。
建設廳長	毛韶青 兼。
秘書長	高清岳 兼；4,24. 免。沈遵晦 4,22. 任。
警務處長	
會計長	孫熙文
社會處長	
地政局長	王長璽 4,15. 免。
高等法院　院　長	朱煥彪
高等法院　首席檢察官	劉世鑄 3,1. 署；8,10. 免。

12. 瀋陽市職官年表

名　稱 ＼ 年　代	民國三十四年(1945 年)
市　　長	**金　鎮** 12, 12. 代。

12. 瀋陽市職官年表

名　稱 ＼ 年　代	民國三十五年(1946 年)
市　　　長	金　鎮代。董文琦 1,8. 任。
秘 書 長	徐熙農
社 會 局 長	(11,1. 改稱民政局長)劉維新
財 政 局 長	徐鴻馭代。
教 育 局 長	陳碩彥
地 政 局 長	王一之
衛 生 局 長	董文琦代。孫家齊
工 務 局 長	吳安庸代。
公 用 局 長	胡哲讓
警 察 局 長	戴鴻濤　林　英　毛文佐

12. 瀋陽市職官年表

名　稱 ＼ 年　代	民國三十六年(1947 年)
市　　長	**董文琦** 5,9. 免。**金　鎮** 6,25. 任。①
秘　書　長	**徐熙農** 5,13. 辭。**程　烈** 5,14. 代。**李循和** 5,14. 代；9,23. 任。
民政局長	**劉維新** 5,13. 卒(張建中 5,16. 代)。**師連舫** 10,?. 任。**樂鳴聲** ?,?. 代。
財政局長	**徐鴻馭** 1,8. 調。**鮑　軻** 1,8. 任；5,13. 辭。**程　烈** 5,14. 任。**王丕烈** 11,4. 代。
教育局長	**陳碩彦　姚彭齡** 9,2. 代。
地政局長	**王一之**
衛生局長	**孫家齊**
工務局長	**吳安庸** 代；5,13. 辭。**李榮倫** 5,17. 代；11,?. 被捕。**毛鳳儀** 11,?. 任。
公用局長	**胡哲讓** 5,13. 辭。**徐慶春** 5,16. 代。
警察局長	**毛文佐**

説明：6 月 7 日瀋陽市由省轄市升爲院轄市。

註①：另據報載，5 月初金鎮已在瀋陽市長任上，可能内部已任命。

12. 瀋陽市職官年表

名　稱 ＼ 年　代	民國三十七年(1948年)
市　　　長	**金　鎭** 2,18. 免。 **董文琦** 2,18. 任。
秘　書　長	**程　烈** 3,5. 任；5,14. 免。 **徐熙農** 10,13. 任。
民政局長	**樂鳴聲　劉啓坤** 8,?. 任。
財政局長	**王丕烈**代；4,1. 署。
教育局長	**姚彭齡**代；3,31. 任。
地政局長	**王一之　王長璽** 6,?. 任。
衛生局長	(5,6. 裁) **孫家齊**
工務局長	**毛鳳儀**
公用局長	(5,6. 裁) **徐慶春**
警察局長	**毛文佐**

13. 哈爾濱市職官年表

名稱 ＼ 年代	民國三十四年(1945 年)
市　　長	楊綽庵 9,4. 任。①

註①：是年，社會局長爲孫桂籍。

名稱 ＼ 年代	民國三十五年(1946 年)
市　　長	楊綽庵
會 計 長	趙麟瑞
秘 書 長	曹鍾麟
警察局長	余秀豪
社會局長	孟廣厚
教育局長	韓静遠

名稱 ＼ 年代	民國三十六年(1947 年)
市　　長	楊綽庵
會 計 長	趙麟瑞
警察局長	余秀豪

名稱 ＼ 年代	民國三十七年(1948 年)
市　　長	楊綽庵 8,26. 免。畢澤宇 8,26. 任。
會 計 長	趙麟瑞 4,27. 免。
社會局長	劉榮第

14. 大連市職官年表

名　稱 ＼ 年　代	民國三十四年(1945 年)
市　　長	沈　怡 9,4. 任。

名　稱 ＼ 年　代	民國三十五年(1946 年)
市　　長	沈　怡 11,6. 調任南京市長。龔學遂 11,6. 任。
警察局長	劉成之
社會局長	王洽民

名　稱 ＼ 年　代	民國三十六年(1947 年)
市　　長	龔學遂
秘書長	黄光斗

名　稱 ＼ 年　代	民國三十七年(1948 年)
市　　長	龔學遂 7,22. 調任青島市長。趙惜夢 7,22. 任。

四、附　　録

人名録

人名録姓氏檢字表

人　名　録

二　畫

丁　超　字潔忱。遼寧新賓人。清光緒九年生。日本陸軍士官學校畢業。吉林省延吉鎮守使、吉長鎮守使、濱江鎮守使，代中東鐵路護路軍總司令，代吉林省主席。

丁道津　字沛魚。貴州織金人。清同治十三年生。吉林省財政廳長。

丁夢武　字聘三。河北靜海人。清同治八年生。黑龍江森林局長、代龍江道尹。

三　畫

三　多　字六橋。蒙古正白旗人。杭州駐防。清光緒元年生。舉人出身。署盛京副都統兼署金州副都統。

于冲漢　字雲章。遼寧遼陽人。清同治十年生。秀才出身。奉天省交涉使，奉天省特派交涉員，東省特別區行政長官，東省鐵路督辦。

于芷山　字瀾波。遼寧台安人。清光緒八年生。奉天省東邊鎮守使。

于　珍　字濟川。遼寧鐵嶺人。清光緒十四年生。日本陸軍士官學校畢業。奉天省警務處長。

于　師　吉林省秘書長。

于犁伯　黑龍江海倫人。黑龍江省委員。

于源浦　字慕忱。吉林榆樹人。清同治十二年生。翰林出身。代吉林省教育廳長。

于駟興　字振甫。安徽壽縣人。清同治元年生。黑龍江省內務司長、綏蘭道尹、政務廳長，黑龍江省森林局長、教育廳長，代黑龍江省省長。

于學忠　字孝侯。山東蓬萊人。清光緒十六年生。武衛軍速成隨營學堂畢業。錦州前

敵總司令。

于學思　字哲文。遼寧蓋平人。安東省委員兼教育廳長。

于鎮藩　黑龍江肇東人。興安省委員兼建設廳長，吉林省委員兼建設廳長。

四　畫

王一之　瀋陽市地政局長。

王之佑　字立三。遼寧興城人。清光緒十八年生。東三省講武堂畢業。吉林省警務處長，吉林省委員。

王天任　遼北省委員。

王化一　字德華。遼寧遼中人。清光緒二十五年生。奉天兩級師範學校畢業。北京大學畢業。東北行轅政務委員會委員。

王文藻　字蓉儒。北京人。熱河特別區警務處長兼熱河警察廳長。

王玉科　字問山。遼寧錦縣人。黑龍江省政務廳長，黑龍江特派交涉員。

王世榮　字桐軒。河北寧晉人。熱河特別區財政廳長。

王世選　字伯康。黑龍江撫遠人。日本明治大學畢業。代吉林省教育廳長，吉林省委員兼教育廳長。

王丕煦　字撰堯。山東萊陽人。黑龍江省財政廳長。

王永江　字岷源。遼寧金縣人。清同治十年生。奉天省民政使，奉天省興鳳道，奉天省警務處長兼省會警察廳長，奉天省財政廳長，代奉天省省長，東北大學校長，東三省交通委員會委員長。

王　耒　字耕木。浙江杭縣人。清光緒六年生。舉人出身。奉天省司法籌備處長，奉天省北路觀察使、洮昌道尹。

王同寅　遼寧海城人。安東省委員兼教育廳

長,遼寧省委員兼教育廳長。

王兆民　黑龍江龍江人。清光緒二十七年生。北京大學畢業。興安省委員兼秘書長,安東省秘書長。

王守中　熱河特別區軍務處長。

王守德　熱河特別區特派交涉員。

王杜　字晦如。浙江杭縣人。清光緒四年生。舉人出身。黑龍江省黑河道尹。

王克家　字賜餘。湖南衡陽人。清光緒二年生。日本早稻田大學畢業。熱河地方司法籌備專員。

王孝絪　字彥誠。福建閩侯人。奉天省實業廳長。

王長璽　字錦生。遼寧錦西人。民國元年生。東北大學畢業。熱河省地政局長,瀋陽市地政局長。

王秉鉞　字佐青。遼寧錦縣人。清同治十三年生。日本早稻田大學畢業。奉天省北路觀察使。

王秉權　字渭生。浙江紹興人。奉天省安東關監督。

王育文　吉林通化人。安東省委員兼民政廳長。

王南屏　字澤生。吉林長嶺人。清光緒十五年生。奉天第一中學畢業。黑河警備司令。

王荃本　字樊卿。安徽桐城人。咸豐五年生。署吉林省勸業道。

王迺斌　字恩溥。遼寧新民人。清同治九年生。秀才出身。直隸省熱河道,東省鐵路督辦。

王侯翔　吉林省委員。

王洽民　字德生。遼寧大連人。清光緒三十一年生。東北大學畢業,後留學美國。遼北省委員兼財政廳長,遼寧省委員兼財政廳長。

王恒昇　熱河省委員。

王泰興　吉林鎮賚人。遼北省警務處長,遼

北省委員。

王莘林　字可耕。吉林榆樹人。清同治九年生。舉人出身。吉林省實業司長、內務司長,吉林特派交涉員,吉林省委員兼教育廳長。

王家楨　字樹人。黑龍江雙城人。清光緒二十五年生。北京大學肄業。日本慶應大學畢業。東北行營經濟委員會委員,東北行轅政務委員會委員、常務委員。

王家儉　安徽太平人。吉林省榷運局長。

王家勳　字蓮波。河北南皮人。奉天省省會警察廳長。

王得膚　熱河特別區財政分廳廳長。

王煥彬　黑龍江哈爾濱人。吉林省委員兼教育廳長。

王揖唐　字慎吾。安徽合肥人。清光緒三年生。進士出身。吉林巡按使。

王景春　字兆熙。河北灤縣人。清光緒八年生。美國耶魯大學畢業。署東省鐵路督辦。

王景烈　字又方。遼寧海城人。安東省委員。

王景福　字效文。浙江紹興人。黑龍江省採金局長,吉林省森林局長。

王順存　字理堂。河南商城人。清同治二年生。黑龍江省省會警察廳長,黑龍江省警務處長,東三省清鄉局督辦,奉天省東邊道尹,東省特別區警察總管理處長。

王瑞華　遼寧錦西人。清光緒十七年生。保定軍官學校畢業。東省特別區警察管理處長。

王照堃　嫩江省委員。

王嘉澤　字介公。安徽涇縣人。吉林省特派交涉員。

王毓桂　字鐵珊。遼寧遼陽人。清光緒十六年生。美國哥倫比亞大學畢業。奉天省教育廳長,遼寧省委員兼教育廳長。

王賓章　字寅卿。黑龍江泰來人。清光緒十

二年生。保定高等師範學校畢業。代黑龍
江省教育廳長。

王寧華　名治邦,字寧華,以字行。吉林永吉
人。北京大學畢業。吉林省委員兼財政廳
長,代吉林省主席。

王樹常　字庭午。遼寧遼中人。清光緒十一
年生。日本陸軍士官學校畢業。遼寧省委
員。

王樹翰　字維宙。遼寧瀋陽人。清同治十三
年生。舉人出身。奉天省南路觀察使、遼
瀋道尹,吉林省濱江道尹,黑龍江省龍江道
尹,護黑龍江省省長,奉天省財政廳長,吉
林省政務廳長,代吉林省省長兼東省特別
區行政長官,東北政務委員會委員、東北政
務委員會秘書長,東北邊防軍司令長官公
署秘書長,東北行營政治委員會委員,東北
行轅政務委員會副主任委員。

王錫九　字荷安。河北灤縣人。清光緒十年
生。天津法政學堂畢業。黑龍江省高等檢
察廳檢察長,黑龍江省高等法院院長。

王戲煒　字齡希。湖北黃岡人。清光緒十三
年生。京師大學堂畢業,後留學日本。奉
天省財政司長。

王　鍾　東北行轅政務委員會委員。

王鴻陸　字鹿泉。河北臨榆人。清同治十一
年生。監生。東三省鹽運使。

王鏡寰　字明宇。遼寧北鎮人。清光緒八年
生。奉天省政務廳長,東三省交涉總署署
長,奉天省特派交涉員。

王懷慶　字懋宣。河北寧晉人。清光緒二年
生。行伍出身。兼熱河都統。

王寶善　字煥然。遼寧錦縣人。吉林省警務
處長兼省會警察廳長,吉林省依蘭道尹,吉
林省委員兼建設廳長,吉林省農礦廳長。

王鐵漢　遼寧盤山人。清光緒三十一年生。
陸軍大學畢業。遼寧省委員兼省主席,東
北行轅政務委員會委員。

王德林　字惠民。山東沂水人。清光緒元年

生。行伍出身。寧安警備司令。

牛　蘭　字芳九。河北獻縣人。進士出身。
熱河特別區政務廳長。

毛文佐　瀋陽市警察局長。

毛祖模　字艾孫。江蘇太倉人。舉人出身。
吉林省濱江關監督。

毛鳳儀　瀋陽市工務局長。

毛韶青　內蒙古赤峰人。清光緒二十四年
生。法國工業專科學校畢業。熱河省委員
兼教育廳長。

什呵布勞丕勒　哲里木盟杜爾伯特旗扎薩克
貝子,哲里木盟幫辦盟務。

丹巴多爾濟　哲里木盟科爾沁左翼前旗扎薩
克親王。東蒙宣撫使。

卞鴻儒　字宗孟。遼寧蓋平人。清光緒二十
二年生。奉天高等師範學校畢業。遼寧省
委員兼教育廳長、兼秘書長。

文　群　字韶雲。江西萍鄉人。清光緒十年
生。日本中央大學畢業。東北行轅經濟委
員會委員。

文　錦　字蜀生。吉林省國稅廳籌備處長。

方大英　字梅生。湖南長沙人。奉天省東邊
道尹。

方本仁　字耀亭。湖北黃岡人。清光緒六年
生。北京軍官學校畢業。東北政務委員會
委員。

尹壽松　字秀峰。安徽桐城人。日本明治大
學畢業。熱河特別區政務廳長。

巴英額　字凌雲。吉林扶餘人。清同治八年
生。黑龍江省黑河鎮守使,代吉林省濱江
關監督。

巴咱爾吉里第　昭烏達盟阿魯科爾沁旗扎
薩克貝勒。清同治四年生。昭烏達盟盟
長。

巴嘎巴迪　呼倫貝爾新巴爾虎右翼正黃旗
人。清同治十三年生。呼倫貝爾右廳廳
長。

孔昭焱　字希白。廣東南海人。清光緒七年

生。日本東京法政大學畢業。最高法院東北分院院長。

五　畫

甘鵬雲　字藥樵。湖北潛江人。清咸豐十一年生。進士出身。吉林省國稅廳籌備處長。

札噶爾　字明軒。昭烏達盟巴林右翼旗扎薩克郡王。清光緒十年生。昭烏達盟副盟長、盟長，備兵扎薩克。

石青山　字眉峰。吉林雙遼人。黑龍江省綏海鎮守使、安泰鎮守使。

石得山　字玉泉。吉林雙遼人。清同治九年生。黑龍江省綏海鎮守使。

石　覺　字爲開。廣西桂林人。清光緒三十四年生。黃埔軍校畢業。熱河省委員。

田中玉　字蘊山。河北臨榆人。清同治八年生。北洋武備學堂畢業。吉林督軍。

田雨時　吉林扶餘人。松江省委員兼財政廳長。

田　潛　字伏侯。湖北江陵人。奉天省特派交涉員。

田樹滋　字紫荆。遼寧開原人。吉林省委員兼財政廳長。

史延程　字伊源。山東樂陵人。奉天省高等審判廳廳長，遼寧省高等法院院長。

史紀常　字曜五。江蘇宜興人。清同治七年生。舉人出身。奉天省政務廳長、遼瀋道尹，黑龍江省政務廳長，奉天省特派交涉員。

史靖寰　字敬一。遼寧瀋陽人。清光緒十六年生。奉天兩級師範學校畢業。遼寧省營口市政籌備處處長，代遼寧省山海關監督。

白世昌　字公烈。遼寧遼陽人。遼北省委員兼教育廳長。

白承頤　字朵卿。山西永和人。熱河特別區財政廳長。

白銘鎮　字子敬。遼寧瀋陽人。清光緒十年生。北京陸軍大學畢業。奉天省省會警察廳長。

包宏霽　遼北省委員。

包景華　吉林柳河人。安東省委員。

六　畫

邢士廉　字隅三。遼寧瀋陽人。清光緒十一年生。日本陸軍士官學校畢業。遼寧省委員。

朴柄珊　江省警備司令。

吉爾格朗　黑龍江東布特哈人。清光緒三十一年生。先後畢業於北京師範大學、日本長崎高等商業學校。興安省委員。

吉　興　字培之。遼寧瀋陽人。清光緒五年生。日本陸軍士官學校畢業。吉林省延吉鎮守使。

成　善　呼倫貝爾左廳廳長。

成　瑞　呼倫貝爾右廳廳長。

成蓬一　內蒙古寧城人。宣統二年生。南開大學畢業。熱河省委員兼會計長。

成　德　字靜山。呼倫貝爾索倫左翼正白旗人。清光緒元年生。呼倫貝爾左廳廳長。

呂之渭　遼寧寬甸人。遼寧省會計長。

呂世芳　字憶園。安徽旗德人。奉天省高等審判廳廳長。

呂榮寰　字維東。遼寧撫順人。清光緒十六年生。江蘇法政專門學校畢業。東省鐵路督辦。

曲卓新　字荔齋。山東牟平人。清光緒三年生。進士出身。日本早稻田大學畢業。奉天省山海關監督。

朱邦達　吉林森林局長。

朱玖瑩　湖南長沙人。清光緒二十五年生。遼寧省委員兼秘書長。

朱佩蘭　字藹亭。河北滄縣人。舉人出身。黑龍江森林局長，黑龍江省政務廳長。

朱重慶 字仲宣。遼寧錦縣人。熱河特別區審判處長。

朱煥彪 字子班。江蘇如皋人。清光緒二十年生。江蘇法政專門學校畢業。熱河高等法院院長。

朱淑薪 字荷宜。河北灤縣人。奉天省東路觀察使、東邊道尹。

朱漢生 字伯華。山東陽穀人。黑龍江省委員兼秘書長。

朱慶瀾 字子橋。浙江紹興人。清同治十三年生。附生出身。黑龍江護軍使兼署民政長,黑龍江將軍兼署巡按使,東省鐵路護路軍總司令兼東省特別區行政長官。

朱樹聲 字韻生。湖北竹山人。清光緒十五年生。奉天法政學堂畢業。奉天高等檢察廳檢察長,遼寧高等法院首席檢察官。

朱鍾琪 字卿田。浙江省人。監生出身。奉天省度支使。

朱懷冰 湖北黃岡人。清光緒十二年生。保定軍官學校畢業。東北行轅政務委員會常務委員。

伍元芝 號蘭孫。江蘇南京人。進士出身。奉天省國稅廳籌備處長。

任福元 字蓋臣。河北省人。吉林省扶農鎮守使。

任毓麟 字振亭。浙江紹興人。清同治九年生。舉人出身。奉天省政務廳長。

色丹那木濟勒旺寶 昭烏達盟巴林左翼旗扎薩克貝子。清光緒九年生。昭烏達盟幫辦盟務、副盟長。

色凌那木濟勒旺寶 卓索圖盟土默特左翼旗扎薩克貝勒。卓索圖盟盟長兼備兵扎薩克。

多布柴 昭烏達盟扎魯特右旗扎薩克貝勒。昭烏達盟幫辦盟務。

米春霖 字瑞鳳。遼寧錦縣人。清光緒八年生。奉天法政專門學校畢業。奉天省安東關監督,東省特別區警察管理處長,代遼寧

省主席。

米振標 字錦堂。陝西清澗人。清咸豐十年生。行伍出身。熱河特別區林西鎮守使,熱河特別區幫辦軍務,署熱河都統。

汲金純 字海峰。遼寧海城人。清光緒三年生。綠林出身。熱河都統。

安永昌 字鳳階。四川綿竹人。署黑龍江高等審判廳廳長。

祁彥樹 字公亮。遼寧遼陽人。清光緒十六年生。留學美國。署奉天省教育廳長,代奉天省財政廳長。

那木濟勒色楞 字克莊。漢名包樂康。哲里木盟科爾沁左翼中旗扎薩克親王。清光緒五年生。哲里木盟副盟長、盟長。

那蘭格呼勒 哲里木盟科爾沁左翼中旗閑散溫都爾郡王。哲里木盟幫辦盟務。

阮忠植 字公槐。安徽合肥人。吉林省依蘭道尹,吉林採金局局長。

七 畫

杜聿明 字光亭。陝西米脂人。清光緒三十一年生。黃埔軍校畢業。東北保安司令長官,東北剿總副總司令。

杜蔭田 字召棠。吉林省人。署黑龍江省省會警察廳長,代黑龍江省龍江道尹。

邴克莊 字敬如。遼寧盤山人。清光緒八年生。奉天高等警察學校畢業。署吉林省依蘭道尹,署奉天省東邊道尹,熱河省委員兼民政廳長。

李大鈞 字公度。四川資陽人。舉人出身。日本法政大學畢業。熱河地方內務廳長。

李元著 熱河省委員。

李友蘭 字香齋。遼寧法庫人。清光緒七年生。奉天省師範學校畢業。署奉天省洮昌道尹,奉天省安東關監督。

李文灝 松江省委員兼建設廳長。

李心曾　字省三。遼寧海城人。日本東京宏文書院畢業。熱河特別區政務廳長、熱河道尹,署熱河特別區審判處長。

李世藩　熱河特別區熱河道道尹。

李充國　字克家。遼寧本溪人。遼北省委員兼建設廳長。

李守廉　遼寧凌源人。熱河省委員兼民政廳長。

李 杜　字植初。遼寧義縣人。清光緒六年生。東北講武堂畢業。吉林省依蘭鎮守使,代東北邊防軍駐吉副司令長官。

李酉山　遼寧義縣人。清光緒三十一年生。美國麻省理工學院畢業。安東省委員兼建設廳長。

李俊卿　黑龍江省警務處長。

李祖慶　字善庭。北京人。遼寧高等法院院長。

李冠英　字向宸。遼寧康平人。黑龍江省安泰鎮守使。

李桂林　字馨山。遼寧海城人。清同治十一年生。吉林省吉長鎮守使。

李振唐　字紹晟。遼寧瀋陽人。清光緒十八年生。保定軍官學校畢業。松江省委員。

李振聲　字子鐸。遼寧遼陽人。清光緒元年生。東北講武堂畢業。吉林省綏寧鎮守使,代東北邊防軍駐吉副司令長官。

李哲濬　吉林省財政廳長。

李 峰　字助夫。吉林延吉人。清光緒十九年生。留學日本。興安市政籌備處長,松江省警務處長。

李效明　熱河省特派交涉員。

李家鏊　字蘭舟。江蘇上海人。清同治二年生。吉林省西北路道、西北路觀察使、濱江道尹,東省特別區高等審判廳廳長。

李培國　字治平。內蒙古寧城人。清光緒二十七年生。內政部警官高等學校畢業。熱河省委員。

李象臣　熱河特別區財政廳長。

李紹庚　字夢白。遼寧遼陽人。清光緒二十一年生。哈爾濱俄國高等商業學校畢業。東省特別區教育管理局長。

李彭年　字鏡周。吉林梨樹人。黑龍江省龍江道尹,黑龍江省委員。

李萬春　松江省委員兼財政廳長。

李景林　字芳宸。河北棗強人。清光緒十一年生。保定軍官學校畢業。熱河都統。

李循和　瀋陽市秘書長。

李寓春　字雄飛。黑龍江雙城人。清光緒三十三年生。東三省講武堂畢業。吉林省委員。

李夢庚　河北撫寧人。清光緒八年生。黑龍江省興東道。

李傳勳　熱河特別區警務處長。

李銘書　字子箴。遼寧黑山人。清光緒四年生。奉天法政專門學校畢業。署吉林森林局長兼署吉林採金局長。

李榮倫　瀋陽市工務局長。

李澍恩　字季康。江蘇無錫人。清光緒五年生。日本宏文學院畢業。代吉林省勸業道。

李德新　字法權。遼寧營口人。清光緒十九年生。日本東京帝國大學畢業。奉天市市長,瀋陽市市長。

李樹春　字薌浦。遼寧阜新人。北京法政專門學校畢業。熱河特別區軍務處長,熱河省秘書長,熱河省委員兼建設廳長。

李樹滋　字潤生。吉林梨樹人。清光緒八年生。奉天法政學堂畢業。黑龍江高等審判廳廳長,吉林省教育廳長。

李 穆　字賓士。湖南長沙人。日本早稻田大學畢業。東三省鹽運使。

李興唐　字治辰。山東無棣人。奉天優級師範學堂畢業。黑龍江省特派交涉員。

李龍飛　遼寧省人。合江省警務處長。

李 戀　字任難。湖南湘潭人。合江省委員兼民政廳長。

231

李鴻謨　字虞臣。山東牟平人。吉林省濱江道尹。

李鬱周　熱河特別區林西鎮守使。

車和雅　呼倫貝爾特別區幫辦旗務。

車慶雲　字瑞峰。河北青縣人。黑龍江省警務處長，黑龍江省鐵路警備司令。

吳安庸　瀋陽市工務局長。

吳志恭　字驥伯。湖北蒲圻人。北京大學畢業。吉林省委員兼秘書長。

吳希庸　遼寧遼陽人。安東省委員兼教育廳長，遼寧省委員兼建設廳長。

吳宗濂　字挹清。江蘇嘉定人。清咸豐五年生。北京同文館畢業。吉林省特派交涉員。

吳俊陞　字興權。山東歷城人。清同治二年生。行伍出身。奉天省洮遼鎮守使，黑龍江督軍兼省長，東三省保安副司令，東北邊防司令，代東三省保安總司令。

吳炳樅　湖南省人。日本東京法政大學畢業。署吉林高等審判廳廳長。

吳泰來　山東歷城人。護黑龍江督辦。

吳家象　守仲賢。遼寧義縣人。清光緒十七年生。北京大學畢業。遼寧省委員兼教育廳長。

吳家駒　字子昂。湖南湘潭人。清光緒四年生。日本明治大學畢業。吉林高等審判廳廳長。

吳煥章　吉林大賚人。清光緒二十七年生。北京大學畢業。興安省委員兼主席，東北行轅政務委員會委員。

吳紹璘　字漁滄。四川遂寧人。松江省委員兼建設廳長。

吳越潮　吉林大賚人。民國元年生。北京大學畢業。黑龍江省委員兼財政廳長。

吳靜山　遼寧瀋陽人。合江省會計長。

吳震澤　署奉天民政使。

吳德麟　吉林省省會警察廳長，吉林省省會公安局長。

吳　燾　字子明。雲南保山人。進士出身。吉林省提法使兼署提學使。

吳瀚濤　字滌愆。吉林九臺人。清光緒二十年生。南開大學畢業。美國伊利諾大學研究院畢業。合江省委員兼省主席，東北行轅政務委員會委員。

吳　騫　黑龍江寧安人。松江省委員。

何玉芳　字秉璋。遼寧法庫人。清光緒十一年生。奉天高等巡警學堂畢業。東省特別區市政管理局長兼哈爾濱特別市市長。

何同椿　字來忱。山東桓台人。吉林省高等檢察廳檢察長。

何宇銓　代松江省高等法院院長。

何守仁　字懷德。廣東東莞人。同治六年生。天津北洋醫學堂畢業。黑龍江採金局局長，黑龍江森林局局長。

何柱國　字鑄戈。廣西容縣人。清光緒二十四年生。日本陸軍士官學校畢業。日本陸軍大學畢業。東北行營參謀長。

何厚琦　字子章。山西靈石人。奉天省東邊道道尹，遼瀋道道尹。

何崇善　字志候。江蘇淮安人。松江省高等法院院長。

何　廉　字淬廉。湖南省寶慶人。清光緒二十一年生。美國耶魯大學研究院畢業。兼東北行營經濟委員會委員。

何　煜　字南孫。江蘇丹徒人。清光緒三年生。監生出身。黑龍江省龍江道尹。

何漢文　湖南寧鄉人。合江省委員。

佟兆元　字德一。遼寧撫順人。清光緒八年生。奉天高等師范學校畢業。奉天省特派交涉員，奉天省遼瀋道道尹，熱河省委員兼財政廳廳長。

邱廷舉　字竹勳。湖北宜昌人。署黑龍江高等檢察廳檢察長，署黑龍江高等審判廳廳長。

谷芝瑞　字藹堂。河北臨榆人。清光緒元年生。翰林出身。黑龍江省黑河道尹、綏蘭道尹。

谷宗瀛　字篠峰。河北定縣人。熱河省委員兼財政廳長。

谷炳倫　北京人。吉林省警務處長。

希哩薩喇　卓索圖盟喀喇沁右翼旗人。熱河地方蒙旗廳長。

汪世傑　四川犍爲人。進士出身。奉天省高等檢察廳檢察長。

汪守珍　字聘耕。安徽婺源人。清同治十年生。拔貢出身。黑龍江省高等審判廳廳丞,黑龍江省提法使。

汪維城　字宗可。河北灤縣人。清光緒元年生。署黑龍江省政務廳長,署實業廳長、秘書長。

沈　怡　字君怡。浙江嘉興人。清光緒二十七年生。同濟大學畢業。德國查斯登大學畢業。大連市市長。

沈祖同　福建閩侯人。清光緒二十七年生。留學法國。熱河省委員兼財政廳長。

沈致堅　字卓梧。湖北黃岡人。奉天省山海關監督。

沈家彝　字季讓。江蘇江寧人。清光緒八年生。舉人出身。日本東京帝國大學畢業。奉天省高等審判廳廳長。

沈遵晦　字俊亞。江蘇吳縣人。清光緒三十四年生。東吳大學畢業。熱河省委員。

沈鴻烈　字成章。湖北天門人。清光緒八年生。日本海軍學校畢業。東北政務委員會委員。

沈　藻　代吉林省財政廳長。

沁布多爾濟　字治卿。清光緒三十一年生。卓索圖盟土默特右翼旗署扎薩克,卓索圖盟副盟長。

宋小濂　字鐵梅。吉林永吉人。清同治二年生。監生出身。署黑龍江巡撫,黑龍江都督兼民政長,東省鐵路督辦。

宋文郁　字墨林。遼寧台安人。清光緒八年生。奉天高等巡警學校畢業。署奉天省

會警察廳長,代奉天省警務處長,署黑龍江省警務處長兼署黑龍江省省會警察廳長,署黑龍江省綏蘭道尹,黑龍江省委員,東省特別區市政管理局長兼哈爾濱特別市市長。

宋春鼇　字渤生。安徽懷遠人。清咸豐二年生。貢生出身。代吉林省特派交涉員。

宋哲元　字明軒。山東樂陵人。清光緒十一年生。熱河都統。

阿拉瑪斯圖呼　字裕常。昭烏達盟敖漢左翼旗閑散貝子。清光緒三年生。昭烏達盟幫辦盟務。

阿育勒烏貴　字憲亭。卓索圖盟喀喇沁右翼旗閑散輔國公。清同治七年生。卓索圖盟副盟長。

邵　侃　熱河警察廳長。

邵福瀛　字厚夫。江蘇常熟人。舉人出身。吉林省濱江關監督。

八　畫

武泉遠　字子哲。河北鉅鹿人。清光緒二十九年生。北京陸軍獸醫學校畢業。遼寧省委員。

林沁諾依魯布　昭烏達盟扎魯特左翼旗扎薩克貝勒。昭烏達盟副盟長。

林松齡　代吉林省實業廳長。

林　英　字雅齋。廣東文昌人。清光緒二十三年生。黃埔軍校畢業。瀋陽市警察局長。

林家訓　遼寧省委員。

林斯賢　東省特別區政務廳長。

林耀山　字日暄。吉林梨樹人。清光緒二十二年生。北京高等師范學校畢業。代遼北省教育廳長。

范其光　字冰澄。江蘇江寧人。清光緒三年生。留學俄國。黑龍江省特派交涉員。

范慶煦　熱河特別區熱河道尹。

尚武權　熱河省委員。

尚傳道　字希賢。浙江紹興人。清宣統二年生。清華大學畢業。吉林省委員兼民政廳長，長春市市長。

昆　源　字叔泉。蒙古鑲藍旗人。署熱河都統。

易恩侯　湖北隨縣人。清光緒元年生。附生出身。日本大學畢業。黑龍江省高等檢察廳檢察長。

忠　芳　字訒齋。北京人。舉人出身。熱河省財政廳長。

金世和　江蘇江寧人。清同治十一年生。奉天省政務廳長。

金純德　字馨齋。黑龍江海倫人。黑龍江省實業司長。

金　梁　字息侯。滿洲正白旗，杭州駐防。清光緒四年生。進士出身。奉天省政務廳長、洮昌道尹。

金鼎臣　遼寧北鎮人。清光緒十四年生。東三省講武堂畢業。熱河省委員。

金鼎勳　字叔奮。吉林永吉人。清光緒五年生。日本明治大學畢業。東三省鹽運使。

金毓黻　字靜庵。遼寧遼陽人。清光緒十三年生。北京大學畢業。遼寧省秘書長，遼寧省委員兼教育廳長。

金榮桂　字伯衡。遼寧蓋平人。清光緒二年生。北京法政學堂畢業。東省特別區警察管理處長。

金　鎮　字岱峰。遼寧遼陽人。旅順工科大學畢業。瀋陽市長，遼寧省委員。

周玉柄　字汁欽。四川成都人。清光緒五年生。舉人出身。黑龍江省高等審判廳廳長，吉林省政務廳長、教育廳廳長，長春市市政籌備處長。

周守一　字天放。遼寧蓋平人。清光緒十四年生。北京大學畢業。美國奧利岡大學畢業。東省特別區教育廳長。

周貞亮　字子幹。湖北漢陽人。清同治十三年生。進士出身。日本明治大學畢業。黑龍江省高等檢察廳檢察長。

周詒柯　字心約。湖南湘潭人。清光緒二年生。日本法政大學畢業。黑龍江省高等審判廳廳長。

周福成　字全五。遼寧遼陽人。清光緒二十四年生。保定軍官學校畢業。兼松江省主席，東北行轅政務委員會委員，東北剿總代總司令。

周肇祥　字養庵。浙江紹興人。清光緒六年生。舉人出身。東三省鹽運使。

周維泰　字寶基。黑龍江省委員兼實業廳長。

周德鈺　黑龍江省秘書長。

周樹模　字少樸。湖北天門人。清咸豐十年生。進士出身。黑龍江巡撫。

郎官普　守菊振。遼寧新民人。清光緒十二年生。奉天高等警務學堂畢業。黑龍江省委員兼財政廳長，黑河市政籌備處長。

孟吉榮　合江省委員。

孟昭常　江蘇武進人。舉人出身。留學日本。吉林省實業廳長。

孟昭漢　字慕常。山東鄒縣人。清同治八年生。秀才出身。奉天省山海關監督。

孟恩遠　字曙村。河北天津人。清咸豐九年生。行伍出身。吉林護軍使，代吉林都督，吉林將軍，吉林督軍。

孟憲彝　字秉初。河北永清人。清同治五年生。舉人出身。吉林省西南路道、西南路觀察使、吉長道尹，署吉林省民政長。

九　畫

胡哲讓　瀋陽市公用局長。

胡家鈺　字式如。河北承德人。熱河地方教育廳長、內務廳長。

胡家鳳　字秀松。江西南昌人。清光緒十二年生。北京法政專門學校畢業。東北行營秘書長。

胡體乾　字鈞岩。吉林永吉人。美國克歐大學畢業。吉林省委員兼教育廳長。

郝延鍾　字毓之。四川梓潼人。日本早稻田大學畢業。黑龍江省特派交涉員,黑龍江森林局長。

荆可獨　遼寧省社會處長。

秋桐豫　字仲謨。浙江紹興人。貢生出身。黑龍江省提法使、司法籌備處長,奉天省高等審判廳廳長。

侯天民　字田敏。遼寧北鎮人。清光緒二十六年生。瀋陽神學院畢業。日本三育大學畢業。遼北省社會處長。

侯延爽　字雪舫。山東東平人。吉林省濱江關監督。

侯景文　字君彥。遼寧昌圖人。東北大學畢業。吉林省會計長,代吉林省財政廳長。

段芝清　字受厓。安徽合肥人。清光緒三年生。吉黑榷運局長。

段芝貴　字香岩。安徽合肥人。清同治八年生。天津武備學堂畢業。鎮安上將軍兼署奉天巡按使。

段國垣　署黑龍江省高等檢察廳檢察長。

律鴻起　黑龍江克山人。清光緒三十四年生。南開大學畢業。東北剿總政務委員會委員。

俞明頤　字壽臣。浙江紹興人。奉天省興鳳道。

施紹常　字伯彝。浙江吳興人。清同治十二年生。舉人出身。吉林省濱江道尹,黑龍江省黑河道尹,黑龍江省特派交涉員。

姜守全　代吉林省財政廳長,吉林省委員兼財政廳長。

姜承業　字敬齋。遼寧金縣人。清同治十三年生。東三省講武堂畢業。熱河特別區財政廳長,熱河省委員兼財政廳長。

姜思治　字文成。浙江省人。奉天省省會警察廳長。

姜桂題　字翰卿。安徽亳縣人。清道光二十三年生。行伍出身。熱河都統。

洪汝冲　字味丹。湖南寧鄉人。舉人出身。代吉林省政務廳長。

洪 鈁　字勵生。遼寧撫順人。遼寧省主任秘書,松江省委員兼秘書長,代松江省主席。

洪維國　字敬民。遼寧義縣人。清光緒十九年生。上海中國公學畢業。熱河特別區實業廳長,奉天省山海關監督。

洪 聲　字壯猷。遼寧西豐人。清光緒十九年生。北京大學畢業。黑龍江省主任秘書,熱河省委員。

宮其光　吉林省委員。

祝步唐　原名祝瀛洲,字步唐,以字行。吉林延吉人。清光緒二十年生。南開大學畢業。美國威斯康星大學畢業。合江省委員兼財政廳長。

祝毓英　河南固始人。北洋大學畢業。美國賓夕法尼亞大學畢業。熱河地方外交專員。

祝 諫　字果忱。浙江蘭谿人。京師法政學堂畢業。東省特別區高等法院首席檢察官。

祝瀛元　字子笙。河北大興人。奉天省安東關監督。

姚啓元　字乾初。廣東南海人。清光緒七年生。北洋醫學堂畢業。留學英、美等國。奉天省安東關監督、奉天關監督。

姚夢傑　吉林省委員。

姚福昇　又做富昇,字中五。祖居吉林市。清道光二十八年生。黑龍江省愛輝道、黑河道。

十 畫

秦超海　代黑龍江省高等檢察廳檢察長,代黑龍江省高等法院首席檢察官。

秦靖宇　遼寧省委員。

耿玉田　字潤齋。河北涿縣人。行伍出身。黑龍江省中東路護路軍總司令，吉林省吉長鎮守使。

都林布　字雲卿。北京人。奉天省洮昌道尹，吉黑榷運局長。

貢桑諾爾布　字樂亭。卓索圖盟喀喇沁右翼旗扎薩克郡王。清同治十年生。卓索圖盟幫辦盟務、盟長兼備兵扎薩克。

袁克徵　黑龍江愛輝人。清光緒二十四年生。中學畢業。黑龍江省委員，東北剿總政務委員會委員。

袁青選　湖北省人。奉天省高等檢察廳檢察長。

袁金鎧　字潔珊。遼寧遼陽人。清同治九年生。瀋陽萃昇書院肄業。奉天省財政司長，東北政務委員會委員。

袁祚廙　字静譜。貴州修文人。奉天省錦新營口道。

袁毓麐　字文藪。浙江杭縣人。黑龍江省國稅廳籌備處長。

袁慶恩　字少峰。黑龍江愛輝人。清光緒元年生。黑龍江省委員。

袁鍾琪　遼寧遼陽人。嫩江省委員。

莫松恒　字少柳。黑龍江雙城人。清光緒三十四年生。北京大學畢業。熱河省秘書長，松江省委員兼教育廳長。

莫貴恒　字月樵。遼寧遼中人。舉人出身。京師大學堂畢業。奉天省教育司司長。

莫德惠　字柳忱。黑龍江雙城人。清光緒九年生。北洋高等巡警學校畢業。代吉林省依蘭道尹，奉天省財政廳長，代奉天省省長，東北政務委員會委員，東省鐵路督辦，東北行營政治委員會委員。

莊　達　字振聲。代吉林省政務廳長。

馬占山　字秀芳。吉林懷德人。清光緒十年生。行伍出身。黑河警備司令，黑龍江省委員兼省主席，東北行營政治委員會委員，東北保安副司令長官，東北行轅政務委員會委員，東北剿總副總司令。

馬廷亮　字拱宸。廣東南海人。奉天省特派交涉員，黑龍江省黑河道尹。

馬吟龍　字雲青。遼寧法庫人。吉黑榷運局長。

馬忠駿　字恭卿。遼寧海城人。清同治九年生。東省特別區市政管理局長。

馬俊顯　字績卿。吉林雙陽人。清庠生。吉林省實業廳長。

馬彭顯　松江省委員兼民政廳長。

馬景桂　字志丹。原吉林洮安人。清光緒十年生。黑龍江省政務廳長，黑龍江省委員兼民政廳長、兼農礦廳長。

馬愚忱　遼寧遼陽人。清光緒五年生。奉天兩級師范學校畢業。東北行轅政治委員會委員，東北剿總政務委員會委員。

馬德恩　字綸閣。吉林雙陽人。清光緒二年生。吉林省實業廳長，吉林省委員兼農礦廳長。

馬　毅　字曼青。黑龍江綏化人。清光緒三十年生。日本東京帝國大學畢業。東北行營經濟委員會委員，東北剿總政務委員會委員。

馬龍潭　字騰溪。河北慶雲人。清光緒三年生。奉天省東邊鎮守使、洮昌道尹。

馬彝德　字秉心。四川會理人。黑龍江省高等審判廳長。

夏　松　浙江省人。浙江省警官學校畢業。吉林省警務處長。

夏偕復　字棣三。浙江杭縣人。清光緒元年生。奉天省山海關監督。

夏惟上　字達峰。江蘇泰州人。清光緒三十三年生。北京朝陽大學畢業。遼寧省高等法院首席檢察官。

柴維桐　字勤唐。山東膠縣人。清光緒五年生。黑龍江省榷運局長，吉林省吉長道尹，署吉林省財政廳長。

恩　澤　奉天省興京副都統。

畢桂芳　字植忱。北京人。清同治四年生。同文館畢業。黑龍江都督兼民政長,黑龍江將軍兼署省長。

畢澤宇　吉林長春人。清光緒十九年生。奉天法政學堂畢業。哈爾濱市市長。

師連舫　字豫川。黑龍江密山人。清宣統二年生。北京朝陽大學畢業。松江省委員兼民政廳長。

烏爾圖那蘇圖　哲里木盟杜爾伯特旗閑散貝子,哲里木盟幫辦盟務。

徐士佳　江蘇江陰人。直隸省熱河道。

徐士達　吉林省建設廳長。

徐世揚　字端甫。河北天津人。吉林省寧阿蘭鎮守使。徐世昌之弟。

徐晉賢　字子聘。吉林省委員兼財政廳長。

徐致善　字元撫。河北完縣人。奉天省安東關監督。

徐　梁　字任之。遼寧遼陽人。清光緒二十五年生。南滿醫學堂肄業。保定軍官學校畢業。遼北省委員兼省主席,東北行轅政務委員會委員。

徐晴嵐　四川萬縣人。蘇聯莫斯科中山大學畢業。吉林省委員兼建設廳長。

徐鼎康　字錫丞。江蘇嘉定人。清光緒四年生。監生出身。吉林省民政使、內務司長。

徐熙農　瀋陽市秘書長。

徐　鼐　字健青。安徽歙縣人。清宣統三年生。北平中國大學畢業。遼北省委員兼秘書長。

徐鼎霖　字敬宜。吉林永吉人。清同治六年生。貢生出身。黑龍江省興東道,黑龍江省民政使,吉林省省長。

徐　箴　字士達。遼寧新賓人。清光緒二十五年生。日本仙臺高等工業學校畢業。遼

寧省委員兼省主席,東北行轅政務委員會委員。

徐聲金　字蘭如。湖北天門人。清同治十三年生。留學日本。署吉林省高等審判廳廳長。

徐鴻馭　瀋陽市財政局長。

徐慶春　瀋陽市公用局長。

殷　貴　字金波。河北天津人。清同治七年生。熱河特別區朝陽鎮守使。

倉永齡　字錫青。河南中牟人。東三省鹽運使。

凌鴻勳　字竹銘。江蘇常熟人。清光緒二十年生。南洋大學畢業。兼東北行營經濟委員會委員。

郭克悌　字書堂。河南孟津人。清光緒二十四年生。美國普渡大學畢業。遼寧省委員兼建設廳長。

郭宗熙　字酮伯。湖南長沙人。清同治十年生。進士出身。吉林省交涉使、提學使、教育司長、吉長道尹,吉林省省長,東省鐵路督辦。

郭福綿　字子久。黑龍江愛琿人。清光緒十二年生。代東省鐵路督辦。

郭鳳書　熱河特別區軍務處長。

郭瀛洲　字仙橋。遼寧本溪人。吉林省濱江鎮守使。

高仁紱　山東鄒平人。清光緒二十二年生。留學日本。代興安區屯墾督辦。

高文治　遼寧遼陽人。嫩江省會計長。

高文斌　遼北蒙邊宣撫專員。

高士儐　字燕儒。河北天津人。清光緒十二年生。天津陸軍速成學堂畢業。陸軍預備大學畢業。吉林省扶農鎮守使。

高伯玉　遼寧安東人。安東省委員兼教育廳長。

高金山　熱河特別區軍務處長。

高紀毅　字仁旆。遼寧遼陽人。清光緒十五年生。陸軍速成學堂畢業。東省特別區地

畎管理局長,奉天省警務處長,代東北交通委員會委員長。

高家驥　字李喆。黑龍江巴彥人。清光緒四年生。北京法政專門學堂畢業。黑龍江省實業廳長,黑龍江省委員兼農礦廳長、兼教育廳長,呼倫市政籌備處長。

高崧山　遼北省委員兼財政廳長。

高清和　字奉五。遼寧錦西人。清光緒十四年生。奉天省特派交涉員,東三省交涉總署署長。

高清岳　熱河省委員兼秘書長。

高惜冰　名介清。字惜冰,以字行。遼寧鳳城人。清光緒二十年生。清華學校畢業。美國羅威爾理工學院畢業。安東省委員兼省主席,東北行轅政務委員會常務委員、政務委員會副主任委員。

高雲崑　字芷玉。遼寧遼陽人。清光緒八年生。奉天警務學堂畢業。奉天省警務處長,黑龍江省警務處長兼省會警察廳長。

高　翔　字集安。江蘇無錫人。舉人出身。吉林省政務廳長,吉林採金局長。

高登甲　黑龍江省省會警察廳長。

高鳳城　字鳴岐。山東膠縣人。清同治五年生。北洋陸軍參謀學堂畢業。吉林省延琿鎮守使。

高鳳桐　遼寧黑山人。安東省會計長。

高齊棟　吉林省警務廳長。

高維嶽　字子欽。遼寧錦縣人。清光緒二年生。東北講武堂畢業。遼寧省委員。

高維瀚　代外交部東北特派員。

高鵬雲　字翔溟。遼寧鳳城人。清光緒二十三年生。保定軍官學校畢業。熱河省委員。

高寶忠　署熱河特別區財政廳長。

唐宗愈　字慕潮。江蘇無錫人。清光緒四年生。京師大學堂畢業。吉林省財政廳長。

唐啓堯　字冀庭。安徽合肥人。清同治七年生。代吉林省東北路道。

唐瑞銅　字士行。貴州貴陽人。清同治九年生。吉林省財政廳長。

涂鳳書　字子厚。四川雲陽人。黑龍江省提學使、教育司長、政務廳長。

容聿蕭　字寓嚴。遼寧綏中人。黑龍江省主任秘書。

陸長廕　熱河特別區政務廳長。

陸鍾岱　順天宛平人。熱河特別區國稅廳籌備分處長兼熱河特別區榷運局長,熱河特別區財政分廳長。

陳九芝　字紫庵。山東長清人。熱河特別區朝陽鎮守使。

陳文學　字紫敏。江蘇江寧人。清光緒十年生。奉天省政務廳長,遼寧省委員兼民政廳長。

陳玉昆　字寶山。山東費縣人。清同治七年生。行伍出身。吉林省依蘭鎮守使、吉長鎮守使。

陳世華　東三省鹽運使。

陳光遠　字秀峰。河北武清人。清同治十年生。北洋武備學堂畢業。熱河特別區赤峰鎮守使,會辦熱河防剿事宜。

陳同紀　字彞仲。廣東新會人。清光緒十一年生。日本明治大學畢業。黑龍江省國稅廳籌備處長。

陳延炯　號地球。廣東番禺人。清光緒二十年生。日本東京帝國大學畢業。中國長春鐵路公司理事長。

陳克正　字止中。遼寧遼陽人。清光緒四年生。保定法政專門學校畢業。吉林省財政廳長,吉林省高等審判廳廳長,東省特別區高等審判廳廳長。

陳奉璋　字徽五。遼寧鐵嶺人。清光緒十二年生。奉天省警務處長兼省會警察廳長,安東市政籌備處長。

陳秉炎　字景農。江蘇鹽城人。黑龍江省會計長。

陳　封　蒙古族。蒙名那木海札布,漢名陳封,字鎮疆。哲里木盟扎賚特旗人。清光緒三十年生。北京師范大學畢業。遼北省委員。

陳昭常　字簡墀。廣東新會人。清同治六年生。進士出身。吉林巡撫,吉林都督兼民政長。

陳惟庚　安徽石埭人。附生出身。吉黑榷運局長。

陳　琪　奉天省勸業道。

陳　誠　字修辭。浙江青田人。清光緒二十四年生。保定軍官學校畢業。兼東北行轅主任,兼東北行轅政務委員會主任委員。

陳碩彥　瀋陽市教育局長。

陳彰壽　字仲文。浙江崇德人。黑龍江省高等審判廳廳長。

陳廣德　代嫩江省高等法院院長。

陳賡虞　字鳳韶。河北安新人。熱河特別區財政廳長。

陳耀先　字紹蕃。黑龍江綏化人。清光緒八年生。黑龍江省委員兼建設廳長。

陳　鐵　字志堅。貴州遵義人。清光緒二十五年生。黃埔軍校畢業。東北剿總副總司令。

陶昌善　字俊人。浙江嘉興人。清光緒六年生。日本北海道帝國大學畢業。吉林省實業廳長。

陶祥貴　字楫五。黑龍江寧安人。清同治十三年生。吉林省寧阿蘭鎮守使,吉林省中東路警備總司令。

陶　彬　字梅僊。浙江紹興人。清同治十三年生。吉林省東南路道,東南路觀察使,延吉道尹,琿春關監督,吉長道尹,延吉關監督。

陶景潛　字菊溪。遼寧綏中人。清光緒十五年生。奉天高等警務學堂畢業。奉天省省會警察廳長。

陶經武　字斌英。黑龍江愛琿人。清光緒元年生。東北講武堂畢業。黑龍江省委員。

孫文漢　熱河特別區政務廳長。

孫心超　吉林榆樹人。吉林省社會處長。

孫立人　安徽舒城人。清光緒二十六年生。清大學畢業。美國弗吉尼亞軍事學院畢業。東北保安副司令長官。

孫百斛　字鼎臣。遼寧瀋陽人。清同治三年生。進士出身。奉天省民政使。

孫廷弼　字輔忱。遼寧營口人。清光緒二十四年生。日本明治大學畢業。代熱河省特派交涉員。

孫旭昌　字紹忱。河北通縣人。清光緒六年生。東三省講武堂畢業。遼寧省警務處長,奉天省安東關監督。

孫希衍　代安東省高等法院院長。

孫英武　字震曄。遼寧黑山人。清光緒二十八年生。吉林省高等法院首席檢察官。

孫其昌　字鍾五。遼寧遼陽人。清光緒七年生。日本東京高等師范學校畢業。署黑龍江省教育廳長,吉林省特派交涉員,吉林省吉長道尹,代吉林省財政廳長,吉林省委員兼建設廳長。

孫　明　內蒙古克什克騰旗人。熱河省委員。

孫桂籍　黑龍江哈爾濱人。清宣統三年生。北平大學畢業。長春市市長。

孫烈臣　字占鰲。遼寧黑山人。清同治十一年生。綠林出身。黑龍江督軍兼署省長,署吉林督軍兼署省長,東省鐵路護路軍總司令。

孫家齊　瀋陽市衛生局長。

孫家鶴　代吉林省內務司長。

孫葆縉　福建省人。舉人出身。署奉天省交涉使。

孫雅善　遼北省委員兼民政廳長。

孫　渡　字子舟。雲南陸良人。清光緒二十四年生。雲南講武堂畢業。東北保安副司

239

令長官，東北剿總副總司令，熱河省委員兼省主席。

孫熙文 熱河省會計長。

孫潤庠 字伯文。吉林梨樹人。清光緒九年生。黑龍江省警務處長兼署省會警察廳長，黑龍江省委員。

孫　麟 嫩江省委員。

十一畫

勒欽旺楚克 亦譯拉沁旺楚克。原名旺都特那木濟勒。漢名鮑世恩。昭烏達盟翁牛特左翼旗扎薩克郡王。清光緒二十五年生。昭烏達盟幫辦盟務。

勒造華 字邦彥。遼寧法庫人。清光緒十六年生。北洋法政大學畢業。日本法政大學畢業。吉黑榷運局長。

黃仕福 浙江紹興人。清光緒元年生。京師俄文學堂畢業。黑龍江省呼倫道。

黃立猷 字毅侯。湖北沔陽人。留學日本。吉林森林局長。

黃光斗 字旦初。江西金谿人。清光緒十六年生。日本東京帝國大學畢業。大連市秘書長。

黃如今 湖南人。北京高等師范學校畢業。美國斯坦福大學畢業。國立長春大學校長。

黃炳寰 字耀洲。遼寧開原人。陸軍大學畢業。吉林省警務處長，吉林省委員。

黃恒浩 字劍秋。遼寧鳳城人。嫩江省委員兼秘書長，遼寧省財政廳長。

黃悠愈 字柳三。廣東順德人。貢生出身。吉林省勸業道、實業司長。

黃嘉漢 遼寧營口人。清宣統二年生。東北大學畢業。遼北省會計長，遼寧省委員兼財政廳長。

黃顯聲 字警鐘。遼寧鳳城人。清光緒二十二年生。東北講武堂畢業。遼寧省警務處

長兼省會公安局長，錦東警備司令。

焉洋春 字旭升。遼寧復縣人。清同治二年生。貢生出身。奉天省山海關監督。

曹廣禎 湖南長沙人。進士出身。吉林省提學使。

曹　鎮 字子振。河北天津人。清同治十一年生。北洋武備學堂畢業。熱河林墾督辦。

盛世馨 遼寧開原人。代遼寧省秘書長。

戚朝卿 字耀三。貴州修文人。熱河特別區熱河道尹兼審判處長。

常炳彝 字省襄。吉林梨樹人。清光緒三十年生。北京法政大學畢業。吉林省濱江關監督。

常蔭廷 字括襄。吉林梨樹人。清同治九年生。舉人出身。黑龍江省綏蘭道尹、黑河道尹，黑龍江省特派交涉員，龍江道尹。

常蔭槐 字瀚襄。吉林梨樹人。清光緒十五年生。奉天法政學堂畢業。黑龍江省省長，黑龍江省委員兼省主席，東北政務委員會委員。

常經武 遼寧省北寧路警備司令。

鄂雙全 東省特別區路警處長。

崔垂言 吉林長春人。清光緒三十三年生。清華大學研究院畢業。吉林省委員、代秘書長。

崔鍾瑛 安東省高等法院首席檢察官。

婁學謙 字靜庵。黑龍江賓縣人。清光緒十七年生。北京朝陽大學畢業。黑龍江省高等法院首席檢察官。

許世英 字俊人。安徽秋浦人。清同治十二年生。秀才出身。奉天省民政長。

許光曜 字來亭。遼寧錦縣人。清同治十二年生。黑龍江省委員兼農礦廳長、兼建設廳長。

許君則 安東省社會處長。

許鼎霖 字九香。江蘇海州人。清咸豐七年

生。舉人出身。奉天省交涉使。

許壽裳　字季茀。浙江紹興人。清光緒九年生。日本東京高等師範畢業。奉天省教育廳長。

許廣揚　吉林梨樹人。安東省委員。

許蘭洲　字芝田。河北南宮人。清同治十一年生。湖南陸軍學堂畢業。黑龍江省幫辦軍務。

許寶蘅　字季湘。浙江杭縣人。清光緒二年生。舉人出身。遼寧省秘書長。

章太炎　名炳麟。字枚叔，號太炎。浙江餘杭人。清同治八年生。東三省籌邊使。

章啓槐　字蔭三。江西玉山人。清光緒八年生。舉人出身。吉林省依蘭道尹、延吉道尹，吉林省委員兼民政廳長。

章　霖　護黑龍江省璦琿關監督。

梁中權　嫩江省委員兼民政廳長。

梁忠甲　字子信。吉林梨樹人。清光緒十三年生。陸軍部速成學堂畢業。黑龍江省安泰鎮守使。

梁華盛　廣東茂名人。清光緒三十年生。黃埔軍校畢業。東北保安副司令長官，吉林省委員兼省主席，東北行轅政務委員會委員，東北剿總副總司令。

梁國棟　字相臣。遼寧阜新人。熱河特別區熱河道尹，熱河省委員兼建設廳長。

梁　棟　松江省委員兼教育廳長。

梁載熊　字茨生。湖南長沙人。奉天省高等檢察廳檢察長。

梁　橫　字同石。遼寧遼陽人。清光緒十六年生。北京高等警官學校畢業。黑龍江省省會警察廳長、省會公安局長。

張九卿　字向忱。遼寧黑山人。清同治十二年生。天津講武堂畢業。吉林省延琿鎮守使、延吉鎮守使。

張之漢　字仙舫。遼寧遼陽人。清同治四年生。奉天萃昇書院肄業。奉天省實業廳長，東三省鹽運使。

張元奇　字貞午。福建閩侯人。清同治四年生。翰林出身。奉天省民政使，奉天省民政長。

張　仁　署黑龍江省警務處長兼署省會警察廳長。

張文翰　署黑龍江省高等檢察廳檢察長。

張允言　字伯訥。河北豐潤人。進士出身。奉天省山海關監督。

張世銓　字蘭軒。河北鹽山人。吉林省延吉道尹兼琿春關監督。

張永德　字守恒。河北樂亭人。清光緒八年生。北京法政專門學校肄業。熱河特別區審判處長，熱河省高等法院院長。

張式綸　字雪涵。遼寧遼陽人。清光緒二十七年生。東北大學畢業。遼北省委員兼民政廳長，遼寧省委員兼民政廳長。

張志良　字惠霖。遼寧瀋陽人。清光緒四年生。東三省鹽運使。

張作相　字輔忱。遼寧義縣人。清光緒七年生。綠林出身。吉林督軍兼省長，東北保安副司令，東省鐵路護路軍總司令，東北政務委員會委員，東北行營政治委員會委員，東北行轅政務委員會委員，政務委員會主任委員，東北剿總副總司令。

張作霖　字雨亭。遼寧海城人。清光緒元年生。綠林出身。盛武將軍，奉天督軍兼省長，東三省巡閱使，鎮威上將軍，蒙疆經略使，東三省保安總司令，督辦東三省邊防墾務。

張宏周　安徽合肥人。監生出身。北洋高等警務學堂畢業。奉天省警務處長。

張松涵　興安省委員兼教育廳長。

張東凱　名書閣。字東凱，以字行。遼寧昌圖人。清光緒二十七年生。保定軍官學校畢業。遼北省委員。

張明九　字星五。遼寧新民人。清同治九年生。綠林出身。黑龍江省呼倫貝爾鎮守使、興東鎮守使。

張季霟　字介身。湖北武昌人。奉天法政學堂畢業。黑龍江省秘書長。

張秉彝　字子良。遼寧朝陽人。清光緒十年生。北京籌邊高等學校畢業。熱河地方蒙旗廳長，熱河特別區特派交涉員，熱河特別區實業廳長，熱河省委員兼民政廳長。

張宗昌　字孝坤。山東掖縣人。清光緒七年生。行伍出身。吉林省綏寧鎮守使。

張建一　遼寧瀋陽人。中央砲兵學校畢業。代瀋陽市民政局長。

張建勳　字季端。廣西臨桂人。狀元出身。黑龍江省提學使。

張奎武　字文斌。遼寧海城人。清同治八年生。行武出身。黑龍江省呼倫貝爾鎮守使、安泰鎮守使。

張厚琬　字忠蓀。河北南皮人。日本陸軍士官學校畢業。東省特別區路警處長。

張厚璟　字道孫。河北南皮人。清光緒九年生。拔貢出身。奉天省財政廳長。

張映竹　字子安。山東菏澤人。吉林省高等檢察廳檢察長。

張星桂　字丹忱。河北撫寧人。黑龍江省財政廳長，黑龍江森林局長。

張星榆　字白臣。河北撫寧人。清同治十三年生。黑龍江省實業廳長。

張恒懋　字續忱。遼寧瀋陽人。安東省警務處長。

張連同　字協堂。河南省人。熱河特別區開綏鎮守使。

張振鷺　字蕙若。遼寧開原人。清光緒二十二年生。奉天工業專門學校畢業。奉天省財政廳長，遼寧省委員兼財政廳長，東北行營經濟委員會委員，東北行轅政務委員會委員。

張海鵬　字仙濤。遼寧蓋平人。清光緒二年生。綠林出身。奉天省洮遼鎮守使、蒙邊督辦。

張書翰　字小齋。吉林伊通人。清光緒十七

年生。天津北洋大學畢業。吉林省延吉市政籌備處長。

張務本　字體仁。河北大城人。奉天省高等檢察廳檢察長。

張國忱　遼寧遼中人。清光緒二十二年生。哈爾濱俄國商業專門學校畢業。東省特別區教育廳長。

張國淦　字乾若。湖北蒲圻人。清光緒二年生。舉人出身。黑龍江省省長。

張煥相　字召棠。遼寧撫順人。清光緒八年生。日本陸軍士官學校畢業。黑龍江省中東鐵路臨時警備總司令，吉林省濱江鎮守使，東省特別區地畝管理局長，東省特別區行政長官。

張景惠　字叙五。遼寧台安人。清同治十年生。綠林出身。東省鐵路護路軍總司令，東省特別區行政長官，東北政務委員會委員。

張貴良　字舜卿。山東歷城人。奉天法政學校畢業。東省特別區路警處長，熱河省警務處長兼省會公安局長，熱河省委員。

張鋮　字戍秋。遼寧鐵嶺人。清光緒七年生。日本陸軍士官學校畢業。奉天省軍務司長。

張壽增　字鶴岩。河北宛平人。清光緒五年生。北京大學畢業。黑龍江省黑河道、黑河觀察使，黑河道尹、龍江道尹，吉林省濱江道尹，奉天省特派交涉員，黑龍江省特派交涉員，黑河道尹兼愛琿關監督。

張維仁　字正輔。吉林通化人。民國二年生。馮庸大學畢業。嫩江省警務處長。

張維藩　字價人。河北豐潤人。清光緒十八年生。保定軍官學校畢業。熱河特別區軍務處長。

張震西　江蘇南通人。興安省委員兼民政廳長。

張樂山　遼寧台安人。奉天省省會警察廳長。

張德馨　山東黃縣人。清光緒三十一年生。北京師范大學畢業。德國柏林大學畢業。代長春大學校長。

張慶泗　字磬賓。吉林長春人。比利時岡城大學畢業。吉林省委員，安東省委員兼建設廳長。

張慶桐　字鳳翬。江蘇上海人。留學俄國。黑龍江省特派交涉員。

張樹森　字少峰。遼寧瀋陽人。清光緒二十二年生。東三省講武堂畢業。日本陸軍士官學校畢業。遼寧省遼河西岸警備司令。

張錫鑾　字金坡。浙江錢塘人。清道光二十二年生。監生出身。東三省西邊宣慰使，奉天都督兼民政長，鎮安上將軍兼奉天巡按使。

張　勳　字少軒。江西奉新人。清咸豐四年生。行伍出身。熱河林墾督辦（未就）。

張學良　字漢卿。遼寧海城人。清光緒二十七年生。東三省講武堂畢業。東三省保安總司令，奉天保安司令，東北大學校長，東北邊防軍司令長官，東北政務委員會主席。

張興仁　字藹如。遼寧法庫人。清同治十一年生。黑龍江省龍江道尹。

張濯域　原名張作儒。吉林梨樹人。遼北省委員兼建設廳長。

張翼廷　字翊寰。河北承德人。清同治七年生。秀才出身。東三省鹽運使，奉天省中路觀察使，奉天省財政司長，奉天省國稅廳籌備處長，熱河特別區特派交涉員，熱河特別區政務廳長，熱河省委員兼教育廳長。

張鵬飛　又名張翹。遼寧凌源人。清光緒二年生。熱河特別區承平鎮守使、朝陽鎮守使。

張殿九　字秀閣。遼寧朝陽人。清光緒八年生。東三省講武堂畢業。黑龍江省興東鎮守使、呼倫貝爾鎮守使。

張殿如　字敬亭。山東濟寧人。熱河特別區林西鎮守使、赤開鎮守使、赤開護軍使。

張嘉璈　字公權。江蘇寶山人。清光緒十五

年生。秀才出身。日本慶應大學畢業。東北行營經濟委員會主任委員，中國長春鐵路公司理事長。

屠義源　字厚川。湖北孝感人。清光緒十一年生。熱河特別區政務廳長。

陽倉札布　哲里木盟科爾沁左翼中旗閑散溫都爾親王。清光緒六年生。哲里木盟幫辦盟務。

巢鳳岡　奉天省國稅廳籌備處長。

十二畫

棍布扎布　字繼亭。卓索圖盟土默特右翼旗扎薩克貝子。卓索圖盟幫辦盟務。

彭志雲　即彭濟群。

彭金山　字麗生。江西奉新人。清同治七年生。東三省講武堂畢業。黑龍江省興東鎮守使。

彭毅孫　字子嘉。奉天省高等審判廳廳丞，署奉天省提法使。

彭濟群　字志雲。遼寧鐵嶺人。清光緒三十一年生。法國巴黎建築學校畢業。遼寧省委員兼建設廳長，嫩江省委員兼省主席，東北行轅秘書長，東北行轅政務委員會委員、常務委員。

葉國光　遼北省委員兼秘書長。

葉爾衡　浙江杭縣人。日本早稻田大學畢業。署奉天省高等審判廳廳長。

萬國賓　字彥允。吉林農安人。清光緒二十九年生。北京中國大學畢業。黑龍江省委員。

萬福麟　字壽山。吉林農安人。清光緒六年生。行伍出身。代黑龍江省督辦，黑龍江省保安司令，黑龍江省委員兼省主席，東北邊防軍駐江副司令長官，東北政務委員會委員，遼寧省委員兼省主席，東北行營政治委員會委員，東北行轅副主任，東北剿總副總司令。

董士恩　字右岑。江蘇銅山人。清光緒二年生。天津北洋大學畢業。吉林省榷運局長,吉林省財政廳長,吉林省濱江道尹,東省特別區警察總管理處長。

董元亮　福建閩侯人。奉天省財政廳長。

董文琦　字潔忱。黑龍江雙城人。清光緒二十八年生。日本名古屋工業大學畢業。瀋陽市市長,瀋陽特別市市長,東北行轅政務委員會委員。

董文瑞　字輯五。黑龍江雙城人。清光緒八年生。代黑龍江省秘書長。

董召棠　字雲甫。遼寧鳳城人。清咸豐十一年生。貢生出身。黑龍江省實業廳長、財政廳長、龍江道尹。

董吉慶　字允昇。遼寧鳳城人。黑龍江省龍江道尹。

董英斌　字憲章。遼寧瀋陽人。清光緒二十年生。保定軍官學校畢業。東北行營參謀長,東北行轅政務委員會委員,東北剿總副總司令。

董彥平　字佩青。吉林洮南人。清光緒二十二年生。日本陸軍大學畢業。兼安東省主席,東北行轅政務委員會委員。

董遇春　字柳莊。河北天津人。黑龍江採金局長。

董學舒　黑龍江海倫人。黑龍江省警務處長。

葆廉　字鏡泉。遼寧瀋陽人。清光緒九年生。奉天法政學堂畢業。東省特別區政務廳長。

達克丹彭蘇克　卓索圖盟唐古特喀爾喀旗扎薩克郡王。清光緒十四年生。卓索圖盟副盟長、盟長,備兵扎薩克。

景佐綱　松江省委員。

貴福　字申五。呼倫貝爾索倫右翼正黃旗人。達斡爾族。清同治元年生。呼倫貝爾特別區副都統。

單豫升　字瑞卿。河北撫寧人。清光緒三年生。日本明治大學畢業。奉天省高等審判廳廳長,代東省特別區高等審判廳廳長。

程廷恒　字守初。江蘇崑山人。貢生出身。黑龍江省呼倫貝爾善後督辦、龍江道尹,黑龍江省政務廳長。

程東白　原名啓明。遼寧開原人。日本明治大學畢業。遼北省委員兼教育廳長。

程烈　字鵬飛。吉林永吉人。民國二年生。中央政治學校畢業。吉林省主任秘書,代瀋陽市秘書長,瀋陽市財政局長。

程繼元　字述之。安徽休寧人。進士出身。奉天省高等審判廳廳長。

喬廣雲　字漢章。遼寧新賓人。清同治十一年生。附生出身。奉天省安東關監督。

傅閬成　東省特別區教育管理局長、教育廳長。

傅疆　字寫忱。浙江杭縣人。清光緒二年生。日本法政大學畢業。吉林省特派交涉員,吉林省濱江道尹,東省特別區高等審判廳廳長。

傅馥桂　吉林扶餘人。遼北省委員兼財政廳長。

舒和鈞　字祗彝。湖南漵浦人。熱河地方軍務廳長,熱河特別區軍政廳長、軍務處長。

勝福　字介軒。呼倫貝爾索倫右翼正黃旗人。達斡爾族。呼倫貝爾特別區副都統。

鄒邦傑　黑龍江省委員兼教育廳廳長。

鄒作華　字岳樓。吉林永吉人。清光緒二十年生。保定軍官學校畢業。日本陸軍士官學校畢業。興安區屯墾督辦,吉林省委員兼省主席,東北行營政治委員會委員,東北行轅政務委員會常務委員。

馮小彭　遼寧遼陽人。遼寧省委員,安東省委員。

馮占海　字壽山。遼寧義縣人。清光緒二十五年生。奉天講武堂畢業。吉林省哈綏警備司令。

馮祖德　熱河特別區總務處長。

馮國勳　字孔懷。廣東番禺人。清光緒元年生。日本留學生。奉天省特派交涉員。

馮　庸　字天鐸。遼寧黑山人。清光緒二十六年生。奉天講武堂畢業。東北行營政治委員會委員，東北行轅政務委員會常務委員。

馮惟德　字潤珊。東省特別區地畝管理局長。

馮紹唐　字星垣。遼寧遼陽人。奉天省實業廳長。

馮夢雲　字喬堂。河北天津人。熱河警察廳長，熱河特別區警務處長。

馮德麟　字麟閣。遼寧黑山人。清同治五年生。綠林出身。奉天軍務幫辦，奉天省盛京副都統兼金州副都統。

曾有翼　字子敬。遼陽瀋陽人。清同治九年生。京師大學堂肄業。奉天省山海關監督，奉天市市長。

曾宗鑒　字鎔圃。福建閩侯人。清光緒八年生。南洋公學畢業。吉黑榷運局長。

湯玉麟　字閣忱。遼寧阜新人。清同治十年生。綠林出身。奉天省東邊鎮守使，熱河都統，熱河省委員兼省主席，東北政務委員會委員。

湯佐輔　湯玉麟之子。熱河省委員兼財政廳長。

湯銘彝　熱河特別區政務廳長。

溫應星　字鶴蓀。廣東台山人。清光緒十三年生。南洋大學肄業。美國西點軍校畢業。東省特別區路警處長、警察總管理處長。

富伯平　名維驥，字伯平，以字行。遼寧瀋陽人。清光緒二十年生。北京大學畢業。合江省委員。

富春田　字雨亭。遼寧錦縣人。清光緒八年生。奉天法政學堂畢業。吉林省高等審判廳廳長，吉林省高等法院院長。

富雙英　字躍天。遼寧瀋陽人。清光緒十五

年生。奉天省奉天關監督、瀋陽關監督。

賀　奎　遼寧興城人。遼寧省委員。

賀喜業勒圖墨爾根　漢名賀賢毅，字穎波。哲里木盟科爾沁左翼中旗閑散卓里克圖親王。清宣統三年生。齊齊哈爾師范學校畢業。遼北省委員。

十三畫

楊乃康　字莘耜。浙江吳興人。清光緒六年生。日本早稻田大學畢業。吉林省教育廳長。

楊大乾　字建安。陝西藍田人。清光緒三十年生。北京大學畢業。莫斯科大學畢業。合江省委員兼教育廳長。

楊光湛　字南生。四川遂寧人。清光緒十一年生。日本中央大學畢業。吉林省高等檢察廳檢察長，黑龍江省高等審判廳廳長。

楊守珍　遼寧法庫人。合江省委員兼教育廳長。

楊志信　吉林輯安人。遼寧省委員兼財政廳長，安東省委員兼財政廳長。

楊長溶　字季龍。署吉林省高等審判廳廳長。

楊國棟　字子壬。遼寧建平人。熱河特別區熱河道尹。

楊雲峰　字霽高。河北棗強人。黑龍江省警務處長兼省會警察廳長。

楊　楷　熱河省實業廳長。

楊壽枏　字味雲。江蘇無錫人。清同治七年生。舉人出身。吉林省財政廳長。

楊綽庵　字雪椒。福建福州人。清光緒二十一年生。北京法文學堂肄業。哈爾濱市市長。

靳造華　字邦彥。遼寧法庫人。清光緒十六年生。北洋法政大學畢業。日本法政大學畢業。吉黑榷連局長。

蒼寶忠　黑龍江綏化人。嫩江省委員兼教育

廳長。

虞銘新　字和欽。浙江鎮海人。清光緒四年生。日本東京帝國大學畢業。熱河特別區教育廳長。

魁　陞　字星階。吉林永吉人。清同治四年生。貢生出身。黑龍江省財政司長、財政廳長，奉天省政務廳長，代吉林省省長。

魁　福　字雲程。遼寧遼陽人。清咸豐八年生。舉人出身。署吉林省東北路觀察使。

誠　允　字執中。遼寧遼陽人。清光緒八年生。奉天法政專門學校畢業。吉林省高等審判廳長，吉林省政務廳長，代吉林省省長，吉林省委員。

誠　明　字德堂。吉林省人。吉林省扶農鎮守使、寧阿蘭鎮守使、吉長鎮守使。

經家齡　字壽安。江蘇句容人。吉林省高等檢察廳檢察長。

十四畫

蔡平本　字樹德。遼寧錦縣人。行伍出身。奉天省東邊鎮守使。

蔡宗濂　合江省委員。

蔡運升　字品三。黑龍江雙城人。清光緒五年生。保定法政學堂畢業。黑龍江省政務廳長，吉林省吉長道尹、財政廳長，吉林省特派交涉員，吉林省賓江道尹兼東省特別區政務廳長，吉林省濱江市政籌備處長。

蔣經國　浙江奉化人。清宣統二年生。蘇聯托瑪卡紅軍軍政學校畢業。外交部駐東北特派員。

熙　洽　字格民。遼寧瀋陽人。清光緒十年生。日本陸軍士官學校畢業。吉林省委員。

趙臣翼　字燕孫。順天大興人。進士出身。奉天省財政司長。

趙廷揚　熱河地方財政廳長，熱河地方國稅廳籌備分處長。

趙仲仁　字作人。黑龍江龍江人。清光緒十五年生。吉林法政專門學校畢業。黑龍江森林局長、呼倫貝爾善後督辦、呼倫道尹，黑龍江省委員。

趙芷香　字拱九。遼寧台安人。清光緒四年生。行伍出身。吉林省綏寧鎮守使。

趙君邁　字恒慼。湖南衡山人。清光緒二十七年生。日本成城中學畢業。美國威斯康辛大學、諾維支騎兵學校畢業。長春市市長。

趙炳坤　字中范。黑龍江鐵力人。清光緒二十八年生。北平大學畢業。興安省警務處長，興安省委員。

趙家驤　字大偉。河南汲縣人。清宣統二年生。東三省講武堂畢業。東北保安司令長官部參謀長，東北行轅政務委員會委員。

趙梯青　字雲平。河北安國人。清光緒三年生。直隸法律學堂畢業。奉天省高等檢察廳檢察長。

趙惜夢　原名雲鶴。遼寧復縣人。清光緒二十五年生。奉天文學專門學校畢業。大連市秘書長，大連市市長。

趙運昌　熱河特別區熱河道尹。

趙爾巽　字次珊。漢軍正藍旗人。清道光二十四年生。進士出身。東三省總督，東三省都督，奉天都督。

趙榮凱　遼北省高等法院首席檢察官。

趙　毅　字希堅。遼寧遼陽人。清光緒二十四年生。保定軍官學校畢業。遼寧省委員。

趙踵武　松江省委員。

趙憲文　字鐘豪。黑龍江肇東人。清光緒三十一年生。北京法政大學畢業。嫩江省委員。

趙憲章　字晉卿。黑龍江雙城人。北洋高等巡警學堂畢業。吉林省省會警察廳長，吉林省警務處長。

趙鵬第　字孟南。江蘇鎮江人。清光緒四年生。遼寧省秘書長。

臧式毅　字奉九。遼寧瀋陽人。清光緒十年生。日本陸軍士官學校畢業。遼寧北省委員兼省主席，東北政務委員會委員。

臧啓芳　字哲軒。遼寧蓋平人。清光緒十九年生。北京大學畢業。留學美國。東省特別區地畝管理局長，國立東北大學校長。

裴子晏　字鏡海。山東聊城人。熱河特別區特派交涉員。

裴其勳　字堯田。河南光山人。清同治三年生。北洋武備學堂畢業。吉林省吉長鎮守使。

齊世英　字鐵生。遼寧鐵嶺人。清光緒二十三年生。日本京都帝國大學畢業。東北行營經濟委員會委員。

齊肇豫　字叔謙。河北高陽人。清光緒十九年生。北京俄文專修館畢業。代黑河市政籌備處長，代璦琿關監督。

齊默特色木丕勒　字克莊。哲里木盟郭爾羅斯前旗扎薩克輔國公。清同治十三年生。哲里木盟盟長兼備兵扎薩克。

齊耀珺　字文軒。吉林伊通人。吉林省財政廳長，奉天省安東關監督。

齊耀琳　字震岩。吉林伊通人。清同治二年生。進士出身。吉林省民政長、巡按使。

廖世經　江蘇嘉定人。附生出身。吉林省司法籌備處長。

廖宇春　字少游。江蘇松江人。清同治九年生。留學日本。黑龍江省教育廳長。

廖彭　字錢如。貴州獨山人。舉人出身。奉天省省會警察廳長，奉天省東邊道尹。

鄭林皋　字鳴九。黑龍江拜泉人。清光緒八年生。黑龍江省第一師范學校畢業。黑龍江省委員兼教育廳長。

鄭洞國　字桂庭。浙江石門人。清光緒二十

九年生。黃埔軍校畢業。東北保安副司令長官，東北行轅副主任，東北保安司令長官，東北剿總副總司令兼代吉林省主席。

鄭焯　字昆池。江西金谿人。奉天省錦新營口道。

鄭道儒　字達如。河北天津人。吉林省委員兼省主席。

鄭慶餘　字繼先。遼寧阜新人。法政學校畢業。熱河特別區教育廳長。

鄭頤　字仲祺。江蘇溧水人。北京法政學校畢業。吉林省政務廳長，代吉林省省長。

鄭謙　字鳴之。江蘇溧水人。清同治九年生。日本法政大學畢業。黑龍江省政務廳長，東三省交通委員會委員長。

榮厚　字叔章。北京人。清光緒元年生。監生出身。奉天省度支使、內務司長，奉天省遼瀋道尹，吉林省實業廳長，黑龍江省財政廳長、黑河道尹，吉林省財政廳長、吉長道尹，吉林省委員兼財政廳長。

漢羅札布　字鳳池。卓索圖盟喀喇沁中旗扎薩克一等塔布囊。卓索圖盟幫辦盟務。

滿廣信　吉林海龍人。奉天省立第一師范學校畢業。代遼北省教育廳長。

寧向南　遼寧復縣人。嫩江省委員兼財政廳長。

寧嘉風　遼寧海城人。安東省委員。

鄧邦述　字孝先。江蘇江寧人。進士出身。東三省鹽運使。

翟文選　字熙人。黑龍江雙城人。清光緒四年生。舉人出身。黑龍江省省會警察廳長，東三省鹽運使，奉天省省長，遼寧省委員兼省主席，東三省交通委員會委員長，東北政務委員會委員。

翟景儒　代吉林省吉長鎮守使。

熊正琦　字穆涵。江西南昌人。吉林省財政廳長、吉長道尹。

熊式輝　字天翼。江西安義人。清光緒十九

年生。保定軍官學校畢業。日本陸軍大學
畢業。東北行營主任兼東北行營政治委員
會主任委員,東北行轅主任兼東北行營政
治委員會主任委員。

熊廷襄　湖北荆川人。吉林省東北路觀察
使。

熊希齡　字秉三。湖南鳳凰人。清同治六年
生。翰林出身。熱河都統。

十五畫

歐本麟　熱河権運局長。

樂鳴聲　瀋陽市民政局長。

德色賚都布　字松坪。昭烏達盟敖漢左翼旗
閑散貝子,後爲敖漢南旗扎薩克郡王。清
光緒元年生。東四盟宣慰使,昭烏達盟幫
辦盟務。

德　裕　字仲科。清宗室。奉天省興京副都
統。

衛立煌　字俊如。安徽合肥人。東北剿總總
司令兼東北行轅副主任及代主任。

劉山勝　熱河特別區赤林鎮守使。

劉子誠　山東鉅野人。熱河警察廳長。

劉允升　字守忱。山東日照人。清光緒八年
生。奉天警察傳習所畢業。黑龍江省省會
公安局長。

劉世奇　字卓亭。河北昌黎人。熱河省高等
法院首席檢察官。

劉世卿　代興安省高等法院院長。

劉世鑄　熱河省高等法院首席檢察官。

劉廷選　字梓陽。吉林伊通人。清光緒九年
生。奉天法政專門學校畢業。黑龍江省委
員兼民政廳長。

劉全忠　黑龍江肇東人。清光緒三十四年
生。清華大學畢業。美國密西根大學畢
業。黑龍江省委員兼教育廳長。

劉多荃　字芳波。遼寧鳳城人。清光緒二十
三年生。保定軍官學校畢業。熱河省委員

兼省主席。

劉尚清　字海泉。遼寧鐵嶺人。清同治七年
生。附生出身。黑龍江省財政廳長,東省
鐵路督辦,奉天省財政廳長,代奉天省長,
東北大學校長,東北政務委員會委員。

劉明源　熱河特別區特派交涉員。

劉　和　山西省人。安東省委員。

劉建華　興安省委員。

劉政因　吉林九臺人。黑龍江省委員兼建設
廳長,代中國長春鐵路理事長。

劉香久　吉林榆樹人。綠林出身。吉林省依
蘭鎮守使。

劉風竹　字冬軒。吉林德惠人。清光緒十七
年生。美國密西根大學畢業。東北大學副
校長。

劉　哲　字敬輿。吉林九臺人。清光緒六年
生。京師大學堂畢業。東北政務委員會委
員。

劉時范　江西興國人。黑龍江省委員兼民政
廳長。

劉國銓　吉林省省會公安局長。

劉啓坤　瀋陽市財政局長。

劉博崑　遼寧丹東人。清光緒三十二年生。
日本早稻田大學畢業。嫩江省委員。

劉彭壽　字壬三。河北寧河人。吉林省財政
廳長。

劉景沂　字卓冬。河北豐潤人。熱河道尹。

劉　鈞　字錫九。遼寧黑山人。清光緒十年
生。北京軍需學校畢業。吉林省委員。

劉富有　熱河特別區幫辦軍務。

劉廉克　字占一。遼寧喀喇沁左翼旗人。清
光緒二十七年生。北平民國大學畢業。熱
河省委員兼教育廳長。

劉慕曾　字護安。湖南湘潭人。清光緒三十
年生。湖南法政專門學校畢業。遼寧省委
員兼秘書長。

劉鳳鑣　字權之。山東福山人。熱河特別區
財政分廳長、財政廳長。

劉榮第　哈爾濱市社會局長。

劉維新　吉林舒蘭人。清光緒二十六年生。吉林法政專門學校畢業。瀋陽市社會局長、民政局長。

劉德權　字均衡。遼寧金縣人。清光緒十三年生。日本陸軍士官學校畢業。東省特别區路警處長,黑龍江省警務處長。

劉　潛　字蕓生。河北天津人。黑龍江省教育廳長。

劉樹春　字芳圃。吉林長春人。吉林省教育廳長、吉林市政籌備處長。

劉樹勳　遼寧昌圖人。清光緒二十八年生。東北大學畢業,後留學美國。東北大學校長。

劉翰東　字維立。遼寧丹東人。清光緒二十二年生。保定軍官學校畢業。遼北省委員兼省主席,東北行轅政務委員會委員。

劉鶴齡　字鳴九。遼寧海城人。清光緒二十四年生。奉天省實業廳長。

魯穆庭　字際清。遼寧營口人。清光緒二十二年生。北京陸軍軍需學校畢業。遼寧省委員。

諾拉嘎爾札布　漢名包文明,字福亭。昭烏達盟克什克騰旗閑散輔國公。清光緒十四年生。昭烏達盟幫辦盟務。

談國桓　字鐵隍。漢軍鑲白旗,廣東駐防。清光緒元年生。舉人出身。奉天省實業廳長。

談國楫　字飽帆。漢軍鑲白旗,廣東駐防。清同治九年生。進士出身。奉天省東邊道尹,熱河省秘書長。

潘景武　字燕蓀。黑龍江林甸人。清光緒二十四年生。南開大學畢業。黑龍江省教育廳長,黑龍江省委員兼教育廳長、兼建設廳長。

潘鴻賓　奉天省高等審判廳丞。

潘鶚年　字曙紳。江蘇省人。代奉天省教育廳長,吉林省秘書長。

十六畫

蕭應椿　字紹庭。雲南昆明人。清咸豐四年生。監生出身。奉天提法使。

蕭露華　字渥均。遼寧北鎮人。清光緒九年生。日本早稻田大學畢業。吉林省高等檢察廳檢察長。

霍亞民　名寶樹,字亞民。廣東新會人。美國屯卜爾大學畢業。兼東北行營經濟委員會委員。

冀朝鼎　字勳平。山西汾陽人。清光緒二十九年生。清華學校畢業。美國芝加哥大學畢業。熱河省委員。中國共産黨地下工作者。

盧　弼　字慎之。湖北沔陽人。清光緒五年生。日本弘文學校肄業。署黑龍江省高等檢察廳檢察長。

盧　靖　字木齋。湖北沔陽人。舉人出身。奉天提學使。

戰滌塵　原名雲霽,字林晴;後改滌塵,字鄰晴。黑龍江木蘭人。清同治十一年生。奉天省洮昌道尹。

錢天鶴　字安濤。浙江杭州人。清光緒二十三年生。清華學校畢業。美國康乃爾大學畢業。兼東北行營經濟委員會委員。

錢家治　字均甫。浙江杭縣人。清光緒八年生。留學日本。吉林省教育廳長(未就任)。

錢德芳　字佑嵐。浙江人。黑龍江森林局長。

錢　鑠　字紹雲。江蘇常州人。舉人出身。奉天省西路觀察使。

錫　良　字清弼。蒙古鑲藍旗人。清咸豐三年生。進士出身。熱河都統。

錫齡阿　字紹彭。奉天省興鳳道。

鮑文樾　字志一。遼寧鳳城人。清光緒十八年生。北京陸軍大學畢業。東省特别區警察管理處長。

鮑　柯　瀋陽市財政局長。

鮑貴卿　字霆九。遼寧海城人。清同治四年生。開平武備學堂畢業。黑龍江督軍兼省長,吉林督軍兼省長,東省鐵路督辦。

閻孟華　吉林永吉人。清光緒二十七年生。北京法政大學畢業。松江省委員。

閻澤溥　字庭瑞。河北天津人。清光緒五年生。吉林榷運局長。

十七畫

韓立如　字樹業。黑龍江雙城人。日本京都帝國大學畢業。黑龍江省委員兼民政廳長。

韓國鈞　字紫石。江蘇泰縣人。清咸豐七年生。舉人出身。吉林省民政使。

韓清淪　字聖波。遼寧遼陽人。清光緒二十年生。奉天高等師范學校畢業。遼寧省委員。

韓　涵　字石安。江蘇阜寧人。遼寧省委員兼民政廳長。

韓駿傑　字致千。吉林扶餘人。清光緒二十一年生。黑龍江省委員兼省主席,東北行轅政務委員會委員。

戴鴻濤　瀋陽市警察局長。

魏大同　字羨唐。吉林扶餘人。清光緒十九年生。北京朝陽大學畢業。最高法院東北分院首席檢察官、檢察長,吉林省高等法院院長,遼寧省高等法院院長。

魏華鵑　遼寧瀋陽人。遼寧省委員兼建設廳長。

魏紹周　字繩武。遼寧義縣人。清光緒三年生。舉人出身。黑龍江省實業廳長,吉林省濱江道尹。

魏德超　字禹門。黑龍江雙城人。吉林省主任秘書。

儲　鎮　字鐵生。江蘇宜興人。東省特別區市政管理局長,哈爾濱特別市市長。

鍾世銘　字惠生。河北天津人。清光緒七年生。進士出身。美國哈佛大學畢業。奉天省特派交涉員,東三省交涉總署署長。

鍾　毓　字輯五。遼寧瀋陽人。清光緒元年生。日本法政大學速成科畢業。呼倫貝爾善後督辦,吉林省警務處長兼省會警察廳長,吉林省特派交涉員,吉林省委員,濱江市政籌備處長。

鍾繼興　遼寧瀋陽人。遼寧省警務處長。

謝　健　字鑄陳。四川榮昌人。清光緒九年生。日本大學畢業。合江省高等法院院長。

謝蔭昌　字演蒼。江蘇常州人。清光緒二年生。日本明治大學畢業。奉天省教育廳長。

應大鈿　字錦霞。江西上饒人。熱河特別區警務處長兼熱河警察廳長。

應振復　字梓里。遼寧遼陽人。清光緒十年生。日本陸軍士官學校畢業。東省特別區地畝管理局長。

濮良至　字青孫。江蘇溧水人。吉林省國稅廳籌備處長。

繆澂流　字開源。遼寧清原人。清光緒二十八年生。東三省講武堂畢業。熱河省委員兼省主席。

十八畫

聶樹清　字蔭庵。吉林永吉人。日本宏文學院畢業。代吉林省教育廳長。

叢　森　黑龍江賓縣人。吉林省主任秘書,黑龍江省委員。

瞿方梅　字根約。湖南保靖人。吉林省政務廳長。

顏文海　字碩濃。遼寧瀋陽人。清光緒十年生。東三省講武堂畢業。奉天高等檢察廳檢察長。

十九畫

蘇炳文　字翰章。遼寧新民人。清光緒十八年生。保定軍官學校畢業。呼倫貝爾警備司令,黑龍江省委員。

蘇珠克圖巴圖爾　字又彀。昭烏達盟奈曼旗扎薩克郡王。清光緒十六年生。東四盟宣慰使，昭烏達盟盟長兼備兵扎薩克。

蘇達那木道爾濟　照烏達盟奈曼旗扎薩克。清光緒二十四年生。代昭烏達盟盟長。

蘇毓芳　字秀亭。遼寧義縣人。奉天省山海關監督。

羅大愚　原名慶春，字澤南。遼寧遼陽人。清宣統二年生。北平中國大學畢業。遼寧省秘書長。

羅永慶　字善庭。遼寧新賓人。清同治三年生。代吉林省依蘭道尹。

羅卓英　字尤青。廣東大埔人。清光緒二十二年生。保定軍官學校畢業。東北行轅副主任，東北剿總副總司令。

羅振方　字通甫。浙江上虞人。舉人出身。熱河地方國稅廳籌備分處長，東三省鹽運使。

羅振邦　字靖寰。吉林海龍人。清光緒二十一年生。日本東京高等師范學校畢業。代熱河特別區教育廳長。

贊巴勒諾爾布　昭烏達盟翁牛特右翼旗扎薩克郡王。昭烏達盟幫辦盟務兼備兵扎薩克。

譚士先　字心之。四川雲陽人。黑龍江省教育廳長，黑龍江省特派交涉員。

譚文彬　字雅儒。遼寧建平人。清光緒二十六年生。直隷法政專門學校畢業。熱河省委員兼民政廳長。

譚椒馨　字頌三。安徽亳縣人。熱河特別區財政廳長。

龐作屏　字鎮湘。遼寧綏中人。清光緒十七年生。北京法政專門學校畢業。黑龍江省財政廳長，黑龍江省委員兼財政廳長。

龐松舟　江蘇上海人。兼東北行營經濟委員會委員。

闞朝璽　字子珍。遼寧盤山人。清光緒十年生。行伍出身。吉林省吉長鎮守使，東省鐵路護路軍總司令，奉天省洮遼鎮守使，熱河都統。

關吉玉　字佩恒。遼寧遼陽人。清光緒二十五年生。北京朝陽大學畢業。德國柏林大學畢業。松江省委員兼省主席，東北行轅經濟委員會主任委員。

關定保　字義安。遼寧遼陽人。貢生出身。奉天省政務廳長。

關海清　字果忱。遼寧瀋陽人。清光緒六年生。京師大學堂畢業。奉天省特派交涉員，奉天省奉天關監督。

關福森　遼北省高等法院院長。

關寶祥　字亞禎。遼寧瀋陽人。陸軍學堂畢業。熱河特別區軍務處長。

關麟徵　字雨東。陝西鄠縣人。清光緒三十一年生。黃埔軍校畢業。東北保安司令長官。

二十畫

黨積齡　字松岩。陝西留壩人。熱河特別區審判處長。

饒昌齡　字炳文。江蘇江寧人。吉林省財政司長、財政廳長。

竇聯芳　字桂五。遼寧遼陽人。清同治十三年生。東北講武堂肄業。黑龍江省公安管理處長、警務處長，黑龍江省委員。

二十二畫

龔漢治　河北省人。熱河特別區朝陽鎮守使。

龔學遂　字伯循。江西金溪人。清光緒三十一年生。日本東京帝國大學畢業。大連市市長。

二十三畫

欒守綱　署奉天省國稅廳籌備處長。

欒駿聲　字佩石。遼寧海城人。清光緒四年生。進士出身。吉林省高等審判廳廳長，熱河特別區財政廳長。

僞滿洲國職官年表

一、九一八事變後僞滿洲國建立前各地傀儡政權之部

1. 東北地區職官年表

名　稱 ＼ 年　代		民國二十年(1931 年)
東北交通委員會	委　員　長	**丁鑑修** 10,23. 任。
	副委員長	**金璧東** 10,23. 任。
最高法院東北分院	院　　長	**趙欣伯** 10,18. 任。
	檢　察　長	**趙梯青** 11,12. 任。

1. 東北地區職官年表

名　　稱	年　代	民國二十一年(1932 年)
東北行政委員會	委 員 長	張景惠 2,17. 任。
	委　　員	張景惠　臧式毅　熙　洽　馬占山　湯玉麟　齊默特色木丕勒　凌　陞 以上 2,17. 任。
東北交通委員會 (3,18. 裁)	委 員 長	丁鑑修
	副委員長	金璧東
最高法院東北分院	院　　長	趙欣伯
	檢 察 長	趙梯青

2. 奉天省職官年表

名　稱 ＼ 年　代	民國二十年(1931 年)
省　　長	**臧式毅** 12,16. 任。
最 高 顧 問	**袁金鎧** ?,?. 任。
財 政 廳 長	**翁恩裕** 10,17. 任。 **趙鵬第** 12,17. 代。
實 業 廳 長	**高毓衡** 10,20. 任。 **梁玉書** 12,17. 代。
秘 書 長	**趙鵬第** 12,17. 任。
高 等 法 院 院　　長	**于宗海** 11,14. 代。
高 等 法 院 首席檢察官	**陳士傑** ?,?. 代。
奉 天 市 長	**土肥原賢二** 9,20. 任。 **趙欣伯** 10,18. 任。
東邊保安司令①	**于芷山** 10,15. 任。
邊境保安司令②	**張海鵬** ?,?. 任。
蒙 邊 保 安 司 令	**張海鵬** ?,?. 任。
洮南警備司令③	**傅靖氛** 10,?. 任。
遼開剿匪司令	**唐豫森** 10,?. 任。

説明：11 月 12 日日本侵略者改遼寧省爲奉天省。

註①：此據《僞滿洲國史》等。據《臧式毅筆供》及《于芷山口供記録》（載《僞滿洲國的統治與内幕》），是時，于芷山對日態度不明，與張學良尚有聯繫。在臧式毅任僞省長時降日，僅供參考。此職不再録。

註②：邊境保安司令及蒙邊保安司令係張海鵬所任，何時裁缺不詳。此二缺不再録。

註③：洮南警備司令及遼開剿匪司令係張海鵬所任。此二缺不再録。

2. 奉天省職官年表

名　稱 ＼ 年　代			民國二十一年(1932年)
省　　　長			**臧式毅**
最高顧問			**袁金鎧**?,?. 任。
財政廳長			**趙鵬第**代。**馮涵青**1,29. 由奉天市公署秘書長任。
實業廳長			**梁玉書**代。
秘　書　長			**趙鵬第**
高　等 法　院	院　　　長		**于宗海**代。
	首席檢察官		**陳士傑**代。
奉天市長			**趙欣伯**

258

3. 吉林省職官年表

名　稱　＼　年　代	民國二十年(1931年)
長　　　　　官	**熙　洽** 9,26. 自任。
軍　政　廳　長	**郭恩霖** 9,27. 任。
民　政　廳　長	**孫其昌** 9,29. 任；9,30. 調署財政廳長。**王　惕** 9,30. 由永吉縣長任。
財　政　廳　長	**孫其昌** 9,30. 署。
教　育　廳　長	**李錫恩** 9,30. 任(未就)。**榮孟枚** 11,7. 任。
實　業　廳　長	**張燕卿** 9,30. 任。
建　設　廳　長	**富春田** 9,29. 任；12,31. 回高等法院院長本任。
秘　　書　　長	**潘鶚年** 9,29. 任(未就)。**李銘書** 11,9. 任。
警　務　處　長	**修長餘** 10,11. 任。
省　會　公　安　局　長	**趙榮昇** 9,29. 代。**穀　昌** 10,11. 任。
交　涉　署　長	**謝介石** 11,3. 調。
吉黑榷運局 局　　　長	**靳造華** ?,?. 任；11,10. 調。**魏宗蓮** 11,10. 任。
吉黑榷運局 副　局　長	**熙　清** 11,12. 任。
高等法院 院　　　長	**誠　允** 9,29. 任(未就)。**李文蔚** ?,?. 代。**富春田** 12,31. 回任。
高等法院 首席檢察官	**蕭露華**
吉林市政籌備處長	**程科甲** 9,30. 任。
長春市政籌備處長	**張燕卿** 9,26. 任；9,30. 調。**金璧東** 9,28. 任。
濱江市政籌備處長	**鍾　毓**
延吉市政籌備處長	**啓　彬** 9,26. 任。
省　城　警　備　司　令	**安玉珍　齊知政** ?,?. 任。
延　吉　警　備　司　令	**吉　興** ?,?. 任。
吉　林　剿　匪　司　令	**于深徵** 12,4. 任。
濱　江　警　備　司　令	**邢占清**
長　春　警　備　司　令	**李桂林**
依　蘭　警　備　司　令	**李　杜**

3. 吉林省職官年表

名　稱 ＼ 年代		民國二十一年(1932 年)
長　　官		熙　洽
軍　政　廳　長		郭恩霖
民　政　廳　長		王　惕
財　政　廳　長		孫其昌
教　育　廳　長		榮孟枚
實　業　廳　長		張燕卿
建　設　廳　長		(1,8. 裁)
秘　書　長		李銘書
警　務　處　長		修長餘
省　會　公　安　局　長		穀　昌
交　涉　署　長		謝介石
吉　黑 權運局	局　　長	魏宗蓮
	副　局　長	熙　清
高　等 法　院	院　　長	富春田
	首席檢察官	蕭露華
吉林市政籌備處長		程科甲
長春市政籌備處長		金璧東
濱江市政籌備處長		鍾　毓　謝介石 1,23. 兼。趙伯俊 2,25. 任。
延吉市政籌備處長		啓　彬
省　城　警　備　司　令		齊知政
延　吉　警　備　司　令		吉　興
吉　林　剿　匪　司　令		于深澂
濱　江　警　備　司　令		邢占清
長　春　警　備　司　令		李桂林
依　蘭　警　備　司　令		李　杜

4. 黑龍江省職官年表

年代 名稱	民國二十一年(1932年)
省　　長	張景惠 1,1. 通電就職；1,7. 就職。吉　祥 1,7. 代。馬占山 2,24. 任。
民政廳長	劉廷選
財政廳長	龐作屏(未就)
教育廳長	鄭林皋
實業廳長	馬景桂
政務廳長	汪宗可(未就)
警務處長	竇聯芳(未就)

二、執政府及皇帝直隸機關之部

1. 執政府職官年表

年代　名稱	大同元年(1932年)
秘書處秘書長	**胡嗣瑗** 3,9. 任。
内 務 處 長	**寶 熙** 3,9. 任。
軍 咨 處 長	
警 備 處 長	**佟濟煦** 4,8. 任。
侍 從 武 官 長	**張海鵬** 3,9. 兼。
府 中 令	**寶 熙** 11,29. 代。
秘書處秘書長	**胡嗣瑗** 11,26. 任。
内務處内務長	**寶 熙** 11,26. 任。
掌禮處大禮官	**許寶蘅** 12,6. 任。
警務處警衛長	**佟濟煦** 11,26. 任。
會計審查局長	**商衍瀛** 12,6. 任。
内 庭 局 長	**陳曾壽** 12,6. 任。
侍 從 武 官 長	**張海鵬** 兼。

説明:3月9日執政府設秘書、内務、軍咨、警備四處,並置侍從武官長。11月23日實行新官制,置府中令以下諸官。

265

1. 執政府職官年表

名　稱 ＼ 年　代	大同二年(1933 年)
府　中　令	寶　熙代。
秘書處秘書長	胡嗣瑗
內務處內務長	寶　熙
掌禮處大禮官	許寶蘅
警衛處警衛長	佟濟煦
會計審查局長	商衍瀛
內　庭　局　長	陳曾壽
侍　從　武　官　長	張海鵬兼。

1. 執政府職官年表

名　稱 ＼ 年　代	大同三年(1934 年)
府　中　令	**寶　熙**代。**沈瑞麟** 1,31. 任。
秘書處秘書長	**胡嗣瑗** 2,28. 改任參議府參議。
内務處内務長	**寶　熙** 2,28. 改任參議府參議。
掌禮處大禮官	**許寶蘅**
警衛處警衛長	**佟濟煦**
會計審查局長	**商衍瀛**
内　庭　局　長	**陳曾壽**
侍　從　武　官　長	**張海鵬**兼。

2. 帝室官職官年表

名　稱		康德元年(1934年)
尚書府	大　　　臣	**郭宗熙** 3,1. 任;12,29. 卒。
	秘　書　官　長	**高木三郎** 4,25. 任。
宮内府	大　　　臣	**沈瑞麟** 3,1. 任。
	次　　　長	**入江貫一** 4,25. 任。
	總　務　處　長	**許寶蘅** 3,15. 任。
	内　務　處　長	**商衍瀛** 3,15. 任。
	近　侍　處　長	**陳曾壽** 3,15. 任。
	掌　禮　處　長	**張允愷** 3,15. 任。
	警　衛　處　長	**佟濟煦** 3,15. 任。
	侍　衛　官　長	**工藤忠** 3,1. 任。
	帝室會計審查局長	**林廷琛** 3,15. 任。
侍從武官處侍從武官長		**張海鵬**

説明:3月1日設尚書府、宮内府、侍從武官處。

2. 帝室官職官年表

名　稱＼年　代			康德二年(1935 年)
尚書府	大	臣	**袁金鎧** 2,1. 由參議府參議任。
	秘　書　官　長		**高木三郎**
宮内府	大	臣	**沈瑞麟** 5,21. 改任參議府參議。 **熙　洽** 5,21. 由財政大臣任。
	次	長	**入江貫一**
	總　務　處　長		**許寶蘅**
	内　務　處　長		**商衍瀛**
	近　侍　處　長		**陳曾壽**
	掌　禮　處　長		**張允愷**
	警　衛　處　長		**佟濟煦**
	侍　衛　官　長		**工藤忠**
	帝室會計審查局長		**林廷琛**
侍從武官處侍從武官長			**張海鵬**

2. 帝室官職官年表

名　稱＼年代		康德三年(1936 年)
尚書府	大　　　　　臣	袁金鎧
	秘　書　官　長	高木三郎
官內府	大　　　　　臣	熙　洽
	次　　　　　長	入江貫一
	總　務　處　長	許寶蘅
	內　務　處　長	商衍瀛
	近　侍　處　長	陳曾壽
	掌　禮　處　長	張允愷
	警　衛　處　長	佟濟煦
	侍　衛　官　長	工藤忠
	帝室會計審查局長	林廷琛
侍從武官處侍從武官長		張海鵬

2. 帝室官職官年表

名稱 ＼ 年代		康德四年(1937年)
尚書府	大　　　　臣	**袁金鎧**
	秘　書　官　長	**高木三郎** 7,8. 辭。**武宮雄彥** 7,12. 任。
宮內府	大　　　　臣	**熙　洽**
	次　　　　長	**入江貫一**
	總　務　處　長	**許寶蘅**
	內　務　處　長	**商衍瀛**
	近　侍　處　長	**陳曾壽** 6,30. 辭。**佟濟煦** 7,1. 由警衛處長任。
	掌　禮　處　長	**張允愷**
	警　衛　處　長	**佟濟煦** 7,1. 調任近侍處長。**井上仁三郎** ?,?. 代。**長尾吉五郎** 12,13. 任。
	侍衛處長(1,1.設)	**工藤忠** 1,1. 由原侍衛官長任。
	帝室會計審查局長	**林廷琛** 2,22. 辭。**加藤內藏助** 3,1. 任。
侍從武官處侍從武官長		**張海鵬**

2. 帝室官職官年表

名 稱 ＼ 年 代		康德五年(1938年)
尚書府	大 臣	袁金鎧
	秘 書 官 長	武宮雄彦
宮內府	大 臣	熙 洽
	次 長	入江貫一
	總 務 處 長	許寶蘅
	內 務 處 長	商衍瀛 9,30. 辭。羅福葆 9,30. 由秘書官任。
	近 侍 處 長	佟濟煦
	掌 禮 處 長	張允愷
	警 衛 處 長	长尾吉五郎
	侍 衛 處 長	工藤忠
	帝室會計審查局長	加藤内藏助
侍從武官處侍從武官長		張海鵬

2. 帝室官職官年表

名 稱 ＼ 年 代		康德六年(1939 年)
尚書府	大　　　　臣	袁金鎧
	秘　書　官　長	武宮雄彦
宮內府	大　　　　臣	熙　洽
	次　　　　長	入江貫一 4,3. 辭。荒井静雄 4,3. 署;6,13. 免。鹿兒島虎雄 5,27. 任。
	總　務　處　長	許寶蘅 12,31. 辭。
	內　務　處　長	羅福葆
	近　侍　處　長	佟濟煦
	掌　禮　處　長	張允愷
	警　衛　處　長	(3,1. 改稱皇宮近衛處長)長尾吉五郎
	侍　衛　處　長	工藤忠
	帝室會計審查局長	加藤內藏助
侍從武官處侍從武官長		張海鵬

2. 帝室官職官年表

	年代 名 稱	康德七年(1940年)
尚書府	大　　　臣	袁金鎧
	秘　書　官　長	武宮雄彦
宮內府	大　　　臣	熙洽
	次　　　長	鹿兒島虎雄
	總　務　處　長	小原二三夫 1,1. 任。
	內　務　處　長	羅福葆 12,28. 調任掌禮處長。 劉傑三 12,28. 由本府秘書官任。
	近　侍　處　長	佟濟煦
	掌　禮　處　長	張允愷 12,28. 辭。 羅福葆 12,28. 由內務處長任。
	皇宮近衛處長	長尾吉五郎 12,31. 退官。
	侍　衛　處　長	工藤忠 12,31. 退官。
	帝室會計審查局長	加藤內藏助 12,31. 退官。
侍從武官處侍從武官長		張海鵬

2. 帝室官職官年表

名　稱＼年　代	康德八年(1941 年)
尚書府 — 大　　臣	**袁金鎧**
尚書府 — 秘　書　官　長	**武宮雄彥**
宮內府 — 大　　臣	**熙　洽**
宮內府 — 次　　長	**鹿兒島虎雄**
宮內府 — 總　務　處　長	**小原二三夫**
宮內府 — 內　務　處　長	**劉傑三**
宮內府 — 近　侍　處　長	**佟濟煦**
宮內府 — 掌　禮　處　長	**羅福葆**
宮內府 — 皇　宮　近　衛　處　長	**長野義雄** 2,1. 任。
宮內府 — 侍　衛　處　長	**金智元** 1,1. 由侍衛官任。
宮內府 — 帝室會計審查局長	
侍從武官處侍從武官長	**張海鵬** 3,3. 免。**吉　興** 3,3. 由第二軍管區司令官任。

2. 帝室官職官年表

名　稱＼年　代		康德九年(1942 年)
尚書府	大　　　　臣	袁金鎧
	秘　書　官　長	武宮雄彥 11,13. 退官。
宮內府	大　　　　臣	熙　洽
	次　　　　長	鹿兒島虎雄
	總　務　處　長	小原二三夫
	內　務　處　長	劉傑三
	近　侍　處　長	佟濟煦 11,25. 退官。金智元 11,26. 兼。
	掌　禮　處　長	羅福葆
	皇宮近衛處長	長野義雄 2,12. 辭(翌日任黑河省長)。大澤寅一 2,13. 任。
	侍　衛　處　長	金智元
	帝室會計審查局長	
侍從武官處侍從武官長		吉　興

2. 帝室官職官年表

名 稱	年 代	康德十年(1943年)
尚書府	大　　　　臣	袁金鎧
	秘　書　官　長	
宮内府	大　　　　臣	熙　洽
	次　　　　長	鹿兒島虎雄 6,18. 辭(翌日任參議府參議)。荒井静雄 6,19. 由宮内府顧問官任。
	總　務　處　長	小原二三夫
	内　務　處　長	劉傑三
	近　侍　處　長	金智元兼。
	掌　禮　處　長	羅福葆
	皇　宮　近　衛　處　長	大澤寅一
	侍　衛　處　長	金智元
	帝室會計審査局長	
侍從武官處侍從武官長		吉　興

2. 帝室官職官年表

名　稱		康德十一年（1944 年）
尚書府	大　　　臣	**袁金鎧** 4,24. 辭。 **吉　興** 4,24. 由侍從武官長任。
	秘　書　官　長	
宮内府	大　　　臣	**熙　洽**
	次　　　長	**荒井静雄**
	總　務　處　長	**小原二三夫**
	内　務　處　長	**劉傑三** 11,23. 調任帝室會計審查局長。
	近　侍　處　長	**金智元**兼。
	掌　禮　處　長	**羅福葆**
	皇宮近衛處長	**大澤寅一**
	侍　衛　處　長	**金智元**
	帝室會計審查局長	**劉傑三** 11,23. 由内務處長任。
侍從武官處侍從武官長①		**吉　興** 4,23. 免（翌日任尚書府大臣）。 **張文鑄** 4,28. 由第四軍管區司令官任。

註①：11 月 20 日侍從武官處改稱侍從武官府。

2. 帝室官職官年表

名　稱 ＼ 年　代		康德十二年(1945 年)
尚書府	大　　　　臣	吉　興
	秘　書　官　長	
宮内府	大　　　　臣	熙　洽
	次　　　　長	荒井静雄
	總　務　處　長	小原二三夫
	内　務　處　長	岡本武德 1,18. 以宮内府理事官署；4,12. 任。
	近　侍　處　長	金智元 兼；1,17. 辭。 毓　崇 1,18. 以宮内府理事官署；4,12. 任。
	掌　禮　處　長	羅福葆
	皇宮近衛處長	大澤寅一
	侍　衛　處　長	金智元 1,17. 辭。 陳懋侗 1,18. 由侍衛官任。
	帝室會計審查局長	劉傑三
侍從武官府侍從武官長		張文鑄

3. 參議府職官年表

名　稱 ＼ 年　代	大同元年(1932 年)
議　　長	**張景惠** 3,9. 任。
副 議 長	**湯玉麟** 3,9. 任(未就)。
參　　議	**張海鵬** 3,9. 任。**袁金鎧** 3,9. 任。**羅振玉** 3,9. 任；3,11. 辭。**貴　福** 3,9. 任。**築紫熊七** 8,6. 任。**程志遠** 8,15. 由黑龍江省長任；12,7. 辭。**駒井德三** 10,5. 由署國務院總務廳長官任。
秘書局長	**荒井靜雄** 6,1. 任。

説明：3 月 9 日設參議府。

3. 參議府職官年表

年代 名稱	大同二年(1933年)
議　　長	**張景惠**
副 議 長	**湯玉麟** 3,9. 免。**張海鵬** 3,9. 任。^①
參　　議	**張海鵬** 3,9. 調任副議長。**袁金鎧　貴　福　築紫熊七　駒井德三** 7,12. 辭。**田邊治通** 1,24. 任。**增　韞** 2,22. 任。
秘書局長	**荒井静雄**

註①:張海鵬任參議府副議長一事,《政府公報》及《滿洲國官吏録》等未載。此據《滿洲國現勢》(建國——大同二年、康德九年)。

3. 參議府職官年表

名　稱　＼　年　代	大同三年、康德元年(1934 年)
議　　長	張景惠
副 議 長	張海鵬 2,17. 辭。築紫熊七 8,2. 任。
參　　議	袁金鎧　貴　福　築紫熊七 8,2. 調任副議長。田邊治通 增　韞　矢田七太郎 2,23. 任。寶　熙 2,28. 由原執政府內務處內務長任。胡嗣瑗 2,28. 由原執政府秘書處秘書長任。
秘書局長	荒井静雄

3. 參議府職官年表

名 稱＼年 代	康德二年(1935 年)
議　　　長	**張景惠** 5,21. 改任國務總理大臣。**臧式毅** 5,21. 由民政大臣任。
副 議 長	**築紫熊七**
參　　　議	**袁金鎧** 2,1. 調任尚書府大臣。**貴　福　田邊治通　增　韞　矢田七太郎　寶　熙　胡嗣瑗　沈瑞麟** 5,21. 由宮内府大臣任。**謝介石** 5,21. 由外交大臣任；6,19. 調任駐日本大使。
秘書局長	**荒井静雄**

3. 參議府職官年表

名 稱 ＼ 年 代	康德三年(1936年)
議　長	臧式毅
副 議 長	築紫熊七
參　議	貴　福 4,25.辭。 田邊治通　增　韞　矢田七太郎　寶　熙　胡嗣瑗　沈瑞麟　榮　厚 8,27.任。
秘書局長	荒井静雄

3. 參議府職官年表

名　稱 ＼ 年　代	康德四年(1937 年)
議　　長	臧式毅
副　議　長	築紫熊七 7,1. 辭。田邊治通 7,7. 任；12,11. 辭。橋本虎之助 12,11. 任。
參　　議	田邊治通 7,7. 調任副議長。增　韞 5,7. 辭。矢田七太郎 12,11. 辭。寶　熙 5,7. 辭。胡嗣瑗　沈瑞麟　榮　厚　齊默特色木丕勒 5,7. 由蒙政大臣任。橋本虎之助 7,1. 任；12,11. 調任副議長。大橋忠一 12,11. 由外務局長官任。古田正武 12,11. 由司法部次長任。
秘書局長	荒井静雄

3. 參議府職官年表

名　稱 ＼ 年　代	康德五年(1938 年)
議　　長	臧式毅
副　議　長	橋本虎之助
參　　議	胡嗣瑗　沈瑞麟　榮　厚　齊默特色木丕勒　大橋忠一 古田正武
秘書局長	荒井静雄 3,1. 調任審計局長官。 松木俠 3,1. 由總務廳法制處長任。

3. 參議府職官年表

名 稱＼年 代	康德六年(1939年)
議　　長	臧式毅
副 議 長	橋本虎之助
參　　議	胡嗣瑗 4,24. 辭。 沈瑞麟　榮　厚　齊默特色木丕勒　大橋忠一 8,17. 辭。 古田正武 3,22. 辭。 直木輪太郎 3,22. 由産業部水利電氣建設局長任。 于芷山 4,24. 由治安大臣任。
秘書局長	松木俠

3. 參議府職官年表

名　稱　　年　代	康德七年(1940 年)
議　　長	臧式毅
副 議 長	橋本虎之助
參　　議	沈瑞麟 5,18. 辭。榮　厚　齊默特色木丕勒　直木輪太郎　于芷山　孫其昌 5,16. 由民生大臣任。清原范益 5,16. 由間島省長任。丁鑑修 5,16. 由滿洲國電業社長任。坪上貞二 6,4. 由滿洲拓殖公社總裁任。
秘書局長	松木俠 5,16. 調任總務廳次長。神尾弍春 5,21. 由總務廳參事官任。

3. 參議府職官年表

名　稱　＼　年　代	康德八年(1941年)
議　　長	臧式毅
副 議 長	橋本虎之助
參　　議	榮　厚　齊默特色木丕勒 3,25. 辭。直木輪太郎　于芷山 12,18. 辭。孫其昌　清原范益　丁鑑修　坪上貞二 8,1. 辭。札噶爾 3,25. 由興安局總裁任。小平權一 8,25. 任。王静修 12,18. 由軍事諮議官任。
秘書局長	神尾弌春

289

3. 參議府職官年表

年代 名稱	康德九年(1942年)
議　長	臧式毅
副議長	橋本虎之助
參　議	榮　厚 9,28. 辭。直木輪太郎　孫其昌 9,28. 辭。清原范益　丁鑑修 9,28. 辭。札噶爾　小平權一 4,14. 辭。王静修　井野英一 5,15. 由最高法院院長任。張煥相 9,28. 由司法大臣任。蔡運升 9,28. 由經濟大臣任。韋煥章 9,28. 由外交大臣任。丁　超 9,28. 由安東省長任。
秘書局長	神尾弌春 2,13. 辭。青木佐治彦 2,13. 由總務廳法制處長任。

3. 參議府職官年表

名 稱 ＼ 年 代	康德十年(1943年)
議 長	臧式毅
副 議 長	橋本虎之助
參 議	直木輪太郎 2,11. 卒。清原范益　札噶爾　王静修　井野英一（去職時間不詳）張煥相　蔡運升　韋煥章　丁 超　高橋康順 6,19. 任。鹿兒島虎雄 6,19. 由原宮内府次長任。
秘書局長	青木佐治彦

3. 參議府職官年表

名 稱 　　　　年 代	康德十一年(1944 年)
議　長	臧式毅
副議長	橋本虎之助
參　議	清原范益　札噶爾　王静修　張煥相　蔡運升　韋煥章　丁　超　高橋康順　鹿兒島虎雄　井上忠也 10,2. 由大同學院院長任。
秘書局長	青木佐治彦

3. 參議府職官年表

名　稱 ＼ 年　代	康德十二年(1945 年)
議　　　長	臧式毅
副 議 長	橋本虎之助
參　　　議	清原范益 6,2. 辭。 札噶爾 5,23. 卒。 王静修　張煥相　蔡運升 韋煥章 3,12. 調任奉天省長。 丁　超　高橋康順　鹿兒島虎雄 井上忠也　中原鴻洵 6,19. 任。 壽明阿 7,20. 任。
秘書局長	青木佐治彦 7,10. 調任最高法院次長。 前澤忠成 7,10. 由司法部民事 司長任。

4. 立法院職官年表

名　稱 ＼ 年　代	大同元年(1932年)
院　　　長	**趙欣伯** 3,11. 任。
秘書廳秘書長	**劉恩格** 6,1. 任。

説明:3月9日設立法院。

4. 立法院職官年表

名　　稱＼年　代	大同二年(1933 年)
院　　　　長	趙欣伯
秘書廳秘書長	劉恩格

4. 立法院職官年表

名　稱 ＼ 年　代	大同三年、康德元年(1934 年)
院　　　長	**趙欣伯** 10, 11. 免。
秘書廳秘書長	**劉恩格**

4. 立法院職官年表

名　稱＼年　代	康德二年(1935 年)		
院　　　長			
秘書廳秘書長	**劉恩格**		

4. 立法院職官年表

名 稱 \ 年 代	康德三年(1936 年)
院　　　長	
秘書廳秘書長	劉恩格

4. 立法院職官年表

名 稱 ＼ 年 代	康德四年(1937 年)
院　　　　長	
秘書廳秘書長	劉恩格

4. 立法院職官年表

名　稱＼年　代	康德五年(1938 年)
院　　　長	
秘書廳秘書長	**劉恩格**

4. 立法院職官年表

名　稱＼年　代	康德六年(1939 年)
院　　　長	
秘書廳秘書長	**劉恩格**

4. 立法院職官年表

名　　稱 ＼ 年　代	康德七年(1940 年)
院　　　　　長	
秘書廳秘書長	劉恩格

4. 立法院職官年表

名 稱 ＼ 年 代	康德八年(1941 年)
院　　　長	
秘書廳秘書長	**劉恩格** 5,1. 休職。

4. 立法院職官年表

名　稱 ＼ 年　代	康德九年(1942 年)
院　　　長	
秘書廳秘書長	**劉恩格**休職。

4. 立法院職官年表

名　稱 ＼ 年　代	康德十年(1943 年)
院　　　長	
秘書廳秘書長	**劉恩格**休職；5,1. 退官。

4. 立法院職官年表

名　稱＼年　代	康德十一年(1944 年)
院　　　長	
秘書廳秘書長	

4. 立法院職官年表

名　稱＼年　代	康德十二年(1945 年)
院　　　長	
秘書廳秘書長	

5. 監察院職官年表

名　稱＼年　代	大同元年(1932 年)
院　　長	**于冲漢** 3,9. 任；11,12. 卒。**品川主計** 11,12. 代。
總務處長	**結城清太郎** 6,1. 任；9,16. 調任國都建設局總務處長。**藤山一雄** 9,16. 由實業部總務司長任。
監察部長	**品川主計** 8,29. 任。
審計部長	**寺崎英雄** 7,17. 任。

説明：3 月 9 日設監察院。

5. 監察院職官年表

名　稱＼年　代	大同二年(1933 年)
院　　長	**品川主計**代；7,5. 免。**羅振玉** 7,5. 任。
總務處長	**藤山一郎**
監察部長	**品川主計**
審計部長	**寺崎英雄**

5. 監察院職官年表

名　稱 ＼ 年　代	大同三年、康德元年(1934 年)
院　　長	羅振玉
總務處長	藤山一雄
監察部長	品川主計
審計部長	寺崎英雄

5. 監察院職官年表

名　稱 ＼ 年　代	康德二年(1935 年)
院　　長	**羅振玉**
總務處長	**藤山一雄** 7,29. 調任恩賞局長。
監察部長	**品川主計** 6,3. 免。**荒井静雄** 7,29. 任。
審計部長	**寺崎英雄**

5. 監察院職官年表

年 代 名 稱	康德三年(1936 年)
院　　長	羅振玉
總務處長	櫛田文男 12,22. 由民政部理事官任。
監察部長	荒井静雄
審計部長	寺崎英雄

5. 監察院職官年表

名　稱 ＼ 年　代	康德四年(1937 年)
院　　　長	**羅振玉** 5,7. 辭。**寺崎英雄** 5,7. 代。
總務處長	**櫛田文男** 7,1. 調任奉天税務監督署副署長。
監察部長	**荒井静雄**
審計部長	**寺崎英雄** 7,1. 改任國務院審計局長官。

説明:7 月 1 日監察院裁。

313

6. 祭祀府職官年表

名　稱 ＼ 年　代	康德七年(1940 年)
總　裁	**橋本虎之助** 7,15. 以參議府副議長兼。
副總裁	**沈瑞麟** 7,15. 任。

説明：7 月 1 日設祭祀府。

6. 祭祀府職官年表

名　稱 ＼ 年　代	康德八年(1941 年)
總　裁	**橋本虎之助**兼。
副總裁	**沈瑞麟**

6. 祭祀府職官年表

名　稱＼年　代	康德九年(1942年)
總　裁	**橋本虎之助**兼。
副總裁	**沈瑞麟**

6. 祭祀府職官年表

名　稱 ＼ 年　代	康德十年(1943 年)
總　裁	**橋本虎之助**兼。
副總裁	**沈瑞麟**

6. 祭祀府職官年表

名　稱＼年　代	康德十一年(1944年)
總　裁	橋本虎之助兼。
副總裁	沈瑞麟

6. 祭祀府職官年表

名 稱 ＼ 年 代	康德十二年(1945 年)
總 裁	**橋本虎之助**兼。
副總裁	**沈瑞麟**

三、中央之部

1. 國務院職官年表

名 稱 ＼ 年 代	大同元年(1932 年)
國 務 總 理	**鄭孝胥** 3,9. 任。
國務總理秘書官	**鄭 禹** 3,14. 任。
	鄭 垂 3,24. 任；11,14. 辭。
總務廳 ＞ 長 官	(10,5. 改稱廳長)**駒井德三** 3,10. 署；10,5. 改任參議府參議。**阪谷希一** 10,5. 代。
總務廳 ＞ 次 長	**阪谷希一** 6,1. 任。
總務廳 ＞ 秘 書 處 長	**皆川豐治** 6,1. 任。
總務廳 ＞ 人 事 處 長	**迫喜平次** 6,1. 任。
總務廳 ＞ 主 計 處 長	**阪谷希一** 6,1. 兼；7,17. 免。**松田令輔** 7,17. 任。
總務廳 ＞ 需 用 處 長	**隈元昂** 6,1. 任。
總務廳 ＞ 大同學院院長	(7,11. 設)

說明：3 月 9 日設國務院總務廳。總務廳設秘書、人事、主計、需用四處。

1. 國務院職官年表

名 稱 ＼ 年 代	大同二年(1933 年)		
國 務 總 理	鄭孝胥		
國 務 顧 問	宇佐美勝夫 1,19. 任。①		
國務總理秘書官	鄭禹		
	白井康 1,4. 任。		
總 務 廳	廳 長	阪谷希一 代;7,22. 免。 遠藤柳作 7,22. 任。	
	次 長	阪谷希一	
	秘 書 處 長	皆川豐治 10,24. 調任人事處長。 神尾弌春 10,24. 任。	
	人 事 務 長	迫喜平次 5,16. 調任交通部總務司長。 皆川豐治 5,16. 兼;10,24. 由秘書處長任。	
	主 計 處 長	松田令輔	
	需 用 處 長	隈元昂 4,19. 免。 松田令輔 4,19. 兼;6,16. 免。 小泉三郎 6,16. 署。	
	情 報 處 長	(2,16. 設)川崎寅雄 4,7. 由外交部宣化司長任。	
	大同學院院長	遠藤柳作 10,19. 兼。	

註①：大同元年 12 月 24 日公佈《關於置國務顧問之件》，至此方有任命。

1. 國務院職官年表

名稱 ＼ 年代	大同三年、康德元年(1934 年)
國 務 總 理	(3,1. 改稱國務總理大臣)**鄭孝胥**
國 務 顧 問	**宇佐美勝夫** 11,1. 辭。
國務總理秘書官 (3,1. 改稱國務總理 大臣秘書官)	**鄭 禹**
	白井康
總務廳 廳　　　長	**遠藤柳作**
次　　　長	**阪谷希一**
秘 書 處 長	**神尾弌春**
人 事 處 長	**皆川豐治** 12,1. 調任錦州省總務廳長。**古海忠之** 12,1. 署。
主 計 處 長	**松田令輔**
需 用 處 長	**小泉三郎** 署。
情 報 處 長	**川崎寅雄** 3,24. 調任外交部宣化司長。**宮脅襄二** 3,24. 任。
恩 賞 處 長①	**皆川豐治** 3,1. 兼;12,1. 調。
大同學院院長	**遠藤柳作** 兼。

註①：3 月 1 日設恩賞處。12 月 1 日恩賞處改稱恩賞局,改隸國務院。

1. 國務院職官年表

名　稱 ＼ 年　代	康德二年(1935 年)
國務總理大臣	**鄭孝胥** 5,21. 辭。**張景惠** 5,21. 由參議府議長任。
國　務　顧　問	
國　務　總　理 大臣秘書官	**鄭　禹** 5,25. 調任國都建設局長。**王子衡** 5,29. 由國務院總務廳理事官兼。
	白井康 7,31. 辭。**松本益雄** 8,1. 任。
	呂宜文 7,29. 由外交部通商司長任。
總務廳　廳　　　長	**遠藤柳作** 5,11. 辭。**長岡隆一郎** 5,11. 任。
總務廳　次　　　長	**阪谷希一** 5,11. 辭。**大達茂雄** 5,15. 由法制局長任。
總務廳　秘　書　處　長	**神尾弌春** 3,30. 調任文教部學務司長。**松木俠** 3,30. 由法制局參事官兼;7,29. 任。
總務廳　企　劃　處　長	(11,8. 設)**松田令輔** 11,8. 由主計處長任。
總務廳　法　制　處　長	(11,8. 設)**大坪保雄** 11,8. 由原法制局參事官任。
總務廳　人　事　處　長	**古海忠之**署;3,19. 免。**鹽原時三郎** 3,19. 任。
總務廳　主　計　處　長	**松田令輔** 11,8. 調任企劃處長。**古海忠之** 11,8. 由國務院總務廳理事官任。
總務廳　需　用　處　長	(11,8. 裁)**小泉三郎**署;11,8. 調任營繕需品局需用處長。
總務廳　統　計　處　長	(11,8. 設)**向井俊郎** 11,8. 由原法制局統計處長任。
總務廳　情　報　處　長	**宮脅襄二**
總務廳　大同學院院長	**遠藤柳作**兼;4,1. 免。**井上忠也** 4,1. 任。

1. 國務院職官年表

名　　稱 ＼ 年　代	康德三年(1936 年)
國務總理大臣	張景惠
國 務 顧 問	
國 務 總 理 大 臣 秘 書 官	王子衡兼。
	松本益雄
	呂宜文
總務廳 廳　　　長	長岡隆一郎 4,3. 辭。**大達茂雄** 4,9. 由次長任；12,16. 辭。**星野直樹** 12,16. 由財政部次長任。
次　　　長	大達茂雄 4,9. 調任廳長。**神吉正一** 6,2. 由外交部政務司長任。
秘 書 處 長	松木俠
企 劃 處 長	松田令輔
法 制 處 長	大坪保雄
人 事 處 長	鹽原時三郎 8,17. 調往朝鮮總督府。**源田松三** 8,17. 由財政部稅務司長任。
主 計 處 長	古海忠之
統 計 處 長	向井俊郎
情 報 處 長	宮脅襄二
大同學院院長	井上忠也

1. 國務院職官年表

年代 / 名稱	康德四年(1937年)6月30日之前
國務總理大臣	**張景惠**
國 務 顧 問	(7,1. 裁)
國務總理大臣 秘 書 官 (7,1. 裁)	**王子衡**兼(7,1. 改任總務廳秘書官)。 **松本益雄**(7,1. 改任總務廳秘書官) **呂宜文**(7,1. 改任通化省長)
總務廳 — 廳 長	(7,1. 改稱長官)**星野直樹**
總務廳 — 次 長	**神吉正一**
總務廳 — 秘 書 處 長	**松木俠**(7,1. 改任法制處長)
總務廳 — 企 劃 處 長	**松田令輔**
總務廳 — 法 制 處 長	**大坪保雄**2,2. 辭。**神吉正一**2,2. 兼;5,6. 免。**松木俠**5,6. 兼。
總務廳 — 人 事 處 長	**源田松三**
總務廳 — 主 計 處 長	**古海忠之**
總務廳 — 統 計 處 長	**向井俊郎**(7,1. 改任山海關稅關長)
總務廳 — 情 報 處 長	**宮脅襄二**6,30. 辭。
總務廳 — 大同學院院長	**井上忠也**

1. 國務院職官年表

名 稱 ＼ 年 代	康德四年(1937年)7月1日之後
國務總理大臣	張景惠
長　官	星野直樹
次　長	神吉正一
	谷次亨 7,1. 由安東省教育廳長任。
官　房	
總務廳 企劃處長	松田令輔
法制處長	松木俠 7,1. 任。
人事處長	源田松三
主計處長	古海忠之
統計處長	徐家桓 7,1. 由吉林市長任。
弘報處長	(7,1. 情報處改稱弘報處)堀內一雄 7,1. 任。
大同學院院長	井上忠也

1. 國務院職官年表

名 稱　＼　年 代		康德五年(1938 年)
國務總理大臣		張景惠
總務廳	長　　官	星野直樹
	次　　長	神吉正一
		谷次亨
	官　　房	
	企 劃 處 長	松田令輔
	法 制 處 長	松木俠 3,1. 調任參議府秘書局長。松木俠 3,1. 兼;3,22. 免。青木佐治彦 3,22. 由司法部民事司長任。
	人 事 處 長	源田松三
	主 計 處 長	古海忠之
	統 計 處 長	徐家桓
	弘 報 處 長	堀内一雄 9,28. 調任安東省次長。神吉正一 9,28. 兼。
	大同學院院長	(10,27. 改隸國務院)井上忠也

1. 國務院職官年表

名 稱 \ 年 代	康德六年(1939 年)
國務總理大臣	張景惠
總務廳　長　官	星野直樹
總務廳　次　長	神吉正一 3,22. 調任民生部次長。**岸信介** 3,22. 由產業部次長任；10,19. 辭。**薄田美朝** 10,19. 由治安部次長任。
總務廳　次　長	谷次亨
總務廳　官　房	
總務廳　企劃處長	松田令輔 3,22. 調任經濟部次長。**神田暹** 3,22. 由總務廳參事官任。
總務廳　法制處長	青木佐治彦
總務廳　人事處長	源田松三 4,18. 調任濱江省次長。**前野茂** 4,18. 由司法部民事司長任。
總務廳　主計處長	古海忠之(出國考察) **飯澤重一** 5,1. 代。
總務廳　統計處長	徐家桓
總務廳　弘報處長	神吉正一 兼；3,22. 調。**武藤富男** 3,22. 由總務廳參事官任。
總務廳　地方處長	(7,1. 設)**桂定治郎** 7,1. 由原内務局管理處長任。

1. 國務院職官年表

名　稱　＼　年　代	康德七年(1940 年)
國務總理大臣	張景惠
長　官	**星野直樹** 7,21. 辭。**武部六藏** 7,24. 任。
次　長	**薄田美朝** 5,16. 辭。**松木俠** 5,16. 由參議府秘書局長任。
	谷次亨
官　房	
企劃處長	**神田暹** 7,3. 辭。**柏村稔三** 7,3. 由總務廳參事官任；10,1. 辭。**青木實** 10,1. 由經濟部金融司長任。
法制處長	**青木佐治彦**
人事處長	**前野茂** 12,23. 調任司法部次長。**星子敏雄** 12,23. 由總務廳參事官任。
主計處長	**古海忠之** 5,16. 調任經濟部次長。**飯澤重一** 代；5,21. 由建築局總務處長任。
統計處長	**徐家桓**
弘報處長	**武藤富男**
地方處長	**桂定治郎** 4,9. 辭。**菅太郎** 4,10. 由總務廳參事官任。
局　長	**徐家桓** 5,9. 兼。
副局長	**坂本泰一** 5,9. 由總務廳參事官任。

註①：5 月 9 日設，全稱"臨時國勢調查事務局"。

1. 國務院職官年表

名　稱 ＼ 年　代			康德八年(1941 年)
國務總理大臣			張景惠
總務廳	長　官		武部六藏
	次　長①		松木俠
			谷次亨 1,6. 調任民生大臣。**王允卿** 1,6. 由熱河省長任。
			古海忠之 11,15. 由經濟部次長任。
	官　房		
	企劃處長		青木實 11,15. 調任經濟部次長。**古海忠之** 11,15. 署。
	法制處長		青木佐治彥
	人事處長		星子敏雄
	主計處長		飯澤重一
	統計處長		徐家桓 6,2. 調任總務廳參事官。**王秉鐸** 6,2. 由民生部厚生司長任。
	弘報處長		武藤富男
	地方處長		菅太郎 4,21. 辭。**岡本忠雄** 4,21. 由北安省次長任。
	國勢調查局	局　長	徐家桓兼;6,2. 調。**王秉鐸** 6,2. 兼。
		副局長	坂本泰一 6,2. 調任哈爾濱市實業處長。**大塚讓三郎** 6,25. 由總務廳事務官兼。
	祝典事務局②	局　長	王允卿 3,13. 以總務廳次長兼。
		副局長	後藤英男 3,13. 以總務廳參事官兼;10,11. 調任撫順市長。**植田貢太郎** 10,24. 以總務廳參事官兼。

註①：11 月 15 日總務廳次長臨時增置一人。

註②：2 月 25 日設,全稱"建國十週年祝典事務局"。

1. 國務院職官年表

名 稱 ＼ 年 代			康德九年(1942年)
國務總理大臣			張景惠
總務廳	長 官		武部六藏
	次 長		松木俠
			王允卿 9,29. 調任駐日本大使。 盧元善 9,29. 由三江省長任。
			古海忠之
	官 房		
	企劃處長		古海忠之署;4,20. 免。 楠見義男 4,20. 由興農部糧政司長任。
	法制處長		青木佐治郎 2,13. 調任參議府秘書局長。 宮本武夫 2,13. 由郵政總局郵政處長任。
	人事處長		星子敏雄
	主計處長		飯澤重一 5,18. 調任吉林省次長。 伊藤博 5,18. 由經濟部貿易司長任。
	統計處長		王秉鐸
	弘報處長		武藤富男
	地方處長		岡本忠雄 8,28. 辭。 岸谷隆一郎 8,28. 由總務廳參事官任。
	國勢調查局	局 長	王秉鐸兼。
		副局長	大塚讓三郎 1,21. 調任總務廳參事官。 近藤清城 1,21. 由總務廳理事官兼;12,4. 調任瀋陽副縣長。 荻原香一 12,4. 由總務廳理事官兼。
	祝典事務局	局 長	王允卿兼;9,29. 調。 盧元善 9,29. 兼。
		副局長	植田貢太郎兼;12,18. 卒。

1. 國務院職官年表

名稱 ＼ 年代			康德十年(1943 年)
國務總理大臣			張景惠
總務廳	長　　官		武部六藏
	次　　長		松木俠 6,19. 調任審計局長官。源田松三 6,19. 由民生部次長任。
			盧元善 4,1. 調任文教大臣。徐家桓 4,1. 由四平省長任。
			古海忠之
	官　　房		
	企劃處長		楠見義男 7,22. 辭。高倉正 7,22. 由興農部農產司長任。
	法制處長		宮本武夫
	人事處長		星子敏雄
	主計處長		伊藤博
	統計處長		王秉鐸
	弘報處長		武藤富男 5,1. 辭。古海忠之 5,1. 署；5,29. 免。市川敏 5,29. 由興安南省次長任。
	地方處長		岸谷隆一郎 9,13. 調任熱河省次長。源田松三 9,13. 署。
	警務總局長		(4,1. 設)山田俊介 4,1. 任。
	國勢調查局	局　　長	王秉鐸兼。
		副局長	荻原香一兼。
	祝典事務局	局　　長	盧元善兼；4,1. 調。
		副局長	

1. 國務院職官年表

名 稱 \\ 年 代			康德十一年(1944年)
國務總理大臣			張景惠
總務廳		長 官	武部六藏
		次 長	源田松三
			徐家桓 12,16. 調任吉林省長。 王賢瑋 12,16. 由奉天市長任。
			古海忠之
		官 房	
		企 劃 處 長	高倉正
		法 制 處 長	宮本武夫 7,8. 調任吉林省次長。 關根小鄉 7,8. 由審判官任。
		人 事 處 長	星子敏雄
		主 計 處 長	伊藤博
		統 計 處 長	王秉鐸 12,16. 調任北安省長。 郭寶森 12,16. 由新京稅務監督署長任。
		弘 報 處 長	市川敏 7,13. 調任總務廳參事官。 古海忠之 7,13. 署。
		地 方 處 長	源田松三署。
		警 務 總 局 長	山田俊介
		監 察 部 長	(1,1. 設)安集雲 1,1. 由總務廳參事官任。
		防 空 部 長	(8,5. 設)源田松三 8,5. 署；8,26. 免。 田村仙定 8,26. 由東滿總省次長任。
	國勢調查局	局 長	王秉鐸兼;12,16. 調。 郭寶森 12,16. 兼。
		副 局 長	荻原香一兼。
	祝典事務局①	局 長	
		副 局 長	

註①：1月31日建國十週年祝典事務局裁。

1. 國務院職官年表

名 稱 ＼ 年 代			康德十二年(1945 年)
國務總理大臣			**張景惠**
總務廳	長 官		**武部六藏**
	次 長①		**古海忠之**
			源田松三 3,12. 調任奉天省次長。
			王賢瑋
	官 房		
	企劃局②	局 長	**古海忠之** 5,15. 兼。
		副局長	**高倉正** 5,15. 由原企劃處長任。
	企劃處長		(5,15. 裁)**高倉正** 5,15. 改任企劃局副局長。
	法制處長		**關根小鄉**
	人事處長		**星子敏雄** 2,1. 調任東滿總省次長。**木田清** 2,1. 由錦州省次長任。
	主計處長		**伊藤博**
	統計處長		(5,15. 裁)**郭寶森** 5,12. 調任專賣總局長。**王賢瑋** 5,12. 署。
	弘報處長		**古海忠之**署;2,1. 免。**島崎庸一** 2,1. 由東滿總省次長任;5,15. 調任興農部次長。**古海忠之** 5,15. 署;7,1. 兼。
	地方處長		(5,15. 裁)**原田松三**署;3,12. 調。**田村仙定** 3,12. 兼。
	警務總局長		**山田俊介** 6,9. 辭。**星子敏雄** 6,9. 由東滿省次長任。
	監察部長		(5,15. 裁)**安集雲** 3,12. 調任國民勤勞奉公隊總司令部副總司令。**王賢瑋** 3,12. 署;4,10. 免。**王純古** 4,10. 由林野總局造林處長任;5,15. 調任總務廳參事官。
	防空部長		**田村仙定**
	官需局長		(5,15. 由國務院改隸)**河谷俊清** 5,15. 由黑河省次長任。
	印刷局長		(3,15. 設)**福岡謙吉** 3,15. 由原印刷廠長任。
	調查局③	國勢 局 長	**郭寶森**兼。
		副局長	**荻原香一**兼。

註①:5 月 15 日總務廳臨時增加之次長裁。
註②:5 月 15 日設企劃局。
註③:2 月 28 日臨時國勢調查事務局裁。

附：國務院總務廳各處變動表

大同元年 三月九日 (1932. 3. 9)	大同二年 二月十六日 (1933. 2. 16)	康德元年 三月一日 (1934. 3. 1)	康德元年 十二月一日 (1934. 12. 1)	康德二年 十一月八日 (1935. 11. 8)	康德四年 七月一日 (1937. 7. 1)	康德六年 七月一日 (1939. 7. 1)	康德十二年 五月十五日 (1945. 5. 15)
○秘書處	秘書處	秘書處	秘書處	秘書處	△官 房	官 房	官 房
○人事處	人事處	人事處	人事處	人事處	人事處	人事處	人事處
○主計處	主計處	主計處	主計處	主計處	主計處	主計處	主計處
○需用處	需用處	需用處	需用處	×需用處			
	○情報處	情報處	情報處	情報處	△弘報處	弘報處	弘報處
		○恩賞處	×恩賞處				
				○企劃處	企劃處	企劃處	△企劃局
				○法制處	法制處	法制處	法制處
				○統計處	統計處	統計處	×統計處
						○地方處	×地方處

説明：○表示設置；×表示裁撤；△表示改稱。

2. 國務院轄機構職官年表

名 稱 ＼ 年 代		大同元年(1932 年)
法 制 局	局 長	**松木俠** 6,1. 代;9,19. 免。**三宅福馬** 9,19. 任。
	統計處長	**向井俊郎** 6,1. 代。①
資 政 局 長		(7,5. 裁)**笠木良朋** 3,9. 任;7,5. 免。
興 安 局 (8,3. 改稱 興安總署)	總 長	**齊默特色木丕勒** 3,14. 任。
	次 長	**菊井實藏** 6,1. 任。
國都建設局長		(9,16. 設)**結城清太郎** 9,16. 代;11,29. 免。**阮振鐸** 11,29. 由奉天省秘書長任。

說明:3 月 9 日設法制局、資政局、興安局。

註①:大同元年 5 月《政府公報》已見法制局統計處長向井俊郎,何以 6 月 1 日代,原因待考。

2. 國務院轄機構職官年表

名　稱 ＼ 年　代		大同二年(1933 年)
法制局	局　　長	三宅福馬
	統計處長	向井俊郎代。
興　安 總　署	總　　長	齊默特色木丕勒
	次　　長	菊井實藏 12,19. 辭。 依田四郎 12,19. 任。
國都建設局長		阮振鐸
國道局 (3,3. 設)	局　　長	藤根壽吉 3,16. 任；12,16. 辭。 直木輪太郎 12,16. 任。
	副 局 長	陳承修 5,3. 任；7,28. 卒。 孔世培 9,21. 署。

2. 國務院轄機構職官年表

名　稱		大同三年、康德元年(1934 年)
法 制 局	局　　長	**三宅福馬** 3,31. 辭。**遠藤柳作** 3,21. 兼；5,25. 免。**大達茂雄** 5,25. 任。
	統計處長	**向井俊郎** 代。
興安總署 (12,1. 裁)	總　　長	(3,1. 改稱長官)**齊默特色木丕勒** 12,1. 昇任蒙政大臣。
	次　　長	**依田四郎** 12,1. 昇任蒙政部次長。
恩 賞 局 長		(12,1. 設)**荒井静雄** 12,1. 由參議府秘書局長兼。
國都建設局長		**阮振鐸**
國 道 局	局　　長	**直木輪太郎**
	副 局 長	**孔世培** 署。

2. 國務院轄機構職官年表

名　稱	年　代	康德二年(1935 年)
法制局①	局　　長	**大達茂雄** 5,15. 調任總務廳次長。**大達茂雄** 5,15. 兼。
	統計處長②	**向井俊郎** 11,8. 調任總務廳統計處長。
恩 賞 局 長		**荒井静雄**兼;7,29. 免。**藤山一雄** 7,29. 由監察院總務處長任。
國都建設局長		**阮振鐸** 5,21. 調任文教大臣。**鄭　禹** 5,25. 由國務總理大臣秘書官任。
國道局	局　　長	**直木輪太郎**
	副 局 長	**孔世培**署。
營 繕 需 品 局 長		(11,8. 設)**大達茂雄** 11,8. 兼。
大陸科學院院長		(3,22. 設)**直木輪太郎** 3,22. 兼。

註①:11 月 8 日法制局改組爲國務院總務廳法制處。
註②:11 月 8 日法制局統計處改組爲國務院總務廳統計處。

2. 國務院轄機構職官年表

名　稱 ＼ 年　代		康德三年(1936年)
恩　賞　局　長		藤山一雄
國　都　建　設　局　長		鄭　禹
國道局 (翌年 1,1. 裁)	局　　長	直木輪太郎(翌年 1,1. 改任民政部土木局長)
	副局長	孔世培署(翌年 1,1. 改任吉林省土木廳長)。
營　繕　需　品　局　長		大達茂雄兼;2,4. 免。笠原敏郎 2,4. 任。
地籍整理局長(3,26.設)		壽聿彭 3,26. 由原民政部土地局長任。
大　陸　科　學　院　院　長		直木輪太郎兼。

2. 國務院轄機構職官年表

名　稱＼年　代	康德四年(1937年)6月30日之前
恩　賞　局　長	**藤山一雄**(7,1.辭)
國　都　建　設　局　長	**鄭　禹**
營　繕　需　品　局　長	**笠原敏郎**
地　籍　整　理　局　長	**壽聿彭**
大　陸　科　學　院　院　長	**直木輪太郎**兼;6,24.免。**鈴木梅太郎**6,24.任。
水　力　電　氣　建　設　局　長①	**直木輪太郎**1,1.由民政部土木局長兼。

註①:1月1日水力電氣建設局設;7月1日改爲産業部外局之一。

2. 國務院轄機構職官年表

名　稱 ＼ 年　代		康德四年(1937年)7月1日之後
外務局	局　　　長	**大橋忠一** 7,1. 由原外交部次長任；12,11. 調任參議府參議。**神吉正一** 12,11. 以總務廳次長兼。
	駐哈爾濱特派員	**下村信貞** 7,1. 由外務局理事官署；10,2. 任。
	駐 日 本 大 使	**阮振鐸**
	駐德國通商代表	**加藤日吉**
內務局長官(7,1. 設)		**大津敏男** 7,1. 原民政部總務司長任；10,29. 辭。**御影池辰雄** 10,29. 任。
興安局總裁(7,1. 設)		**札噶爾** 7,1. 由興安西省長任。
審計局長官(7,1. 設)		**寺崎英雄** 7,1. 由原監察院審計部長任。
恩　賞　局　長		**壽聿彭** 7,1. 由地籍整理局長任。
國都建設局長(翌年1,1. 裁)		**鄭　禹**(翌年1,1. 改任郵政總局長)
營 繕 需 品 局 長		**笠原敏郎**
地 籍 整 理 局 長		**壽聿彭** 7,1. 調任恩賞局長。**袁慶濂** 7,1. 由奉天稅務監督署長任。
大 陸 科 學 院 院 長		**鈴木梅太郎**
建 國 大 學 總 長		(8,5. 設)**張景惠** 8,5. 兼。
首都警察廳①	警　察　總　監	**于鏡濤** 7,1. 由哈爾濱警察廳長任。
	警　察　副　總　監	**關口保** 7,1. 由原蒙政部總務司長任。

註①：7月1日首都警察廳由原民政部改隸國務院。

2. 國務院轄機構職官年表

	年代 名　稱	康德五年(1938年)
外務局	長　　　　官	神吉正一兼;4,8.免。**蔡運升** 4,8.由滿洲中央銀行副總裁任。
	駐哈爾濱特派員	下村信貞
	駐 日 本 大 使	阮振鐸
	駐意大利公使 (2,10.設)	徐紹卿 2,10.由新京特別市長任。
	駐德意志公使 (8,16.設)	吕宜文 8,16.由通化省長任。
	駐西班牙公使 (8,16.設)	徐紹卿 9,26.兼。
	駐德國通商代表 (8,16.裁)	加藤日吉 8,16.改任總務廳參事官兼駐德國公使館參事官。
	駐中國通商代表 (6,14.設)	生松淨 6,14.由總務廳參事官任(12,26.派駐北京)。
	駐 蒙 疆 代 表 (6,14.設)	何春魁 6,14.由外務局事務官任。
	内 務 局 長 官	御影池辰雄
	興 安 局 總 裁	札噶爾
	審 計 局 長 官	寺崎英雄 3,1.辭。**荒井靜雄** 3,1.由參議府秘書局長任。
	恩 賞 局 長	壽聿彭
	營繕需品局長	笠原敏郎
	地 籍 整 理 局 長	袁慶濂
	大陸科學院院長	鈴木梅太郎
	建 國 大 學 總 長	張景惠兼。
	大 同 學 院 院 長	(10,27.由總務廳改隸)**井上忠也**
首都警察廳	警 察 總 監	于鏡濤
	警 察 副 總 監	關口保 9,1.休職。**田村仙定** 9,1.由本廳理事官署。

2. 國務院轄機構職官年表

名 稱 ＼ 年 代		康德六年(1939 年)
外務局	長　　　官	蔡運升
	次　　　長(2,23. 設)	田代重德 10,26. 任。
	駐哈爾濱特派員	下村信貞
	駐 日 本 大 使	阮振鐸
	駐意大利公使	徐紹卿
	駐德意志公使	呂宜文
	駐 西 班 牙 公 使	徐紹卿兼。
	駐 匈 牙 利 公 使	(8,17. 設)
	駐中國通商代表	(北京)生松净
		王慶璋 1,16. 由總務廳參事官任(派在上海)。
	駐 蒙 疆 代 表	何春魁 9,1. 調任外務局參事官。 李義順 9,1. 由外務局參事官任。
	內 務 局 長 官 (6,30. 裁)	御影池辰雄 4,18. 調任總務廳參事官。 谷次亨 4,18. 以總務廳次長兼。
興 安 局 總 裁		札噶爾
審 計 局 長 官		荒井静雄
恩 賞 局 長		壽聿彭 11,6. 調任北安省長。 張聯文 11,6. 由民生部社會司長任。
營繕需品局長①		笠原敏郎
地 籍 整 理 局 長		袁慶濂
大 陸 科 學 院 院 長		鈴木梅太郎
建國大學	總　　　長	張景惠兼。
	副　總　長②	作田莊一 1,20. 任。
大 同 學 院 院 長		井上忠也
首都警察廳	警 察 總 監	于鏡濤
	警 察 副 總 監	田村仙定署；3,22. 任。

註①：翌年 1 月 1 日營繕需品局裁撤，分設建築局和官需局，仍隸國務院。

註②：康德四年八月五日設，此時方有任命。

2. 國務院轄機構職官年表

	年代 / 名稱	康德七年(1940年)
外務局	長　官	**蔡運升** 5,16. 調任經濟大臣。**韋煥章** 5,16. 由濱江省長任。
	次　長	**田代重德** 10,2. 辭。**三浦武美** 10,2. 任。
	駐哈爾濱特派員	**下村信貞** 4,22. 調任外務局政務處長。
	駐日本大使	**阮振鐸** 12,6. 調任交通大臣。**李紹庚** 12,6. 由交通大臣任。
	駐意大利公使	**徐紹卿** 3,19. 調任郵政總局長。**羅振邦** 4,6. 由專賣總局長任。
	駐德意志公使	**呂宜文**
	駐西班牙公使	**徐紹卿**兼；3,19. 調。**羅振邦** 4,6. 兼。
	駐匈牙利公使	**呂宜文** 7,11. 兼。
	駐中國通商代表	(北京)**生松净** 1,1. 調任官需局長。**中根不羈雄** 1,1. 任。
		(上海)**王慶璋**
	駐蒙疆代表	**李義順**
興安局總裁		**札噶爾**
審計局長官		**荒井静雄**
恩賞局長(12,31. 裁)		**張聯文**(翌年 1,1. 調任總務廳參事官)
建築局長(1,1. 設)		**笠原敏郎** 1,1. 由原營繕需品局長任。
官需局長(1,1. 設)		**生松净** 1,1. 由駐中國通商代表任；12,19. 調任經濟部商務司長。**向井俊郎** 12,19. 由山海關稅關長任。
地籍整理局 (2,1. 改稱 地政總局)	局　長	**袁慶濂** 1,1. 調任禁煙總局長。**曹承宗** 1,1. 由奉天省實業廳長任。
	副局長	**篠原吉丸** 1,1. 任。
大陸科學院院長		**鈴木梅太郎**
建國大學	總　長	**張景惠**兼。
	副總長	**作田莊一**
大同學院院長		**井上忠也**
首都警察廳①	警察總監	**于鏡濤** 5,16. 調任濱江省長。**姜全我** 5,21. 由瀋陽警察廳長任。
	警察副總監	**田村仙定**

註①：11月1日首都警察廳改隸新京特別市。

2. 國務院轄機構職官年表

名　稱	年　代	康德八年(1941 年)
外務局	長　　　官	**韋煥章**
	次　　　長	**三浦武美**
	駐哈爾濱特派員	
	駐日本大使	**李紹庚**
	駐中國大使 (1,1. 設)	**呂榮寰** 1,6. 由民生大臣任。
	駐意大利公使	**羅振邦**
	駐德意志公使	**呂宜文**
	駐西班牙公使	**羅振邦**兼。
	駐匈牙利公使	**呂宜文**兼。
	羅馬尼亞公使 (10,6. 設)	**呂宜文** 10,6. 兼。
	駐芬蘭公使 (10,22. 設)	**呂宜文** 10,22. 兼。
	駐中國通商代表 (10,22. 裁)	(北京)**中根不羈雄** 6,2. 調任哈爾濱副稅關長。**佐枝常一** 6,2. 任;10, 22. 調任駐中國大使館參事官。
		(上海)**王慶璋** 10,22. 調任駐上海總領事。
	駐蒙疆代表	**李義順**
興安局總裁		**札噶爾** 3,25. 改任參議府參議。**巴特瑪拉布坦** 3,25. 由第九軍管區司令官任。
審計局長官		**荒井静雄**
建築局長		**笠原敏郎**
官需局長		**向井俊郎**
地政總局	局　長	**曹承宗**
	副局長	**篠原吉丸** 10,11. 調任錦州省次長。**田邊秀雄** 10,11. 由熱河省次長任。
大陸科學院院長		**鈴木梅太郎** 11,19. 辭。**直木輪太郎** 11,19. 由參議兼。
建國大學	總　　　長	**張景惠**兼。
	副　總　長	**作田莊一**
大同學院院長		**井上忠也**

2. 國務院轄機構職官年表

名 稱（年代）		康德九年(1942年)
外務局①	長 官	**韋煥章** 4,20. 改任外交大臣。
	次 長	**三浦武美** 4,20. 改任外交部次長。
	駐哈爾濱特派員	
興安局總裁		**巴特瑪拉布坦**
審計局長官		**荒井静雄**
建 築 局 長		**笠原敏郎** 10,5. 辭。**岡大路** 10,5. 由滿洲土木會社顧問任。
官 需 局 長		**向井俊郎**
地政總局	局 長	**曹承宗** 9,28. 調任安東省長。**楊乃時** 9,28. 由哈爾濱稅務監督署長任。
	副局長	**田邊秀雄** 5,18. 調任四平省次長。**曹承宗** 5,18. 署;7,18. 免。**古館尚也** 7,18. 由北安省次長任。
大陸科學院	院 長	**直木輪太郎**兼。
	副院長②	**志方益三** 1,7. 由本院研究官任。
建國大學	總 長	**張景惠**兼。
	副 總 長	**作田莊一** 6,16. 辭。**尾高龜藏** 6,16. 由軍事諮議官任。
大同學院	院 長	**井上忠也**

註①:4月20日外務局改稱外交部,外務局駐哈爾濱特派員改稱外交部駐哈爾濱特派員。4月20日之前的外交使節,俱見外交部表。

註②:康德八年十二月八日置副院長,此時方有任命。

2. 國務院轄機構職官年表

名　稱＼年　代		康德十年(1943年)
興安局總裁		巴特瑪拉布坦
審計局長官		荒井静雄 6,18. 辭。 松木俠 6,19. 由總務廳次長任。
建築局長		岡大路
官需局長		向井俊郎
地政總局	局　長	楊乃時 9,13. 調任通化省長。 楊　培 9,13. 由哈爾濱稅關長任。
	副局長	古館尚也
大陸科學院	院　長	直木輪太郎 兼;2,11. 卒。 志方益三 2,12. 署。
	副院長	志方益三
建國大學	總　長	張景惠
	副總長	尾高龜藏
大同學院	院　長	井上忠也

2. 國務院轄機構職官年表

年代 名稱		康德十一年(1944年)
興安局總裁		巴特瑪拉布坦
恩賞局總裁 (1,17. 設)		韋焕章 1,17. 由參議府參議兼;12,16. 免。鄭 禹 12,16. 由駐泰國公使任。
審計局長官		松木俠 10,2. 調任大同學院院長。青木佐治彦 10,2. 由參議府秘書局長兼。
建築局長		岡大路
官需局長		向井俊郎
地政總局	局 長	楊 培
	副局長	古館尚也 8,26. 調任龍江省次長。山菅正誠 8,26. 由奉天市副市長任。
大陸科學院	院 長	志方益三署。
	副院長	志方益三
建國大學	總 長	張景惠兼。
	副總長	尾高龜藏
大同學院	院 長	井上忠也 10,2. 調任參議府參議。松木俠 10,2. 由審計局長官任。

2. 國務院轄機構職官年表

名　稱　　　　　年　代		康德十二年(1945 年)
興安局總裁		巴特瑪拉布坦
恩賞局總裁		鄭　禹
審計局長官		青木佐治彦兼;5,15. 免。向井俊郎 5,15. 由官需局長任。
建築局長 (3,20. 改隸交通部)		岡大路
官需局長 (5,15. 改隸總務廳)		向井俊郎 5,15. 調任審計局長官。
地政總局	局　長	楊乃時
	副局長	山菅正誠 7,25. 辭。松井退藏 7,25. 由總務廳參事官任。
大陸科學院	院　長	志方益三署;1,20. 免。大村卓一 1,20. 任。
	副院長	志方益三
建國大學	總　長	張景惠兼。
	副總長	尾高龜藏
大同學院	院　長	松木俠

3. 各部長官年表

名　稱＼年　代	大同元年（1932 年）
民政部總長	**臧式毅** 3,9. 任。
外交部總長	**謝介石** 3,9. 任。
軍政部總長	**馬占山** 3,9. 任；3,19. 免。**鄭孝胥** 3,19. 兼；8,3. 免。**張景惠** 8,3. 兼。
財政部總長	**熙　洽** 3,9. 任。
實業部總長	**張燕卿** 3,9. 任。
交通部總長	**丁鑑修** 3,9. 任。
司法部總長	**馮涵清** 3,9. 任。
文教部總長	**鄭孝胥** 7,6. 兼。

説明：3 月 9 日設置民政、司法等部；7 月 5 日設文教部。

3. 各部長官年表

名　稱＼年　代	大同二年(1933年)
民政部總長	臧式毅
外交部總長	謝介石
軍政部總長	張景惠兼。
財政部總長	熙　洽
實業部總長	張燕卿
交通部總長	丁鑑修
司法部總長	馮涵清
文教部總長	鄭孝胥兼。

3. 各部長官年表

名　稱　＼　年　代	大同三年、康德元年(1934年)
民政部總長[①]	臧式毅
外交部總長	謝介石
軍政部總長	張景惠 8,3. 兼。
財政部總長	熙　洽
實業部總長	張燕卿
交通部總長	丁鑑修
司法部總長	馮涵清
文教部總長	鄭孝胥兼。
蒙政部大臣 (12,1. 設)	齊默特色木丕勒 12,1. 由原興安總署長官任。

註①:3月1日各部總長改稱各部大臣。

3. 各部長官年表

名　稱＼年　代	康德二年(1935 年)
民政部大臣	**臧式毅** 5,21. 調參議府議長。**呂榮寰** 5,21. 由濱江省長任。
外交部大臣	**謝介石** 5,21. 調任參議府參議。**張燕卿** 5,21. 由實業大臣任。
軍政部大臣	**張景惠**兼;5,21. 調任國務總理大臣。**于芷山** 5,21. 由第一軍管區司令官任。
財政部大臣	**熙　洽** 5,21. 調任宮內府大臣。**孫其昌** 5,21. 由龍江省長任。
實業部大臣	**張燕卿** 5,21. 調任外交大臣。**丁鑑修** 5,21. 由交通大臣任。
交通部大臣	**丁鑑修** 5,21. 調任實業大臣。**李紹庚** 5,21. 由原北滿鐵路督辦任。
司法部大臣	**馮涵清**
文教部大臣	**鄭孝胥**兼;5,21. 辭。**阮振鐸** 5,21. 由國都建設局長任。
蒙政部大臣	**齊默特色木丕勒**

3. 各部長官年表

年　代 名　稱	康德三年(1936 年)
民政部大臣	呂榮寰
外交部大臣	張燕卿
軍政部大臣	于芷山
財政部大臣	孫其昌
實業部大臣	丁鑑修
交通部大臣	李紹庚
司法部大臣	馮涵清
文教部大臣	阮振鐸
蒙政部大臣	齊默特色木丕勒

3. 各部長官年表

名　稱 ＼ 年　代	康德四年(1937年)6月30日之前
民政部大臣	(7,1. 民政部改稱民生部)**呂榮寰** 5,7. 調任實業大臣。**孫其昌** 5,7. 由財政大臣任。
外交部大臣	(7,1. 裁)**張燕卿** 5,7. 辭。**張景惠** 5,7. 兼。
軍政部大臣	(7,1. 軍政部改稱治安部)**于芷山**
財政部大臣	(7,1. 財政部改稱經濟部)**孫其昌** 5,7. 調任民生大臣。**韓雲階** 5,7. 由新京特別市長任。
實業部大臣	(7,1. 實業部改稱産業部)**丁鑑修** 5,7. 辭。**呂榮寰** 5,7. 由民政大臣任。
交通部大臣	**李紹庚**
司法部大臣	**馮涵清** 5,7. 辭。**張煥相** 5,7. 任。
文教部大臣	(7,1. 裁)**阮振鐸** 6,24. 調任駐日本大使。**孫其昌** 6,24. 兼。
蒙政部大臣	(7,1. 裁)**齊默特色木丕勒** 5,7. 改任參議府參議。**張景惠** 5,7. 兼。

3. 各部長官年表

名　稱＼年　代	康德四年(1937 年)7 月 1 日之後
治安部大臣	于芷山
民生部大臣	孫其昌
司法部大臣	張煥相
產業部大臣	呂榮寰
經濟部大臣	韓雲階
交通部大臣	李紹庚

3. 各部長官年表

名　稱　　　　　　年　代	康德五年(1938 年)
治安部大臣	于芷山
民生部大臣	孫其昌
司法部大臣	張煥相
產業部大臣	呂榮寰
經濟部大臣	韓雲階
交通部大臣	李紹庚

3. 各部長官年表

名　稱 ＼ 年　代	康德六年(1939 年)
治安部大臣	**于芷山** 4,24. 改任參議府參議。 **于深澂** 4,24. 由第四軍管區司令官任。
民生部大臣	**孫其昌**
司法部大臣	**張煥相**
產業部大臣	**呂榮寰**
經濟部大臣	**韓雲階**
交通部大臣	**李紹庚**

3. 各部長官年表

名　稱 ＼ 年　代	康德七年(1940年)
治安部大臣	**于深徵**
民生部大臣	**孫其昌** 5,16. 改任參議府參議。**呂榮寰** 5,16. 由產業大臣任。
司法部大臣	**張煥相**
產業部大臣	(6,1. 產業部改稱興農部)**呂榮寰** 5,16. 調任民生大臣。**于靜遠** 5,16. 由新京特別市長任。
經濟部大臣	**韓雲階** 5,16. 辭。**蔡運升** 5,16. 由外務局長官任。
交通部大臣	**李紹庚** 12,6. 調任駐日本大使。**阮振鐸** 12,6. 由駐日本大使任。

3. 各部長官年表

名　稱 ＼ 年　代	康德八年(1941 年)
治安部大臣	于深澂
民生部大臣	吕榮寰 1,6. 調任駐中華民國大使。 谷次亨 1,6. 由總務廳次長任。
司法部大臣	張煥相
興農部大臣	于静遠
經濟部大臣	蔡運升
交通部大臣	阮振鐸

3. 各部長官年表

年代 名 稱	康德九年(1942 年)
治安部大臣	**于深澂** 9,28. 辭。**邢士廉** 9,28. 由第一軍管區司令官任。
民生部大臣	**谷次亨** 9,28. 調任交通大臣。**于静遠** 9,28. 由興農大臣任。
外交部大臣 (4,20. 設)	**韋焕章** 4,20. 由原外務局長官任;9,28. 改任參議府參議。**李紹庚** 9,28. 由駐日本大使任。
司法部大臣	**張焕相** 9,28. 改任參議府參議。**閻傳紱** 9,28. 由吉林省長任。
興農部大臣	**于静遠** 9,28. 調任民生大臣。**黃富俊** 9,28. 由龍江省長任。
經濟部大臣	**蔡運升** 9,28. 改任參議府參議。**阮振鐸** 9,28. 由交通大臣任。
交通部大臣	**阮振鐸** 9,28. 調任經濟大臣。**谷次亨** 9,28. 由民生大臣任。

3. 各部長官年表

名 稱 ＼ 年 代	康德十年(1943年)
治 安 部 大 臣	(4,1. 治安部改稱軍事部)邢士廉
民 生 部 大 臣	于静遠
文 教 部 大 臣(4,1. 設)	盧元善 4,1. 由總務廳次長任。
外 交 部 大 臣	李紹庚
司 法 部 大 臣	閻傳紱
興 農 部 大 臣	黃富俊
經 濟 部 大 臣	阮振鐸
交 通 部 大 臣	谷次亨

3. 各部長官年表

名　稱 ＼ 年　代	康德十一年(1944 年)
軍事部大臣	**邢士廉**
民生部大臣	**于靜遠** 12,16. 調任經濟大臣。**金名世** 12,16. 由吉林省長任。
文教部大臣	**盧元善**
外交部大臣	**李紹庚** 12,16. 調任駐中華民國大使。**阮振鐸** 12,16. 由經濟大臣任。
司法部大臣	**閻傳紱**
興農部大臣	**黄富俊**
經濟部大臣	**阮振鐸** 12,16. 調任外交大臣。**于靜遠** 12,16. 由民生大臣任。
交通部大臣	**谷次亨**

3. 各部長官年表

名 稱 ＼ 年 代	康德十二年(1945 年)
軍 事 部 大 臣	邢士廉
民 生 部 大 臣①	金名世
國 民 勤 勞 部 大 臣②	于鏡濤 3,12. 由奉天省長任。
文 教 部 大 臣	盧元善
外 交 部 大 臣	阮振鐸
司 法 部 大 臣	閻傳紱
興 農 部 大 臣	黃富俊
經 濟 部 大 臣	于静遠
交 通 部 大 臣	谷次亨

註①:3 月 11 日民生部改稱厚生部。
註②:3 月 11 日設。

附：各部變動表

大同元年三月九日(1932.3.9)	大同元年七月五日(1932.7.5)	康德元年十二月一日(1934.12.1)	康德四年七月一日(1937.7.1)	康德七年六月一日(1940.6.1)	康德九年四月二十日(1942.4.20)	康德十年四月一日(1943.4.1)	康德十二年三月十一日(1945.3.11)
○民政部	民政部	民政部	△民生部	民生部	民生部	民生部	△厚生部
○外交部	外交部	外交部	外交部		○外交部	外交部	外交部
○軍政部	軍政部	軍政部	△治安部	治安部	治安部	△軍事部	軍事部
○財政部	財政部	財政部	△經濟部	經濟部	經濟部	經濟部	經濟部
○實業部	實業部	實業部	△產業部	△興農部	興農部	興農部	興農部
○交通部	交通部	交通部	交通部	交通部	交通部	交通部	交通部
○司法部	司法部	司法部	司法部	司法部	司法部	司法部	司法部
	○文教部	文教部	×文教部			○文教部	文教部
		○蒙政部	×蒙政部				
							○國民勤勞部

説明：○表示設置；×表示裁撤；△表示改稱。

4. 民政部職官年表

名 稱 ＼ 年 代	大同元年(1932年)
總　　　　　長	**臧式毅** 3,9. 任。
次　　　　　長	**葆　康** 3,10. 任；3,12. 代理部務。
總 務 司 長①	**中野琥逸** 3,12. 任；10,10. 辭。**竹内德亥** 10,10. 任。
地 方 司 長	**都用謙介** 3,12. 代。**黄富俊** 6,1. 任。
警 務 司 長	**甘粕正彦** 3,12. 代(去職時間不詳)。**長尾吉五郎** 7,22. 任。
土 木 司 長	**劉秉璋** 6,1. 任。
衛 生 司 長	**張明濬** 6,1. 任。
文 教 司 長	(7,5. 裁)**趙德健** 5,23. 代。
土 地 局 長	(5,23. 設)**壽聿彭** 6,1. 任。
京 師 警 察 總 監②	(6,11. 裁)**修長餘** 3,10. 任。
首 都 警 察 廳 總 監	(6,11. 設)**修長餘** 6,11. 任。

註①：3月9日民政部設總務、地方、警務、土木、衛生、文教六司。7月5日文教司裁，另設文教部。
註②：3月10日僅任修長餘爲京師警察總監。6月11日公佈《首都警察廳官制》，京師警察總監裁。

4. 民政部職官年表

名 稱 ＼ 年 代		大同二年(1933年)
總　　　　長		臧式毅
次　　　　長		葆　康
總　務　司　長		竹内德亥
地　方　司　長		黄富俊
警　務　司　長		長尾吉五郎
土　木　司　長		劉秉璋 3,18. 辭。 王慶璋 3,22. 任。
衛　生　司　長		張明濬
土　地　局　長		壽聿彭
首都警察廳總監		修長餘
哈爾濱廳①	廳　　長	金榮桂 3,9. 任。
	副廳長	松澤國治 3,9. 任。

註①：3月3日設哈爾濱警察廳。

4. 民政部職官年表

名　　稱 ＼ 年　代	大同三年、康德元年(1934年)
總　　　　　　長	(3,1. 改稱大臣)**臧式毅**
次　　　　　　長	**葆　康** 12,1. 調任奉天省長。**趙鵬第** 12,1. 由奉天省民政廳長任。
總　務　司　長	**竹內德亥** 11,30. 調任交通部總務司長。**清水良策** 11,30. 任。
地　方　司　長	**黃富俊**
警　務　司　長	**長尾吉五郎**
土　木　司　長	**王慶璋**
衛　生　司　長	**張明濬**
土　地　局　長	**壽聿彭**
首都警察廳總監	**修長餘**
哈爾濱廳　廳　長	**金榮桂**
哈爾濱廳　副廳長	**松澤國治** 1,18. 辭。**松田芳助** 12,1. 由北滿特別區警務處長任。

4. 民政部職官年表

名　　稱 ＼ 年　代	康德二年(1935 年)
大　　　　　臣	**臧式毅** 5,21. 調任參議府參議。**呂榮寰** 5,21. 由濱江省長任。
次　　　　　長	**趙鵬第**
總　務　司　長	**清水良策**
地　方　司　長	**黃富俊**
拓　政　司　長	(7,23. 設)**清水良策** 7,29. 兼。
警　務　司　長	**長尾吉五郎**
土　木　司　長	**王慶璋** 5,25. 調任奉天市長。
衛　生　司　長	**張明潽**(7,15. 改名張明峻)
土　地　局　長	**壽聿彭**
首都警察廳總監	**修長餘** 11,9. 卒。**谷口慶弘**?,?. 代。**金榮桂** 12,3. 由哈爾濱警察廳長任。
哈爾濱廳　廳　　長	**金榮桂** 12,3. 調任首都警察廳總監。**于鏡濤** 12,3. 任。
哈爾濱廳　副廳長	**松田芳助** 12,24. 調任中央警察學校主事。

4. 民政部職官年表

名稱＼年代	康德三年(1936年)
大　　　臣	**呂榮寰**
次　　　長	**趙鵬第**
總 務 司 長	**清水良策** 6,10. 辭。**大津敏男** 7,24. 任。
地 方 司 長	**黃富俊**
拓 政 司 長	**清水良策** 兼；4,23. 免。**森重干夫** 4,23. 由民政部理事官署。
警 務 司 長	**長尾吉五郎** 8,17. 辭。**大島陸太郎** 8,17. 任。
土 木 司 長①	**李叔平** 4,28. 由濱江省民政廳長任(翌年 1,1. 改任土木局副局長)。
衛 生 司 長	**張明峻**
土 地 局 長②	**壽聿彭** 3,26. 改任地籍整理局長。
首都警察廳　警 察 總 監	**金榮桂**
首都警察廳　警 察 副 總 監③	**連　修** 3,14. 由安東省警務廳長任。
哈爾濱廳　廳　　　長	**于鏡濤**
哈爾濱廳　副 廳 長	**吉村秀藏** 4,1. 由間島省警務廳長任。

註①:翌年 1 月 1 日土木司改組爲土木局,仍隸民政部。

註②:3 月 26 日土地局改組爲地籍整理局,爲國務院轄機構之一。

註③:3 月 14 日設。

4. 民政部職官年表

名　稱 ＼ 年　代		康德四年(1937年)6月30日之前
大　　臣		**呂榮寰** 5,7. 調任實業大臣。**孫其昌** 5,7. 由財政大臣任。
次　　長		**趙鵬第**(7,1. 調任龍江省長)
總務司長		**大澤敏男**(7,1. 調任內務局長官)
地方司長		**黃富俊**(7,1. 調任安東省長)
拓政司長		(7,1. 改隸產業部)**森重干夫**署;5,11. 任。
警務司長		**大島陸太郎**(7,1. 調任牡丹江省長任)
衛生司長		**張明峻**(7,1. 改任民生部保健司長)
土木局①	局　　長	**直木倫太郎** 1,1. 由原國道局長任(7,1. 改任交通部技監)。
	副 局 長	**李叔平** 1,1. 由原土木司長任(7,1. 改任吉林省土木廳長)。
首都廳②	警察總監	**金榮桂**(7,1. 調任奉天省長)
	警察副總監	**連　修**(7,1. 調任熱河省次長)
哈爾濱廳③	廳　　長	**于鏡濤**(7,1. 調任首都警察廳總監)
	副 廳 長	**吉村秀藏** 6,30. 辭。

註①:1月1日設土木局;7,1. 裁。
註②:7月1日首都警察廳改隸國務院。
註③:7月1日哈爾濱警察廳改隸濱江省。

5. 民生部職官年表

年　代 名　稱	康德四年(1937年)7月1日之後
大　　臣	**孫其昌**
次　　長	**宮澤惟重** 7,1. 任。
官　　房	
教育司長	**皆川豐治** 7,1. 由原文教部總務司長任。
社會司長	**馮廣民** 7,1. 由錦州省民政廳長任。
保健司長	**張明峻** 7,1. 由民政部衛生司長任。

説明：7月1日民政部改稱民生部。民生部由官房及教育、社會、保健三司組成。

5. 民生部職官年表

名　稱＼年　代	康德五年(1938 年)
大　臣	**孫其昌**
次　長	**宮澤惟重**
官　房	
教育司長	**皆川豐治** 9,1. 辭。**田村敏雄** 9,1. 由經濟部稅務司長任。
社會司長	**馮廣民** 2.10. 調任哈爾濱市長。**張聯文** 2,10. 由民生部參事官任。
保健司長	**張明峻**

5. 民生部職官年表

名　稱＼年　代	康德六年(1939 年)
大　臣	**孫其昌**
次　長	**宮澤惟重** 3,22. 辭。**神吉正一** 3,22. 由總務廳次長任。
官　房	
教育司長	**田村敏雄**
社會司長	**張聯文** 11,6. 調任恩賞局長。**王秉鐸** 11,6. 由民生部參事官任。
保健司長	**張明峻**

5. 民生部職官年表

名　　稱 ＼ 年　代		康德七年(1940 年)
大　　臣		**孫其昌** 5,16. 改任参議府参議。**吕榮寰** 5,16. 由産業大臣任。
次　　長		**神吉正一** 5,16. 調任間島省長。**土肥顥** 5,16. 由奉天省次長任。
官　　房		
教育司長		**田村敏雄**
厚生司長		**王秉鐸** 1,1. 由原社會司長任。
勞務司長		**岩澤博** 1,1. 由治安部理事官任。
保健司長		**張明峻**
禁煙總局 (1,1. 設)	局　長	**袁慶濂** 1,1. 由地籍整理局長任。
	副局長	**岡田文雄** 1,1. 由民生部参事官任。

説明：1 月 1 日民生部由官房及教育、厚生、勞務和保健四司組成。

5. 民生部職官年表

名　稱 ＼ 年　代		康德八年(1941 年)
大　　臣		**呂榮寰** 1,6. 調任駐中國大使。**谷次亨** 1,6. 由總務廳次長任。
次　　長		**土肥顗** 11,15. 調任總務廳參事官。**源田松三** 11,15. 由濱江省次長任。
官　　房		
教育司長		**田村敏雄** 1,23. 調任大同學院教官。**土肥顗** 1,23. 兼;2,15. 免。**木田清** 2,15. 由教學官任。
厚生司長		**王秉鐸** 6,2. 調任總務廳統計處長。**曲秉善** 6,2. 由協和會實踐部長任。
勞務司長		**岩澤博** 2,20. 辭。**田村仙定** 2,25. 由首都警察副總監任。
保健司長		**張明峻** 8,7. 調任總務廳參事官。**植村秀一** 8,7. 由哈爾濱醫科大學學長任。
禁煙總局	局　長	**袁慶濂**
	副局長	**岡田文雄**

5. 民生部職官年表

名　稱 ＼ 年　代		康德九年(1942年)
大　　　　　臣		**谷次亨** 9,28. 調任交通大臣。**于静遠** 9,28. 由興農大臣任。
次　　　　　長		**源田松三**
官　　　　　房		
教　育　司　長		**木田清**
厚　生　司　長		**曲秉善**
勞　務　司　長		**田村仙定** 12,4. 調任三江省次長。**齋藤武雄** 12,4. 由奉天省警務廳長任。
保　健　司　長		**植村秀一**
國民勤勞奉公局長①		**半田敏治** 10,26. 由總務廳參事官任。
禁煙總局	局　長	**袁慶濂** 6,30. 調任哈爾濱市長。**源田松三** 6,30. 署;7,18. 免。**張聯文** 7,18. 由熱河省長任;9,28. 調任新京市長。**范培忠** 9,28. 由交通部都邑計劃司長任。
	副局長	**岡田文雄** 7,28. 調任總務廳參事官。**梅本長四郎** 7,28. 任。

註①：10月26日設。

5. 民生部職官年表

名　　稱 ＼ 年　代	康德十年(1943 年)
大　　　　臣	**于静遠**
次　　　　長	**源田松三** 6,19. 調任總務廳次長。**關屋悌藏** 6,19. 由駐日本大使館參事官任。
官　　　　房	
教　育　司　長①	**木田清** 4,1. 改任文教部學務司長。
厚　生　司　長	**由秉善** 4,1. 調任四平省長。**閻德潤** 4,1. 由哈爾濱市衛生處長任。
勞　務　司　長	**齋藤武雄**
保　健　司　長	**植村秀一**
國民勤勞奉公局長	**半田敏治**
禁煙總局　局　長	**范培忠**
禁煙總局　副局長	**梅本長四郎**

註①:4 月 1 日教育司裁,另設文教部。

5. 民生部職官年表

名 稱＼年 代		康德十一年(1944 年)
大　　　　臣		**于静遠** 12,16. 調任經濟大臣。**金名世** 12,16. 由吉林省長任。
次　　　　長		**關屋悌藏**
官　　　　房		
厚 生 司 長		**閻德潤**
勞 務 司 長		**齋藤武雄** 7,8. 辭。**飯澤重一** 7,8. 由吉林省次長任。
保 健 司 長		**植村秀一**
國民勤勞奉公局長		**半田敏治**
禁煙總局	局　　長	**范培忠** 12,16. 調任奉天市長。**李叔平** 12,16. 由北安省長任。
	副局長	**梅本長四郎**

5. 民生部職官年表

名　　稱＼年　代	康德十二年(1945 年)
大　　　　臣	**金名世**
次　　　　長	**關屋悌藏**
官　　　　房	
厚　生　司　長	**閆德潤** 3,12. 調任禁煙司長。**金振民** 3,12. 由交通部參事官任。
勞　務　司　長	(3,11. 裁)**飯澤重一**(3,12. 調任國民勤勞部動員司長)
保　健　司　長	**植村秀一** 5,1. 辭。**川上六馬** 5,11. 由新京特別市衛生處長任。
禁　煙　司　長	**閆德潤** 3,12. 由厚生司長任。
國民勤勞奉公局長	(3,11. 裁)**半田敏治**(3,12. 調任國民勤勞部次長)
禁煙總局① 局　長	**李叔平**(3,12. 調任總務廳參事官)
禁煙總局① 副局長	**梅本長四郎**(3,12. 調任鞍山市長)

說明：3 月 11 日民生部改稱厚生部。

註①：3 月 11 日禁煙總局裁，民生部設禁煙司。

6. 外交部職官年表

名　称　＼　年　代	大同元年(1932年)
總　　　長	**謝介石** 3,9. 任。
次　　　長	**大橋忠一** 6,1. 由總務司長任。
總務司長①	**大橋忠一** 3,12. 任;6,1. 調任本部次長。**朱之正** 6,1. 署。
通商司長	
政務司長	**神吉正一** 8,22. 任。
宣化司長	(7,5. 設)**川崎寅雄** 6,1. 任。
北滿特派員	(6,11. 設)**施履本** 6,11. 任。
駐日本代表	(7,2. 設)**鮑觀澄** 9,10. 由哈爾濱市政籌備所長任。

註①:3月9日外交部設總務、通商、政務三司。7月5日增設宣化司(6月1日已任命司長)。

6. 外交部職官年表

名　稱　＼　年　代	大同二年(1933 年)
總　　　　長	謝介石
次　　　　長	大橋忠一
總　務　司　長	朱之正署;3,1. 任。
通　商　司　長	呂宜文1,23. 署。
政　務　司　長	神吉正一
宣　化　司　長	川崎寅雄4,7. 調任總務廳情報處長。川崎宣雄4,7. 兼。
北　滿　特　派　員	施履本
駐　日　本　代　表①	鮑觀澄　丁士源4,26. 任。

註①：駐日本代表 4 月 26 日改稱駐日本公使。

6. 外交部職官年表

名　稱 ＼ 年　代	大同三年、康德元年(1934 年)
總　　　長	(3, 1. 改稱大臣)謝介石
次　　　長	大橋忠一
總 務 司 長	朱之正
通 商 司 長	吕宜文
政 務 司 長	神吉正一
宣 化 司 長	川崎寅雄 兼；3. 24. 任。
北滿特派員	施履本
駐日本公使	丁士源

6. 外交部職官年表

名　　稱＼年　代	康德二年（1935 年）
大　　　臣	**謝介石** 5,21. 改任參議府參議。 **張燕卿** 5,21. 由實業大臣任。
次　　　長	**大橋忠一**
總　務　司　長	**朱之正** 署；10,26. 卒。
通　商　司　長	**呂宜文** 7,29. 調任國務總理大臣秘書官。 **筒井潔** 11,19. 由宣化司長兼。
政　務　司　長	**神吉正一**
宣　化　司　長	**川崎寅雄** 6,19. 調任駐日本大使館參事官。 **筒井潔** 10,29. 任。
北　滿　特　派　員	**施履本** 5,25. 調任哈爾濱特別市長。 **施履本** 5,25. 兼。
駐日本公使[1]	**丁士源** 6,7. 回國。 **謝介石** 6,19. 由參議府參議任。

註①：駐日本公使 6 月 19 日改稱駐日本大使。

6. 外交部職官年表

名　　稱 ＼ 年代	康德三年(1936年)
大　　　　臣	張燕卿
次　　　　長	大橋忠一
總　務　司　長	
通　商　司　長	筒井潔兼。
政　務　司　長	神吉正一 6,2. 調任國務院總務廳次長。 矢野正記 6,2. 由外交部理事官署；9,21. 任。
宣　化　司　長	筒井潔
北　滿　特　派　員	施履本兼。
駐　日　本　大　使	謝介石
駐德國通商代表①	加藤日吉 6,4. 由外交部理事官任。

註①:6月4日設。

6. 外交部職官年表

名　稱　＼　年　代	康德四年(1937年)6月30日之前
大　　　　臣	**張燕卿** 5,7. 辭。**張景惠** 5,7. 兼。
次　　　　長	**大橋忠一**(7,1. 改任國務院外務局長官)
總　務　司　長	**筒井潔** 2,4. 署;6,15. 免。**大橋忠一** 6,15. 兼。
通　商　司　長	**筒井潔**兼。
政　務　司　長	**矢野正記**(7,1. 改任國務院外務局參事官)
宣　化　司　長	**筒井潔**(7,1. 改任外務局政務處長)
北　滿　特　派　員①	**施履本**兼(7,1. 調任濱江省長)。
駐　日　本　大　使	**謝介石** 6,24. 辭。**阮振鐸** 6,24. 由文教大臣任。
駐　德　國　通　商　代　表	**加藤日吉**

説明：7月1日外交部裁，另設外務局，隸國務院。

註①：7月1日外交部北滿特派員改稱外務局駐哈爾濱特派員。

6. 外交部職官年表

名稱＼年代	康德九年(1942年)
大　　臣	**韋煥章** 4,20. 由原外務局長官任；9,28. 改任參議府參議。**李紹庚** 9,28. 由駐日本大使任。
次　　長	**三浦武美** 4,20. 由原外務局次長任。
官　　房	
政　務　司　長	**下村信貞** 4,20. 由原外務局政務處長任。
調　查　司　長	**何春魁** 4,20. 由原外務局總務處長任。
駐　日　本　大　使	**李紹庚** 9,28. 調任外交大臣。**王允卿** 9,29. 由總務廳次長任。
駐　中　國　大　使	**吕榮寰**
駐意大利公使	**羅振邦**
駐德意志公使	**吕宜文**
駐西班牙公使	**羅振邦**兼。
駐匈牙利公使	**吕宜文**兼。
駐羅馬尼亞公使	**吕宜文**兼。
駐芬蘭公使	**吕宜文**兼。
駐丹麥公使	**吕宜文**兼。
駐泰國公使①	**鄭　禹** 8,24. 由總務廳参事官任。
駐蒙疆代表	**李義順**

説明：4月20日改國務院外務局爲外交部,由官房及政務、調查二司組成。

註①：8月24日設。

6. 外交部職官年表

名 稱 ＼ 年 代	康德十年（1943年）
大　　　臣	**李紹庚**
次　　　長	**三浦武美** 9,2. 調任駐中國公使。**下村信貞** 9,2. 由政務司長任。
官　　　房	
政 務 司 長	**下村信貞** 9,2. 調任本部次長。**大江晃** 9,2. 由外交部參事官任。
調 查 司 長	**何春魁** 4,20. 辭。**三浦武美** 4,20. 署；9,2. 調。**李義順** 9,2. 由外交部參事官任。
駐 日 本 大 使	**王允卿**
駐 中 國 大 使	**吕榮寰**
駐 中 國 公 使[①]	**三浦武美** 9,2. 由本部次長任。
駐 意 大 利 公 使	**羅振邦**
駐 德 意 志 公 使	**吕宜文**
駐 西 班 牙 公 使	**羅振邦**兼。
駐 匈 牙 利 公 使	**吕宜文**兼。
駐 羅 馬 尼 亞 公 使	**吕宜文**兼。
駐 芬 蘭 公 使	**吕宜文**兼。
駐 丹 麥 公 使	**吕宜文**兼。
駐 泰 國 公 使	**鄭禹**
駐 蒙 疆 代 表	**李義順** 4,1. 調任本部參事官。**谷中山** 4,1. 由本部理事官任。

註①：7月14日設。

6. 外交部職官年表

名稱＼年代	康德十一年(1944年)
大　　　臣	**李紹庚** 12,6. 調任駐中國大使。**阮振鐸** 12,6. 由經濟大臣任。
次　　　長	**下村信貞**
官　　　房	
政 務 司 長	**大江晃** 11,5. 辭。**下村信貞** 11,5. 署。
調 查 司 長	**李義順**
駐哈爾濱特派員	**大石重雄**(何時任職不詳)
駐 日 本 大 使	**王允卿**
駐 中 國 大 使	**呂榮寰** 12,16. 免。**李紹庚** 12,16. 由外交大臣任。
駐 中 國 公 使	**三浦武美**
駐 意 大 利 公 使	**羅振邦** 12,16. 調任郵政總局長。
駐 德 意 志 公 使	**呂宜文**
駐 西 班 牙 公 使	**羅振邦**兼;12,16. 調。
駐 匈 牙 利 公 使	**呂宜文**兼。
駐 羅 馬 尼 亞 公 使	**呂宜文**兼。
駐 芬 蘭 公 使	**呂宜文**兼。
駐 丹 麥 公 使	**呂宜文**兼。
駐 泰 國 公 使	**鄭　禹** 12,6. 調任恩賞局總裁。**王慶璋** 12,16. 由郵政總局長任。
駐 蒙 疆 代 表	**谷中山**

6. 外交部職官年表

名 稱 ＼ 年 代	康德十二年（1945年）
大　　　臣	**阮振鐸**
次　　　長	**下村信貞**
官　　　房	
政 務 司 長	**下村信貞** 署；2,10. 免。**松岡三雄** 2,10. 由外交部參事官任。
調 查 司 長	**李義順**
駐哈爾濱特派員	**大石重雄**
駐 日 本 大 使	**王允卿**
駐 中 國 大 使	**李紹庚**
駐 中 國 公 使	**三浦武美** 2,27. 免。**中山優** 2,27. 任（去職時間不詳）。**桂定治郎** 7,1. 由駐日本大使館參事官任。
駐 意 大 利 公 使	
駐 德 意 志 公 使	**呂宜文**
駐 西 班 牙 公 使	
駐 匈 牙 利 公 使	**呂宜文**兼。
駐 羅 馬 尼 亞 公 使	**呂宜文**兼。
駐 芬 蘭 公 使	**呂宜文**兼。
駐 丹 麥 公 使	**呂宜文**兼。
駐 泰 國 公 使	**王慶璋**
駐 蒙 疆 代 表	**谷中山**

7. 軍政部職官年表

名　稱 ＼ 年代	大同元年（1932 年）
總　　　　長	**馬占山** 3,9. 任；3,19. 免。**鄭孝胥** 3,19. 兼；8,3. 免。**張景惠** 8,3. 兼。
次　　　　長	**王静修** 3,10. 任；3,12. 代理部務。
參　謀　司　長	**郭恩霖** 3,12. 任。
軍　需　司　長	**張益三** 3,12. 任。
顧問部最高顧問	**多田駿** 7,?. 任。
奉天省警備司令官①	**于芷山** 3,14. 任。
吉林省警備司令官	**吉　興** 3,14. 任。
黑龍江省警備司令官	**程志遠** 3,12. 任；8,15. 辭。**張文鑄** 8,15. 任。
洮遼警備司令官	**張海鵬** 4,15. 任。
京師憲兵司令官	**德楞額** 3,10. 任。
海軍江防艦隊司令官	**尹祚乾** 8,24. 任。

説明：3 月 9 日設軍政部，轄參謀、軍需二司。

註①：據軍令第一號《陸海軍條例》，警備司令官及艦隊司令官直隸於執政（後來是皇帝）。本表爲方便計而列於此。

7. 軍政部職官年表

名　　稱 ＼ 年　代	大同二年(1933年)
總　　　　　　長	張景惠
次　　　　　　長	王静修
參　謀　司　長	郭恩霖
軍　需　司　長	張益三
馬　政　局　長	(5,3.設)王静修 5,3.兼。
顧問部最高顧問	多田駿　板垣征四郎 12,?.任。
奉 天 省 警 備 司 令 官	于芷山
吉 林 省 警 備 司 令 官	吉　興
黑 龍 江 省 警 備 司 令 官	張文鑄
洮 遼 警 備 司 令 官	(5,3.裁)張海鵬
熱 河 省 警 備 司 令 官	(5,3.設)張海鵬 5,3.由洮遼警備司令官任。
興安南分省警備司令官	(5,3.設)巴特瑪拉布坦 5,3.任。
興安北分省警備司令官	(?,?.設)烏爾金 ?,?.代。
興安東分省警備司令官	(?,?.設)綽羅巴圖爾 ?,?.代。
興安西分省警備司令官	(?,?.設)烏古廷 ?,?.代。
京 師 憲 兵 司 令 官	德楞額
海 軍 江 防 艦 隊 司 令 官	尹祚乾

7. 軍政部職官年表

名　稱＼年　代	大同三年、康德元年(1934年)
總　　　　　長	(3,1.改稱大臣)**張景惠**
次　　　　　長	**王静修** 11,15.調任第五軍管區司令官。**郭恩霖** 11,15.由參謀司長任。
參　謀　司　長	**郭恩霖** 11,15.調任本部次長。**李盛唐** 11,15.由陸軍中將任。
軍　需　司　長	**張益三**
馬　政　局　長	**王静修** 兼;11,15.調。**郭恩霖** 11,15.兼;12,1.免。**濱田陽兒** 12,1.任。
顧問部最高顧問	**板垣征四郎　佐佐木到一** 6,?.任。
奉天省警備司令官	(7,21.改稱第一軍管區司令官)**于芷山**
吉林省警備司令官	(7,21.改稱第二軍管區司令官)**吉　興**
黑龍江省警備司令官	(7,21.改稱第三軍管區司令官)**張文鑄**
第四軍管區司令官①	(7,21.設)**于深澂** 7,21.任。
熱河省軍管區司令官	(7,21.改稱第五軍管區司令官)**張海鵬** 11,15.免。**王静修** 11,15.由軍政部次長任。
興安南分省警備司令官②	**巴特瑪拉布坦**
興安北分省警備司令官	**烏爾金** 代;4,2.任。
興安東分省警備司令官	**綽羅巴圖爾** 代。
興安西分省警備司令官	**烏古廷** 代。
京師憲兵司令官	**德楞額**
海軍江防艦隊司令官	**尹祚乾**

註①：7月21日設第四軍管區司令官。

註②：12月1日興安南、北、東、西分省改稱興安南、北、東、西省,隨之興安南、北、東、西分省警備司令官改稱興安南、北、東、西省警備司令官。

7. 軍政部職官年表

名　稱 ＼ 年代		康德二年(1935年)
大　　　　臣		張景惠 5,21. 調任國務總理大臣。 于芷山 5,21. 由第一軍管區司令官任。
次　　　　長		郭恩霖 5,29. 調任第四軍管區司令官。 李盛唐 5,29. 由參謀司長任。
參　謀　司　長		李盛唐 5,29. 調任本部次長。 張益三 5,29. 由軍需司長任。
軍　需　司　長		張益三 5,29. 調任參謀司長。 王濟眾 5,29. 由陸軍少將任。
馬政局	局　長	濱田陽兒
	副局長①	毛遇風 1,15. 由國立賽馬場長任。
顧問部最高顧問		佐佐木到一
第一軍管區司令官		于芷山 5,11. 調任軍政大臣。 于深澂 5,29. 由第四軍管區司令官任。
第二軍管區司令官		吉　興
第三軍管區司令官		張文鑄
第四軍管區司令官		于深澂 5,29. 調任第一軍管區司令官。 郭恩霖 5,29. 由軍政部次長任。
第五軍管區司令官		王靜修
興安南省警備司令官②		巴特瑪拉布坦
興安北省警備司令官		烏爾金代。
興安東省警備司令官		綽羅巴圖爾代。
興安西省警備司令官		烏古廷代。
興安第一警備司令官		烏爾金 8,1. 任。
興安第二警備司令官		巴特瑪拉布坦 8,1. 任。
京師憲兵司令官		(1,?. 裁)德楞額
憲　兵　司　令　官		(?,?. 設)應振復 ?,?. 代。
海軍江防艦隊司令官		尹祚乾

註①：大同二年五月三日設副局長一缺，至此方有任命。

註②：8月1日裁興安南、北、東、西省警備司令官，另設興安第一、第二警備司令官。

7. 軍政部職官年表

名　稱　　　　年　代		康德三年(1936年)
大　　　　　臣		于芷山
次　　　　　長		李盛唐
參　謀　司　長		張益三 7,1. 調任安東地區警備司令官。 **王之佑** 7,1. 由軍事調查部長任。
軍　需　司　長		王濟衆
馬政局	局　　長	濱田陽兒
	副局長	毛遇風
顧問部最高顧問		佐佐木到一
第一軍管區司令官		于深澂
第二軍管區司令官		吉　興
第三軍管區司令官		張文鑄
第四軍管區司令官		郭恩霖
第五軍管區司令官		王靜修
第六軍管區司令官[①]		王殿忠 7,1. 由安東地區警備司令官任。
興安第一警備司令官		烏爾金
興安第二警備司令官		巴特瑪拉布坦
興安南省警備軍司令官		巴特瑪拉布坦 5,1. 任。
興安北省警備軍司令官		烏爾金 5,1. 任。
興安東省警備軍司令官		綽羅巴圖爾 5,1. 由興安第一騎兵旅長任。
興安西省警備軍司令官		**李守信** 5,1. 由興安騎兵第三旅長任；5,15. 退役。**烏古廷** 5,18. 由興安南省警備軍司令部附任；7,1. 調任本部部附。**郭寶山** 7,1. 由綏寧地區警備司令官任。
憲　兵　司　令　官		**應振復**代；1,20. 免。**李盛唐** 1,20. 兼；9,1. 免。**應振復** 9,1. 由憲兵訓練處長任。
海軍江防艦隊司令官		尹祚乾

註①：7月1日設第六軍管區司令官。5月1日復設興安南、北、東、西省警備軍司令官；裁興安第一、第二警備司令官。

7. 軍政部職官年表

名　稱 ＼ 年　代		康德四年(1937年)6月30日之前
大　　　　臣		于芷山
次　　　　長		李盛唐 6,19. 調任中央陸軍訓練處長。
參　謀　司　長		王之佑
軍　需　司　長		王濟衆 (7,1. 改任治安部軍政司長)
馬　政　局 (7,1. 改稱畜産局，改隸産業部)	局　長	濱田陽兒
	副局長	毛遇風 6,30. 辭。
顧　問　部　最　高　顧　問		佐佐木到一
第　一　軍　管　區　司　令　官		于深瀓 6,19. 調任第四軍管區司令官。王静修 6,19. 由第五軍管區司令官任。
第　二　軍　管　區　司　令　官		吉　興
第　三　軍　管　區　司　令　官		張文鑄
第　四　軍　管　區　司　令　官		郭恩霖 6,19. 調任軍政部附。于深瀓 6,19. 由第一軍管區司令官任。
第　五　軍　管　區　司　令　官		王静修 6,19. 調任第一軍管區司令官。邢士廉 6,19. 由中央陸軍訓練處長任。
第　六　軍　管　區　司　令　官		王殿忠
興安南省警備軍司令官		巴特瑪拉布坦
興安北省警備軍司令官		烏爾金
興安東省警備軍司令官		綽羅巴圖爾
興安西省警備軍司令官		郭寶山
憲　兵　司　令　官		應振復
海軍江防艦隊司令官		尹祚乾

8. 治安部職官年表

名　　　稱　　　　　　　　　年　代	康德四年(1937年)7月1日之後
大　　　　　　　　　臣	**于芷山**
次　　　　　　　　　長	**薄田美朝** 7,1. 任。
官　　　　　　　　　房	
參　謀　司　長	**王之佑**
軍　政　司　長	**王濟衆** 7,1. 由原軍需司長任。
警　務　司　長	**澁谷三郎** 7,1. 由濱江省警務廳長任。
顧　問　部　最　高　顧　問	**佐佐木到一** 8,?. 辭。**平林盛人** 8,?. 任。
第　一　軍　管　區　司　令　官	**王靜修**
第　二　軍　管　區　司　令　官	**吉　興**
第　三　軍　管　區　司　令　官	**張文鑄**
第　四　軍　管　區　司　令　官	**于深澂**
第　五　軍　管　區　司　令　官	**邢士廉**
第　六　軍　管　區　司　令　官	**王殿忠**
興安軍管區司令官[①]	**巴特瑪拉布坦** 8,1. 任。
興安南省警備司令官	**巴特瑪拉布坦**
興安北省警備軍司令官	**烏爾金**
興安東省警備軍司令官	**綽羅巴圖爾** 代。
興安西省警備軍司令官	**郭寶山**
憲　兵　司　令　官	**應振復**
國　都　警　備　軍　司　令　官	**李文炳** 8,1. 由陸軍中將任。
海　軍　江　防　艦　隊　司　令　官	**尹祚乾**

說明：7月1日軍政部改稱治安部。治安部由官房及參謀、軍政、警務三司組成。

註①：8月1日設興安軍管區司令官、國都警備軍司令官。

8. 治安部職官年表

名　　　　　稱 ＼ 年　代	康德五年(1938 年)
大　　　　　臣	于芷山
次　　　　　長	薄田美朝
官　　　　　房	
參　謀　司　長	王之佑
軍　政　司　長	王濟衆
警　務　司　長	澁谷三郎 8,19. 調任牡丹江省長。**植田貢太郎** 8,19. 由總務廳監察官任。
顧 問 部 最 高 顧 問	平林盛人
第 一 軍 管 區 司 令 官	**王静修** 8,13. 調任第六軍管區司令官。**王殿忠** 8,13. 由第六軍管區司令官任。
第 二 軍 管 區 司 令 官	吉　興
第 三 軍 管 區 司 令 官	張文鑄
第 四 軍 管 區 司 令 官	于深澂
第 五 軍 管 區 司 令 官	邢士廉
第 六 軍 管 區 司 令 官	**王殿忠** 8,13. 調任第一軍管區司令官。**王静修** 8,13. 由第一軍管區司令官任。
興 安 軍 管 區 司 令 官	巴特瑪拉布坦
興安南省警備軍司令官[①]	巴特瑪拉布坦
興安北省警備軍司令官	烏爾金
興安東省警備軍司令官	綽羅巴圖爾
興安西省警備軍司令官	郭寶山
兵　司　令　官	應振復
國都警備軍司令官[②]	李文炳
海 軍 江 防 艦 隊 司 令 官	尹祚乾
鐵 道 警 護 總 隊 總 監	(1,1. 設)**三浦惠一** 1,1. 任。

註①:3 月 24 日興安各省警備軍司令官改稱興安各地區警備司令官,此職後不錄。
註②:3 月 24 日國都警備軍司令官改稱國都警備司令,此職後不錄。

8. 治安部職官年表

名　　稱　＼　年代	康德六年(1939年)
大　　　　　臣	**于芷山** 4,24. 改任參議府參議。 **于深澂** 4,24. 由第四軍管區司令官任。
次　　　　　長	**薄田美朝** 10,9. 調任總務廳次長。 **薄田美朝** 10,9. 兼；12,16. 免。 **澁谷三郎** 12,16. 由牡丹江省長任。
官　　　　　房	
參　謀　司　長	**王之佑** 5,1. 調任第八軍管區司令官。 **吳元敏** 5,1. 由第二軍管區參謀長任。
軍　政　司　長	**王濟衆**
警　務　司　長	**植田貢太郎** 12,16. 調任吉林省次長。 **谷口明三** 12,16. 由奉天省警務廳長任。
馬　政　局　長①	**薄田美朝** 1,1. 署。 **游佐幸平** 1,10. 任。
顧問部最高顧問	**平林盛人** 8,1. 改任東京憲兵司令官。 **松井太久郎** 8,?. 任。
第一軍管區司令官	**王殿忠**
第二軍管區司令官	**吉　興**
第三軍管區司令官	**張文鑄** 5,1. 調任第七軍管區司令官。 **李文炳** 5,1. 由禁衛隊司令官任；**朱　榕** 10,10. 由治安部附任。
第四軍管區司令官	**于深徵** 4,24. 調任治安部大臣。 **王靜修** ?,?. 兼；5,1. 免。 **邢士廉** 5,1. 由第五軍管區司令官任。
第五軍管區司令官	**邢士廉** 5,1. 調任第四軍管區司令官。 **應振復** 5,1. 由憲兵司令官任。
第六軍管區司令官	**王靜修** 7,1. 調任軍事諮議官。 **張益三** 7,1. 由軍事諮議官任。
第七軍管區司令官②	**張文鑄** 5,1. 由第三軍管區司令官任。
第八軍管區司令官③	**王之佑** 5,1. 由參謀司長任。
興安軍管區司令官	**巴特瑪拉布坦**
憲　兵　司　令　官④	**應振復** 5,1. 調任第五軍管區司令官。 **王遇甲** ?,?. 由王遇部隊長任。
海軍江防艦隊司令官⑤	**尹祚乾**
鐵道警護總隊總監	**三浦惠一**

註①：馬政局長1月1日由產業部畜產局改隸。
註②③：5月1日設第七、第八軍管區司令官。
註④：5月20日憲兵司令官改稱憲兵總團司令官。
註⑤：2月15日海軍江防艦隊司令官改稱江上軍司令官。

8. 治安部職官年表

名 稱 ＼ 年 代	康德七年(1940年)
大　　　　　臣	于深澂
次　　　　　長	澀谷三郎
官　　　　　房	
參　謀　司　長	吳元敏 6,15. 調任第八軍管區司令官。赫慕俠 6,15. 由第八軍管區參謀長任。
軍　政　司　長	王濟衆 ?,?. 調任治安部附。美崎丈平 11,?. 任。
警　務　司　長	谷口明三
馬　政　局　長①	游佐幸平
測　量　局　長②	中島九平 1,1. 任。
顧 問 部 最 高 顧 問	松井太久郎 11,?. 辭。中野英光 12,?. 任。
第 一 軍 管 區 司 令 官	王殿忠
第 二 軍 管 區 司 令 官	吉　興
第 三 軍 管 區 司 令 官	朱　榕 4,8. 卒。王之佑 6,15. 由第八軍管區司令官任。
第 四 軍 管 區 司 令 官	邢士廉
第 五 軍 管 區 司 令 官	應振復
第 六 軍 管 區 司 令 官	張益三
第 七 軍 管 區 司 令 官	張文鑄
第 八 軍 管 區 司 令 官	王之佑 6,15. 調任第三軍管區司令官。吳元敏 6,15. 由參謀司長任。
興 安 軍 管 區 司 令 官③	巴特瑪拉布坦
第 九 軍 管 區 司 令 官④	巴特瑪拉布坦 3,2. 由原興安軍管區司令官任。
第 十 軍 管 區 司 令 官⑤	烏爾金 3,2. 由原興安北省警備軍司令官任。
憲 兵 總 團 司 令 官	王遇甲
江 上 軍 司 令 官	尹祚乾
鐵 道 警 護 總 隊 總 監	三浦惠一 10,1. 調任黑河省長。三笘彌太郎 10,1. 由本隊參事官署；10,18. 免。畑中金二 10,18. 任。

註①：馬政局長翌年1月1日改隸興農部。

註②：測量局1月1日設。

註③④⑤：3月1日裁興安軍管區司令官,設第九、第十軍管區司令官。

8. 治安部職官年表

名　称＼年　代	康德八年(1941年)
大　　　　　臣	于深瀓
次　　　　　長	澁谷三郎
官　　　　　房	
參　謀　司　長	赫慕俠
軍　政　司　長	美崎丈平
警　務　司　長	谷口明三
測　量　局　長	中島九平
顧問部最高顧問	中野英光 12,?. 去職。竹下義晴 12,?. 任。
第一軍管區司令官	王殿忠 3,3. 調任軍事諮議官。邢士廉 3,3. 由第四軍管區司令官任。
第二軍管區司令官	吉　興 3,3. 調任侍從武官長。王濟衆 3,3. 由治安部附任。
第三軍管區司令官	王之佑
第四軍管區司令官	邢士廉 3,3. 調任第一軍管區司令官。應振復 3,3. 由第五軍管區司令官任。
第五軍管區司令官	應振復 3,3. 調任第四軍管區司令官。呂　衡 3,3. 由第一軍管區參謀長任。
第六軍管區司令官	張益三
第七軍管區司令官	張文鑄
第八軍管區司令官	吳元敏
第九軍管區司令官	巴特瑪拉布坦 3,25. 辭(是日任興安局總裁)。郭文林 3,25. 任。
第十軍管區司令官	烏爾金
第十一軍管區司令官①	于治功 8,11. 由第三軍管區司令部附任。
憲兵總團司令官	王遇甲 ?,?. 調任陸軍訓練學校校長。
江上軍司令官	尹祚乾 3,3. 調任軍事諮議官。李文龍 3,3. 由陸軍中將駐日本大使館武官任。
鐵道警護總隊總監	畑中金二 8,29. 調任總務廳參事官。藤井貫一 8,29. 任。

註①：7月設第十一軍管區。

8. 治安部職官年表

名　稱 ＼ 年　代	康德九年(1942 年)
大　　　　臣	于深澂 9,28. 辭(翌日任軍事諮議官)。 邢士廉 9,28. 由第一軍管區司令官任。
次　　　　長	澁谷三郎
官　　　　房	
參　謀　司　長	赫慕俠 1,15. 調任第七軍管區司令官。 郭若霖 1,15. 由新京陸軍官學校教授部長任。
軍　政　司　長	美崎丈平 1,15. 調任第六軍管區司令官。 眞井鶴吉 1,15. 由奉天陸軍訓練學校監事任。
警　務　司　長	谷口明三
測　量　局　長	中島九平 10,26. 調任總務廳參事官。 大川銈介 10,26. 由陸軍大佐任。
顧問部最高顧問	竹下義晴 10,?. 去職。 河野悦太郎 10,?. 任。
第一軍管區司令官	邢士廉 9,28. 調任治安部大臣。 王之佑 9,28. 由陸軍訓練學校校長任。
第二軍管區司令官	王濟衆
第三軍管區司令官	王之佑 9,5. 調任陸軍訓練學校校長。 呂　衡 9,5. 由第五軍管區司令官任。
第四軍管區司令官	應振復 1,15. 調任軍事諮議官。 張文鑄 1,15. 由第七軍管區司令官任。
第五軍管區司令官	呂　衡 9,5. 調任第三軍管區司令官。 吳元敏 9,5. 由第八軍管區司令官任。
第六軍管區司令官	張益三 1,15. 調任軍事諮議官。 美崎丈平 1,15. 由軍政司長任;9,5. 調任治安部附。 李文龍 9,5. 由江上軍司令官任。
第七軍管區司令官	張文鑄 1,15. 調任第四軍管區司令官。 赫慕俠 1,15. 由參謀司長任。
第八軍管區司令官	吳元敏 9,5. 調任第五軍管區司令官。 王作震 9,5. 由禁衛隊司令官任。
第九軍管區司令官	郭文林
第十軍管區司令官	烏爾金
第十一軍管區司令官	于治功
憲兵總團司令官	
江上軍司令官	李文龍 9,5. 調任第六軍管司令官。 憲　原 9,5. 由參謀司附任。
鐵道警護總隊總監	藤井貫一 11,20. 辭。 瀨谷啓 11,20. 任。

8. 治安部職官年表

名稱 ＼ 年代	康德十年(1943年)
大 臣	邢士廉
次 長	澁谷三郎 4,1. 調任國立哈爾濱學院院長。**真井鶴吉** 4,1. 由軍政司長任。
官 房	
參 謀 司 長	郭若霖 3,2. 調任步兵旅長。**張大任** 3,2. 由陸軍少將任。
軍 政 司 長	真井鶴吉 4,1. 調任本部次長。**平川哲一** 4,1. 任;6,5. 調任第一師長。**秋山秀** 6,5. 由陸軍少將任。
警 務 司 長①	谷口明三 3,31. 辭。
測 量 局 長	大川銈介
顧問部最高顧問	河野悦太郎 9,?. 去職。**楠木實隆** 9,?. 任。
第一軍管區司令官	王之佑
第二軍管區司令官	王濟衆 9,20. 調任第十一軍管區司令官。**吳元敏** 9,20. 由第五軍管區司令官任。
第三軍管區司令官	呂 衡 6,5. 調任第七軍管區司令官。**趙秋航** 6,5. 由禁衛隊司令官任。
第四軍管區司令官	張文鑄
第五軍管區司令官	吳元敏 9,20. 調任第二軍管區司令官。**赫慕俠** 9,20. 由軍事部附任。
第六軍管區司令官	李文龍
第七軍管區司令官	赫慕俠 6,5. 調任軍事部附。**呂 衡** 6,5. 由第三軍管區司令官任。
第八軍管區司令官	王作震
第九軍管區司令官	郭文林 3,2. 調任陸軍興安學校校長。**甘珠爾札布** 3,2. 由陸軍少將任。
第十軍管區司令官	烏爾金
第十一軍管區司令官	于治功 ?,?. 離任。**王濟衆** 9,20. 由第二軍管區司令官任。
憲兵總團司令官	關成山 3,2. 任。
江上軍司令官	憲 原
鐵道警護總隊總監	瀨谷啓

説明：4月1日治安部改稱軍事部。

註①：4月1日警務司改組爲警務總局,隸屬總務廳。

9. 軍事部職官年表

名　稱 ＼ 年　代	康德十一年(1944年)
大　　　　　臣	邢士廉
次　　　　　長	真井鶴吉
官　　　　　房	
參　謀　司　長	張大任 5,?. 去職。張名久 5,?. 任。
軍　政　司　長	秋山秀
鐵 路 警 護 司 長①	於保正隆 3,1. 任。
測　量　局　長	大川銈介
顧 問 部 最 高 顧 問	楠木實隆 9,?. 去職。秋山義隆 9,?. 任。
第 一 軍 管 區 司 令 官	王之佑
第 二 軍 管 區 司 令 官	吳元敏 12,21. 調任軍事諮議官。關成山 12,21. 由第十一軍管區司令官任。
第 三 軍 管 區 司 令 官	趙秋航
第 四 軍 管 區 司 令 官	張文鑄 4,28. 調任侍從武官長。李文龍 4,28. 由第六軍管區司令官任。
第 五 軍 管 區 司 令 官	赫慕俠
第 六 軍 管 區 司 令 官	李文龍 4,28. 調任第四軍管區司令官。賈華杰 4,28. 由少將混成旅長任。
第 七 軍 管 區 司 令 官	呂衡
第 八 軍 管 區 司 令 官	王作震 8,1. 調任軍事部附。周大魯 8,1. 由少將任。
第 九 軍 管 區 司 令 官	甘珠爾札布
第 十 軍 管 區 司 令 官	烏爾金 12,21. 調任軍事諮議官。郭文林 12,21. 由陸軍興安學校校長任。
第 十 一 軍 管 區 司 令 官	王濟衆 ?,?. 離任。關成山 3,1. 由憲兵總團司令官任;12,21. 調任第二軍管區司令官。郭若霖 12,21. 由憲兵總團司令官任。
憲 兵 總 團 司 令 官	關成山 3,1. 調任第十一軍管區司令官。郭若霖 3,1. 任;12,21. 調任第十一軍管區司令官。
江 上 軍 司 令 官	憲原 3,1. 調任軍事部附。曹秉森 3,1. 由陸軍中將任。
鐵 道 警 護 總 隊 總 監②	瀨谷啓

註①:3月1日設鐵路警護司。
註②:3月1日鐵道警護總隊總監改稱鐵路護路軍司令官。

9. 軍事部職官年表

名稱 ＼ 年代	康德十二年(1945 年)
大　　　臣	邢士廉
次　　　長	真井鶴吉
官　　　房	
參 謀 司 長	張名久 1,?. 去職。佟 衡 1,?. 任。
軍 政 司 長	秋山秀 3,?. 去職。落合鎮彦 3,?. 任。
鐵 路 警 護 司 長	於保正隆
測 量 局 長	大川銈介
顧 問 部 最 高 顧 問	秋山義隆
第 一 軍 管 區 司 令 官	王之佑
第 二 軍 管 區 司 令 官	關成山
第 三 軍 管 區 司 令 官	趙秋航
第 四 軍 管 區 司 令 官	李文龍
第 五 軍 管 區 司 令 官	赫慕俠
第 六 軍 管 區 司 令 官	賈華杰
第 七 軍 管 區 司 令 官	呂 衡
第 八 軍 管 區 司 令 官	周大魯
第 九 軍 管 區 司 令 官	甘珠爾札布
第 十 軍 管 區 司 令 官	郭文林
第 十 一 軍 管 區 司 令 官	郭若霖
憲 兵 總 團 司 令 官	劉尚華 ?,?. 任。
江 上 軍 司 令 官	曹秉森
鐵 路 警 護 軍 司 令 官	瀨谷啓（去職時間不詳）太田米雄 6,2. 任。

10. 財政部職官年表

名　稱	年　代	大同元年（1932年）
總　　長		**熙　洽** 3,9. 任。
次　　長		**孫其昌** 3,10. 任；3,12. 代理部務。
總務司長		**阪谷希一** 3,12. 任；7,17. 免。**星野直樹** 7,17. 任。
稅務司長		**源田松三** 3,12. 任。
理財司長		**田中恭** 7,17. 任。
滿洲中央銀行①	總　裁	**榮　厚** 6,15. 任。
	副總裁	**山成喬六** 6,15. 任。
奉天稅務監督署②	署　長	**王家鼎** 7,4. 任。
	副署長	**三浦靖** 7,16. 任。
吉林稅務監督署	署　長	**啓　彬** 7,4. 任。
	副署長	**富田直耕** 7,16. 任。
濱江稅務監督署	署　長	**袁慶廉** 7,4. 任。
	副署長	**阪田純雄** 7,16. 任。
龍江稅務監督署	署　長	**韓雲階** 7,4. 任（去職時間不詳）。
	副署長	**濱木宗三郎** 7,16. 任。
鹽務署（9,12. 設）	署　長	**劉紹衣** 9,12. 任。
	副署長	**森田武雄** 9,12. 任。
吉黑権運署（9,12. 設）	署　長	**魏宗蓮** 9,12. 任。
	副署長	**熙　清** 9,12. 任。

說明：3月9日財政部設總務、稅務、理財三司。

註①：滿洲中央銀行及後來的滿洲興業銀行不隸屬財政部，本表爲方便計而列於此。

註②：7月2日設稅務監督署。

10. 財政部職官年表

名　稱	年　代	大同二年(1933 年)
總　　長		熙　洽
次　　長		孫其昌 6,21. 調任黑龍江省長。**洪維國** 8,23. 由山海關稅關長任。
總務司長		星野直樹
稅務司長		源田松三
理財司長		田中恭
滿洲中央銀行	總裁	榮　厚
	副總裁	山成喬六
專賣公署①	署長	(10,25. 改稱公署長)**姜恩之** 1,10. 任。
	副署長	(10,25. 改稱副公署長)**難波經一** 1,10. 任。
奉天稅務監督署	署長	王家鼎
	副署長	三浦靖 10,30. 調任龍江副署長。**早借喜太郎** 10,30. 任。
吉林稅務監督署	署長	啓　彬
	副署長	富田直耕 9,1. 調任北滿特別區事務官。**中澤武夫** 10,30. 任。
濱江稅務監督署	署長	袁慶廉
	副署長	阪田純雄
龍江稅務監督署	署長	高乃濟 3,21. 由吉林省參事官任。
	副署長	濱木宗三郎 10,30. 辭。**三浦靖** 10,30. 由奉天副署長任。
熱河稅務監督署 (?,?. 設)	署長	張承元 5,17. 由財政部事務官任。
	副署長	猪野野正治 5,25. 由稅務監督署事務官任。
鹽務署	署長	劉紹衣
	副署長	森田武雄
吉黑榷運署	署長	魏宗蓮
	副署長	熙　清

註①：大同元年十一月三日設專賣公署,此時方有任命。

10. 財政部職官年表

名　稱	年　代	大同三年、康德元年(1934年)
總　　長		熙　洽 (3,1. 改稱大臣)。
次　　長		洪維國
總務司長		星野直樹
稅務司長		源田松三
理財司長		田中恭
滿洲中央銀行	總　裁	榮　厚
	副總裁	山成喬六
專賣公署	公署長	姜恩之
	副公署長	難波經一
奉天稅務監督署	署　長	王家鼎 4,12. 辭。 啓　彬 4,12. 由吉林稅務監督署長任。
	副署長	早借喜太郎 9,1. 調任吉林副署長。 阪田純雄 9,1. 由濱江副署長任。
吉林稅務監督署	署　長	啓　彬 4,12. 調任奉天署長。 劉紹衣 4,12. 由鹽務署長任。
	副署長	中澤武夫 9,1. 調任濱江副署長。 早借喜太郎 9,1. 由奉天副署長任。
濱江稅務監督署	署　長	袁慶廉
	副署長	阪田純雄 9,1. 調任奉天副署長。 中澤武夫 9,1. 由吉林副署長任。
龍江稅務監督署	署　長	高乃濟
	副署長	三浦靖
熱河稅務監督署	署　長	張承元
	副署長	猪野野正治
鹽務署	署　長	劉紹衣 4,12. 調任吉林署長。 孫旭昌 4,12. 任。
	副署長	森田武雄
吉黑榷運署	署　長	魏宗蓮
	副署長	熙清

10. 財政部職官年表

名 稱	年 代	康德二年(1935年)
大　　臣		熙　洽 5,21. 調任宮內府大臣。**孫其昌** 5,21. 由龍江省長任。
次　　長		洪維國
總務司長		星野直樹
稅務司長		源田松三
理財司長		田中恭
滿洲中央銀　　行	總　裁	榮　厚
	副總裁	山成喬六
專賣公署 (4,1. 改稱 專賣總署)	公署長	(4,1. 改稱署長)**姜恩之**
	副公署長	(4,1. 改稱副署長)**難波經一**
奉天稅務監　督　署	署　長	啓　彬
	副署長	阪田純雄 5,11. 調任財政部理事官。**平野馨** 5,11. 由承德稅關長任。
吉林稅務監　督　署	署　長	劉紹衣
	副署長	早借喜太郎
濱江稅務監　督　署	署　長	袁慶廉
	副署長	中澤武夫
龍江稅務監　督　署	署　長	高乃濟
	副署長	三浦靖
熱河稅務監　督　署	署　長	張承元
	副署長	豬野野正治
鹽　務　署	署　長	孫旭昌
	副署長	森田武雄 11,30. 辭。**廣崎貞雄** 11,30. 由財政部理事官任。
吉黑榷運署 (6,19. 改稱 榷運署)	署　長	魏宗蓮
	副署長	熙　清
地畝管理局 (2,22. 設)	局　長	袁慶廉 2,22. 由濱江稅務監督署長兼。
	副局長	山田春雄 2,22. 由財政部事務官兼。

10. 財政部職官年表

名 稱 / 年 代		康德三年(1936 年)
大　臣		孫其昌
次　長		洪維國 4,28. 辭。星野直樹 6,9. 由總務司長任;12,16. 調任國務院總務廳長。
總務司長		星野直樹 6,9. 調任本部次長。星野直樹 6,9. 兼;12,16. 調。田中恭 12,17. 代。
稅務司長		源田松三 8,17. 調任國務院總務廳人事處長。青木實 8,17. 由總務廳參事官任。
理財司長		田中恭
滿洲中央銀行	總裁	榮　厚 6,9. 辭。田中鐵三郎 6,9. 任。
	副總裁	山成喬六 6,9. 辭。蔡運升 6,16. 由原間島省長任。
滿洲興業銀行(12,3.設)	總裁	富田勇太郎 12,7. 任。
	副總裁	松原純一 12,7. 任。
專賣總署	署長	姜恩之
	副署長	難波經一
奉天稅務監督署	署長	啓　彬 12,7. 辭(改任滿洲興業銀行監事)。
	副署長	平野馨
吉林稅務監督署	署長	劉紹衣
	副署長	早借喜太郎
濱江稅務監督署	署長	袁慶廉
	副署長	中澤武夫
龍江稅務監督署	署長	高乃濟
	副署長	三浦靖
熱河稅務監督署	署長	張承元
	副署長	猪野野正治
鹽務署 (翌年 1,1. 裁)	署長	孫旭昌(翌年 1,1. 改任濱江稅務監督署長)
	副署長	廣崎貞雄 11,25. 卒。
榷運署 (翌年 1,1. 裁)	署長	魏宗蓮 12,7. 辭。
	副署長	熙　清(翌年 1,1. 改任營口專賣署長)
地畝管理局	局長	袁慶廉兼。
	副局長	山田春雄兼。

10. 財政部職官年表

名　　稱 ＼ 年　代		康德四年(1937年)6月30日之前
大　　臣		**孫其昌** 5,7. 調任民政大臣。**韓雲階** 5,7. 由新京特別市長任。
次　　長		
總務司長		**田中恭** 代;5,15. 免。**西村淳一郎** 5,1. 任(7,1. 改任經濟部次長)。
稅務司長		**青木實**
理財司長		**田中恭**
滿洲中央銀　　行	總　裁	**田中鐵三郎**
	副總裁	**蔡運升**
滿洲興業銀　　行	總　裁	**富田勇太郎**
	副總裁	**松原純一**
專賣公署 (7,1. 改稱專賣總局)	署　長	**姜恩之**
	副署長	**難波經一**
奉天稅務監督署	署　長	**袁慶廉** 1,1. 由濱江署長任(7,1. 調任地籍整理局長)。
	副署長	**平野馨** (7,1. 調任營口稅關長)
吉林稅務監督署	署　長	**劉紹衣**
	副署長	**早借喜太郎**
濱江稅務監督署	署　長	**袁慶廉** 1,1. 調任奉天署長。**孫旭昌** 1,1. 由原鹽務署長任。
	副署長	**中澤武夫** (7,1. 調任經濟部理事官)
龍江稅務監督署	署　長	**高乃濟** (7,1. 調任熱河省民政廳長)
	副署長	**三浦靖** 2,27. 調任財政職員養成所教授。**毛里英於菟** 5,3. 由財政部理事官任;5,4. 辭。**徐尚志** 6,22. 由財政部理事官任;6,23. 辭。
熱河稅務監督署	署　長	**張承元**
	副署長	**豬野野正治**
地畝管理局	局　長	**袁慶廉** 兼;1,1. 調。**孫旭昌** 1,1. 兼。
	副局長	**山田春雄** 兼。

11. 經濟部職官年表

名　稱 ＼ 年　代		康德四年(1937 年)7 月 1 日之後
大　　臣		韓雲階
次　　長		西村淳一郎 7,1. 由原財政部總務司長任。
官　　房		
金融司長		田中恭 7,1. 由原理財司長任；12,15. 辭。 青木實 12,27. 由稅務司長任。
商務司長		羅振邦 7,1. 由吉林省實業廳長任。
稅務司長		青木實 12,27. 調任金融司長。 田村敏雄 12,27. 由通化省次長任。
滿洲中央銀行	總　裁	田中鐵三郎
	副總裁	蔡運升
滿洲興業銀行	總　裁	富田勇太郎
	副總裁	松原純一 12,6. 辭。
專賣總局	局　長	姜恩之
	副局長	難波經一 11,1. 休職。 永井哲夫 11,1. 由經濟部參事官代；12,27. 免。 山梨武夫 12,27. 由本局參事官任。
奉天稅務監督署	署　長	劉紹衣 7,1. 由吉林署長任。
	副署長	櫛田文男 7,1. 由監察院總務處長任。
吉林稅務監督署	署　長	劉紹衣 7,1. 調任奉天署長。 張承元 7,1. 由熱河署長任。
	副署長	早借喜太郎
濱江稅務監督署	署　長	孫旭昌
	副署長	稻次義一 7,1. 由稅務監督署理事官任。
龍江稅務監督署	署　長	包用宏 7,1. 由稅務監督署理事官任。
	副署長	猪野野正治 7,1. 由熱河副署長任。
熱河稅務監督署	署　長	張承元 7,1. 調任吉林署長。 楊　培 7,1. 任。
	副署長	猪野野正治 7,1. 調任龍江副署長。 梅本長四郎 7,1. 由稅務監督署理事官任；11,1. 休職。
地畝管理局	局　長	孫旭昌兼。
	副局長	山田春雄兼。

説明：7 月 1 日財政部改稱經濟部。經濟部由官房及金融、商務、稅務三司組成。

11. 經濟部職官年表

名　稱 ＼ 年　代		康德五年(1938 年)
大　　臣		韓雲階
次　　長		西村淳一郎
官　　房		
金融司長		青木實
商務司長		羅振邦
稅務司長		田村敏雄 9,1. 調任民生部教育司長。山梨武夫 9,1. 由專賣總局副局長任。
滿洲中央銀　行	總　裁	田中鐵三郎
	副總裁	蔡運升 4,7. 辭(翌日任外務局長官)。闞潮洗 4,19. 由本行監事任。
滿洲興業銀　行	總　裁	富田勇太郎
	副總裁	葆　康 7,29. 由原奉天省長任。
專賣總局	局　長	姜恩之 7,28. 調任錦州省長。盧元善 7,28. 由龍江省民生廳長任。
	副局長	山梨武夫 9,1. 調任稅務司長。原久一郎 9,1. 由總務廳理事官任。
奉天稅務監督署	署　長	劉紹衣
	副署長	櫛田文男
吉林稅務監　督　署	署　長	張承元
	副署長	早借喜太郎 3,15. 調任濱江副署長。富樫甚作 3,15. 由總務廳事務官任。
濱江稅務監　督　署	署　長	孫旭昌 12,31. 退官。
	副署長	稻次義一 3,15. 調任權度檢定所理事官。早借喜太郎 3,15. 由吉林副署長任;9,28. 辭。天野作藏 9,30. 由專賣總局理事官任。
龍江稅務監　督　署	署　長	包用宏 7,28. 休職。楊　培 7,28. 由熱河署長任。
	副署長	猪野野正治
熱河稅務監　督　署	署　長	楊　培 7,28. 調任龍江署長。馬錫麟 7,28. 由新京專賣署長任。
	副署長	梅本長四郎 休職;3,1. 復職。
地畝管理局（12,31.裁）	局　長	孫旭昌 兼。
	副局長	山田春雄 兼。

11. 經濟部職官年表

名　　稱	年　代	康德六年(1939年)
大　　臣		韓雲階
次　　長		西村淳一郎 3,22. 辭。松田令輔 3,22. 由總務廳企劃處長任。
官　　房		
金融司長		青木實
商務司長		羅振邦 7,28. 調任專賣總局長。山梨武夫 7,28. 由稅務司長兼；12,26. 任。
稅務司長		山梨武夫 12,26. 調任商務司長。加藤八郎 12,26. 由專賣總局副局長兼。
滿洲中央銀　　行	總　裁	田中鐵三郎
	副總裁	闞潮洗
滿洲興業銀　　行	總　裁	富田勇太郎
	副總裁	葆　康
專賣總局	局　長	盧元善 4,24. 調任三江省長。羅振邦 7,28. 由商務司長任。
	副局長	原久一郎 8,1. 辭。加藤八郎 9,19. 由駐日本大使館參事官任。
奉天稅務監督署	署　長	劉紹衣
	副署長	櫛田文男
吉林稅務監督署	署　長	張承元 4,4. 調任濱江署長。楊乃時 4,4. 由龍江省民生廳長任。
	副署長	富樫甚作 2,15. 調任地籍整理局理事官。市川正俊 ?,?. 任。6,6. 調任本部參事官。梅本長四郎 6,7. 由熱河署副署長任。
濱江稅務監督署	署　長	張承元 4,4. 由吉林署長任。
	副署長	天野作藏 9,3. 辭。上加世田成法 12,19. 由專賣總局理事官任。
龍江稅務監督署	署　長	楊　培 8,12. 調任哈爾濱稅關長。劉秉璋 8,12. 由司稅官任。
	副署長	猪野野正治
熱河稅務監督署	署　長	馬錫麟
	副署長	梅本長四郎 6,7. 調任吉林副署長。石川周治 6,7. 由財政職員訓練所教官任。

11. 經濟部職官年表

名 稱 ＼ 年 代		康德七年(1940 年)
大 臣		**韓雲階** 5,16. 辭。**蔡運升** 5,16. 由外務局長官任。
次 長		**松田令輔** 5,16. 調任奉天省次長。**古海忠之** 5,16. 由總務廳主計處長任。
官 房		
金 融 司 長		**青木實** 10,1. 調任總務廳企劃處長。**橫山龍一** 10,1. 由總務廳參事官任。
商 務 司 長		**山梨武夫** 11,1. 調任駐日本大使館參事官。**加藤八郎** 11,1. 由專賣總局副局長任；12,19. 調任專賣總局副局長。**生松净** 12,19. 由官需局長任。
稅 務 司 長		**加藤八郎** 兼；8,27. 免。**薛永魁** 8,27. 由濱江省開拓廳長任。
工 務 司 長①		**高岑明達**
礦 山 司 長		**風早義確** 10,8. 辭。**山野重雄** 10,8. 由總務廳參事官任。
特 許 發 明 局 長		**上原群一郎**
水 力 電 氣 建 設 局 長		**本間德雄**
滿洲中央銀行	總 裁	**田中鐵三郎** 5,3. 辭。**闞潮洗** 5,3. 由副總裁任。
	副總裁	**闞潮洗** 5,3. 調任總裁。**大澤菊太郎** 5,3. 由理事任。
滿洲興業銀行	總 裁	**富田勇太郎**
	副總裁	**葆 康**
專賣公署	局 長	**羅振邦** 4,6. 調任駐意大利公使。**劉紹衣** 5,21. 由奉天稅務監督署長任。
	副局長	**加藤八郎** 11,1. 調任經濟部商務司長。**加藤八郎** 11,1. 兼；12,19. 由商務司長任。
奉天稅務監督署	署 長	**劉紹衣** 5,21. 調任專賣總局長。**高乃濟** 5,21. 由熱河省民生廳長任。
	副署長	**櫛田文男**
吉林稅務監督署	署 長	**楊乃時** 9,10. 調任濱江署長。**郭寶森** 9,10. 由經濟部參事官任。
	副署長	**梅本長四郎** 2,16. 辭。**猪野野正治** 3,7. 由龍江副署長任。
濱江稅務監督署	署 長	**張承元** 8,31. 辭。**楊乃時** 9,10. 由吉林署長任。
	副署長	**上加世田成法**
龍江稅務監督署	署 長	**劉秉璋**
	副署長	**猪野野正治** 3,7. 調任吉林副署長。**河島常夫** 3,7. 由稅務監督署理事官任。
熱河稅務監督署	署 長	**馬錫麟**
	副署長	**石川周治**

註①：6 月 1 日産業部屬工務、礦山兩司及特許發明局、水力電氣建設局改隸經濟部。

11. 經濟部職官年表

名　稱＼年　代		康德八年(1941年)
大　　　臣		蔡運升
次　　　長		古海忠之 11,15. 調任總務廳次長。**青木實** 11,15. 由總務廳企劃處長任。
官　　　房		
金　融　司　長		橫山龍一
商　務　司　長		生松净
稅　務　司　長		薛永魁
工　務　司　長		高岑明達 4,11. 辭。**石田磊** 4,13. 任。
礦　山　司　長		山野重雄
特　許　發　明　局　長		上原群一郎
水　力　電　氣　建　設　局　長		本間德雄
滿洲中央 銀　行	總　裁	闞潮洗
	副總裁	太澤菊太郎
滿洲興業 銀　行	總　裁	富田勇太郎 1,6. 辭。**岡田信** 1,6. 任。
	副總裁	葆　康
專賣總局	局　長	劉紹衣
	副局長	加藤八郎 7,11. 辭。**原田富一** 6,20. 任。
奉天稅務 監督署	署　長	高乃濟
	副署長	櫛田文男 6,2. 調任牡丹江省次長。**上加世田成法** 6,2. 由濱江副署長任。
吉林稅務 監督署 (11,1. 改稱新京 稅務監督署)	署　長	郭寶森
	副署長	梅本長四郎 4,10. 調任經濟部參事官。**河島常夫** 4,10. 由龍江副署長任。
濱江稅務 監督署 (11,1. 改稱哈爾 濱稅務監督署)	署　長	楊乃時
	副署長	上加世田成法 6,2. 調任奉天副署長。**近藤三雄** 6,2. 由哈爾濱稅關副稅關長任。
龍江稅務 監督署 (11,1 改稱齊齊 哈爾稅務監督署)	署　長	劉秉璋
	副署長	河島常夫 4,20. 調任吉林副署長。**椎葉糺民** 4,10. 由特許發明局理事官任；11,1. 調任牡丹江副署長。**山田春雄** 11,1. 任。

420

11. 經濟部職官年表(續前)

名　稱 ＼ 年　代		康德八年(1941 年)
熱河稅務監督署 (11,1. 改稱錦州稅務監督署)	署　長	馬錫麟
	副署長	石川周治
牡丹江稅務監督署 (11,1. 設)	署　長	
	副署長	椎葉糺民 11,1. 由原龍江副署長任。

11. 經濟部職官年表

年代 名稱		康德九年(1942年)
大　　　臣		**蔡運升** 9,28. 調任參議府參議。**阮振鐸** 9,28. 由交通大臣任。
次　　　長		**青木實**
官　　　房		
金　融　司　長		**橫山龍一**
商　務　司　長		**生松淨**
稅　務　司　長		**薛永魁** 7,10. 調任總務廳參事官。**伊地知辰夫** 7,10. 任。
貿　易　司　長		(1,1. 設)**伊藤博** 1,1. 由本參部參事官任；5,18. 調任總務廳主計處長。 **生松淨** 5,18. 兼。
工　務　司　長		**石田磊** 10,8. 調任礦山司長。**樋口太郎** 10,8. 由總務廳參事官任。
礦　山　司　長		**北野重雄** 9,30. 辭。**青木實** 9,30. 兼；10,8. 免。**石田磊** 10,8. 由工務 司官任。
特許發明局長		**上原群一郎**
水力電氣建設局長		**本間德雄**
滿洲中央 銀　　行	總　裁	**闕潮洗**
	副總裁	**太澤菊太郎**
滿洲興業 銀　　行	總　裁	**岡田信**
	副總裁	**葆　康**
專賣總局	局　長	**劉紹衣**
	副局長	**原田富一**
奉天稅務 監督署	署　長	**高乃濟**
	副署長	**上加世田成法** 11,10. 調任總務廳參事官。**大田正** 11,10. 署；11,15. 免。**手島朋義** 12,4. 由開拓總局土地處長任。
新京稅務 監督署	署　長	**郭寶森**
	副署長	**河島常夫** 5,1. 調任駐上海領事。**浦山武一** 6,20. 由總務廳參事官任。
哈爾濱稅務 監督署	署　長	**楊乃時** 9,28. 調任地政總局長。**馬錫麟** 9,28. 由錦州署長任。
	副署長	**近藤三雄**
齊齊哈爾稅務 監督署	署　長	**劉秉璋**
	副署長	**山田春雄**

11. 經濟部職官年表（續前）

名 稱 ＼ 年 代		康德九年（1942年）
錦 州 税 務 監 督 署	署 長	**馬錫麟** 9,28. 調任哈爾濱署長。**茅野三郎** 9,28. 署；10,1. 免。**洪維世** 10,1. 新京專賣署長任。
	副署長	**石川周治** 4,10. 辭。**茅野三郎** 4,10. 由新京專賣署副署長任。
牡丹江税務 監 督 署	署 長	**椎葉糺民** 7,10. 由副署長任。
	副署長	**椎葉糺民** 7,10. 調任署長。**朱鳳翥** 8,15. 由税務監督署理事官任。

11. 經濟部職官年表

名　　稱	年　代	康德十年(1943 年)
大　　　　臣		阮振鐸
次　　　　長		青木實
官　　　房		
金　融　司　長		橫山龍一
商　務　司　長		生松净
税　務　司　長		伊地知辰夫
貿　易　司　長		生松净 兼；10,1. 免。**原田富一** 10,1. 由專賣總局副局長任。
工　務　司　長		樋口太郎
礦　山　司　長		石田磊
特　許　發　明　局　長		上原群一郎 3,11. 辭。**笠原通夫** 3,11. 由局理事官署；3,20. 調任延吉專賣署副署長。**熙　清** 3,20. 由奉天專賣署長任。
水力電氣建設局長		本間德雄
滿 洲 中 央銀　　　行	總　裁	闕潮洗 5,3. 辭。**西山勉** 5,3. 任。
	副總裁	太澤菊太郎 5,3. 辭。**徐紹卿** 5,3. 任。
滿 洲 興 業銀　　　行	總　裁	岡田信
	副總裁	葆　康
專　賣　總　局	局　長	劉紹衣
	副局長	原田富一 10,1. 調任貿易司長。**橋本乙次** 10,1. 由本部理事官任。
奉 天 税 務監　督　署	署　長	高乃濟
	副署長	手島朋義
新 京 税 務監　督　署	署　長	郭寶森
	副署長	浦山武一 10,1. 調任經濟部理事官。**中村豐治** 10,1. 由專賣總局理事官任。
哈 爾 濱 税 務監　督　署	署　長	馬錫麟
	副署長	近藤三雄
齊 齊 哈 爾税務監督署	署　長	劉秉璋 2,9. 辭。**山田春雄** 2,9. 署；3,20. 調。**翟克文** 3,20. 由奉天專賣署長任。
	副署長	山田春雄 3,20. 調任牡丹江署長。**神吉末雄** 4,1. 由新京特別市理事官任。

11. 經濟部職官年表（續前）

名　稱	年　代	康德十年(1943 年)
錦州稅務監督署	署　長	洪維世
	副署長	茅野三郎
牡丹江稅務監督署	署　長	椎葉糺民 3,20. 調任奉天專賣署長。山田春雄 3,20. 由齊齊哈爾副署長任。
	副署長	朱鳳翥

11. 經濟部職官年表

名　稱 ＼ 年　代		康德十一年(1944 年)
大　　　臣		**阮振鐸** 12,16. 調任外交大臣。**于靜遠** 12,16. 由民生大臣任。
次　　　長		**青木實**
官　　　房		
金 融 司 長		**橫山龍一**
商 務 司 長		**生松凈**
稅 務 司 長		**伊地知辰夫**
貿 易 司 長		**原田富一**
工 務 司 長		**樋口太郎**
礦 山 司 長		(3,1. 裁)**石田磊** 3,1. 改任金屬司長。
金 屬 司 長		(3,1. 設)**石田磊** 3,1. 由原礦山司長任。
燃 料 司 長		(3,1. 設)**原倖夫** 3,1. 由經濟部理事官任。
特 許 發 明 局 長		**熙　清**
水 力 電 氣 建 設 局 長		(4,1. 裁)**本間德雄** 3,31. 辭。
滿 洲 中 央 銀　　行	總　裁	**西山勉**
	副總裁	**徐紹卿**
滿 洲 興 業 銀　　行	總　裁	**岡田信**
	副總裁	**葆　康** 1,1. 卒。**孫　澂** 2,1. 由本行理事任。
專 賣 總 局	局　長	**劉紹衣**
	副局長	**橋本乙次**
奉 天 稅 務 監　督　署	署　長	**高乃濟**
	副署長	**手島朋義** 8,26. 調任三江省次長。**稻次義一** 9,9. 由經濟部參事官任。
新 京 稅 務 監　督　署	署　長	**郭寶森** 12,16. 調任總務廳統計處長。**中村豐治** 12,16. 署。
	副署長	**中村豐治**
哈 爾 濱 稅 務 監　督　署	署　長	**馬錫麟**
	副署長	**近藤三雄**

11. 經濟部職官年表(續前)

名　稱＼年　代		康德十一年(1944 年)
齊齊哈爾稅務監督署	署　長	翟克文
	副署長	神吉末雄
錦州稅務監督署	署　長	洪維世
	副署長	茅野三郎
牡丹江稅務監督署	署　長	山田春雄
	副署長	朱鳳翥

11. 經濟部職官年表

名　稱 ＼ 年　代		康德十二年(1945 年)
大　　　臣		于靜遠
次　　　長		青木實
官　　　房		
金　融　司　長		橫山龍一 2,1. 改任經濟司長。
商　務　司　長		生松凈 1,31. 辭。
稅　務　司　長		伊地知辰夫
貿　易　司　長		原田富一 1,9. 辭。
工　務　司　長		樋口太郎
金　屬　司　長		石田磊 2,1. 改任鋼鐵司長。
燃　料　司　長		原倖夫 2,1. 改任礦山司長。
(2,1. 改設下列各司)		
礦　山　司　長		原倖夫 2,1. 由原燃料司長任。
鋼　鐵　司　長		石田磊 2,1. 由原金屬司長任；6,12. 辭。原倖夫 6,12. 兼。
工　務　司　長		(5,1. 改稱兵器司長)樋口太郎 5,1. 調任總務廳參事官。石田芳穗 5,1. 由化學司長任。
化　學　司　長		石田芳穗 2,1. 由總務廳參事官任；5,1. 調任兵器司長。長谷川進 5,1. 由經濟部參事官任。
經　濟　司　長		橫山龍一 2,1. 由原金融司長任。
稅　務　司　長		伊地知辰夫 4,23. 辭。青木實 4,23. 署；5,15. 免。金澤辰夫 5,15. 由經濟部參事官任。
特　許　發　明　局　長		熙　清
滿洲中央銀　行	總　裁	西山勉
	副總裁	徐紹卿
滿洲興業銀　行	總　裁	岡田信
	副總裁	孫澂
專賣總局	局　長	劉紹衣 1,25. 辭。路之淦 1,25. 由吉林省民生廳長任；5,12. 調任三江省長。郭寶森 5,12. 由總務廳統計處長任。
	副局長	橋本乙次

11. 經濟部職官年表(續前)

名　稱 ＼ 年　代		康德十二年(1945年)
奉 天 税 務 監 督 署	署　長	高乃濟
	副署長	稻次義一
新 京 税 務 監 督 署	署　長	中村豐治 署;1,15. 免。 章俊民 1,15. 由奉天省實業廳長任。
	副署長	中村豐治 4,15. 調任通化省實業廳長。 今里進三 5,1. 由經濟部參事官任。
哈 爾 濱 税 務 監 督 署	署　長	馬錫麟
	副署長	近藤三雄 4,1. 辭。 田中龜藏 4,1. 由專賣署副署長任。
齊 齊 哈 爾 税 務 監 督 署	署　長	翟克文
	副署長	神吉末雄
錦 州 税 務 監 督 署	署　長	洪維世
	副署長	茅野三郎
牡 丹 江 税 務 監 督 署	署　長	山田春雄
	副署長	朱鳳燾

12. 實業部職官年表

名　稱＼年　代	大同元年(1932年)
總　　長	**張燕卿** 3,9. 任。
次　　長	
總務司長	**藤山一雄** 6,1. 任；9,16. 調任監察院總務處長。 **松島鑑** 9,16. 兼。
農礦司長	**松島鑑** 9,3. 任。
工商司長	**孫　澂** 6,1. 任。

説明：3月9日實業部設總務、農礦、工商三司。

12. 實業部職官年表

名　稱＼年　代	大同二年(1933年)
總　　　　長	張燕卿
次　　　　長	
總　務　司　長	松島鑑兼;6,21.免。高橋康順6,21.任。
農　礦　司　長	松島鑑
工　商　司　長	孫　澂
(9,20.改設下列各司)	
總　務　司　長	高橋康順
農　林　司　長	松島鑑9,30.任。
礦　務　司　長	松島鑑9,30.兼;12,5.免。陳　悟12,5.任。
工　商　司　長	孫　澂
商　標　局　長	(9,13.設)孫　澂9,13.兼。

12. 實業部職官年表

名 稱 ＼ 年 代	大同三年、康德元年(1934 年)
總　　　　長	(3,1 改稱大臣) **張燕卿**
次　　　　長	
總　務　司　長	**高橋康順**
農　林　司　長	**松島鑑**
礦　務　司　長	**陳　悟**
工　商　司　長	**孫　澂**
(3,15. 改設下列各司)	
總　務　司　長	**高橋康順**
農　務　司　長	**松島鑑** 3,15. 任。
林　務　司　長	**松島鑑** 3,15. 兼;5,18. 免。**岸良一** 5,18. 任。
礦　務　司　長	**陳　悟**
工　商　司　長	**孫　澂** 10,26. 免。
商　標　局　長	**孫　澂** 兼;8,22. 免。**胡　靖** 8,22. 任。
權　度　局　長	(2,27. 設) **孫　澂** 2,27. 兼;5,23. 免。**趙　震** 5,23. 任。
臨時産業調查局長	(12,10. 設) **高橋康順** 12,10. 兼。

12. 實業部職官年表

名　稱 ＼ 年　代	康德二年(1935 年)
大　　　　臣	**張燕卿** 5,21. 調任外交大臣。**丁鑑修** 5,21. 由交通大臣任。
次　　　　長	
總　務　司　長	**高橋康順**
農　務　司　長	**松島鑑**
林　務　司　長	**岸良一**
礦　務　司　長	**陳　悟**
工　商　司　長	**張子烇** 1,22. 由錦州省理事官署。
商　標　局　長	**胡　靖**
權　度　局　長	**趙　震**
臨時産業調查局長	**高橋康順**兼。

12. 實業部職官年表

年代 名稱	康德三年(1936年)
大臣	**丁鑑修**
次長	**高橋康順** 8,25. 由總務司長任；10,22. 辭(改任滿洲生命保險株式會社事理長)。
總務司長	**高橋康順** 8,25. 調任本部次長。**高橋康順** 8,25. 兼；10,8 免。**岸信介** 10,8. 由日本商工省工務司長任。
農務司長	**松島鑑**
林務司長	**岸良一**
礦務司長	**陳悟**
工商司長	**張子炳**署；6,20. 調任熱河省實業廳長。**津田廣**?,?. 代。
商標局長	(6,1 裁)**胡靖**
權度局長	**趙震**
臨時產業調查局長	**高橋康順**兼；10,22. 辭。**岸信介** 10,22. 兼。
特許發明局長	(6,1. 設)**高橋康順** 6,1 兼；10,22. 辭。**岸信介** 10,22. 兼。

12. 實業部職官年表

名　稱 ＼ 年　代	康德四年(1937年)6月30日之前
大　　　　臣	**丁鑑修** 5,7. 辭。**呂榮寰** 5,7. 由民政大臣任。
次　　　　長	
總　務　司　長	**岸信介**
農　務　司　長	**松島鑑** 2,1. 辭。**五十子卷三** 2,1. 任。
林　務　司　長①	**岸良一**(7,1. 改任林野局長)
礦　務　司　長	**陳　悟** 6,30. 辭。
工　商　司　長	**津田廣**代。
權　度　局　長	(7,1. 裁)**趙　震**(7,1. 改任林野局副局長)
臨時産業調査局長	(7,1. 裁)**岸信介**兼；6,30. 免。
特　許　發　明　局　長	**岸信介**兼。

註①：7月1日林務司改組爲林野局，爲産業部外局之一。

13. 産業部職官年表

名 稱 ＼ 年 代		康德四年(1937年)7月1日之後
大 臣		**吕榮寰**
次 長		**岸信介** 7,1. 由本部原總務司長任。
官 房		
農 務 司 長		**五十子卷三**
礦 工 司 長		**椎名悦三郎** 7,1. 任。
建 設 司 長		**王慶璋** 7,1. 由奉天市長任。
拓 政 司 長①		**森重千夫**
林野局②	局 長	**岸良一** 7,1. 由原林務司長任；11,10. 辭。**井上俊太郎** 11,10. 由畜産局副局長任。
	副局長	**趙 震** 7,1. 由原權度局長任。
畜産局③	局 長	**濱田陽兒** 7,1. 由原軍政部馬政局長任。
	副局長	**井上俊太郎** 7,1. 任；11,10. 調任林野局長。
特 許 發 明 局 長		**岸信介** 兼。
水利電氣建設局長④		**直木輪太郎** 7,1. 由交通部技監兼。

說明：7月1日實業部改稱産業部。産業部由官房和農務、礦工、建設、拓政四司及其他外局組成。

注①：7月1日由原實業部林政司改設。

注②：7月1日由原軍政部馬政局改設。

注③：7月1日由國務院外政局隸産業部。

注④：7月1日拓政司由原民政部改隸。

13. 產業部職官年表

名　稱 ＼ 年　代		康德五年(1938 年)
大　　　　臣		**呂榮寰**
次　　　　長		**岸信介**
官　　　房		
農　務　司　長		**五十子卷三**
礦　工　司　長		**椎名悦三郎**
建　設　司　長		(翌年 1,1. 裁)**王慶璋**(翌年 1,1. 調任總務廳參事官)
拓　政　司　長①		**森重千夫** 12,24. 辭。
林野局	局　　長	**井上俊太郎**
	副局長	**趙　震**
畜產局②	局　　長	**濱田陽兒**(翌年 1,1. 調任黑河省長)
	副局長	
特　許　發　明　局　長		**岸信介**兼；9,17. 免。**原　武** 9,17. 由駐日本大使館參事官任。
水利電氣建設局長		**直木輪太郎**兼。

註①：翌年 1 月 1 日拓政司改組爲開拓總局,爲產業部外局之一。
註②：翌年 1 月 1 日畜產局復稱馬政局,仍隸治安部。

13. 產業部職官年表

名　稱　＼　年　代	康德六年(1939 年)
大　　　臣	**呂榮寰**
次　　　長	**岸信介** 3,22. 調任總務廳次長。**岸信介** 3,22. 兼；8,1. 免。**柏村稔三** 8,1. 由礦工司長任。
官　　　房	
農　務　司　長	**五十子卷三** 1,1. 調任開拓總局總務處長。**石坂弘** 1,1. 由本部理事官任。
礦　工　司　長	**椎名悦三郎** 3,8. 辭。**柏村稔三** 3,10. 任；8,1. 調任本部次長。
畜　産　司　長	(1,1. 設)**王子衡** 1,1. 由黑河省長任。
(8,1. 改設下列各司)	
農　務　司　長	**石坂弘**
工　務　司　長	**高明達岑** 8,1. 由本部參事官任。
礦　山　司　長	**風早義碻** 8,1. 由本部參事官任。
畜　産　司　長	**王子衡**
開　拓　總　局　長	(1,1. 設)**結城清太郎** 1,1. 由濱江省次長任。
林野局　局　　長	**井上俊太郎** 9,16. 辭。**伊藤莊之助** 9,16. 任。
林野局　副局長	**趙　震** 4,18. 調任哈爾濱市長。**孫柏芳** 7,1. 任。
特　許　發　明　局	**原　武** 11,21. 辭。**柏村稔三** 11,21. 兼。
水利电气建設局　局　　長	**直木輪太郎** 兼；3,22. 改任參議府參議。**本間德雄** 3,22. 由副局長任。
水利电气建設局　副局長	(1,1. 設)**本間德雄** 1,1. 由本局工務處長任；3,22. 調任局長。

13. 產業部職官年表

名　稱 ＼ 年　代	康德七年(1940 年)
大　　　臣	**呂榮寰** 5,16. 調任民生大臣。**于靜遠** 5,16. 由新京特別市副市長任。
次　　　長	**柏村稔三** 5,16. 調任總務廳參事官。**薄田美朝** 3,13. 由總務廳次長代；5,16. 免。**結城清太郎** 5,16. 由開拓總局長任。
官　　　房	
農　務　司　長	**石坂弘** 6,1. 調任本部參事官。
工　務　司　長①	**高明達岑**
礦　山　司　長	**風早義確**
畜　產　司　長	**王子衡** 6,1. 調任農政司長。
(6,1.改設下列各司)	
農　政　司　長	**王子衡** 6,1. 由畜產司長任。
農　產　司　長	**楠見義男** 6,1. 由本部參事官任。
畜　產　司　長	**大迫幸男** 6,1. 由哈爾濱副市長任。
開　拓　總　局　長	**結城清太郎** 5,16. 調任產業部次長。**結城清太郎** 6,1. 兼；7,3. 免。**稻垣征夫** 7,3. 由滿洲拓殖委員會事務總長任。
林野局　局　長	**伊藤莊之助**
林野局　副局長	**孫柏芳**
特許發明局	**柏村稔三**兼；3,19. 免。**上原群一郎** 3,19. 由技正任。
水利电气建設局　局　長	**本間德雄**
水利电气建設局　副局長	
特　產　局　長	(6,1. 設)**石坂弘** 6,1. 由產業部參事官兼；11,1. 辭。**野田清武** 11,1. 由駐日本大使館參事官任。

說明：6 月 1 日產業部改稱興農部。

註①：6 月 1 日產業部工務、礦山二司及特許發明局、水力電氣建設局改隸經濟部。

14. 興農部職官年表

名　稱 ＼ 年代	康德八年(1941年)
大　臣	于静遠
次　長	結城清太郎 7,19. 辭。稻垣征夫 7,19. 由開拓總局長任。
官　房	
農政司長	王子衡 6,2. 調入協和會。呂作新 7,1. 由本部參事官任。
農産司長	楠見義男 10,1. 調任糧政司長。高倉正 10,1. 由開拓總局招墾處長任。
糧政司長	(1,1設)楠見義男 10,1. 由農産司長任。
畜産司長	大迫幸男 2,4. 調任新京特別市副市長。結城清太郎 2,4. 署;5,1免。 横堀善四郎 5,1. 由技正署。
開拓總局長	稻垣征夫 7,19. 調任本部次長。稻垣征夫 7,19. 兼。
林野局　局　長	伊藤莊之助
林野局　副局長	孫柏芳
馬政局①　局　長	游佐幸平
馬政局①　副局長	錢魯民 7,17. 由安東省實業廳長任。
特産局長	(10,1.裁)野田清武 6,2. 調任總務廳參事官。楠見義男 6,2. 署。

註①：1月1日馬政局由治安部劃歸興農部。

440

14. 興農部職官年表

名　稱 ＼ 年　代	康德八年(1942 年)
大　　　臣	**于静遠** 9,28. 調任民生大臣。**黄富俊** 9,28. 由龍江省長任。
次　　　長	**稻垣征夫**
官　　　房	
農 政 司 長	**吕作新**
農 産 司 長	**高倉正**
糧 政 司 長	**楠見義男** 4,20. 調任總務廳企劃長。**稻垣征夫** 4,20. 署；8,13. 免。 **青柳碓郎** 8,13. 任。
畜 産 司 長	**横堀善四郎** 署；12,21. 任。
開 拓 總 局 長	**稻垣征夫** 兼；5,18. 免。**五十子卷三** 5,18. 由吉林省次長任。
林野局 局　　長	**伊藤莊之助**
林野局 副 局 長	**孫柏芳** 9,29. 調任三江省長。**袁慶清** 9,29. 由祭祀府奉祀官任。
馬政局 局　　長	**游佐幸平** 4,8. 辭。**和田義雄** 4,8. 由陸軍中將任。
馬政局 副 局 長	**錢魯民** 12,4. 辭。

14. 興農部職官年表

名　稱 年　代		康德十年(1943 年)
大　　　臣		**黃富俊**
次　　　長		**稻垣征夫**
官　　　房		
農 政 司 長		**呂作新** 7,22. 調任農產司長。**牧野克已** 7,22. 由總務廳參事官任。
農 產 司 長		**高倉正** 7,22. 調任總務廳企劃處長。**呂作新** 7,22. 由農政司長任。
糧 政 司 長		**青柳確郎** 10,1. 辭。**田中孫平** 10,1. 由開拓總局土地處長任。
畜 產 司 長		**橫堀善四郎** 7,22. 辭。**井上實** 7,22. 由總務廳參事官任。
合作社司長		(9,1 設)**稻垣征夫** 9,1. 署;10,1. 免。**寺岡健次郎** 10,1. 由遼陽縣副縣長任。
開拓總局長		**五十子卷三**
林野局	局　　長	**伊藤莊之助** 2,10. 改任林野總局長。
	副局長	**袁慶清** 2,10. 調任馬政局副局長。
林野總局長①		(2,10. 設)**伊藤莊之助** 2,10. 任。
馬政局	局　　長	**和田義雄**
	副局長	**袁慶清** 2,10. 任。

註①:2 月 10 日林野局改組爲林野總局。

14. 興農部職官年表

名 稱　　年 代	康德十一年(1944 年)
大　　　臣	黄富俊
次　　　長	稻垣征夫
官　　　房	
農 政 司 長	牧野克已
農 産 司 長	呂作新
糧 政 司 長	田中孫平
畜 産 司 長	井上實
合 作 社 司 長	寺岡健次郎
開 拓 總 局 長	五十子卷三
林野總局長①	伊藤莊之助 7,21. 調任總務廳參事官。松川恭佐 7,21. 由牡丹江營林局長任。
馬政局　局　　長	和田義雄 11,25. 辭。野澤北地 11,25. 任。
副 局 長	袁慶清 12,16. 調任哈爾濱市長。

14. 興農部職官年表

名　稱 ＼ 年　代	康德十二年(1945 年)
大　　臣	**黄富俊**
次　　長	**稻垣征夫** 5,15. 辭。 **島崎庸一** 5,15. 由總務廳弘報處長任。
官　　房	
農 政 司 長	**牧野克己**
農 産 司 長	**呂作新**
糧 政 司 長	**田中孫平** 6,1. 調任開拓總局長。 **井上實** 6,1. 由本部參事官任。
畜 産 司 長	(5,1. 改稱畜政司長) **井上實** 5,1. 調任本部參事官。 **野澤北地** 5,1. 由馬政局長任。
林 政 司 長	(5,1. 設) **松川恭佐** 5,1. 由林野總局長任。
合作社司長	**寺岡健次郎**
開拓總局長	**五十子卷三** 6,1. 調任東滿省長。 **田中孫平** 6,1. 由糧政司長任。
林野總局長	(5,1. 裁) **松川恭佐** 5,1. 調任林政司長。
馬政局① 局　長	**野澤北地** 5,1. 調任畜政司長。
馬政局① 副局長	

註①：5 月 1 日馬政局裁。

15. 交通部職官年表

名　稱 ＼ 年　代		大同元年(1932年)
總　　　長		丁鑑修 3,9. 任。
次　　　長		
總　務　司　長		森田成之 6,1. 兼。
鐵　道　司　長		森田成之 6,1. 任。
郵　務　司　長		藤原保明 6,10. 任。
水　運　司　長		森田成之 6,1. 兼。
中東鐵路督辦		李紹庚 3,12. 代。
奉天電政管理局①	局　長	中島俊雄 7,7. 任。
	副局長	白錫澤 7,7. 任。
哈爾濱電政管理局	局　長	岐部與平 7,7. 任。
	副局長	范培忠 7,7. 任。

説明：3月9日交通部設總務、鐵道、郵務、水運四司。

註①：7月7日設電政管理局。

15. 交通部職官年表

名　稱　＼　年　代	大同二年(1933 年)
總　　　　　長	丁鑑修
次　　　　　長	
總　務　司　長	森田成之兼；5,16. 免。迫喜平次5,16. 由總務廳人事處長任。
鐵　道　司　長	森田成之
郵　務　司　長	藤原保明
水　運　司　長	森田成之兼。
(5,31.改設下列各司)	
總　務　司　長	迫喜平次
路　政　司　長	森田成之5,31任。
郵　務　司　長	藤原保明
中　東　鐵　路　督　辦	(6,1.改稱北滿鐵路督辦)李紹庚代；6,1. 任。
奉天電政管理局　局　長	中島俊雄9,1. 改任奉天郵政管理局副局長。
奉天電政管理局　副局長	白錫澤8,31. 辭。
哈爾濱電政管理局　局　長	岐部與平9,1. 改任哈爾濱郵政管理局長。
哈爾濱電政管理局　副局長	范培忠8,31. 辭。
奉天電政管理局①　局　長	中島俊雄9,1. 代。
奉天電政管理局①　副局長	中島俊雄9,1. 由原奉天電政管理局長任。
哈爾濱電政管理局　局　長	岐部與平9,1. 由原哈爾濱電政管理局長任。
哈爾濱電政管理局　副局長	
哈爾濱航政局長	(7,1. 設)嚴東漢7,1. 任。
安東航政局長	(7,1. 設)張景弼7,1. 任。
營口航政局長	(7,1. 設)李鳳翥7,1. 任。

註①：9 月 1 日設郵政管理局。

15. 交通部職官年表

名 稱 ＼ 年 代		大同三年、康德元年(1934年)
總　　　　長		(3,1. 改稱大臣)**丁鑑修**
次　　　　長		
總 務 司 長		**迫喜平次**11,6. 辭。**竹内德亥**11,30. 由民政部總務司長任。
路 政 司 長		**森田成之**
郵 務 司 長		**藤原保明**
北 滿 鐵 路 督 辦		**李紹庚**
奉 天 郵 政 管 理 局	局　長	**中島俊雄**代。
	副局長	**中島俊雄**
哈 爾 濱 郵 政 管 理 局	局　長	**岐部與平**
	副局長	
新 京 郵 政 管 理 局 (11,1. 設)	局　長	
	副局長	**代谷勝三**11,1. 由交通部理事官任。
哈 爾 濱 航 政 局 長		**嚴東漢**
安 東 航 政 局 長		**張景弼**
營 口 航 政 局 長		**李鳳翯**

15. 交通部職官年表

名 稱 ＼ 年 代		康德二年(1935年)
大　　　　臣		丁鑑修 5,21. 調任實業大臣。李紹庚 5,21. 由原北滿鐵路督辦任。
次　　　　長		
總　務　司　長		竹内德亥 2,26. 調任奉天省總務廳長。藤原保明 ?,?. 兼。
路　政　司　長		森田成之
郵　務　司　長		藤原保明
北 滿 鐵 路 督 辦		(3,23. 裁) 李紹庚
奉天郵政 管 理 局	局　長	中島俊雄 代。
	副局長	中島俊雄
哈爾濱電政 管 理 局	局　長	岐部與平
	副局長	
新京郵政 管 理 局	局　長	
	副局長	代谷勝三
哈 爾 濱 航 政 局 長		嚴東漢
安 東 航 政 局 長		張景弼
營 口 航 政 局 長		李鳳翯

15. 交通部職官年表

名　稱 ＼ 年　代		康德三年(1936 年)
大　　　臣		李紹庚
次　　　長		
總　務　司　長		藤原保明兼；1,14. 辭。平井出貞三 1,15. 任。
路　政　司　長		森田成之
郵　務　司　長		藤原保明 1,14. 辭。平井出貞三 1,15. 兼。
奉天郵政管理局	局　長	中島俊雄代；4,7. 由副局長任。
	副局長	中島俊雄 4,7. 調任局長。金振民 11,10. 由交通部理事官任。
哈爾濱電政管理局	局　長	岐部與平
	副局長	
新京郵政管理局	局　長	范培忠 4,14. 任。
	副局長	代谷勝三
哈爾濱航政局長		嚴東漢 6,19. 卒。堀內竹次郎?,?. 代。張景弼 9,8. 由安東航政局長任。
安東航政局長		張景弼 9,8. 調任哈爾濱航政局長。徐寶斌 9,8. 任。
營口航政局長		李鳳翯

15. 交通部職官年表

名　稱 ＼ 年　代		康德四年(1937年)6月30日之前
大　　　臣		李紹庚
次　　　長		
總　務　司　長		平井出貞三
路　政　司　長		森田成之
郵　務　司　長		平井出貞三兼。
奉 天 郵 政 管 理 局	局　長	中島俊雄
	副局長	金振民
哈爾濱電政 管 理 局	局　長	岐部與平
	副局長	
新 京 郵 政 管 理 局	局　長	范培忠
	副局長	代谷勝三
哈爾濱航政局長①		張景弼
安 東 航 政 局 長		徐寶斌
營 口 航 政 局 長		李鳳翥

註①:7月1日航政局改稱航務局。

15. 交通部職官年表

名 稱 / 年 代		康德四年(1937年)7月1日之後
大　　臣		**李紹庚**
次　　長		**平井出貞三** 7,1. 由本部原總務司長任。
官　　房		
鐵 路 司 長		**森田成之** 7,1. 由原路政司長任。
道 路 司 長		**坂田昌亮** 7,1. 任。
航 政 司 長		**孔世培** 7,1. 由吉林省土木廳長任。
郵 政 總 局 (7,1. 設)	局　長	**鄭　禹** 7,1. 由國都建設局長兼。
	副局長	**岡本忠雄** 7,1. 任。
奉 天 郵 政 管 理 局	局　長	**中島俊雄**
	副局長	**金振民**
哈 爾 濱 電 政 管 理 局	局　長	**岐部與平**
	副局長	**邵先周** 7,1. 任。
新 京 郵 政 管 理 局	局　長	**范培忠**
	副局長	**代谷勝三**
錦州郵政管理 局(11,1. 設)	局　長	**陳叔達** 11,1. 由民生部理事官任。
	副局長	**松岡三雄** 11,1. 由郵政管理局理事官任。
哈 爾 濱 航 務 局 長		**張景弼**
安 東 航 務 局 長		**徐寶斌** 7,1. 調任營口局長。**水原義雄** 7,1. 任。
營 口 航 務 局 長		**李鳳壽** 7,1. 調任安東警察廳長。**徐寶斌** 7,1. 由安東局長任。

説明:交通部由官房和鐵路、道路、航政三司以及外局組成。

15. 交通部職官年表

名　稱 ＼ 年　代		康德五年(1938 年)
大　　　臣		李紹庚
次　　　長		平井出貞三
官　　　房		
鐵　路　司　長		森田成之 2,10. 調任錦州省次長。**向野元生** 2,10. 由交通部理事官任。
道　路　司　長		坂田昌亮
航　政　司　長		孔世培
郵　政　總　局	局　長	鄭　禹 1,1. 任；7,28. 調任奉天市長。**張書翰** 7,28. 由内務局監督處長任。
	副局長	岡本忠雄
奉天郵政管理局	局　長	中島俊雄
	副局長	金振民
哈爾濱電政管理局	局　長	岐部與平 9,28. 調任牡丹江省次長。**代谷勝三** 9,10. 由新京局副局長任。
	副局長	邵先周
新京郵政管理局	局　長	范培忠
	副局長	代谷勝三 9,30. 調任哈爾濱局長。**松岡三雄** 9,30. 由錦州局副局長任。
錦州郵政管理局	局　長	陳叔達
	副局長	松岡三雄 9,30. 調任新京局副局長。**仲西實秋** 9,30. 由局理事官任。
哈爾濱航務局長		張景弼
安東航務局長		水原義雄
營口航務局長		徐寶斌

15. 交通部職官年表

名 稱 ＼ 年 代	康德六年(1939年)
大　　　臣	**李紹庚**
次　　　長	**平井出貞三** 2,8. 辭。**飯野毅夫** 2,8. 任。
官　　　房	
鐵　路　司　長	**向野元生** 4,18. 調任牡丹江省次長。**松井退藏** 4,18. 由交通部參事官任。
道　路　司　長	**坂田昌亮** 6,1. 調任交通部技監。**町田義知** 6,1. 由交通部技正任。
航　政　司　長	**孔世培** 9,25. 調任郵政總局長。**范培忠** 9,25. 由新京郵政管理局長任。
都邑計劃司長(7,1.設)	**沼田征矢雄** 7,1. 由交通部技監任。

郵政總局	局　　長	**張書翰** 8,19. 調任通化省長。**飯野毅夫** 8,19. 兼;9,25. 免。**孔世培** 9,25. 由航政司長任。
	副局長	**岡本忠雄** 4,28. 調任總務廳參事官。**小原二三夫** 4,18. 由交通部理事官任。
奉天郵政管理局	局　　長	**中島俊雄** 3,31. 辭。**宮本武夫** 3,31. 由郵政總局理事官任。
	副局長	**金振民** 9,25. 調任錦州局長。**臧又青** 9,25. 由郵政總局理事官任。
新京郵政管理局	局　　長	**代谷勝三**
	副局長	**邵先周** 7,31. 調任總務廳參事官。**董敏舒** 8,1. 由郵政總局理事官任。
新京郵政管理局	局　　長	**范培忠** 9,25. 調任交通部航政司長。**陳叔達** 9,25. 由錦州局長任。
	副局長	**松岡三雄**
錦州郵政管理局	局　　長	**陳叔達** 9,25. 調任新京局長。**金振民** 9,25. 由奉天局副局長任。
	副局長	**仲西實秋**

哈爾濱航務局長	**張景弼**
安東航務局長	**水原義雄**
營口航務局長	**徐寶斌**

15. 交通部職官年表

名　稱＼年　代	康德七年（1940 年）
大　　　　臣	**李紹庚** 12,6. 調任駐日本大使。**阮振鐸** 12,6. 由駐日本大使任。
次　　　　長	**飯野毅夫**
官　　　　房	
鐵　路　司　長	**松井退藏**
道　路　司　長	**町田義知**
水　路　司　長	(1,1. 由航路司長改)**范培忠** 6,1. 調任都邑計劃司長。**町田義知** 6,1. 兼；7,3. 免。**坂上丈三郎** 7,3. 任。
航　空　司　長	(1,1. 設)**内海二郎** 1,1. 由交通部理事官署。
都邑計劃司長	**沼田征矢雄** 6,1. 調任總務廳參事官。**范培忠** 6,1. 由水路司長任。
郵 政 總 局	局　長	**孔世培** 3,19. 辭。**徐紹卿** 3,19. 由駐意大利公使任。
	副局長	
奉 天 郵 政 管 理 局	局　長	**宮本武夫** 1,1. 調任郵政總局郵政處長。**松岡三雄** 1,16. 由新京局副局長任。
	副局長	**臧又青**
哈 爾 濱 電 政 管 理 局	局　長	**代谷勝三** 1,16. 辭。**仲西實雄** 1,16. 由錦州局副局長任。
	副局長	**董敏舒** 5,21. 調任交通部參事官。**楊葆恒** 9,1. 由郵政總局理事官任。
新 京 郵 政 管 理 局	局　長	**陳叔達** 1,1. 調任郵政總局儲金保險處長。**白錫澤** 1,1. 任。
	副局長	**松岡三雄** 1,16. 調任奉天局局長。**米田清吉** 1,16. 由局理事官任。
錦 州 郵 政 管 理 局	局　長	**金振民**
	副局長	**仲西實雄** 1,16. 調任哈爾濱局局長。**林數馬** 1,16. 由局理事官任。
牡丹江郵政管理局(4,1. 設)	局　長	**金丸德重** 4,1. 由郵政總局理事官署；12,16. 任。
	副局長	
哈爾濱航務局長	**張景弼**
安東航務局長	**水原義雄**
營口航務局長	**徐寶斌**

454

15. 交通部職官年表

名 稱		年 代	康德八年(1941年)
大　臣			阮振鐸
次　長			飯野毅夫
官　房			
鐵 路 司 長			松井退藏
道 路 司 長			町田義知
水 路 司 長			坂上丈三郎
航 空 司 長			内海二郎署；7,1.任。
都 邑 計 劃 司 長			范培忠
郵 政 總 局	局　長		徐紹卿
	副局長		
奉 天 郵 政 管 理 局	局　長		松岡三雄6,2.調任駐意大利公使館參事官。勝矢和三6,2.由郵政總局理事官任。
	副局長		臧又青
哈 爾 濱 電 政 管 理 局	局　長		仲西實雄
	副局長		楊葆恒
新 京 郵 政 管 理 局	局　長		白錫澤
	副局長		米田清吉7,16.辭。林數馬7,16.由錦州局副局長任。
錦 州 郵 政 管 理 局	局　長		金振民
	副局長		林數馬7,16.調任新京局副局長。藤井佳吉7,16.由交通部理事官任。
牡丹江郵政 管理局(4,1.設)	局　長		金丸德重
	副局長		張漢仁7,1.由郵政總局理事官任。
哈 爾 濱 航 務 局 長			張景弼
安 東 航 務 局 長			水原義雄11,13.調任營口航務局長。北岡昆11,13.由安東航務局理事官任。
營 口 航 務 局 長			徐寶斌11,13.調任奉天省參事官。水原義雄11,13.由安東航務局長任。

455

15. 交通部職官年表

名　　稱	年　代	康德九年(1942年)
大　　　　　臣		阮振鐸 9,28. 調任經濟大臣。　谷次亨 9,28. 由民生大臣任。
次　　　　　長		飯野毅夫
官　　　　　房		
鐵　路　司　長		松井退藏 3,5. 調任審計官。飯野毅夫 3,5. 署;4,18. 免。高橋威夫 4,18. 由本部參事官署;6,6. 任。
道　路　司　長		町田義知
水　路　司　長		坂上丈三郎
航　空　司　長		內海二郎
都邑計劃司長		范培忠 9,28. 調任禁煙總局長。飯野毅夫 9,28. 署;12,11. 免。董敏舒 12,11. 由郵政總局儲金保險處長任。
郵政總局	局　　長	徐紹卿 9,28. 調任奉天省長。王慶璋 9,28. 由駐上海總領事任。
郵政總局	副局長	
奉天郵政管理局	局　　長	勝矢和三 2,13. 調任郵政總局郵政處長。金丸德重 3,1. 由牡丹江局長任。
奉天郵政管理局	副局長	臧又青
哈爾濱電政管理局	局　　長	仲西實雄 3,1. 調任總務廳參事官。槙田猷太郎 3,1. 由新京財務處長任。
哈爾濱電政管理局	副局長	楊葆恒
新京郵政管理局	局　　長	白錫澤
新京郵政管理局	副局長	林數馬
錦州郵政管理局	局　　長	金振民 12,11. 調任郵政局儲金保險處長。于壽彭 12,11. 由交通部參事官任。
錦州郵政管理局	副局長	藤井佳吉
牡丹江郵政管理局(4,1.設)	局　　長	金丸德重 3,1. 調任奉天局局長。山田龜一 3,1. 以郵政總局理事官署;7,1. 以郵政管理局理事官署;12,11. 任。
牡丹江郵政管理局(4,1.設)	副局長	張漢仁 11,10. 調任國民勤勞奉公局參事官。王保純 11,10. 由郵政總局理事官任。
哈爾濱航務局長		張景弼
安東航務局長		北岡昆 12,14. 辭。　關正雄 12,14. 署。
營口航務局長		水原義雄

456

15. 交通部職官年表

名　　稱 / 年　代		康德十年(1943 年)
大　　　臣		谷次亨
次　　　長		**飯野毅夫** 4,1. 辭。**田倉八郎** 4,1. 任。
官　　　房		
鐵 路 司 長		**高橋威夫**
道 路 司 長		**町田義知**
水 路 司 長		**坂上丈三郎** 4,1. 調任交通部技正。**沼田征矢雄** 4,1. 由總務廳參事官任。
航 空 司 長		**内海二郎** 署；1,20. 調任總務廳參事官。**飯野毅夫** 1,20. 署；4,1. 辭。**田倉八郎** 4,1. 署；5,18. 免。**深川太郎** 5,18. 任。
都邑計劃司長		**董敏舒**
郵 政 總 局	局　長	**王慶璋**
	副局長	
奉 天 郵 政 管 理 局	局　長	**金丸德重** 6,1. 辭。**藤井佳吉** 6,1. 由錦州局副局長任。
	副局長	**臧又青**
哈 爾 濱 電 政 管 理 局	局　長	**槇田猷太郎**
	副局長	**楊葆恒**
新 京 郵 政 管 理 局	局　長	**白錫澤**
	副局長	**林數馬**
錦 州 郵 政 管 理 局	局　長	**于壽彭**
	副局長	**藤井佳吉** 6,1. 調任奉天局局長。**小島榮次郎** 6,1. 由局理事官任。
牡 丹 江 郵 政 管 理 局	局　長	**山田龜一**
	副局長	**王保純**
哈爾濱航務局	局　長	**張景弼**
	副局長	(2,16. 設)**佐藤通男** 3,20. 由航務局理事官任。
安東航務局長		**關正雄** 署；2,1. 免。**山野井四郎** 2,1. 由稅關理事官任。
營口航務局長		**水原義雄**

15. 交通部職官年表

名 稱	年 代	康德十一年(1944年)
大　　臣		谷次亨
次　　長		田倉八郎
官　　房		
鐵　路　司　長		高橋威夫 3,1. 改任運輸司長。
道　路　局　長		町田義知 3,1. 改任土木總局長。
水　路　司　長		沼田征矢雄 3,1. 改任理水司長。
航　空　司　長		深川太郎 3,1. 改任航空電政司長。
都邑計劃司長		董敏舒 3,1. 調任總務廳參事官。
(3,1.改設下列各司)		
運　輸　司　長		高橋威夫 3,1. 任;10,31. 辭。本多静 11,1. 任。
航 空 電 政 司 長		深川太郎 3,1. 任;11,20. 調任郵政總局副局長。勝矢和三 11,20. 由郵政總局副局長任。
建　設　司　長		溝江五月 3,1. 由奉天省建設廳長任;13,28. 辭。大石義郎 12,28. 由理水司長任。
理　水　司　長		沼田征失雄 3,1. 任;6,1. 調任總務參事官。坂上丈三郎 6,1. 由交通部技監署;8,25. 免。大石義郎 8,25. 任;12,28. 調任建設司長。大石義郎 12,28. 兼。
郵 政 總 局	局　長	王慶璋 12,16. 調任駐泰國公使。羅振邦 12,16. 由駐意大利公使任。
	副局長	勝矢和三 3,1. 由郵政總局郵政處長任;11,20. 調任航空電政司長。深川太郎 11,20. 由交通部航空電政司長任。
奉 天 郵 政 管 理 局	局　長	藤井佳吉
	副局長	臧又青 3,1. 調任錦州局局長　薛紹齊 3,1. 由交通部參事官任。
哈 爾 濱 電 政 管 理 局	局　長	槇田猷太郎
	副局長	楊葆恒
新 京 郵 政 管 理 局	局　長	白錫澤 12,31. 辭。董敏舒 12,31. 由總務廳參事官任。
	副局長	林數馬
錦 州 郵 政 管 理 局	局　長	于壽彭 3,1. 調任哈爾濱航務局長。臧又青 3,1. 由奉天局副局長任。
	副局長	小島榮次郎
牡 丹 江 郵 政 管 理 局	局　長	山田龜一
	副局長	王保純

15. 交通部職官年表(續前)

名 稱 \ 年 代		康德十一年(1944年)
哈爾濱航務局	局 長	**張景弼** 3,1. 調任總務廳參事官。**于壽彭** 3,1. 由錦州郵政管理局長任。
	副局長	**佐藤通男**
安東航務局長		**山野井四郎**
營口航務局長		**水原義雄**
土 木 總 局 長		(3,1. 設)**町田義知** 3,1. 由交通部原道路司長任。

15. 交通部職官年表

名　　　稱	年　代	康德十二年(1945 年)
大　　　　　臣		谷次亨
次　　　　　長		田倉八郎
官　　　　　房		
運　輸　司　長		本多静
航空電政司長		勝矢和三
土木統建司長		(3,20. 設)桑原英治 3,20. 由建築局行政處長任。
建　設　司　長		大石義郎
理　水　司　長		大石義郎兼;4,1. 免。照井隆三郎 4,1. 由總務廳參事官任。
郵 政 總 局	局　　長	王慶璋
	副局長	深川太郎
奉 天 郵 政管 理 局	局　　長	藤井佳吉 7,10. 調任土木總局參事官。山田龜一 7,10. 由牡丹江局局長任。
	副局長	薛紹齊
哈 爾 濱 郵 政管 理 局	局　　長	槇田猷太郎 7,20. 調任總務廳參事官。佐藤通男 7,20. 由哈爾濱航務局副局長任。
	副局長	楊葆恒
新 京 郵 政管 理 局	局　　長	董敏舒
	副局長	林數馬
錦 州 郵 政管 理 局	局　　長	臧又青
	副局長	小島榮次郎
牡 丹 江 郵 政管 理 局	局　　長	山田龜一 7,1. 調任奉天局局長。福島安雄 7,10. 任。
	副局長	王保純
哈爾濱航務局	局　　長	于壽彭
	副局長	佐藤通男 7,20. 調任哈爾濱郵政管理局長。遠山四男 8,1. 由郵政總局參事官任。
安東航務局	局　　長	山野井四郎 6,2. 調任觀象臺理事官。五十嵐真作 7,2. 由安東省交通廳長兼。
	副局長	(7,2. 設)小田原三郎 7,2. 由交通部技正任。
營口航務局長		水原义雄

460

15. 交通部職官年表(續前)

名　稱　＼　年　代	康德十二年(1945年)
土木總局長	**町田義知**
建 築 局 長	(3,20. 由國務院改隸)**岡大路**

16. 司法部職官年表

名　稱 ＼ 年　代	大同元年(1932年)
總　　長	馮涵清 3,9. 任。
次　　長	
總務司長	阿比留乾二 6,1. 任。
法務司長	栗山茂二 6,1. 任。
行刑司長	程　崇 4,26. 署；8,24. 調署東省特別區高等法院院長。戴　仁 9,22. 代。

説明：3月9日司法部設總務、法務、行刑三司。

16. 司法部職官年表

名　稱＼年　代	大同元年(1933 年)
總　長	**馮涵清**
次　長	
總務司長	**阿比留乾二** 10,25. 辭。**古田正武** 10,25. 任。
法務司長	**栗山茂二**
行刑司長	**戴　仁** 代；?,?. 調任最高法院推事。**孫祖澤** 2,6. 署。

16. 司法部職官年表

名　稱 ＼ 年　代	大同三年、康德元年(1934 年)
總　　　　　長	(3,1. 改稱大臣)**馮涵清**
次　　　　　長	
總　務　司　長	**古田正武**
法　務　司　長	**栗山茂二** 3,15. 調任北滿特別區高等法院推事。
行　刑　司　長	**孫祖澤**署。
(3,15. 改設下列各司)	
總　務　司　長	**古田正武**
民　事　司　長	**青木佐治彦** 3,26. 任。
刑　事　司　長	**飯塚敏夫** 3,26. 任。
行　刑　司　長	**孫祖澤**署；3,21. 免。**王允卿** 3,21. 由吉林高等檢察廳長署。
司法部法學校校長	(8,18. 設)**古田正武**?,?. 兼。

16. 司法部職官年表

名　　稱 ＼ 年　代	康德二年(1935年)
大　　　　　臣	馮涵清
次　　　　　長	
總　務　司　長	古田正武
民　事　司　長	青木佐治彦
刑　事　司　長	飯塚敏夫
行　刑　司　長	王允卿署；1,22. 調任最高檢察廳檢察官。王允卿1,22. 兼。
司法部法學校校長	古田正武兼。

16. 司法部職官年表

名　　稱　＼　年　代	康德三年(1936 年)
大　　　　　臣	**馮涵清**
次　　　　　長	**古田正武** 6,9. 由總務司長任。
總　務　司　長	**古田正武** 6,9. 調任本部次長。　**古田正武** 6,9. 兼。
民　事　司　長	**青木佐治彦**
刑　事　司　長	**飯塚敏夫**
行　刑　司　長	**王允卿** 兼；7,1. 任。
司法部法學校校長	**古田正武** 兼。

16. 司法部職官年表

名　　　稱 ＼ 年　代	康德四年(1937年)6月30日之前
大　　　　　臣	**馮涵清** 5,7. 辭。**張煥相** 5,7. 任。
次　　　　　長	**古田正武**
總　務　司　長	**古田正武** 兼。
民　事　司　長	**青木佐治彥**
刑　事　司　長	**飯塚敏夫**
行　刑　司　長	**王允卿** (7,1. 調任奉天省民政廳長)
司法部法學校校長	**古田正武** 兼。

16. 司法部職官年表

名　　　　稱 ＼ 年　代	康德四年(1937年)7月1日之後
大　　　　臣	**張煥相**
次　　　　長	**古田正武** 12,11. 調任參議府參議。　**及川德助** 12,11. 由審判官任。
官　　　　房	
民　事　司　長	**青木佐治彦**
刑　事　司　長	**飯塚敏夫** 7,24. 辭。　**前野茂** 7,24. 由本部理事官任。
行　刑　司　長	**程義明** 7,1. 由檢察官任。
司法部法學校校長	**古田正武**兼；12,11. 調。　**及川德助** 12,11. 兼。

説明：7月1日司法部由官房及民事、刑事、行刑三司組成。

16. 司法部職官年表

名 稱 ＼ 年 代	康德五年(1938年)
大　　　臣	**張焕相**
次　　　長	**及川德助**
官　　　房	
民　事　司　長	**青木佐治彦** 3,22. 調任總務廳法制處長。**菅原達郎** 3,22. 由司法部理事官任。
刑　事　司　長	**前野茂**
行　刑　司　長	**程義明**
司法部法學校校長	**及川德助** 兼。

16. 司法部職官年表

名　　　　稱 ＼ 年　代	康德六年(1939 年)
大　　　　　　臣	**張煥相**
次　　　　　　長	**及川德助**
官　　　　　　房	
民　事　司　長	**菅原達郎** 7,1. 調任大同學院教官。**菅原達郎** 7,1. 兼。
刑　事　司　長	**前野茂** 4,18. 調任總務廳人事處長。**國分友治** 4,24. 由哈爾濱高等檢察廳次長任。
行　刑　司　長	**程義明**
司法部法學校校長	(4,20. 裁)**及川德助**兼。
法 政 大 學 學 長①	(1,1. 設)**筒井雪郎** 1,1. 代。

註①:新京法政大學隸屬民生部,本表爲方便計列於此處。

16. 司法部職官年表

名　稱 ＼ 年　代	康德七年(1940 年)
大　　　臣	**張焕相**
次　　　長	**及川德助** 12,23. 辭。**前野茂** 12,23. 由總務廳人事處長任。
官　　　房	
民 事 司 長	**菅原達郎** 兼；7,16. 免。**萬歲規矩樓** 7,16. 任。
刑 事 司 長	**國分友治** 12,19. 辭。
行 刑 司 長	**程義明** 1,23. 調任新京高等檢察廳長。**王夢齡** 1,23. 由審判官任。
法政大學學長	**筒井雪郎** 代；10,16. 免。**田所耕耘** 10,16. 任。

16. 司法部職官年表

名　稱 ＼ 年　代	康德八年(1941年)
大　　　臣	張煥相
次　　　長	前野茂
官　　　房	
民 事 司 長	萬歲規矩樓
刑 事 司 長	北村久直 1,23. 由哈爾濱高等檢察廳次長任。
行 刑 司 長	王夢齡
法政大學學長	田所耕耘

16. 司法部職官年表

名　　稱 ＼ 年　代	康德九年(1942 年)
大　　　　臣	**張煥相** 9,28. 調任參議府參議。**閻傳紱** 9,28. 由吉林省長任。
次　　　　長	**前野茂**
官　　　　房	
民 事 司 長	**萬歲規矩樓**
刑 事 司 長	**北村久直** 9,1. 調任最高檢察廳檢察官。**太田耐造** 9,1. 任。
行 刑 司 長	**王夢齡**
法政大學學長	**田所耕耘**

473

16. 司法部職官年表

名　稱 ＼ 年　代	康德十年(1943年)
大　　　臣	**閻傳紱**
次　　　長	**前野茂**
官　　　房	
民 事 司 長	**萬歲規矩樓** 7,12. 辭。**前澤忠成** 7,17. 由審判官任。
刑 事 司 長	**太田耐造**
行 刑 司 長	(4,27. 裁)**王夢齡** 4,1. 調任新京高等法院院長。
司法矯正總局長	(4,27. 設)**中井久二** 4,27. 由司法部參事官任。
法 政 大 學 學 長	**田所耕耘** 3,15. 退官。**木田清** 3,15. 由民生部教育司長署。**柴田健太郎** 6,16. 由新京高等法院次長任。

16. 司法部職官年表

名 稱 ＼ 年 代		康德十一年(1944 年)
大　　臣		閻傳紱
次　　長		前野茂
官　　房		
民 事 司 長		前澤忠誠
刑 事 司 長		太田耐造 12,25. 辭。 杉原一策 12,25. 由新京高等檢察廳次長任。
司法矯正總局	局　長	中井久二
	副局長	(5,1. 設)
法政大學學長		柴田健太郎

16. 司法部職官年表

名　稱 ＼ 年　代		康德十二年(1945 年)
大　　　臣		**閻傳紱**
次　　　長		**前野茂** 7,10. 調任文教部次長。 **辻剃郎** 7,10. 由最高法院次長任。
官　　　房		
民 事 司 長		**前澤忠成** 7,10. 調任參議府秘書局長。　**辻剃郎** 7,10. 署。
刑 事 司 長		**杉原一策**
司法矯正總局	局　長	**中井久二**
	副局長	**高儒林** 7,16. 由齊齊哈爾高等檢察廳長任。
法政大學學長		**柴田健太郎**

17. 最高法院職官年表

年代 名稱	大同元年(1932年)
最 高 法 院 院 長	**林 榮** 7,14. 任。
奉 天 高 等 法 院 院 長	**于宗海**代。**于宗海** 5,18. 署。
吉 林 高 等 法 院 院 長	**富春田** **富春田** 5,18. 署；8,24. 調任最高法院民事第二庭長。**陳克正** 8,24. 由東省高等法院院長署。
黑 龍 江 高 等 法 院 院 長	**王錫九** **李樹滋** 5,18. 署。
東省特別區高等法院院長	**陳克正** **陳克正** 5,18. 署；8,24. 調署吉林院長。**程 崇** 8,24. 由署司法部行刑司長署。

17. 最高法院職官年表

名 稱 ＼ 年 代	大同二年(1933 年)
最 高 法 院 院 長	**林 榮**
奉 天 高 等 法 院 院 長	**于宗海**
吉 林 高 等 法 院 院 長	**陳克正**署；6 月調任北滿鐵路監事。**李文蔚** 6 月由吉林高等檢察廳長任。
黑 龍 江 高 等 法 院 院 長	**李樹滋**署。
熱 河 高 等 法 院 院 長	**陳國翰**
東省特別區高等法院院長	(7,1. 東省改稱北滿)**程 崇**

17. 最高法院職官年表

名　稱 \ 年　代		大同三年、康德元年(1934 年)
最 高 法 院	院　　長	林　榮
	首席庭長	
奉天高等法院	院　　長	于宗海
	首席庭長	行山義光
吉林高等法院	院　　長	李文蔚
	首席庭長	筒井雪郎
黑 龍 江 高 等 法 院	院　　長	李樹滋
	首席庭長	
熱河高等法院	院　　長	陳國翰
	首席庭長	
北 滿 特 別 區 高 等 法 院	院　　長	程　崇
	首席庭長	

17. 最高法院職官年表

名　稱\年　代		康德二年(1935 年)
最　高　法　院	院　　長	林　榮
	首席庭長	井野英一 3,19. 任。
奉天高等法院	院　　長	于宗海　婁學謙 ?,?. 由黑龍江高等檢察廳長任。
	首席庭長	行山義光 ?,?. 調任黑龍江院首席庭長。 玉井又之亟 ?,?. 任。
吉林高等法院	院　　長	李文蔚
	首席庭長	筒井雪郎　吉野淑計 6,25. 由檢事任。
黑　龍　江 高　等　法　院	院　　長	李樹滋
	首席庭長	行山義光 ?,?. 由奉天院首席庭長任。
熱河高等法院	院　　長	陳國翰
	首席庭長	
北 滿 特 別 區 高　等　法　院	院　　長	程　崇
	首席庭長	山口民治 ?,?. 任。

17. 最高法院職官年表

名　稱 ＼ 年　代		康德三年(1936年)6月30日之前
最 高 法 院	院　　長	林　棨
	首席庭長	井野英一
奉天高等法院	院　　長	婁學謙
	首席庭長	玉井又之丞
吉林高等法院	院　　長	李文蔚
	首席庭長	吉野淑計
黑　龍　江 高 等 法 院	院　　長	李樹滋
	首席庭長	行山義光
熱河高等法院	院　　長	陳國翰
	首席庭長	
北 滿 特 別 區 高 等 法 院	院　　長	程　崇
	首席庭長	山口民治

17. 最高法院職官年表

名稱	年代	康德三年(1936年)7月1日之後
最高法院	院長	**林 棨**
	次長	**井野英一** 7,1. 任。
奉天高等法院	院長	**婁學謙** 7,1. 任。
	次長	**玉井又之丞** 7,1. 任。
吉林高等法院	院長	**李文蔚** 7,1. 任；8,8. 卒。**蕭露華** 8,25. 由最高檢察廳檢察官任。
	次長	**吉野淑計** 7,1. 任。
哈爾濱高等法院	院長	**程 崇** 7,1. 任。
	次長	**山口民治** 7,1. 任。
錦州高等法院	院長	**孫祖澤** 7,1. 任。
	次長	
齊齊哈爾高等法院	院長	**楊繼楷** 7,1. 任。
	次長	**行山義光** 7,1. 任；12,7. 辭。**別所大** 12,8. 任。

説明:7月1日根據康德三年一月四日公佈的《法院組織法》整頓司法機構,任命官吏。

17. 最高法院職官年表

名　稱	年　代	康德四年(1937 年)
最　高　法　院	院長	林　榮
	次長	井野英一
奉天高等法院	院長	婁學謙
	次長	玉井又之丞
吉林高等法院	院長	蕭露華
	次長	吉野淑計 10,5. 辭。宮本增藏 10,23. 由最高法院審判官任。
哈　爾　濱 高　等　法　院	院長	程　崇 7,31. 卒。楊繼楷 10,23. 由齊齊哈爾院院長任。
	次長	山口民治
錦州高等法院	院長	孫祖澤 9,30. 辭。舒柱石 10,13. 由最高法院審判官任。
	次長	桑山榮吉 2,6. 任。
齊　齊　哈　爾 高　等　法　院	院長	楊繼楷 10,23. 調任哈爾濱院院長。魯同恩 10,23. 由奉天地方法院院長任。
	次長	別所大

17. 最高法院職官年表

名　稱 ＼ 年　代		康德五年(1938 年)
最　高　法　院	院長	林　榮
	次長	井野英一
奉天高等法院	院長	婁學謙
	次長	玉井又之丞
吉林高等法院 （10,1. 改稱新京 高等法院）	院長	蕭露華 10,1. 調任錦州院院長。 陳士傑 10,1. 由最高法院庭長任。
	次長	宮本增藏
哈　爾　濱 高　等　法　院	院長	楊繼楷
	次長	山口民治
錦州高等法院	院長	舒柱石 10,1. 調任最高法院庭長。 蕭露華 10,1. 由吉林院院長任。
	次長	桑山榮吉
齊　齊　哈　爾 高　等　法　院	院長	魯同恩
	次長	別所大 5,17. 辭。 森哲三 5,17. 任

17. 最高法院職官年表

名 稱 年 代		康德六年(1939年)
最 高 法 院	院長	**林　榮** 12,18. 辭。**井野英一** 12,18. 由次長任。
	次長	**井野英一** 12,18. 調任院長。
奉天高等法院	院長	**婁學謙**
	次長	**王井又之丞**
吉林高等法院	院長	**陳士傑**
	次長	**宮本增藏** 5,20. 辭。**柴田健太郎** 6,1. 由最高法院審判官任。
哈 爾 濱 高 等 法 院	院長	**楊繼楷**
	次長	**山口民治** 6,1. 調任牡丹江院院長。**小泉敏次** 6,1. 由奉天法院庭長任。
錦州高等法院	院長	**蕭露華**
	次長	**桑山榮吉**
齊 齊 哈 爾 高 等 法 院	院長	**魯同恩**
	次長	**森哲三**
牡 丹 江 高 等 法 院	院長	(6,1. 設)**山口民治** 6,1. 由哈爾濱院次長任。

17. 最高法院職官年表

名　稱	年　代	康德七年(1940 年)
最　高　法　院	院長	**井野英一**
	次長	
奉天高等法院	院長	**婁學謙**
	次長	**玉井又之亟** 8,5. 辭。**西久保良行** 9,25. 任。
吉林高等法院	院長	**陳士傑**
	次長	**柴田健太郎**
哈　爾　濱 高　等　法　院	院長	**楊繼楷**
	次長	**小泉敏次**
錦州高等法院	院長	**蕭露華**
	次長	**桑山榮吉** 6,7. 卒。**森哲三** 7,11. 由齊齊哈爾院次長任。
齊　齊　哈　爾 高　等　法　院	院長	**魯同恩**
	次長	**森哲三** 7,11. 調任錦州次長。**橫山光彥** 7,11. 由審判官任。
牡　丹　江 高　等　法　院	院長	**山口民治** 6,12. 調任哈爾濱副市長。**二階堂喜一郎** 7,11. 由哈爾濱院審判官任。

17. 最高法院職官年表

名 稱	年 代		康德八年(1941 年)
最 高 法 院	院長		井野英一
	次長		
奉天高等法院	院長		婁學謙
	次長		西久保良行
吉林高等法院	院長		陳士傑 6,20. 調任最高法院庭長。**楊繼楷** 6,20. 由哈爾濱院院長任。
	次長		柴田健太郎
哈 爾 濱 高 等 法 院	院長		楊繼楷 6,20. 調任新京院院長。**舒柱石** 6,20. 由最高法院庭長任。
	次長		小泉敏次
錦州高等法院	院長		蕭露華
	次長		森哲三 11,1. 調任最高法院審判官。**西尾極** 11,1. 由地政總局審查處長任。
齊 齊 哈 爾 高 等 法 院	院長		魯同恩
	次長		橫山光彥
牡 丹 江 高 等 法 院	院長		二階堂喜一郎

17. 最高法院職官年表

名 稱	年 代	康德九年（1942 年）
最 高 法 院	院長	**井野英一** 5,15. 改任參議府參議。**婁學謙** 5,15. 由奉天院院長任。
	次長	**西久保良行** 5,15. 由奉天院次長任。
奉天高等法院	院長	**婁學謙** 5,15. 調任最高法院院長。**楊繼楷** 5,15. 由新京院院長任。
	次長	**西久保良行** 5,15. 調任最高法院次長。**水泉敏次** 5,21. 由哈爾濱院次長任。
新 高 等 法 院	院長	**楊繼楷** 5,15. 調任奉天院院長。**朱廣文** 5,15. 由審判官任。
	次長	**柴田健太郎**
哈 爾 濱 高 等 法 院	院長	**舒柱石**
	次長	**小泉敏次** 5,21. 調任奉天院次長。**二階堂喜一郎** 5,21. 由牡丹江院長任。
錦州高等法院	院長	**蕭露華**
	次長	**西尾極**
齊 齊 哈 爾 高 等 法 院	院長	**魯同恩**
	次長	**橫山光彦**
牡 丹 江 高 等 法 院	院長	**二階堂喜一郎** 5,21. 調任哈爾濱院次長。**辻參正** 5,21. 由最高法院審判官任。

17. 最高法院職官年表

名　稱	年　代	康德十年(1943年)
最 高 法 院	院長	**婁學謙**
	次長	**西久保良行**
奉天高等法院	院長	**楊繼楷**
	次長	**小泉敏次**
新京高等法院	院長	**朱廣文** 4,1. 調任最高法院庭長。**王夢齡** 4,1. 由司法部行刑司長任。
	次長	**柴田健太郎** 6,16. 調任新京法政大學學長。**德田敬二郎** 10,5. 任。
哈 爾 濱 高 等 法 院	院長	**舒柱石**
	次長	**二階堂喜一郎**
錦州高等法院	院長	**蕭露華** 3,13. 辭。**孫振魁** 4,1. 由最高法院審判官任。
	次長	**西尾極** 6,16. 調任牡丹江院院長。**橫山光彥** 6,16. 由齊齊哈爾院次長任。
齊 齊 哈 爾 高 等 法 院	院長	**魯同恩**
	次長	**橫山光彥** 6,16. 調任錦州院次長。**久保田榮祐** 6,16. 由新京地方法院院長任。
牡 丹 江 高 等 法 院	院長	**辻參正** 5,7. 卒。**西尾極** 6,16. 由錦州院次長任。

17. 最高法院職官年表

名　稱 \ 年　代		康德十一年(1944 年)
最　高　法　院	院長	婁學謙
	次長	西久保良行
奉天高等法院	院長	楊繼楷
	次長	小泉敏次
吉林高等法院	院長	王夢齡
	次長	德田敬二郎
哈　爾　濱 高　等　法　院	院長	舒柱石
	次長	二階堂喜一郎 4,22. 辭。橫山光彦 5,1. 由錦州院長任。
錦州高等法院	院長	孫振魁
	次長	橫山光彦 5,1. 調任哈爾濱院次長。今井敏夫 5,1. 由安東地方法院院長任。
齊　齊　哈　爾 高　等　法　院	院長	魯同恩
	次長	久保田榮祐
牡　丹　江 高　等　法　院	院長	西尾極

17. 最高法院職官年表

名　稱	年　代	康德十二年(1945 年)
最 高 法 院	院長	**婁學謙**
	次長	**西久保良行** 4,20. 辭。**辻剃郎** 5,20. 任;7,10. 調任司法部次長。 **青木佐冶彥** 7,10. 由參議府秘書局長任。
奉天高等法院	院長	**楊繼楷**
	次長	**小泉敏次**
吉林高等法院	院長	**王夢齡**
	次長	**德田敬二郎**
哈 爾 濱 高 等 法 院	院長	**舒柱石**
	次長	**橫山光彥**
錦州高等法院	院長	**孫振魁**
	次長	**今井敏夫**
齊 齊 哈 爾 高 等 法 院	院長	**魯同恩**
	次長	**久保田榮祐**
牡 丹 江 高 等 法 院	院長	**西尾極** 4,14. 調任間島省次長。**渡邊泰敏** 4,14. 由新京地方法院次長 任。

18. 最高檢察廳職官年表

名　稱　＼　年　代	大同元年(1932 年)
最　高　檢　察　廳　長	李　槃 3,14. 任。
奉　天　高　等　檢　察　廳　長	陳士傑 代；4,26. 調任最高法院庭長。徐維新 4,26. 任。
吉　林　高　等　檢　察　廳　長	蕭露華 5,18. 調署最高檢察廳檢察官。李文蔚 5,18. 署。
黑　龍　江　高　等　檢　察　廳　長	李樹滋　婁學謙 5,18. 署。
東省特別區高等檢察廳長	王銘鼎 5,18. 調署最高法院推事。徐良儒 5,18. 署；?,?. 調署最高法院推事。王肇勳 ?,?. 由新京地方檢察廳長署(11,26. 赴任)。

說明：3 月 29 日司法部訓令，各級檢察機關均稱檢察廳，凡省、區高等法院檢察處改稱某省、區高等檢察廳；長官稱檢察廳廳長，此前稱首席檢察官。

18. 最高檢察廳職官年表

名　稱＼年　代	大同二年(1933年)
最　高　檢　察　廳　長	**李　槃**
奉　天　高　等　檢　察　廳　長	**徐維新**
吉　林　高　等　檢　察　廳　長	**李文蔚** 6,?. 調任吉林高等法院院長。**王允卿** 6,?. 任。
黑　龍　江　高　等　檢　察　廳　長	**婁學謙**
熱　河　高　等　檢　察　廳　長	**白斌安**
東　省　特　別　區　高　等　檢　察　廳　長	(7,1. 東省改稱北滿) **王肇勳**

18. 最高檢察廳職官年表

名　稱 ＼ 年　代		大同三年、康德元年(1934 年)
最 高 檢 察 廳	廳　　長	李　槃
	首席檢察官[①]	
奉 天 高 等 檢　察　廳	廳　　長	徐維新
	首席檢察官	野田鞆雄
吉 林 高 等 檢　察　廳	廳　　長	王允卿 3,21. 調署司法部行刑司長。臧爾壽?,?. 任。
	首席檢察官	川又基一郎
黑 龍 江 高 等 檢　察　廳	廳　　長	婁學謙
	首席檢察官	
熱 河 高 等 檢　察　廳	廳　　長	白斌安
	首席檢察官	
北 滿 特 別 區 高 等 檢 察 廳	廳　　長	王肇勳
	首席檢察官	丸才司

註①:僞滿的首席檢察官實質上就是檢察廳的次長。後來康德四年就把各省、區檢察廳的首席檢察官改任各省、區檢察廳次長。

18. 最高檢察廳職官年表

名　稱 ＼ 年　代		康德二年(1935 年)
最高檢察廳	廳　　長	李　槃
	首席檢察官	柴碩文 3, 19. 任。
奉天高等檢察廳	廳　　長	徐維新
	首席檢察官	野田鞉雄
吉林高等檢察廳	廳　　長	臧爾壽
	首席檢察官	川又甚一郎
黑龍江高等檢察廳	廳　　長	婁學謙 ?, ?. 調任奉天高等法院院長。劉炳藻 ?, ?. 任。
	首席檢察官	中野俊助
熱河高等檢察廳	廳　　長	白斌安
	首席檢察官	栗山茂二
北滿特別區高等檢察廳	廳　　長	王肇勳
	首席檢察官	丸才司

18. 最高檢察廳職官年表

名　稱 ＼ 年　代		康德三年(1936年)6月30日之前
最高檢察廳	廳　　長	李　槃
	首席檢察官	柴碩文
奉天高等檢察廳	廳　　長	徐維新
	首席檢察官	野田靭雄
吉林高等檢察廳	廳　　長	臧爾壽
	首席檢察官	川又甚一郎
黑龍江高等檢察廳	廳　　長	劉炳藻
	首席檢察官	中野俊助
熱河高等檢察廳	廳　　長	白斌安
	首席檢察官	栗山茂二
北滿特別區高等檢察廳	廳　　長	王肇勳
	首席檢察官	丸才司

18. 最高檢察廳職官年表

名 稱 \ 年 代		康德三年(1936 年)7 月 1 日之後
最 高 檢 察 廳	廳長	**李 榮**
	次長	**柴碩文** 7,1. 任。
奉 天 高 等 檢 察 廳	廳長	**徐維新**
	次長	**野田靹雄** 7,1. 任。
吉 林 高 等 檢 察 廳	廳長	**劉炳藻** 7,1. 任。
	次長	**川又甚一郎** 7,1. 任。
哈 爾 濱 高 等 檢 察 廳	廳長	**王肇勳** 7,1. 任。
	次長	**丸才司** 7,1. 任。
錦 州 高 等 檢 察 廳	廳長	**陳國翰** 7,1. 任。
	次長	**栗山茂二** 7,1. 任。
齊 齊 哈 爾 高 等 檢 察 廳	廳長	**臧爾壽** 7,1. 任。
	次長	**中野俊助** 7,1. 任。

説明:7 月 1 日根據康德三年一月四日公佈的《法院組織法》,整頓司法機構,任命官吏。

18. 最高檢察廳職官年表

名　稱	年　代	康德四年(1937 年)
最 高 檢 察 廳	廳長	李　槃
	次長	柴碩文
奉 天 高 等 檢 察 廳	廳長	徐維新
	次長	野田鞀雄 ?,?. 離任。 川又甚一郎 10,23. 由吉林廳次長任。
吉 林 高 等 檢 察 廳	廳長	劉炳藻
	次長	川又甚一郎 10,23. 調任奉天廳次長。 久保田文一 10,23. 由檢察官任。
哈 爾 濱 高 等 檢 察 廳	廳長	王肇勳
	次長	丸才司
錦 州 高 等 檢 察 廳	廳長	陳國翰
	次長	栗山茂二 7,1. 調任龍江省警務廳長。 中野俊助 7,1. 由齊齊哈爾廳次長任。
齊齊哈爾高等 檢 察 廳	廳長	臧爾壽 9,30. 辭。 劉　毅 10,23. 由新京地方檢察廳長任。
	次長	中野俊助 7,1. 調任錦州廳次長。 村上則忠 7,1. 由檢察官任。

18. 最高檢察廳職官年表

名　稱	年代	康德五年(1938年)
最高檢察廳	廳長	**李　槃**
	次長	**柴碩文** 7,16. 辭。**平田勳** 8,2. 任。
奉天高等檢察廳	廳長	**徐維新**
	次長	**川又甚一郎**
吉林高等檢察廳 (10,1. 改稱新京高等檢察廳)	廳長	**劉炳藻** 10,1. 調任錦州廳長。**王肇勳** 10,1. 由哈爾濱廳長任。
	次長	**久保田文一** 5,10. 調任最高檢察廳檢察官。**中野俊助** 5,10. 由錦州廳次長任;12,28. 辭。**久保田文一** 12,28. 由最高檢察廳檢察官任。
哈爾濱高等檢察廳	廳長	**王肇勳** 10,1. 調任新京廳長。**陳國翰** 10,1. 由錦州廳長任。
	次長	**丸才司** 5,10. 辭。**國分友治** 5,10. 由最高檢察廳檢察官任。
錦州高等檢察廳	廳長	**陳國翰** 10,1. 調任哈爾濱廳長。**劉炳藻** 10,1. 由吉林廳長任。
	次長	**中野俊助** 5,10. 調任吉林廳次長。**村上則忠** 5,10. 由齊齊哈爾廳次長任。
齊齊哈爾高等檢察廳	廳長	**劉　毅** 6,17. 卒。**陳桂臨** 10,1. 由哈爾濱地方檢察廳長任。
	次長	**村上則忠** 5,10. 調任錦州廳次長。**北村久直** 5,10. 任;12,28. 調任最高檢察廳檢察官。**白石八郎** 12,28. 任。

18. 最高檢察廳職官年表

名　稱	年　代	康德六年(1939 年)
最高檢察廳	廳長	李 槃 12,18. 辭。徐維新 12,18. 由奉天廳長任。
	次長	平田勳
奉天高等檢察廳	廳長	徐維新 12,18. 調任最高檢察廳長。
	次長	川又甚一郎
吉林高等檢察廳 (10,1. 改稱新京高等檢察廳)	廳長	王肇勳
	次長	久保田文一 4,24. 調任哈爾濱廳次長。
哈爾濱高等檢察廳	廳長	陳國翰
	次長	國分友治 4,24. 調任司法部刑事司長。久保田文一 4,24. 由新京廳次長任。
錦州高等檢察廳	廳長	劉炳藻
	次長	村上則忠 6,1. 調任牡丹江廳長。杉原一策 6,1. 由司法部刑事司思想科長任。
齊齊哈爾高等檢察廳	廳長	陳桂臨(去職時間不詳)
	次長	白石八郎
牡丹江高等檢察廳	廳長	(6,1. 設)村上則忠 6,1. 由錦州廳次長任。

18. 最高檢察廳職官年表

名　稱	年　代	康德七年(1940年)	
最高檢察廳	廳長	徐維新	
	次長	平田勳	
奉天高等檢察廳	廳長	王肇勳 1,23. 由新京廳廳長任。	
	次長	川又甚一郎 12,28. 辭。	
新京高等檢察廳	廳長	王肇勳 1,23. 調任奉天廳長。 **程義明** 1,23. 由司法部行刑司長任。	
	次長	野村佐太男 4,8. 由檢察官兼;11,1. 免。 **井出廉三** 11,1. 由檢察官任。	
哈爾濱高等檢察廳	廳長	陳國翰	
	次長	久保田文一 4,8. 調任最高檢察廳檢察官。 **北村久直** 4,8. 由最高檢察廳檢察官任。	
錦州高等檢察廳	廳長	劉炳藻	
	次長	杉原一策	
齊齊哈爾高等檢察廳	廳長	周鴻鈞 1,23. 由新京地方檢察廳檢察長任。	
	次長	白石八郎	
牡丹江高等檢察廳	廳長	村上則忠	

501

18. 最高檢察廳職官年表

名　稱 ＼ 年代		康德八年(1941 年)
最高檢察廳	廳長	徐維新
	次長	平田勳 8,28. 辭。石井謹爾 11,1. 任。
奉天高等檢察廳	廳長	王肇勳
	次長	村上則忠 1,23. 由牡丹江廳廳長任。
新京高等檢察廳	廳長	程義明
	次長	井出廉三
哈爾濱高等檢察廳	廳長	陳國翰
	次長	北村久直 1,23. 調任司法部刑事司長。杉原一策 1,23. 由錦州廳次長任。
錦州高等檢察廳	廳長	劉炳藻 7,10. 辭。張會辰 9,4. 由哈爾濱地方檢察廳長任。
	次長	杉原一策 1,23. 調任哈爾濱廳次長。西川精開 1,23. 由安東地方檢察廳長任。
齊齊哈爾高等檢察廳	廳長	周鴻鈞
	次長	白石八郎 3,15. 調任牡丹江廳廳長。小蟠勇三郎 3,15. 由司法部理事官任。
牡丹江高等檢察廳	廳長	村上則忠 1,23. 調任奉天廳次長。增田昇平 1,23. 由牡丹江地方廳長任;3,15. 辭。白石八郎 3,15. 由齊齊哈爾廳次長任。

18. 最高檢察廳職官年表

名 稱	年 代	康德九年(1942年)
最高檢察廳	廳長	徐維新
	次長	石井謹爾
奉 天 高 等 檢 察 廳	廳長	王肇勳
	次長	村上則忠
新 京 高 等 檢 察 廳	廳長	程義明
	次長	石井廉三
哈爾濱高等 檢 察 廳	廳長	陳國翰 5,7. 調任最高檢察廳檢察官。 張會辰 5,7. 由錦州廳廳長任。
	次長	杉原一策
錦 州 高 等 檢 察 廳	廳長	張會辰 5,7. 調任哈爾濱廳廳長。 周鴻鈞 5,7. 由齊齊哈爾廳廳長任。
	次長	西川精開
齊齊哈爾 高等檢察廳	廳長	周鴻鈞 5,7. 調任錦州廳廳長。 高儒林 5,7. 由四平地方檢察廳長任。
	次長	小蟠勇三郎 3,5. 辭。 村口康次郎 3,5. 由奉天地方檢察廳長任。
牡丹江高等 檢 察 廳	廳長	白石八郎

18. 最高檢察廳職官年表

名 稱 ＼ 年 代		康德十年(1943年)
最高檢察廳	廳長	徐維新
	次長	石井謹爾
奉 天 高 等 檢 察 廳	廳長	王肇勳
	次長	村上則忠
新 京 高 等 檢 察 廳	廳長	程義明
	次長	井出廉三(去職時間不詳) 杉原一策5,5.由哈爾濱廳次長任。
哈爾濱高等 檢 察 廳	廳長	張會辰
	次長	杉原一策5,5.調任新京廳次長。西川精開5,5.由錦州廳次長任。
錦 州 高 等 檢 察 廳	廳長	周鳴鈞
	次長	西川精開5,5.調任哈爾濱廳次長。村口康次郎5,5.由齊齊哈爾廳次長任。
齊 齊 哈 爾 高等檢察廳	廳長	高儒林
	次長	村口康次郎5,5.調任錦州廳次長。酒井正已5,5.任。
牡丹江高等 檢 察 廳	廳長	白石八郎

18. 最高檢察廳職官年表

名　稱	年　代		康德十一年(1944 年)
最高檢察廳		廳長	徐維新
		次長	石井謹爾
奉天高等檢察廳		廳長	王肇勳
		次長	村上則忠
新京高等檢察廳		廳長	程義明
		次長	杉原一策 12,25. 調任司法部刑事司長。
哈爾濱高等檢察廳		廳長	張會辰
		次長	西川精開
錦州高等檢察廳		廳長	周鴻鈞
		次長	村口康次郎
齊齊哈爾高等檢察廳		廳長	高儒林
		次長	酒井正已
牡丹江高等檢察廳		廳長	白石八郎

18. 最高檢察廳職官年表

名　稱	年代	康德十二年(1945 年)
最高檢察廳	廳長	徐維新
	次長	石井謹爾
奉天高等檢察廳	廳長	王肇勳
	次長	村上則忠
新京高等檢察廳	廳長	程義明
	次長	白石八郎 2,10. 由牡丹江廳長任。
哈爾濱高等檢察廳	廳長	張會辰
	次長	西川精開
錦州高等檢察廳	廳長	周鴻鈞
	次長	村口康次郎 4,14. 調任總務廳參事官。 坂井文七郎 4,14. 由奉天地方檢察廳長任。
齊齊哈爾高等檢察廳	廳長	高儒林 7,16. 調任司法矯正總局副局長。 薛蜀屛 7,16. 由吉林地方檢察廳長任。
	次長	酒井正已 2,10. 調任牡丹江廳長。 望月幸三 2,10. 由安東地方檢察廳長任。
牡丹江高等檢察廳	廳長	白石八郎 2,10. 調任新京廳次長。 酒井正已 2,10. 由齊齊哈爾廳次長任。

19. 文教部職官年表

名　稱　　　　　年　代	大同元年(1932年)
總　　　長	**鄭孝胥** 7,6. 兼。
次　　　長	**許汝棻** 7,25. 任。
總務司長	**西山政猪** 9,30. 任。
學務司長	**上村哲彌** 8,8. 任。
禮教司長	**陳懋鼎** 11,25. 任。

説明：7月5日設文教部；由總務、學務、禮教三司組成。

19. 文教部職官年表

名　稱 ＼ 年　代	大同二年(1933年)
總　長	鄭孝胥兼。
次　長	許汝棻
總務司長	西山政猪
學務司長	上村哲彌
禮教司長	陳懋鼎

19. 文教部職官年表

名　稱＼年　代	大同三年、康德元年(1934 年)
總　　　長	(3,11. 改稱大臣)**鄭孝胥**兼。
次　　　長	**許汝棻**
總務司長	**西山政猪**
學務司長	**上村哲彌**
禮教司長	**陳懋鼎**

19. 文教部職官年表

名 稱 ＼ 年 代	康德二年(1935 年)
大　　臣	**鄭孝胥** 兼；5,21. 辭。 **阮振鐸** 5,21. 由國都建設局長任。
次　　長	**許汝棻**
總務司長	**西山政猪** 2,26. 辭。 **久米成夫** 2,26. 由奉天省總務廳長任。
學務司長	**上村哲彌** 3,30. 辭。 **神尾弌春** 3,30. 由總務廳秘書處長任。
禮教司長	**陳懋鼎** 7,9. 辭。 **張聯文** 7,20. 署。

19. 文教部職官年表

名　　稱 ＼ 年　代	康德三年(1936 年)
大　　臣	**阮振鐸**
次　　長	**許汝棻**
總務司長	**久米成夫** 8,17. 辭。**皆川豐冶** 8,17. 由錦州省總務廳長任。
學務司長	**神尾弍春** 2,21. 調任龍江省總務廳長。**久米成夫** 2,21. 兼；8,17. 辭。**都富佃** 8,17. 由總務廳參事官任。
禮教司長	**張聯文**署。

19. 文教部職官年表

名　稱 ＼ 年　代	康德四年(1937 年)6 月 30 日之前
大　臣	**阮振鐸** 6,24. 調任駐日本大使。**孫其昌** 6,24. 兼。
次　長	**許汝棻** 6,30. 辭。
總務司長	**皆川豊治**(7,1. 改任民生部教育司長)
學務司長	**都富佃**(7,1. 改任民生部編審官)
禮教司長	**張聯文**署;3,16. 任(7,1. 改任民生部參事官)。

説明:7 月 1 日文教部裁。

19. 文教部職官年表

名　稱 ＼ 年代	康德十年(1943 年)
大　臣	**盧元善** 4,1. 由總務廳次長任。
次　長	**田中義男** 4,1. 任。
官　房	
學務司長	**木田清** 4,1. 由原民生部教育司長任。
教學司長	**佐枝常一** 4,1. 由總務廳參事官任。
教化司長	**耿熙旭** 4,1. 由總務廳參事官任。

説明:4 月 11 日設文教部,由官房及學務、教學、教化三司組成。

19. 文教部職官年表

名 稱＼年 代	康德十一年(1944 年)
大　臣	**盧元善**
次　長	**田中義男**
官　房	
學務司長	**木田清** 4,1. 調任總務廳參事官。**佐枝常一** 4,1. 由教學司長任。
教學司長	**佐枝常一** 4,1. 調任學務司長。**小野正康** 4,1. 任。
教化司長	**耿熙旭**

19. 文教部職官年表

名　　　稱　＼　年　代	康德十二年(1945 年)
大　　　　　臣	**盧元善**
次　　　　　長	**田中義男** 7,10. 辭。**前野茂** 7,10. 由司法部次長任。
官　　　　　房	
學　務　司　長	**佐枝常一** 3,12. 調任興安局參與官。**田中義男** 3,12. 署;6,1. 免。 **津末奎二** 6,1. 由大使館參事官任。
教　學　司　長	**小野正康**
教　化　司　長	**耿熙旭**
學生勤勞奉公司長	(1,15. 設)**崔正儒** 1,15. 由奉天省民生廳長任。

20. 蒙政部職官年表

名　稱＼年　代	康德元年(1934 年)
大　　臣	**齊默特色木丕勒** 12,1. 由原興安總署長官任。
次　　長	**依田四郎** 12,1. 由原興安總署次長任。
總務司長	**關口保** 12,1. 由原興安總署總務處長任。
民政司長	**壽明阿** 12,1. 由原興安總署政務處長任。
勸業司長	

説明：12 月 1 日設蒙政部，由總務、民政、勸業三司組成。

20. 蒙政部職官年表

名　稱 ＼ 年　代	康德二年(1935 年)
大　　臣	齊默特色木丕勒
次　　長	依田四郎
總務司長	關口保
民政司長	壽明阿
勸業司長	

20. 蒙政部職官年表

名　稱 ＼ 年　代	康德三年(1936 年)
大　　臣	**齊默特色木丕勒**
次　　長	**依田四郎**
總務司長	**關口保**
民政司長	**壽明阿** 7,21. 調任興安南省長。**博彥滿都** 7,21. 由興安南省民政廳長任。
勸業司長	**永島忠道** 2,4. 由臨時產業調查局技正任。

20. 蒙政部職官年表

名 稱＼年 代	康德四年(1937年)6月30日之前
大　　臣	**齊默特色木丕勒** 5,7. 改任參議府參議。 **張景惠** 5,7. 兼。
次　　長	**依田四郎** 6,30. 辭。
總務司長	**關口保** (7,1. 改任首都警察廳副總監)
民政司長	**博彥滿都** (7,1. 改任興安局參與官)
勸業司長	**永島忠道** (7,1. 改任產業部技正)

説明：7月1日蒙政部裁。

21. 國民勤勞部職官年表

名　稱 ＼ 年　代	康德十二年(1945 年)	
大　　　　臣	**于鏡濤** 3,12. 由奉天省長任。	
次　　　　長	**半田敏治** 3,12. 由原民生部國民勤勞奉公局長任。	
官　　　　房		
動　員　司　長	**飯澤重一** 3,12. 由原民生部勞務司長任。	
整　備　司　長	**林喜泰** 3,12. 由總務廳參事官任。	
附：		
國民勤勞奉公隊 總 司 令 部	總 司 令	**于鏡濤** 3,12. 兼。
	副總司令	**半田敏治** 3,12. 兼。
		安集雲 3,12. 由總務廳監察部長任。

説明：3 月 11 日設國民勤勞部，由官房及動員、整備二司組成。

四、地方之部

1. 新京特別市、哈爾濱特別市職官年表

名　稱＼年　代	大同元年(1932 年)
市　　長	**金璧東** 3,10. 署。

説明：3 月 14 日日僞當局改長春爲新京。是年新京特別市公署組成不詳,僅知董暘爲市公署地方處長。

（新京特別市）

名　稱＼年　代	大同元年(1932 年)
處　　長	(7,11. 改稱所長)**鮑觀澄** 4,8. 任；9,10. 調任駐日本代表。**呂榮寰** 9,10. 任。

説明：7 月 11 日哈爾濱市政籌備處改稱哈爾濱市政籌備所。

（哈爾濱市政籌備所）

1. 新京特別市、哈爾濱特別市職官年表

名　稱 ＼ 年　代	大同二年(1933年)
市　　長	**金璧東**署；4,26. 任。
總務處長	**橋口勇九郎** 5,16. 任。
行政處長	**董　暘** 4,29. 任。
工務處長	**橋口勇九郎** 5,16. 兼。
新京特別市 説明：《特別市官制》規定市公署設總務、行政、工務三處，必要時可設財務處。	

名　稱 ＼ 年　代	大同二年(1933年)
所　　長	(7,1. 裁)**呂榮寰** 7,1. 調任北滿特別區長官。
市　　長	**呂榮寰** 7,1. 由北滿特別區長官兼。
總務處長	**佐藤正俊** 12,19. 任。
行政處長	**李叔平** 7,1. 任。
財務處長	**高恩濤** 7,1. 任。
工務處長	**佐藤俊久** 7,5. 任。
哈爾濱特別市 説明：7月11日設哈爾濱特別市。	

1. 新京特別市、哈爾濱特別市職官年表

名　稱 ＼ 年　代	大同三年、康德元年(1934 年)
新京特別市	
市　　長	金璧東
總務處長	橋口勇九郎
行政處長	董　暘
工務處長	橋口勇九郎兼(何時去職不詳)。武藤吉治 11,1. 由國都建設局技正任。

名　稱 ＼ 年　代	大同三年、康德元年(1934 年)
哈爾濱特別市	
市　　長	吕榮寰兼;12,1. 以濱江省長兼。
總務處長	佐藤正俊
行政處長	李叔平 12,1. 調任濱江省民政廳長。馬駿聲 12,5. 由北滿特別區行政處長任。
財務處長	高恩濤
工務處長	佐藤俊久

1. 新京特別市、哈爾濱特別市職官年表

名　稱 ＼ 年　代		康德二年(1935 年)
新京特別市	市　　長	**金璧東** 5,25. 調任龍江省長。**韓雲階** 5,25. 任。
	總務處長	**橋口勇九郎** 3,26. 辭。**植田貢太郎** 4,16. 由監察院審計官任。
	行政處長	**董　暘**
	財務處長	(8,1. 設)
	工務處長	**武藤吉治**

名　稱 ＼ 年　代		康德二年(1935 年)
哈爾濱特別市	市　　長	**呂榮寰** 兼;5,21. 調任民政大臣。**施履本** 5,25. 由外務部北滿特派員任。
	總務處長	**佐藤正俊**
	行政處長	**馬駿聲**
	財務處長	**高恩濤**
	工務處長	**佐藤俊久**

1. 新京特別市、哈爾濱特別市職官年表

名　稱 ＼ 年　代		康德三年(1936 年)
新京特別市	市　　長	**韓雲階**
	總務處長	**植田貢太郎**
	行政處長	**董　暘**
	財務處長	**宇山兵士** 2,12. 由市理事官任。
	工務處長	**武藤吉治**

名　稱 ＼ 年　代		康德三年(1936 年)
哈爾濱特別市	市　　長	**施履本**
	總務處長	**佐藤正俊** 6,10. 辭。**佐藤俊久** 9,8. 兼;10,13. 免。**江原綱一** 10,13. 由哈爾濱稅關副稅關長任。
	行政處長	**馬駿聲**
	財務處長	**高恩濤**
	工務處長	**佐藤俊久**

1. 新京特別市、哈爾濱特別市職官年表

名　稱　＼　年　代	康德四年(1937 年)6 月 30 日之前
市　　　長	**韓雲階** 5,2. 調任財政大臣。**植田貢太郎** 5,7. 署。
總務處長	**植田貢太郎**(7,1. 調任國務院總務廳監督官)
行政處長	**董　暘**
財務處長	**宇山兵士**(7,1. 調任牡丹江省次長)
工務處長	**武藤吉治**

新京特別市

名　稱　＼　年　代	康德四年(1937 年)6 月 30 日之前
市　　　長	**施履本**(7,1. 改任濱江省長)
總務處長	**江原綱一**(7,1. 改任副市長)
行政處長	**馬駿聲**
財務處長	**高恩濤**
工務處長	**佐藤俊久** 5,11. 辭。

說明：7 月 1 日哈爾濱降爲普通市，隸屬濱江省。

哈爾濱特別市

1. 新京特别市職官年表

名　稱 ＼ 年　代	康德四年(1937年)7月1日之後
市　　長	**徐紹卿** 7,1. 由錦州省長任。
副 市 長	**關屋悌藏** 7,1. 任。
官　　房	
行政處長	**董　暘** 9,30. 辭。**范垂紳** 12,1. 由安東省實業廳長任。
財務處長	**鯉沼兵士郎** 7,1. 任。
衛生處長	**村川五郎** 12,1. 任。
工務處長	**武藤吉治**

説明：7月1日新京特别市置市長、副市長各一人，特别市公署由官房及行政、財務、衛生、工務四處組成。

1. 新京特別市職官年表

名　　　稱 ＼ 年　代	康德五年(1938 年)
市　　　　　長	**徐紹卿** 2,10. 調任駐意大利公使。**于静遠** 2,10. 任。
副　　市　　長	**關屋悌藏**
官　　　　　房	
行　政　處　長	**范垂紳**
財　務　處　長	**鯉沼兵士郎**
衛　生　處　長	**村川五郎**
工　務　處　長	**武藤吉治** 1,1. 調任臨時國都建設局技正。**重住文男** 1,1. 任。
臨時國都建設局長[①]	**關屋悌藏** 1,1. 兼。

註①：1 月 1 日原國都建設局改稱臨時國都建設局,隸屬新京特別市。

1. 新京特別市職官年表

名　　稱 ＼ 年　代	康德六年(1939 年)
市　　　　　長	于静遠
副　市　　長	關屋悌藏
官　　　　房	
行　政　處　長	范垂紳
財　務　處　長	鯉沼兵士郎 6,24. 調任撫順市長。 槇田猷太郎 6,24. 由市理事官任。
衛　生　處　長	村川五郎
工　務　處　長	重住文男
臨時國都建設局長	關屋悌藏兼。

1. 新京特別市職官年表

名 稱 ＼ 年 代		康德七年(1940 年)
市　　　長		**于静遠** 5,16. 調任產業大臣。**金名世** 5,21. 由熱河省長任。
副 市 長		**關屋悌藏**
官　　　房		
行政處長		**范垂紳** 1,23. 調任奉天省實業廳長。**王純古** 1,23. 由錦州省實業廳長任。
財務處長		**槇田猷太郎**
衛生處長		**村川五郎**
工務處長		**重住文男**
臨時國都 建設局	局　　長	**關屋悌藏**兼。
	副 局 長	(5,1. 設)**武藤吉治** 5,1. 由本局技正任。
警 察 廳	警察總監	**姜全我**
	警察副總監	**田村仙定**

説明：11 月 1 日首都警察廳由國務院改隸新京特別市。

1. 新京特别市职官年表

名　　称		年　代 康德八年(1941年)
市　　　　長		金名世
副　市　長		關屋悌藏 2,4. 調任駐中國大使館參事官。**大迫幸男** 2,4. 由興農部畜産司長任。
官　　　房		
行政處長		王純古 7,1. 調任興農部參事官。**鄭孝達** 7,1. 由省理事官任。
財務處長		槇田猷太郎
衛生處長		村川五郎
工務處長		重住文男
臨時國都 建設局 (翌年 1,1. 裁)	局　　　長	關屋悌藏 兼;2,4. 調。**大迫幸男** 2,4. 兼。
	副　局　長	武藤吉治 7,1. 調任哈爾濱市工務處長。**重住文男** 9,4. 兼。
警　察　廳	警察總監	姜全我 6,2. 調任通化省長。**齊知政** 6,2. 由間島省參事官兼民生廳長任。
	警察副總監	田村仙定 2,25. 調任民生部勞務司長。**竹内節雄** 2,25. 由黑河省警務廳長任。

1. 新京特別市職官年表

名　稱 ＼ 年　代	康德九年(1942 年)
市　　　長	**金名世** 9,28. 調任吉林省長。**張聯文** 9,28. 由禁煙總局長任。
副　市　長	**大迫幸男**
官　　　房	
行政處長	**鄭孝達** 5,27. 卒。**于晴軒** 6,30. 由奉天市行政處長任。
財務處長	**槇田猷太郎** 3,1. 調任哈爾濱郵政管理局長。**橿尾信次** 3,1. 由市理事官任。
衛生處長	**村川五郎**
工務處長	**重住文男**
水道處長	(2,10. 設)**奧津五郎** 3,5. 由市技正任。
警察廳　警察總監	**齊知政**
警察廳　警察副總監	**竹內節雄** 12,4. 調任奉天省警務廳長。**三田正夫** 12,4. 由治安部參事官署。

1. 新京特別市職官年表

名　稱 ＼ 年　代		康德十年(1943年)
市　　　　長		張聯文
副　市　長		大迫幸男
官　　　房		
行　政　處　長		于晴軒
財　務　處　長①		檀尾信次 5,29. 調任鞍山市長。高久田久吉 5,29. 由建築局總務處長任。
衛　生　處　長		村川五郎 4,1. 調任濱江省技正。川上六馬 4,1. 由民生部技正任。
工　務　處　長		重住文男 10,1. 辭。大迫幸男 10,1. 署；11,1. 免。吉村富之助 11, 1. 由交通部技正任。
水　道　處　長		奧津五郎
警察廳	警　察　總　監	齊知政
	警 察 副 總 監	三田正夫 署；7,22. 由總務廳參事官署；10,1. 任。

註①：財務處 4 月 1 日改稱實業處。

1. 新京特別市職官年表

名　　稱 ＼ 年　代		康德十一年(1944 年)
市　　　長		張聯文
副　市　長		大迫幸男
官　　　房		
行政處長		于晴軒
實業處長		高久田久吉
衛生處長		川上六馬
工務處長		吉村富之助
水道處長		奧津五郎
警察廳	警察總監	齊知政
	警察副總監	三田正夫 6,22. 調任總務廳參事官。宮崎專一 6,22. 由安東省警務廳長任。

1. 新京特別市職官年表

名　稱 ＼ 年　代	康德十二年(1945年)
市　　長	張聯文　　于鏡濤 8,11. 任。①
副　市　長	大迫幸男
官　　房	
行政處長	于晴軒 1,25. 調任吉林省民生廳長。謝廷秀 1,25. 由總務廳參事官任。
實業處長	高久田久吉 2,1. 辭。秋田文之 2,1. 由總務廳理事官任。
衛生處長	川上六馬 5,1. 調任厚生部保健司長。大迫幸男 5,1. 署；7,20. 免。舟田清一郎 7,20. 由總務廳參事官任。
工務處長	吉村富之助
水道處長	奧津五郎 7,16. 辭。吉村富之助 7,16. 兼。
警察廳　警察總監	齊知政
警察廳　警察副總監	宮崎專一

註①：不見《政府公報》，此處根據回憶録。

2. 奉天省職官年表

名　　稱 ＼ 年　代	大同元年(1932 年)
省　　　　長	**臧式毅** 3,9. 任。
秘　書　長	**阮振鐸** 1931,12,14. 任；11,29. 調任國都建設局長。
總務廳長	**金井章次** 8,1. 任。
民政廳長	**趙鵬第** 4,8. 任。
警務廳長	**三谷清** 4,8. 任。
實業廳長	**徐紹卿** 4,5. 任。
教育廳長	**韋煥章** 4,8. 任。
奉天市長	**閻傳紱** 3,18. 任。①
省會警察局長	(?,?. 改稱瀋陽警察廳長)**齊恩銘** 3,16. 任。②

註①：爲僞奉天省下令。

註②：爲僞奉天省下令。閻傳紱筆供(《僞滿洲國的統治與內幕》)爲 3 月 19 日。

2. 奉天省職官年表

名　　稱＼年　代	大同二年(1933 年)
省　　　　　長	臧式毅
秘　書　長	曹承宗 8,1. 由秘書官任。
總　務　廳　長	金井章次
民　政　廳　長	趙鵬第
警　務　廳　長	三谷清
實　業　廳　長	徐紹卿
教　育　廳　長	韋焕章
奉　天　市　長	閻傳紱
瀋陽警察廳長	齊恩銘

2. 奉天省職官年表

名　稱 ＼ 年　代	大同三年、康德元年(1934 年)
省　　　長	**臧式毅** 11,30. 辭。**葆　康** 12,1. 由民政部次長任。
秘　書　長	(12,1. 裁) **曹承宗** 12,1. 改任實業廳長。
總　務　廳　長	**金井章次** 2,2. 調民政部總務司辦事。**久米成夫** 2,2. 任。
民　政　廳　長	**趙鵬第** 12,1. 調任民政部次長。**劉負初** 12,1. 由民政部理事官任。
警　務　廳　長	**三谷清**
實　業　廳　長	**徐紹卿** 12,1. 調任錦州省長。**曹承宗** 12,1. 由秘書長任。
教　育　廳　長	**韋煥章**
奉　天　市　長	**閻傳紱**
瀋陽警察廳長	**齊恩銘　齊恩銘** 4,17 任。

2. 奉天省職官年表

名　稱　＼　年　代	康德二年(1935 年)
省　　　　長	葆　康
總　務　廳　長	久米成夫 2,26. 調任文教部總務司長。竹内德亥 2,26. 由交通部總務司長任。
民　政　廳　長	劉負初
警　務　廳　長	三谷清
實　業　廳　長	曹承宗
教　育　廳　長	韋焕章
奉　天　市　長	閻傳紱 5,25. 調任濱江省長。王慶璋 5,25. 由民政部土木司長任。
瀋陽警察廳長	齊恩銘

2. 奉天省職官年表

年代 名稱		康德三年(1936年)
省　　長		葆　康
總務廳長		竹内德亥
民政廳長		劉負初
警務廳長		三谷清 8,17. 調任吉林省總務廳長。 前田良次 8,17. 由濱江省警務廳長任。
實業廳長		曹承宗
教育廳長		韋煥章
奉天市①	市　長	王慶璋
	參與官	山口重次 4,1. 任。
	總務處長	山口重次 4,1. 任。
	行政處長	耿熙旭 4,1. 任。
	財務處長	張　諒 4,1. 任。
	工務處長	荒井綠 4,1. 由市技正任;9,29. 辭。 溝江五月 9,29. 由國都建設局技正任。
瀋陽警察廳長		齊恩銘

註①:4月1日奉天、吉林、齊齊哈爾實行市制,市置市長、參與官各一人。奉天市置總務、行政、財務、工務四處,其他二市置科。

2. 奉天省職官年表

名稱 ＼ 年代	康德四年(1937年)6月30日之前
省　　長	葆　康
總務廳長	竹内德亥(7,1. 改任省次長)
民政廳長	劉負初(7,1. 調任吉林省民政廳長)
警務廳長	前田良次
實業廳長	曹承宗
教育廳長	韋煥章(7,1. 調任哈爾濱市長)
土木廳長	(1,1. 設)中村貞輔1,1. 任。
奉天市 市　　長	王慶璋(7,1. 調任產業部建設司長)
奉天市 參與官	山口重次(7,1. 調任總務廳參事官)
奉天市 總務處長	山口重次(7,1. 調)
奉天市 行政處長	耿熙旭
奉天市 財務處長	張　諒(7,1. 調任實業處長)
奉天市 工務處長	溝江五月
瀋陽警察廳長	齊恩銘(7,1. 辭)

2. 奉天省職官年表

名 稱 \ 年 代		康德四年(1937年)7月1日之後
省 長		**葆 康**
次 長		**竹內德亥**(7,1. 由原省總務廳長任)
官 房		
民政廳長		(翌年1,1. 裁)**王允卿** 7,1. 由司法部行刑司長任。
警務廳長		**前田良次**
實業廳長		**曹承宗**
教育廳長		(翌年1,1. 裁)**王允卿** 7,1. 兼。
土木廳長		**中村貞輔**
奉天市	市 長	**金榮桂** 7,1. 由首都警察總監任。
	副市長	**土肥顎** 7,1. 任。
	官 房	
	行政處長	**耿熙旭**
	實業處長	(7,1. 設)**張 諒** 7,1. 由財務處長任。
	財務處長	**倉橋泰彥** 7,1. 由市理事官任。
	工務處長	**溝江五月**
鞍山市①	市 長	**三重野勝** 12,1. 任。
	副市長	**董懷清** 12,1. 任。
撫順市	市 長	**增田增太郎** 12,1. 任。
	副市長	**郭寶森** 12,1. 由總務廳理事官任。
營口市	市 長	**尹永禎** 12,1. 由瀋陽縣長任。
	副市長	**甲斐正治** 12,1. 由總務廳理事官任。
遼陽市	市 長	**楊晋源** 12,1. 由遼陽縣長任。
	副市長	**稻葉賢一** 12,1. 由恩賞局理事官任。
四平市	市 長	**古館尚也** 12,1. 任。
	副市長	**李相庭** 12,1. 由海拉爾市政籌備處長任。

2. 奉天省職官年表(續前)

名　稱	年　代	康德四年(1937年)7月1日之後
鐵嶺市	市　長	**王德春** 12,1. 由原營口縣長任。
	副市長	**平田淳** 12,1. 由總務廳理事官任。
瀋陽警察廳	廳　長	**姜全我** 7,1. 任。
	副廳長	**久下沼英** 12,1. 由省理事官任。
鞍山警察廳長②		**阿部孝作** 12,1. 任。
撫順警察廳長		**柴田三藤二** 12,1. 任。
營口警察廳長		**李鳳翯** 12,1. 由安東警察廳長任。
遼陽警察廳長		**王達善** 12,1. 任。
四平街警察廳長		**郭　良** 12,1. 由首都警察廳理事官任。
鐵嶺警察廳長		**臧　銳** 12,1. 由黑河警察廳長任。

註①:12月1日鞍山、撫順、營口、遼陽、四平街、鐵嶺等設市。

註②:12月1日鞍山、撫順、營口、遼陽、四平街、鐵嶺等市設警察廳。

2. 奉天省職官年表

名 稱 ＼ 年 代	康德五年(1938年)
省　　長	**葆　康** 7,28. 辭(翌日任滿洲興業銀行副總裁)。**金榮桂** 7,28. 由奉天市長任。
次　　長	**竹內德亥** 9,28. 辭。**別宮秀夫** 9,28. 由安東省次長任。
官　　房	
民生廳長	(1,1. 設)**王允卿** 1,1. 由原民政廳長任；7,28. 調任內務局監察處長。**馬冠標** 7,28. 由安東省民生廳長任。
警務廳長	**前田良次** 12,10. 辭。**谷口明三** 12,10. 由安東省警務廳長任。
實業廳長	**曹承宗**
土木廳長	**中村貞輔**
奉天市　市　　長	**金榮桂** 7,28. 調任省長。**鄭　禹** 7.28. 由郵政總局長任。
奉天市　副市長	**土肥顯**
奉天市　官　　房	
奉天市　行政處長	**耿熙旭** 12.10. 調任營口市長。**章俊民** 12.10. 任。
奉天市　實業處長	**張　諒**
奉天市　財務處長	**倉橋泰彥**
奉天市　工務處長	**溝江五月**
鞍山市　市　　長	**三重野勝** 9,28. 調任熱河省次長。**古館尚也** 9,28. 由四平街市長任。
鞍山市　副市長	**董懷清**
撫順市　市　　長	**增田增太郎**
撫順市　副市長	**郭寶森** 12,10. 調任間島省實業廳長。**徐漸九** 12,10. 由總務廳理事官任。
營口市　市　　長	**尹永禎** 12,1. 調任濱江實業廳長。**耿熙旭** 12,10. 由奉天市行政處長任。
營口市　副市長	**甲斐正治**
遼陽市　市　　長	**楊晉源** 12,10. 調任瀋陽縣長。**丁　波** 12,10. 由總務廳理事官任。
遼陽市　副市長	**稻葉賢一**
四平市　市　　長	**古館尚也** 9,28. 調任鞍山市長。**阿川幸壽** 9,28. 由審計官任。
四平市　副市長	**李相庭**

2. 奉天省職官年表(續前)

名 稱 \ 年 代		康德五年(1938年)
鐵嶺市	市 長	王德春
	副市長	平田淳
瀋 陽 警察廳	廳 長	姜全我
	副廳長	久下沼英
鞍 山 警 察 廳 長		阿部孝作
撫 順 警 察 廳 長		柴田三藤二
營 口 警 察 廳 長		李鳳燾
遼 陽 警 察 廳 長		王達善
四平街警察廳長		郭 良 3,15.卒。任芳春 3,25.由治安部事務官任。
鐵 嶺 警 察 廳 長		臧 鋭

2. 奉天省職官年表

		年代 名稱	康德六年(1939年)
		省　　長	金榮桂
		次　　長	**別宮秀夫** 4,30. 辭。**土肥顥** 4,30. 由錦州省次長任。
		官　　房	
		民生廳長	馬冠標
		警務廳長	**谷口明三** 12,6. 調任治安部警務司長。**星子敏雄** 12,16. 由安東省警務廳長任。
		實業廳長	曹承宗
		土木廳長	中村貞輔
奉天市		市　　長	鄭禹
		副市長	**土肥顥** 1,1. 調任錦州省次長。**松田芳助** 1,1. 由三江省次長任。
		官　　房	
		行政處長	章俊民
		衛生處長	(?,?. 設)**羽生秀吉** 9,1. 由市理事官任。
		實業處長	張凉
		財務處長	倉橋泰彦
		工務處長	溝江五月
鞍山市①		市　　長	古館尚也
		副市長	**董懷清** 9,30. 退官。
		官　　房	
		行政處長	
		工務處長	**藥師神榮七** 10,5. 由市技正任。
撫順市		市　　長	**增田增太郎** 6,24. 調任三江省次長。**鯉沼兵士郎** 6,24. 由新京財務處長任。
		副市長	徐漸九
營口市		市　　長	**耿熙旭** 12,19. 調任吉林省民生廳長。
		副市長	甲斐正治

2. 奉天省職官年表（續前）

名 稱	年 代	康德六年(1939年)	
遼 陽 市	市 長	丁 波	
	副市長	稻葉賢一	
四平街市	市 長	阿川幸壽	
	副市長	李相庭 11,6. 調任訥河縣長。	
鐵 嶺 市	市 長	王德春 10,16. 辭。 張漢仁 10,16. 由民生部理事官任。	
	副市長	平田淳	
本溪湖市②	市 長	鮫島光彥 10,1. 由本溪湖街長任。	
	副市長		
瀋 陽 市 警 察 廳	市 長	姜全我	
	副市長	久下沼英 4,17. 辭。 猪苗代直躬 4,17. 由安東警察廳長任。	
鞍 山 警 察 廳 長		阿部孝作	
撫 順 警 察 廳 長		柴田三藤二	
營 口 警 察 廳 長		李鳳燾	
遼 陽 警 察 廳 長		王達善	
四平街警察廳長		任芳春	
鐵 嶺 警 察 廳 長		臧 銳 12,20. 辭。 劉志格 12,20. 由地方警察學校主事任。	
本溪湖警察廳長		佐藤五郎 10,1. 由縣警正任。	

註①：5月5日鞍山市公署設官房及行政、工務二處。
註②：10月1日設本溪湖市及本溪湖警察廳。

2. 奉天省職官年表

名　稱 ＼ 年　代	康德七年(1940年)
省　　長	**金榮桂**
次　　長	**土肥顯** 5,16. 調任民生部次長。**松田令輔** 5,16. 由經濟部次長任。
官　　房	
民生廳長	**馬冠標** 5,21. 調任總務廳參事官。**申振先** 5,21. 由省參事官兼。
警務廳長	**星子敏雄** 9,6. 調任總務廳參事官。**齋藤武雄** 9,6. 任。
實業廳長	**曹承宗** 1,1. 調任地政總局長。**范垂紳** 1,23. 由新京行政處長任；8,27. 調任濱江省開拓廳長。**安集雲** 8,27. 由駐漢堡總領事任。
土木廳長	**中村貞輔** 7,23. 辭。**溝江五月** 7,23. 由奉天市工務處長任。

奉天市		康德七年(1940年)
	市　　長	**鄭禹**
	副市長	**松田芳助** 8,30. 調任龍江省次長。**多田晃** 8,30. 由龍江省次長任。
	官　　房	
	行政處長	**章俊民** 1,28. 調任財務處長。**龐鳳書** 2,1. 由承德縣長任。
	衛生處長	**羽生秀吉**
	實業處長	**張凉** 1,23. 調任營口市長。**倉橋泰彥** 1,23. 由財務處長任。
	財務處長	**倉橋泰彥** 1,23. 調任實業處長。**章俊民** 1,23. 任；8,27. 調任通化省民生廳長。**于晴軒** 8,27. 由省參事官任。
	工務處長	**溝江五月** 7,23. 調任省土木廳長。**平川保一** 8,31. 由市技正任。
	警察局① 　局　　長	**王賢漳** 1,1. 由原哈爾濱警察廳長任。
	警察局① 　副局長	**猪苗代直躬** 11,1. 由原瀋陽警察廳副廳長任。

鞍山市		康德七年(1940年)
	市　　長	**古館尚也** 11,6. 調任牡丹江市長。**草地一雄** 11,6. 由牡丹江市長任。
	副市長	**王士香** 2,1. 由民生部理事官任。
	官　　房	
	行政處長	**王士香** 5,1. 兼。
	工務處長	**藥師神榮七**
	警務處長②	**小岩井諫衛** 11,1. 由省理事官任。

撫順市		康德七年(1940年)
	市　　長	**鯉沼兵士郎**
	副市長	**徐漸九** 9,1. 調任鐵嶺市長。**胡承禄** 11,1. 由原吉林警察廳長任。
	警務處長	**柏葉勇一** 11,1. 由省理事官任。

2. 奉天省職官年表（續前）

名　稱	年　代	康德七年（1940 年）
營　口　市	市　　長	張　諒 1,23. 由奉天市實業處長任。
	副　市　長	甲斐正治 7,26. 調任拜泉縣副縣長。内田孝 7,26. 由稅關理事官任。
	警務處長	陳景啓 11,1. 由錦州警察廳長任。
遼　陽　市	市　　長	丁　波 11,1. 調任郵政總局監察官。張世謙 11,1. 任。
	副　市　長	稻葉賢一 1,1. 調任阜新市長。内田定爾 1,15. 由明水縣副縣長任。
四平街市	市　　長	阿川幸壽 11,1. 調任總務廳參事官。薄井友治 11,1. 由治安部參事官任。
	副　市　長	彭清裕 2,1. 由專賣總局理事官任；11,1. 辭。王作述 11,1. 由省理事官任。
鐵　嶺　市	市　　長	張漢仁 9,1. 調任郵政總局理事官。徐浙九 9,1. 由撫順市副市長任。
	副　市　長	平田淳 11,1. 調任總務廳理事官。齋藤直友 11,1. 由鞍山警察廳長任。
本溪湖市	市　　長	鮫島光彥 4,10. 調任總務廳理事官。村田福次郎 4,30. 由遼陽縣副縣長任。
	副　市　長	白　復 2,1. 由省理事官任。
瀋　陽 警察廳③	廳　　長	姜全我 5,21. 調任首都警察總監。白銘鎮 5,21. 由哈爾濱警察廳長任；10,31. 辭。
	副　廳　長	猪苗代直躬 (11,1. 改任奉天警察局副局長)
鞍山警察廳長		阿部孝作 5,23. 辭。齋藤直友 5,23. 任，11,1. 調任鐵嶺市副市長。
撫順警察廳長		柴田三藤二 5,23. 調任省事務官。影仙八瀨樹 5,23. 由省理事官任；11,1. 調任安東市警務處長。
營口警察廳長		李鳳燾 8,20. 調任治安部參事官。魯　綺 8,21. 由錦州警察廳長任；11,1. 調任佳木斯市長。
遼陽警察廳長		王達善 8,21. 調任承德警察廳長。馮秉元 8,21. 由縣警正任；11,1. 調任四平街市警正。
四平街警察廳長		任芳春 6,1. 調任東豐縣長。黃明春 6,1. 由縣警正任；11,1. 調任遼陽市警正。
鐵嶺警察廳長		劉志格 11,1. 調任省理事官。
本溪湖警察廳長		佐藤五郎 11,1. 調任本溪湖市警正。

註①：11 月 1 日設奉天警察局。
註②：11 月 1 日設鞍山、撫順、營口等警務處。
註③：10 月 31 日瀋陽、鞍山、撫順、營口、遼陽、四平街、鐵嶺、本溪湖等警察廳裁。

2. 奉天省職官年表

名　稱　　　　　　　年　代			康德八年(1941 年)
省　　　長			金榮桂
次　　　長			松田令輔 8,19. 辭。皆川豐治 8,20. 由協和會副本部長任。
官　　　房			
民生廳長			申振先兼;10,24. 任。
警務廳長			齋藤武雄
實業廳長			安集雲
土木廳長			(3,10. 改稱建設廳長)溝江五月
奉天市	市　　　長		鄭禹
	副　市　長		多田晃
	官　　　房		
	行政處長		龐鳳書 9,3. 調任省參事官。于晴軒 9,3. 由財務處長任。
	衛生處長		羽生秀吉
	實業處長		倉橋泰彥
	財務處長		于晴軒 9,3. 調任行政處長。張經緯 9,3. 由稅務監督署理事官任。
	工務處長		平川保一
	警察局	局　　　長	王賢漳
		副局長	猪苗代直躬 7,25. 調任間島省警務廳長。小田孝三 7,25. 由中央警察學校教官任。
鞍山市	市　　　長		草地一雄 5,6. 辭。島崎庸一 5,6. 由三江省警務廳長任。
	副　市　長		王士香 10,4. 調任撫順縣長。禹澄 10,4. 任。
	官　　　房		
	行政處長		王士香兼;10,4. 調。禹澄 10,4. 兼;11,15. 免。甲斐正治 11,15. 由總務廳參事官任。
	工務處長		藥師神榮七
	警務處長		小岩井諫衛
撫順市	市　　　長		鯉沼兵士郎 10,11. 調任建築局總務處長。後藤英男 10,11. 由總務廳參事官任。
	副　市　長		胡承祿
	警務處長		柏葉勇一

2. 奉天省職官年表(續前)

名稱＼年代		康德八年(1941年)
營口市	市　長	張　諒
	副市長	内田孝
	警務處長	陳景啓
遼陽市	市　長	張世謙
	副市長	内田定爾
四平街市①	市　長	薄井友治
	副市長	王作述
鐵嶺市	市　長	徐浙九
	副市長	齋藤直友
本溪湖市	市　長	村田福次郎
	副市長	白　復 12,17. 調任奉天省參事官。 郭英麟 12,27. 由甘南縣長任。

註①：7月1日四平街市改稱四平市,隸屬新設的四平省。

2. 奉天省職官年表

名　稱 ＼ 年　代	康德九年(1942年)
省　長	**金榮桂** 9,28. 辭。**徐紹卿** 9,28. 由郵政總局長任。
次　長	**皆川豐治**
官　房	
民生廳長	**申振先兼** 9,28. 調任龍江省長。**崔正儒** 9,28. 由濱江省開拓廳長任。
警務廳長	**齋藤武雄** 12,4. 調任民生部勞務司長。**竹內節雄** 12,4. 由首都警察廳副總監任。
實業廳長	**安集雲**
土木廳長	**溝江五月**

		康德九年(1942年)
奉天市	市　長	**鄭　禹** 6,6. 調任總務廳參事官。**王賢漳** 6,6. 由奉天警察局長任。
	副市長	**多田晃**
	官　房	
	行政處長	**于晴軒** 6,30. 調任新京行政處長。**馬顯異** 6,30. 任。
	衛生處長	**羽生秀吉**
	實業處長	**倉橋泰彦** 8,1. 辭。**村田福次郎** 8,1. 由本溪湖市長任。
	財務處長	**張經緯**
	工務處長	**平川保一**
	警察局　局　長	**王賢漳** 6,6. 調任奉天市長。**趙仲達** 6,6. 由雙城縣長任。
	警察局　副局長	**小田孝三** 12,4. 調任總務廳參事官。**北原正一** 12,6. 由瀋陽縣副縣長任。
鞍山市	市　長	**島崎庸一** 7,18. 調任北安省次長。**都用謙介** 7,18. 由大同學院統制部長任。
	副市長	**禹　澄**
	官　房	
	行政處長	**甲斐正治**
	工務處長	**藥師神榮七** 3,1. 調任市技正。**松木進** 3,1. 任；9,25. 卒。**小海鼎** 10,?. 任。
	警務處長	**小岩井諫衛**
撫順市	市　長	**後藤英男**
	副市長	**胡承祿**
	警務處長	**柏葉勇一**

2. 奉天省職官年表(續前)

名 稱 ＼ 年 代		康德九年(1942年)
營口市	市　　長	**張　諒** 6,6. 調任龍江省民生廳長。**林喜泰** 6,6. 由總務廳參事官任。
	副 市 長	**内田孝**
	警務處長	**陳景啓**
遼陽市	市　　長	**張世謙**
	副 市 長	**内田定爾**
鐵嶺市	市　　長	**徐浙九** 4,20. 調任總務廳參事官。**保聯亨** 4,20. 任。
	副 市 長	**齋藤直友** 5,23. 辭。**小胎今朝治郎** 5,23. 由大陸科學院理事官任。
本溪湖市	市　　長	**村田福次郎** 8,1. 調任奉天市實業處長。**平野博** 8,1. 由省理事官任。
	副 市 長	**郭英麟**

2. 奉天省職官年表

名　稱＼年　代	康德十年(1943年)
省　　　長	**徐紹卿** 4,20. 辭。**于鏡濤** 4,20. 由濱江省長任。
次　　　長	**皆川豐治**
官　　　房	
民生廳長	**崔正儒**
警務廳長	**竹内節雄** 10,1. 調任三江省長。**森田貞男** 10,1. 由牡丹江省警務廳長任。
實業廳長	**安集雲** 4,1. 調任總務廳參事官。**章俊民** 4,1. 由通化省民生廳長任。
土木廳長	**溝江五月**

奉天市	市　　　長	**王賢湋**
	副市長	**多田晃** 4,1. 辭。**山菅正誠** 4,1. 由總務廳參事官任。
	官　　　房	
	行政處長	**馬顯異**
	衛生處長	**羽生秀吉**
	實業處長	(翌年 1,1. 裁)**村田福次郎** 10,1. 調任哈爾濱實業處長。**井口忠彦** 10,1. 由總務廳參事官任(翌年 1,1. 改任經濟處長)。
	財務處長	(4,1. 裁)**張經緯** 4,1. 調任錦州省參事官。
	工務處長	**平川保一** 11,1. 辭。**伊地知綱彦** 11,1. 由航空所技正任。
	警察局　局　長	**趙仲達**
	警察局　副局長	**北原正一**

鞍山市	市　　　長	**都用謙介** 5,29. 調任興安南省次長。**橿尾信次** 5,29. 由新京實業處長任。
	副市長	**禹　澄**
	官　　　房	
	行政處長	**甲斐正治**
	工務處長	**小海鼎** 10,1. 調任交通部技正。**關昌作** 10,1. 由大東港建設局技正任。
	警務處長	**小岩井諫衛** 3,31. 辭。**片岡甚太郎** 4,1. 由奇克縣副縣長任。

撫順市	市　　　長	**後藤英男**
	副市長	**胡承祿**
	警務處長	**柏葉勇一**

2. 奉天省職官年表（續前）

名 稱 \ 年 代		康德十年(1943 年)
營 口 市	市　　長	林喜泰
	副 市 長	内田孝 6,1. 辭。渥美洋 6,1. 任。
	警務處長	陳景啓
遼 陽 市	市　　長	張世謙 8,25. 調任龍江省開拓廳長。姜英藩 8,25. 由臨江縣長任。
	副 市 長	内田定爾
鐵 嶺 市	市　　長	保聯亨 10,1. 調任東安省民生廳長。戴景賢 10,1. 由柳河縣長任。
	副 市 長	小胎今朝治郎 1,25. 調任佳木斯市副市長。阿部金壽 3,15. 由臨江縣副縣長任。
本溪湖市	市　　長	平野博 3,20. 調任省理事官。三上憲之助 3,20. 由省參事官任。
	副 市 長	郭英麟

2. 奉天省職官年表

名 稱 ＼ 年 代			康德十一年（1944 年）
省　　長			于鏡濤
次　　長			皆川豐治
官　　房			
民生廳長			崔正儒
警務廳長			森田貞男 6,21. 調任警務總局警務處長。 三宅秀也 6,22. 由北安省警務廳長任。
實業廳長			章俊民
建設廳長			(3,1. 改稱交通廳長)溝江五月 3,1. 調任交通部建設司長。 米田正文 3,1. 由交通部技正任。
奉天市	市　　長		王賢漳 12,16. 調任總務廳次長。 范培忠 12,16. 由禁煙總局長任。
	副 市 長		山菅正誠 8,26. 調任地政總局副局長。 竹內節雄 8,26. 由三江省次長任。
	官　　房		
	行 政 處 長		馬顯異 1,1. 調任通化省實業廳長。 辛廣瑞 1,1. 由原瀋陽縣長任；10,5. 調任總務廳參事官。 王蘊珂 10,5. 由總務廳參事官任。
	經 濟 處 長		(1,1. 設)井口忠彥 1,1. 由實業廳長任。
	興 農 處 長		(1,1. 設)林喜泰 1,1. 由營口市長任；7,1. 調任總務廳參事官。 保聯亨 7,1. 由東安省民生廳長任。
	衛 生 處 長		羽生秀吉 4,17. 辭。 松岡杏太郎 4,17. 由民生部技正任。
	工 務 處 長		伊地知綱彥 12,18. 辭。 小海鼎 12,28. 由土木總局技正任。
	警察局[①]	局　　長	趙仲達
		副局長	北原正一 4,1. 調任三江省警務廳長。 今川嘉高 4,1. 由黑河省警務廳長任。
鞍山市	市　　長		檀尾信次 5,25. 調任總務廳參事官。 村井矢之助 5,25. 由東安省次長任。
	副 市 長		禹　澄
	官　　房		
	行 政 處 長		甲斐正治 3,30. 調任總務廳參事官。 檀尾信次 3,30. 署；5,25. 調。 村井矢之助 5,25. 署；8,6. 免。 岩滿三七男 8,6. 由密山縣副縣長任。
	工 務 處 長		關昌作
	警 務 處 長[②]		片岡甚太郎 7,1. 調任海城縣大石橋街長。 坂本義二三 7,1. 由省理事官任。
撫順市	市　　長		後藤英男 7,27. 調任東安省次長。 澤田貞一 7,27. 由總務廳參事官任。
	副 市 長		胡承祿 7,1. 調任省理事官。 周鑄新 7,1. 由蘭西縣長任。
	警 務 處 長		柏葉勇一 11,20. 調任總務廳參事官。 深田袈裟吉 11,20. 由省理事官任。

2. 奉天省職官年表(續前)

名　稱 ＼ 年　代		康德十一年(1944年)
營口市	市　　　長	**林喜泰** 1,1. 調任奉天市興農處長。 **張漢仁** 1,1. 由國民勤勞奉公局參事官任。
	副　市　長	**渥美洋**
	警　務　處　長	**陳景啓**
遼陽市	市　　　長	**姜英藩**
	副　市　長	**內田定爾**
	警察局长③	**喜井信雄** 7,1. 由市警正任
鐵嶺市	市　　　長	**戴景賢**
	副　市　長	**阿部金壽**
	警　察　局　長	**山本要助** 7,1. 由市警正任。
本溪湖市	市　　　長	**三上憲之助**
	副　市　長	**郭英麟**
	警　察　局　長	**伊藤治郎** 7,1. 由市警正任。

註①:7月1日奉天警察局改稱奉天警察廳。

註②:7月1日鞍山、撫順、營口三市警務處改稱警察局。

註③:7月1日設遼陽市、鐵嶺市、本溪湖市警察局長。

2. 奉天省職官年表

名　稱 ＼ 年　代	康德十二年(1945 年)
省　　長	**于鏡濤** 3,12. 調任國民勤勞部大臣。**韋煥章** 3,12. 由參議府參議任。
次　　長	**皆川豐治** 3,12. 休職。**源田松三** 3,12. 由總務廳次長任。
官　　房	
民生廳長	**崔正儒** 1,15. 調任文教部學生勤勞奉公司長。**汪兆璠** 1,15. 由遼陽縣長任。
警務廳長	**三宅秀也**
實業廳長	(4,1. 裁)**章俊民** 1,25. 調任新京稅務監督署長。**張賢才** 1,11. 由總務廳參事官任;4,1. 改任興農廳長。
交通廳長	**米田正文**
興農廳長	(4,1. 設)**張賢才** 4,1. 由原實業廳長任。
經濟廳長	(4,1. 設)**隱岐猛男** 4,1. 由經濟部參事官任。
勤勞廳長	(4,1. 設)**隱岐猛男** 4,1. 兼。
奉天市 市　　長	**范培忠**
副市長	**竹内節雄**
官　　房	
行政處長	**王蘊珂**
經濟處長	**井口忠彦**
興農處長	**保聯亨**
勤勞處長	(4,1. 設)**王維常** 4,1. 任。
衛生處長	**松岡杏太郎**
工務處長	**小海鼎**
警察局 局　　長	**趙仲達**
警察局 副局長	**今川嘉高**
鞍山市 市　　長	**村井矢之助** 3,12. 調任黑河省長。**梅本長四郎** 3,12. 由禁煙總局副局長任。
副市長	**禹　澄**
官　　房	
行政處長	**岩滿三七男**

2. 奉天省職官年表(續前)

名 稱 ＼ 年 代		康德十二年(1945 年)
鞍 山 市	工務處長	關昌作
	警察局長	坂本義二三
撫 順 市	市 長	澤田貞一
	副 市 長	周鑄新
	警察局長	深田袈裟吉
營 口 市	市 長	張漢仁
	副 市 長	渥美洋
	警察局長	陳景啓 4,1. 調任蘿北縣長。 蔡其運 4,1. 由縣警正任。
遼 陽 市	市 長	姜英藩 4,1. 調任綏中縣長。 于文治 4,1. 由綏稜縣長任。
	副 市 長	内田定爾 5,1. 調任新京市順天區長。 阿部金壽 5,1. 由鐵嶺副市長任。
	警察局長	喜井信雄(去向不明) 望月八十九 4,1. 由警察廳警正任。
鐵 嶺 市	市 長	戴景賢 4,1. 調任奉天市大西區長。 張兢擇 4,1. 由安圖縣長任。
	副 市 長	阿部金壽 5,1. 調任遼陽副市長。 渡邊久孝 5,1. 任。
	警察局長	山本要助　岡本煉 4,1. 由縣警正任。
本溪湖市	市 長	三上憲之助 4,1. 調任總務廳參事官。 石田茂 4,1. 任。
	副 市 長	郭英麟
	警察局長	伊藤治郎

3. 吉林省職官年表

名　稱 ＼ 年　代	大同元年(1932 年)
省　　　　　長	熙　洽 3,9. 任。
秘　　書　　長	李銘書 4,8. 任；12,14. 調任民政廳長。高乃濟 12,14. 代。
總　務　廳　長	原　武 4,8. 任；6,1. 辭。三浦碌郎 8,29. 任。
民　政　廳　長	王　惕 4,8. 任；12,14. 免。李銘書 12,14. 由秘書長任。
警　務　廳　長	趙汝楳 3,23. 任。
實　業　廳　長	孫輔忱 3,23. 任。
教　育　廳　長	榮孟枚 4,8. 任。
吉林市政籌備處長	程科甲
省　會　公　安　局　長	(?,?. 改稱吉林警察廳長) 穀　昌

3. 吉林省職官年表

年 代 名 稱	大同二年(1933年)
省　　　　長	熙　洽
秘　書　長	**高乃濟**代。**高乃濤** 4,1. 任。
總　務　廳　長	**三浦碌郎**
民　政　廳　長	**李銘書**
警　務　廳　長	**趙汝楳** 4,1. 調任省參事官。**金名世** 4,1. 任。
實　業　廳　長	**孫輔忱**
教　育　廳　長	**榮孟枚**
吉林市政籌備處長	**程科甲**
吉林警察廳長	**穀　昌**

3. 吉林省職官年表

名　　稱　＼　年代	大同三年、康德元年(1934年)
省　　　　　長	熙　洽 11,30. 辭。 **李銘書** 12,1. 由民政廳長任。
秘　書　長	(12,1. 裁) **高乃濤**
總　務　廳　長	**三浦碌郎**
民　政　廳　長	**李銘書** 12,1. 調任省長。 **趙汝楳** 12,1. 由實業廳長任。
警　務　廳　長	**金名世** 12,1. 調任三江省長。 **河内志郎** 12,1. 由黑龍江省警務廳長任。
實　業　廳　長	**孫輔忱** 6,1. 辭。 **趙汝楳** 6,1. 由省參事官任；12,1. 調任民政廳長。 **羅振邦** 12,1. 任。
教　育　廳　長	**榮孟枚** 6,1. 調任省參事官。 **張書翰** 6,1. 由省參事官任。
吉林市政籌備處長	**程科甲** 9,24. 卒。 **徐家桓** 12,?. 任。
吉林警察廳長	**穀　昌** (去職時間不詳) **孫仁軒** 12,1. 由民政部事務官任。

3. 吉林省職官年表

名　　稱＼年　代	康德二年(1935 年)
省　　　　　長	李銘書
總　務　廳　長	三浦碌郎 7,29. 辭。中野琥逸 7,29. 由熱河省總務廳長任。
民　政　廳　長	趙汝楳
警　務　廳　長	河内志郎
實　業　廳　長	羅振邦
教　育　廳　長	張書翰
吉林市政籌備處長	徐家桓
吉林警察廳長	孫仁軒

3. 吉林省職官年表

名　　稱 ＼ 年　代	康德三年(1936 年)
省　　　　　長	李銘書
總　務　廳　長	中野琥逸 8,17. 辭。三谷清 8,17. 由奉天省警務廳長任。
民　政　廳　長	趙汝楳 8,17. 調任三江省民政廳長。張書翰 8,17. 由教育廳長任。
警　務　廳　長	河内志郎 8,17. 調任三江省警務廳長。伊藤容憲 8,17. 由間島省警務廳長任。
實　業　廳　長	羅振邦
教　育　廳　長	張書翰 8,17. 調任民政廳長。馬冠標 8,17. 由高等師范學校校長任。
吉林市政籌備處長	(4,1. 裁)徐家桓
吉林市① 市　　長	徐家桓 4,1. 任。
吉林市① 參與官	吉野不二雄 4,1. 任。
吉 林 警 察 廳 長	孫仁軒

註①:4 月 1 日吉林市實行市制,市公署置市長、參與官各一人。

3. 吉林省職官年表

名　稱 ＼ 年代		康德四年(1937 年)6 月 30 日之前
省　　　長		**李銘書**(7,1. 辭)
總 務 廳 長		**三谷清**(7,1. 改任省次長)
民 政 廳 長		**張書翰**(7,1 調任内務局監督處長)
警 務 廳 長		**伊藤容憲**
實 業 廳 長		**羅振邦**(7,1. 調任經濟部商務司長)
教 育 廳 長		**馬冠標**(7,1. 調任安東省民政廳長)
土 木 廳 長		(1,1. 設)**孔世培** 1,1. 由國道局副局長任(7,1. 調任交通部航路司長)。
吉林市	市　　長	**徐家桓**(7,1. 調任總務廳統計處長)
	參 與 官	**吉野不二雄** 6,30. 辭。
吉林警察廳長		**孫仁軒**(7,1. 調任治安部理事官)

3. 吉林省職官年表

名　稱 ＼ 年　代		康德四年(1937年)7月1日之後
省　　　　長		**閻傳紱** 7,1. 由濱江省長任。
次　　　　長		**三谷清** 7,1. 由原總務廳長任。
官　　　　房		
民　政　廳　長		(翌年1,1. 裁)**劉負初** 7,1. 由奉天省民政廳長任。
警　務　廳　長		**伊藤容憲**
實　業　廳　長		**焦　桐** 7,1. 任。
教　育　廳　長		(翌年1,1. 裁)**劉負初** 7,1. 兼。
土　木　廳　長		**李叔平** 7,1. 由民政部土木局副局長任。
吉林市	市　　長	**白恒興** 7,1. 任。
	副市長	**菊池璋三** 7,1. 任。
吉林警察廳長		**傅作霖** 7,1. 由錦州警察廳長任。

3. 吉林省職官年表

名　稱　＼年　代		康德五年(1938年)
省　　　長		**閻傳紱**
次　　　長		**三谷清**
官　　　房		
民　生　廳　長		(1,1.設)**劉負初** 1,1.由原民政廳長任。
警　務　廳　長		**伊藤容憲** 12,10.辭。**森　豐** 12,10.由外務局理事官任。
實　業　廳　長		(翌年1,1.改稱開拓廳長)**焦　桐**
土　木　廳　長		**李叔平**
吉林市	市　長	**白恒興** 8,23.調任間島省民生廳長。**路之淦** 8,23.由內務局參事官任。
	副市長	**菊池璋三**
吉林警察廳長		**傅作霖**

3. 吉林省職官年表

名　　稱 ＼ 年　代		康德六年(1939年)
省　　　　長		**閻傳紱**
次　　　　長		**三谷清** 12,16. 調任牡丹江省長。**植田貢太郎** 12,16. 由治安部警務司長任。
官　　　　房		
民　生　廳　長		**劉負初** 10,19. 辭（翌日任滿洲特産專營公社理事）。**耿熙旭** 12,19. 由營口市長任。
警　務　廳　長		**森　豐** 11,23. 卒。**村井矢之助** 11,24. 由熱河省警務廳長任。
開　拓　廳　長		**焦　桐** 1,1. 由原實業廳長任。
土　木　廳　長		**李叔平** 1,1. 調任開拓總局拓地處長。**邱任元** 1,1. 由水力電氣建設局理事官任。
吉林市	市　　長	**路之淦**
	副市長	**菊池璋三** 2,25. 休職。**貞松恒郎** 2,25. 由省理事官任。
吉林警察廳長		**傅作霖**

3. 吉林省職官年表

名　稱		年　代	康德七年(1940 年)
省　　　長			閻傳紱
次　　　長			植田貢太郎
官　　　房			
民 生 廳 長			耿熙旭
警 務 廳 長			村井矢之助
開 拓 廳 長			焦　桐 4,9. 辭。邱任元 5,21. 由省參事官兼。
土 木 廳 長			邱任元 5,21. 調任省參事官。孫仁軒 5,21. 由北安省民生廳長任。
吉林市	市　　　長		路之淦
	副 市 長		貞松恒郎
	警 務 處 長		(1,1. 設)景有昌 11,1. 由延吉警察廳長任。
吉林警察廳長			(10,31. 裁)傅作霖 8,21. 調任省理事官。胡承祿 8,21. 由省理事官任 (11,1. 調任撫順市副市長)。

571

3. 吉林省職官年表

名　稱 ＼ 年　代	康德八年(1941 年)
省　　長	**閻傳紱**
次　　長	**植田貢太郎** 6,2. 調任總務廳參事官。**五十子卷三** 6,2. 由開拓總局總務處長任。
官　　房	
民生廳長	**耿熙旭**
警務廳長	**村井矢之助**
開拓廳長	**邱任元**兼。
土木廳長	(3,10. 改稱建設廳長)**孫仁軒**
吉林市　市　　長	**路之淦**
吉林市　副　市　長	**貞松恒郎** 6,2. 調任東寧縣長。**井口忠彦** 6,2. 由哈爾濱市實業處長任。
吉林市　警務處長	**景有昌**

3. 吉林省職官年表

名　　稱 ＼ 年　代			康德九年(1942年)
省　　　長			**閻傳綬** 9,28. 調任司法大臣。**金名世** 9,28. 由新京特別市長任。
次　　　長			**五十子卷三** 5,18. 調任開拓總局長。**飯澤重一** 5,18 由總務廳主計處長任。
官　　　房			
民生廳長			**耿熙旭** 1,21. 調任總務廳參事官。**路之淦** 1,21. 由吉林市長任。
警務廳長			**村井矢之助** 12,4. 調任東安省次長。**木付鎮雄** 12,4. 由總務廳參事官任。
開拓廳長			**邱任元** 兼;1,21. 任。
建設廳長			**孫仁軒**
吉林市	市　　　長		**路之淦** 1,21. 調任民生廳長。**陳叔達** 1,21. 由郵政總局儲金保險處長任。
	副 市 長		**井口忠彥**
	警務處長		**景有昌**
公主嶺市①	市　　　長		**杉岡令一** 1,1. 由街長任;4,20. 辭。**牧芳太郎** 4,20. 由省理事官任。
	副 市 長		**邵中嘏** 1,1. 由富錦縣長任;6,30. 調任海倫縣長。**鍾鏡瑩** 6,30. 由德都縣長任。

註①:1月1日設公主嶺市。

3. 吉林省職官年表

名　稱 ＼ 年　代		康德十年(1943 年)
省　　長		金名世
次　　長		飯澤重一
官　　房		
民生廳長		路之淦
警務廳長		木付鎮雄
開拓廳長		邱任元 3,26. 辭。華榮棟 4,1. 由錦縣長任。
建設廳長		孫仁軒 4,1. 調任熱河省民生廳長。高元良 4,1. 由三江省民生廳長任。
吉 林 市	市　　長	陳叔達 4,1. 調任總務廳參事官。李葆華 4,1. 由錦州省實業廳長任。
	副 市 長	井口忠彦 4,1. 調任總務廳參事官。古館純也 4,1. 由民生部參事官任。
	警務處長	景有昌
公主嶺市	市　　長	牧芳太郎
	副 市 長	鍾鏡瑩

3. 吉林省職官年表

名 稱 ＼ 年 代			康德十一年(1944 年)
省　　長			**金名世** 12,16. 調任民生大臣。**徐家桓** 12,16. 由總務廳次長任。
次　　長			**飯澤重一** 7,8. 調任民生部勞務司長。**宮本武夫** 7,8. 由總務廳法制處長任。
官　　房			
民生廳長			**路之淦**
警務廳長			**木付鎮雄** 11,3. 調任國民勤勞奉公局總務處長。**池田和實** 11,3. 由通化省警務廳長任。
開拓廳長			**華榮棟**
建設廳長			(3,1. 改稱交通廳長)**高元良**
吉林市	市　　長		**李葆華** 2,1. 調任熱河省民生廳長。**張子焳** 2,1. 由安東省民生廳長任。
	副 市 長		**古館純也**
	警務處長		(7,1. 改稱警察局長)**景有昌**
公主嶺市	市　　長		**牧芳太郎**
	副 市 長		**鍾鏡瑩**
	警察局長		(7,1. 設)**吉田一盛** 7,1. 由市警正任。

3. 吉林省職官年表

名　稱 ＼ 年　代		康德十二年(1945 年)
省　　長		徐家桓
次　　長		宮本武夫
官　　房		
民生廳長		路之淦 1,25. 調任專賣總局長。 于晴軒 1,25. 由新京市行政處長任。
警務廳長		池田和實
開拓廳長		華榮棟
交通廳長		高元良
林政廳長		(5,1. 設)米光作太 5,1. 由營林局長任。
吉林市	市　　長	張子焹
	副市長	古館純也 3,24. 調任總務廳參事官。 平野博 3,24. 由東滿總省參事官任。
	警察局長	景有昌 5,21. 調任奉天市皇姑區長。 張祥廉 5,21. 由休職縣長任。
公主嶺市	市　　長	牧芳太郎
	副市長	鍾鏡瑩 4,1. 調任牡丹江市副市長。 史中鑑 4,1. 由總務廳參事官任。
	警察局長	吉田一盛(去職時間不詳) 久保田有年 4,1. 由縣警正任。

4. 黑龍江省職官年表

名　稱　＼　年　代	大同元年（1932年）
省　　　　長	**馬占山**3,9. 任；4,2. 再度抗日,4,28. 免。**程志遠**4,26. 代；4,28. 任；8,15. 調任參議府參議。**韓雲階**8,15. 署。
秘　書　長	**董文瑞**9,9. 任。
總　務　廳.長	**馬景桂　島一郎**6,9. 代；8,1. 任。
民　政　廳　長	**劉廷選　劉德權**6,15. 任；8,1. 任。①
警　務　廳　長	**竇聯芳　劉德權**5,28. 由呼倫市政籌備處長任；6,15. 調任民政廳長。**庭川辰雄**6,15. 任；8,1. 代。②
實　業　廳　長	**韓雲階**?,?. 任。**島一郎**8,1. 兼（盧元善9,28. 任）。
財　政　廳　長	（7,2. 財政廳改設稅務監督署）**韓雲階**?,?. 任。
教　育　廳　長	**鄭林皋　鄭林皋**8,1. 任。
省會公安局長	**劉允升**?,?. 任。

註①②：劉德權、庭川辰雄已於 6 月 15 日下令任命，復於 8 月 1 日再次下令，原因待考。

4. 黑龍江省職官年表

名　稱＼年　代	大同二年(1933年)
省　　　長	**韓雲階**署;6,20. 免。**孫其昌**6,21. 由財政部次長任。
秘　書　長	**董文瑞**2,4. 調任省參事官。**楊乃時**2,4. 任;6,5. 免。**路之淦**6,5. 任;12,25. 任。①
總　務　廳　長	**島一郎**8,15. 辭。**永井四郎**8,15. 任。
民　政　廳　長	**劉德權**8,1. 免。**鍾　毓**8,1. 任。
警　務　廳　長	**庭川辰雄**代;5,3. 調。**島一郎**?,?. 代。**河内志郎**8,1. 任。
實　業　廳　長	**島一郎**兼(盧元善);4,1. 免。**盧元善**4,1. 任。
教　育　廳　長	**鄭林皋**4,20. 辭。**姜承業**3,17. 任;4,20. 任;7,31. 辭。**王賓章**8,1. 任。
省會公安局長	(9,1. 改稱齊齊哈爾警察廳長)**劉允升**

註①:兩次任命,原因待考。

4. 黑龍江省職官年表

名　稱　＼　年　代	大同三年、康德元年(1934 年)
省　　　　長	孫其昌
秘　書　長	(12,1. 裁)路之淦
總　務　廳　長	永井四郎
民　政　廳　長	鍾　毓 12,1. 調任黑河省長。陳紫瀾 12,1. 任。
警　務　廳　長	河内志郎 12,1. 調任吉林省警務廳長。赤澤辰三郎 12,1. 任。
實　業　廳　長	盧元善
教　育　廳　長	王賓章
齊齊哈爾警察廳長	劉允升 5,25. 任。

説明:本年黑龍江省改稱龍江省。

4. 龍江省職官年表

年代 名稱	康德二年(1935年)
省　　　　　長	**孫其昌** 5,21. 調任財政大臣。**金璧東** 5,25. 由新京特別市長任。
總　務　廳　長	**永井四郎**
民　政　廳　長	**陳紫瀾**
警　務　廳　長	**赤澤辰四郎**
實　業　廳　長	**盧元善**
教　育　廳　長	**王賓章**
齊齊哈爾警察廳長	**劉允升**

4. 龍江省職官年表

名　稱 ＼ 年　代		康德三年(1936年)
省　　　　　　長		**金璧東**
總　務　廳　長		**永井四郎** 2,21. 辭。**神尾弌春** 2,21. 由文教部學務司長任。
民　政　廳　長		**陳紫瀾** 6,15. 辭。**盧元善** 8,17. 由實業廳長任。
警　務　廳　長		**赤澤辰三郎** 4,1. 辭。**宮部光利** 4,1. 由海邊警察隊長任。
實　業　廳　長		**盧元善** 8,17. 調任民政廳長。**葆　廉** 8,17. 由濱江省實業廳長任。
教　育　廳　長		**王賓章** 7,28. 卒。**榮孟枚** 8,17. 由三江省民政廳長任。
齊齊哈爾市[①]	市　長	**楊乃時** 4,1. 任。
	參與官	**梅原小茨郎** 4,1. 由呼蘭縣參事官任。
齊齊哈爾警察廳長		**劉允升**

註①:4月1日齊齊哈爾實行市制,市公署置市長、參與官各一人。

4. 龍江省職官年表

名　　稱 ＼ 年　代		康德四年(1937 年)6 月 30 日之前
省　　　　　　長		金璧東(7,1. 辭)
總　務　廳　長		神尾弍春(7,1. 改任省次長)
民　政　廳　長		盧元善
警　務　廳　長		宮部光利(7,1. 辭)
實　業　廳　長		葆　廉(7,1. 辭)
教　育　廳　長		榮孟枚(7,1. 辭)
齊齊哈爾市	市　長	楊乃時
	參與官	梅原小茨郎
齊齊哈爾警察廳長		劉允升

582

4. 龍江省職官年表

名　稱 ＼ 年　代	康德四年(1937年)7月1日之後
省　　　　長	**趙鵬第** 7,1. 由民政部次長任。
次　　　　長	**神尾弌春** 7,1. 由原總務廳長任。
官　　　　房	
民　政　廳　長	(翌年 1,1. 裁) **盧元善**
警　務　廳　長	**栗山茂二** 7,1. 由錦州高等檢察廳次長任；12,27. 調任通化省次長。**都富佃** 12,27. 由民生部編審官任。
實　業　廳　長	**申振先** 7,1. 由熱河省教育廳長任。
教　育　廳　長	(翌年 1,1. 裁) **盧元善** 7,1. 兼。
齊齊哈爾市 ‖ 市　長	**楊乃時**
齊齊哈爾市 ‖ 副市長	**梅原小茨郎** 10,8. 調任省參事官。**高木喜平治** 10,8. 由克山縣參事官任。
齊齊哈爾警察廳長	**劉允升**

583

4. 龍江省職官年表

名　稱＼年　代	康德五年(1938年)
省　　　長	**趙鵬第**
次　　　長	**神尾弌春** 7,28. 辭。**近藤安吉** 7,28. 由産業部技正任。
官　　　房	
民　生　廳　長	(1,1. 設)**盧元善** 1,1. 由原民政廳長任；7,28. 調任專賣總局長。**楊乃時** 7,28. 由齊齊哈爾市長任。
警　務　廳　長	**都富佃**
實　業　廳　長	(翌年 1,1. 改稱開拓廳長)**申振先**
齊齊哈爾市　市　長	**楊乃時** 7,28. 調任民生廳長；**王紹先** 8,12. 由克山縣長任。
齊齊哈爾市　副市長	**高木喜平治**
齊齊哈爾警察廳長	**劉允升**

4. 龍江省職官年表

名　　稱　＼　年　代	康德六年(1939 年)
省　　　　　長	**趙鵬第** 8,19. 辭。**黃富俊** 8,19. 由安東省長任。
次　　　　　長	**近藤安吉** 6,24. 調任總務廳參事官。**多田晃** 6,24. 由安東市長任。
官　　　　　房	
民　生　廳　長	**楊乃時** 4,4. 調任吉林稅務監督署長。**單作善** 6,1. 由呼蘭縣長任。
警　務　廳　長	**都富佃** 6,24. 調任安東市長。**多田晃** 6,24. 兼(去職時間不詳)。**渡邊蘭治** 7,25. 由檢查官任。
開　拓　廳　長	**申振先** 1,1. 由原實業廳長任。
齊齊哈爾市　市　長	**王紹先**
齊齊哈爾市　副市長	**高木喜平治** 4,3. 調任海城副縣長。**橿尾信次** 4,3. 由新京市理事官任。
齊齊哈爾警察廳長	**劉允升** 10,16. 調任長春縣長。**吳奎昌** 11,18. 由延吉縣長任。

4. 龍江省職官年表

名　稱 ＼ 年　代		康德七年(1940年)
省　　　長		**黃富俊**
次　　　長		**多田晃** 8,30. 調任奉天市副市長。**松田芳助** 8,30. 由奉天市副市長任。
官　　　房		
民　生　廳　長		**單作善** 11,1. 調任哈爾濱警察局長。**吳奎昌** 11,1. 由齊齊哈爾警察廳長任。
警　務　廳　長		**渡邊蘭治** 11,27. 調任錦州省警務廳長。**神子勇** 11,27. 由安東省警務廳長任。
開　拓　廳　長		**申振先** 5,21. 調任奉天省參事官。**陳萬鎧** 5,21. 由總務廳參事官任。
齊齊哈爾市	市　　　長	**王紹先** 5,21. 調任熱河省煙政廳長。**祁靖黎** 5,21. 由黑山縣長任。
	副　市　長	**橿尾信次** 11,6. 調任總務廳參事官。**山名義觀** 11,6. 由孫吳縣長任。
	警務處長	(11,1. 設)**王達善** 11,1. 由承德警察廳長任。
齊齊哈爾警察廳長		(10,31. 裁)**吳奎昌** 11,1. 調任民生廳長。

4. 龍江省職官年表

名　稱 ＼ 年　代		康德八年(1941 年)
省　　長		黄富俊
次　　長		松田芳助 8,7. 調任總務廳参事官。 山菅正誠 8,7. 由總務廳参事官任。
官　　房		
民生廳長		吳奎昌
警務廳長		神子勇
開拓廳長		陳萬鎧 7,1. 調任總務廳参事官。 楊白鶴 7,1. 由興農部理事官任。
齊齊哈爾市	市　　長	祁靖黎
	副 市 長	山名義觀
	警務處長	王達善

4. 龍江省職官年表

名　稱	年　代	康德九年(1942 年)
省　　長		**黃富俊** 9,28. 調任興農大臣。**申振先** 9,28. 由奉天省民生廳長任。
次　　長		**山菅正誠** 5,18. 調任總務廳參事官任。**馬込信一** 5,18. 由興安北省次長任。
官　　房		
民生廳長		**吳奎昌** 6,6. 調任總務廳參事官。**張　諒** 6,6. 由營口市長任。
警務廳長		**神子勇**
開拓廳長		**楊白鶴**
齊齊哈爾市	市　　長	**祁靖黎** 5,30. 辭。**金亞鐸** 6,6. 由市理事官任。
	副 市 長	**山名義觀** 7,16. 調任總務廳參事官。**藤森園卿** 7,16. 由總務廳參事官任。
	警務處長	**王達善** 6,30. 調任開魯縣長。**馬大鳴** 6,30. 由省理事官任。

4. 龍江省職官年表

名　稱 　年　代		康德十年(1943年)
省　　長		申振先
次　　長		馬込信一
官　　房		
民生廳長		張　諒
警務廳長		神子勇 4,1. 調任總務廳參事官。今吉均 4,1. 由間島省警務廳長任。
開拓廳長		楊白鶴 8,25. 調任總務廳參事官。張世謙 8,25. 由遼陽市長任。
齊齊哈爾市	市　　長	金亞鐸 6,10. 調任黑河省參事官。張國棟 6,10. 由海城縣長任。
	副 市 長	藤森園卿
	警務處長	馬大鳴

4. 龍江省職官年表

名　　稱 ／ 年　代		康德十一年(1944 年)
省　　長		**申振先**
次　　長		**馬込信一**8,26. 調任大同學院教官。**古舘尚也**8,26. 由地政總局副局長任。
官　　房		
民生廳長		**張　諒**
警務廳長		**今吉均**11,3. 調任總務廳參事官。**村田精三**11,3. 由警務總局理事官任。
開拓廳長		**張世謙**
交通廳長		(3,1. 設)**董蔭青**3,1. 由交通部技正任。
齊齊哈爾市	市　　長	**張國棟**
	副市長	**藤森園卿**12,16. 辭。**岸水喜三郎**12,16. 由間島省民生廳長任。
	警務處長	(7,1. 改稱警察局長)**馬大鳴**7,1. 調任鷗浦縣長。**牛希伯**7,1. 由鷗浦縣長任。

4. 龍江省職官年表

名　稱 ＼ 年　代		康德十二年(1945 年)
省　　長		申振先
次　　長		古舘尚也
官　　房		
民生廳長		張　諒 1,25. 辭。陳玉銘 1,25. 由總務廳參事官任。
警務廳長		村田精三
開拓廳長		張世謙
交通廳長		董蔭青
齊齊哈爾市	市　　長	張國棟
	副 市 長	岸水喜三郎
	警察局長	牛希伯

5. 熱河省職官年表

名　稱　＼　年　代	大同二年(1933年)
省　　　長	**張海鵬** 5,3. 兼。
秘　書　長	**曾　恪** 5,27. 任。
總　務　廳　長	**中野琥逸** 5,3. 任。
民　政　廳　長	**張翼廷** 5,27. 任；11,29. 卒。**恩　麟** 11,29. 兼。
警　務　廳　長	**庭川辰雄** 5,3. 代；12,1. 調民政廳辦事。
實　業　廳　長	**恩　麟** 5,27. 任。
教　育　廳　長	**申振先** 5,27. 任。
朝陽辦事處長	(5,10. 設)**關慶麟** ?,?. 任。
赤峰辦事處長	(5,10. 設)**楊裕文** ?,?. 任。

5. 熱河省職官年表

名 稱 ＼ 年 代	大同三年、康德元年(1934 年)
省　　　長	**張海鵬** 11,15. 免。**劉夢庚** 12,1. 由哈爾濱工業大學校長任。
秘　書　長	(12,1. 裁)**曾　恪**
總 務 廳 長	**中野琥逸**
民 政 廳 長	**恩　麟** 兼;9,7. 署;12,1. 任。
警 務 廳 長	**小林義信** 4,16. 任。
實 業 廳 長	**恩　麟** 9,7. 改署民政廳長。**邵　麟** 9,7. 署;12,1. 任。
教 育 廳 長	**申振先**
朝陽辦事處長	(5,11. 裁)**關慶麟**
赤峰辦事處長	(5,11. 裁)**楊裕文**
承德警察廳長	**黃錫齡** ?,?. 任。

5. 熱河省職官年表

名　稱 ＼ 年　代	康德二年(1935年)
省　　　長	劉夢庚
總　務　廳　長	中野琥逸 7,29. 調任吉林省總務廳長。 原　武 7,29. 由外交部理事官任。
民　政　廳　長	恩　麟
警　務　廳　長	小林義信 7,29. 調任錦州省警務廳長。 山田一隆 7,29. 由中央警察學校主事任。
實　業　廳　長	邵　麟
教　育　廳　長	申振先
承德警察廳長	黃錫齡(去職時間不詳)　胡承祿 10,1. 任。

5. 熱河省職官年表

名　稱 ＼ 年　代	康德三年(1936 年)
省　　　　長	劉夢庚
總　務　廳　長	原　武
民　政　廳　長	恩　麟
警　務　廳　長	山田一隆
實　業　廳　長	邵　麟 4,24. 辭。張子炌 6,20. 由署實業部工商司長任。
教　育　廳　長	申振先
承德警察廳長	胡承禄 10,10. 調任首都警察廳理事官。陳景啓 12,28. 任。

5. 熱河省職官年表

名　稱 ＼ 年　代	康德四年(1937年)6月30日之前
省　　　長	劉夢庚(7,1. 辭)
總　務　廳　長	原　武(7,1. 調任駐日本大使館參事官)
民　政　廳　長	恩　麟(7,1. 辭)
警　務　廳　長	山田一隆(7,1. 辭)
實　業　廳　長	張子烇
教　育　廳　長	申振先(7,1. 調任龍江省實業廳長)
承德警察廳長	陳景啓

5. 熱河省職官年表

名　　稱 ＼ 年　代	康德四年(1937年)7月1日之後
省　　　　長	**金名世** 7,1. 由三江省長任。
次　　　　長	**連　修** 7,1. 由首都警察副總監任。
官　　　　房	
民 政 廳 長	(翌年1,1. 裁)**高乃濟** 7,1. 由龍江税務監督署長任。
警 務 廳 長	**中野四郎** 7,1. 任。
實 業 廳 長	**張子焌**
教 育 廳 長	(翌年1,1. 裁)**高乃濟** 7,1. 兼。
承德警察廳長	**陳景啓**

5. 熱河省職官年表

名　稱 ＼ 年　代	康德五年(1938年)
省　　　長	金名世
次　　　長	連　修 9,28. 辭。三重野勝 9,28. 由鞍山市長任。
官　　　房	
民 生 廳 長	(1,1. 設)高乃濟 1,1. 由原民政廳長任。
警 務 廳 長	中野四郎 12,10. 調任總務廳參事官。村井矢之助 12,10. 由治安部理事官任。
實 業 廳 長	張子焮
承德警察廳長	陳景啓

5. 熱河省職官年表

名 稱 年 代		康德六年(1939 年)
省　　　長		**金名世**
次　　　長		**三重野勝**
官　　　房		
民 生 廳 長		**高乃濟**
警 務 廳 長		**村井矢之助** 11,24. 調任吉林省警務廳長。**薄井友治** 11,24. 由治安部理事官任。
實 業 廳 長		**張子舫**
地政局 (4,6. 設)	局　長	
	副局長	**及川三男** 5,23. 任。
承德警察廳長		**陳景啓**

5. 熱河省職官年表

名 稱＼年 代		康德七年(1940 年)
省　　　長		**金名世** 5,21. 調任新京特別市長。**王允卿** 5,21. 由總務廳參事官任。
次　　　長		**三重野勝** 4,8. 調任總務廳參事官。**田邊秀雄** 4,8. 由鐵道警護本隊長任。
官　　　房		
民 生 廳 長		**高乃濟** 5,21. 調任奉天稅務監督署長。**林鈞寶** 5,21. 由總務廳理事官任。
警 務 廳 長		**薄井友治** 9,17. 調任治安部參事官。**宇野音治** 9,17. 由興安南省警務廳長任。
實 業 廳 長		**張子焣** 8,27. 調任安東省民生廳長。**魏象賢** 8,27. 由省理事官任。
煙 政 廳 長		(5,1. 設)**王紹先** 5,21. 由齊齊哈爾市長任。
地政局	局　　長	**三重野勝** 2,1. 兼;4,8. 免。**田邊秀雄** 4,8. 兼。
	副局長	**及川三男　及川三男** 2,1. 任。①
承德警察廳長		(10,31. 裁)**陳景啓** 8,21. 調任錦州警察廳長。**王達善** 8,21. 由遼陽警察廳長任(11,1. 調任齊齊哈爾警務處長)。

註①:康德六年熱河省設地政局,七年錦州、熱河兩省設地政局,故及川三男於 2 月 1 日再次被任命。

5. 熱河省職官年表

名　稱 ＼ 年　代	康德八年(1941 年)
省　　長	**王允卿** 1,6. 調任總務廳次長。**張聯文** 1,26. 由總務廳參事官任。
次　　長	**田邊秀雄** 10,11. 調任地政總局副局長。**渡邊蘭治** 10,11. 由錦州省警務廳長任。
官　　房	
民政廳長	**林鈞寶**
警務廳長	**宇野音治**
實業廳長	**魏象賢**
煙政廳長	**王紹先**
地政局　局　　長	**田邊秀雄** 兼;10,11. 調。**渡邊蘭治** 10,11. 兼。
副局長	**及川三男**

5. 熱河省職官年表

名　稱 ＼ 年　代	康德九年(1942年)
省　　　長	**張聯文** 7,18. 調任禁煙總局長。**馬冠標** 7,18. 由總務廳參事官任。
次　　　長	**渡邊蘭治**
官　　　房	
民生廳長	**林鈞寶** 1,21. 調任省參事官。**龐鳳書** 1,21. 由省參事官任。
警務廳長	**宇野音治** 12,4. 調任總務廳參事官。**武藤喜一郎** 12,4. 由鐵道警護總隊參事官任。
實業廳長	**魏象賢** 1,23. 卒。**魯　綺** 3,14. 由佳木斯市長任。
煙政廳長	(1,15. 裁)**王紹先** 1,21. 改任省參事官。
地政局　局　　長	**渡邊蘭治**兼。
地政局　副局長	**及川三男**

5. 熱河省職官年表

名稱＼年代		康德十年(1943年)
省　　長		**馬冠標** 9,13. 調任建國大學教授。**姜全我** 9,13. 由通化省長任。
次　　長		**渡邊蘭治** 9,13. 調任安東省次長。**岸谷隆一郎** 9,13. 由總務廳地方處長任。
官　　房		
民生廳長		**龐鳳書** 4,1. 調總務廳參事官。**孫仁軒** 4,1. 由吉林省建設廳長任。
警務廳長		**武藤喜一郎** 9,13. 調任四平省警務廳長。**皆川富之亟** 9,13. 由警務總局特務處長任。
實業廳長		**魯　綺**
地政局 (3,31. 裁)	局　長	**渡邊蘭治**兼。
	副局長	**及川三男** 4,1. 改任省參事官。

5. 熱河省職官年表

年代 名稱	康德十一年(1944年)
省　　長	**姜全我** ?,?. 卒。
次　　長	**岸谷隆一郎**
官　　房	
民生廳長	**孫仁軒** 2,1. 調任東滿總省參事官。**李葆華** 2,1. 由吉林市長任。
警務廳長	**皆川富之丞** ?,?. 休職。**高比虎之助** 12,28. 由青龍縣副縣長任。
實業廳長	**魯　綺**

5. 熱河省職官年表

名　稱 ＼ 年　代	康德十二年(1945 年)
省　　長	**孫柏芳** 5,12. 由三江省長任。
次　　長	**岸谷隆一郎** 8,17. 自殺。
官　　房	
民生廳長	**李葆華**
警務廳長	**高比虎之助**
實業廳長	**魯　綺**

6. 東省特別區職官年表

名　稱 ＼ 年　代		大同元年(1932 年)
行　政　長　官		(3,14. 改稱長官)**張景惠**3,14. 任。
政　務　廳　長		**葆　廉**1,28. 調。**宋文林**1,28. 由參議任；8,6. 辭。**宋文郁**8,6. 任。
教　育　廳　長		**魏紹周**1,28. 任；12,14. 調任秘書長。**梁禹襄**12,14. 任。
秘　　書　　長		**魏紹周**12,14. 任。
市政管理局	局　長	**宋文郁**1,28. 調任長官公署參議。**呂榮寰**9,1. 任。
	副局長	**邵　麟**2,27. 任。
地畝管理局	局　長	**葆　廉**1,28. 任。
	副局長	**崔國藩**3,26. 任(後不詳)。
警察管理處	處　長	**王瑞華**1,14. 辭。**金榮桂**1,14. 任；1,19. 病。**王瑞華**1,29 任；9,24. 免。**金榮桂**9,24. 任。
	副處長	**齊知政**2,18. 任。**宋文俊**10,29. 任。
附：		
中東鐵路護路軍總司令		**熙　洽**兼；9,1. 免。**于深澂**9,1. 任。
路　警　處　長		**李桂林**3,29. 任。

6. 東省特別區職官年表

名 稱 ＼ 年 代		大同二年(1933年)6月30日之前
長　　　　官		張景惠 6,29. 辭。
政　務　廳　長		宋文郁
教　育　廳　長		梁禹襄
秘　書　長		魏紹周
市政管理局	局　長	呂榮寰
	副局長	邵　麟
地畝管理局	局　長	葆　廉
	副局長	
警察管理處	處　長	金榮桂
	副處長	宋文俊　湯武涉 5,12. 任。
附：		
中東鐵路護路軍總司令		(7,1. 中東改稱北滿) 于深澂
路　警　處　長		李桂林

7. 北滿特別區職官年表

名　稱　＼　年　代	大同二年(1933 年)7 月 1 日之後
長　　　　　官	**吕榮寰** 7,1. 由哈爾濱市政籌備所長任。
總　務　處　長	**樋口光雄** ?,?. 任。
行　政　處　長	**馬駿聲** 7,1. 任。
警　務　處　長	**松田芳助** 8,25. 任。
教　育　處　長	**梁禹襄** 7,24. 任。
地　畝　處　長	**葆　廉** 7,7. 任。
附：	
北滿鐵路護路軍總司令	**于深澂**
路　警　處　長	**李桂林**

説明：7 月 1 日東省特別區改稱北滿特別區，實行上述新官制。

7. 北滿特別區職官年表

名　　稱 ＼ 年　代	大同三年、康德元年(1934 年)
長　　　　　官	**呂榮寰** 12,1. 調任濱江省長。**呂榮寰** 12,1. 以省長兼。
總　務　處　長	**樋口光雄** 12,1. 調任三江省總務廳長。
行　政　處　長	**馬駿聲** 12,5. 調任哈爾濱特別市行政處長。
警　務　處　長	**松田芳助** 12,1. 調任哈爾濱警察廳副廳長。
教　育　處　長	**梁禹寰** 12,1. 調任濱江省教育廳長。
地　畝　處　長	**葆　廉** 12,1. 調任濱江省實業廳長。
附：	
北滿鐵路護路軍總司令	**于深澂**
路　警　處　長	**李桂林**

7. 北滿特別區職官年表

名　　稱　　　　年　代	康德二年(1935 年)
長　　　　　　　官	**呂榮寰**兼;5,21. 調任民政大臣。**閻傳紱** 5,25. 以濱江省長兼。
總　務　處　長	**金井章次** 12,17. 以濱江省總務廳長兼。
行　政　處　長	**李叔平** 12,17. 以濱江省民政廳長兼。
警　務　處　長	**前田良次** 12,17. 以濱江省警務廳長兼。
教　育　處　長	**梁禹寰** 12,17. 以濱江省教育廳長兼。
地　畝　處　長	(2,2. 裁)
附:	
北滿鐵路護路軍總司令	(3,23. 裁) **于深澂**
路　警　處　長	(3,23. 裁) **李桂林**(3,23. 改任哈爾濱鐵路局參贊)

説明:翌年 1 月 1 日北滿特別區裁,所轄地域分別合併到有關市、縣、旗、鄉。

8. 濱江省職官年表

名　稱　＼　年　代	康德元年(1934 年)
省　　長	**吕榮寰** 12,1. 由北滿特別區長官任。
總務廳長	**金井章次** 12,1. 由民政部理事官任。
民政廳長	**李叔平** 12,1. 由哈爾濱特別市行政處長任。
警務廳長	**前田良次** 12,4. 任。
實業廳長	**葆　廉** 12,1. 由北滿特別區地畝處長任。
教育廳長	**梁禹寰** 12,1. 由北滿特別區教育處長任。

說明：12 月 1 日設濱江省。

8. 濱江省職官年表

名　稱 ＼ 年　代	康德二年(1935 年)
省　　長	**呂榮寰** 5,21. 調任民政大臣。 **閻傳紱** 5,25. 由奉天市長任。
總務廳長	**金井章次**
民政廳長	**李叔平**
警務廳長	**前田良次**
實業廳長	**葆　廉**
教育廳長	**梁禹襄**

8. 濱江省職官年表

名 稱 ＼ 年 代	康德三年(1936年)
省　　長	**閻傳紱**
總務廳長	**金井章次** 8,17. 調任間島省長。**結城清太郎** 8,17. 由國都建設局總務處長任。
民政廳長	**李叔平** 4,28. 調任民政部土木司長。**賈文凌** 4,28. 由雙城縣長任。
警務廳長	**前田良次** 8,17. 調任奉天省警務廳長。**澀谷三郎** 8,17. 任。
實業廳長	**葆　廉** 8,17. 調任龍江省實業廳長。**孫柏芳** 8,17. 由拜泉縣長任。
教育廳長	**梁禹襄**

8. 濱江省職官年表

名　稱＼年　代	康德四年(1937年)6月30日之前
省　　長	**閻傳紱**(7,1. 調任吉林省長)
總務廳長	**結城清太郎**(7,1. 改任省次長)
民政廳長	**賈文凌**
警務廳長	**澁谷三郎**(7,1. 調任治安部警務司長)
實業廳長	**孫柏芳**
教育廳長	**梁禹襄**(7,1. 辭)

8. 濱江省職官年表

名　稱 ＼ 年　代		康德四年(1937年)7月1日之後
省　　長		**施履本** 7,1. 由哈爾濱特別市長任。
次　　長		**結城清太郎** 7,1. 由原總務廳長任。
官　　房		
民政廳長		(翌年1,1. 裁) **賈文凌**
警務廳長		**植木鎮夫** 7,1. 由安東省警務廳長任。
實業廳長		**孫柏芳**
教育廳長		(翌年1,1. 裁) **賈文凌** 7,1. 兼。
土木廳長		(7,1. 設) **相馬龍雄** 7,1. 任。
哈爾濱市①	市　　長	**韋煥章** 7,1. 由奉天省教育廳長任。
	副市長	**江原鋼一** 7,1. 由原哈市總務處長任；8,24. 調任間島省次長。**大迫幸男** 8,24. 由興安北省參與官任。
	官　　房	
	行政處長	(翌年1,1. 改稱民生處長) **馬駿聲** (翌年1,1. 改任財務處長)
	實業處長	
	財務處長	**高恩濤**
	工務處長	**近藤謙三郎** 7,1. 由市技正任。
哈爾濱警察廳②	廳　　長	**白銘鎮** 7,1. 由安東警察廳長任。
	副廳長	**荻原八十盛** 12,1. 由省理事官任。

註①：7月1日哈爾濱由特別市降爲普通市,隸屬濱江省。
註②：7月1日哈爾濱警察廳改隸濱江省。

8. 濱江省職官年表

名　稱 ＼ 年　代	康德五年(1938年)
省　　長	**施履本** 1,17. 卒。**結城清太郎** ?,?. 代。**韋煥章** 2,10. 由哈爾濱市長任。
次　　長	**結城清太郎**
官　　房	
民生廳長	(1,1. 設)**賈文凌** 1,1. 由原民政廳長任。
警務廳長	**植木鎮夫**
實業廳長	(翌年 1,1. 改稱開拓廳長)**孫柏芳** 12,10. 調任内務局監督處長。**尹永禎** 12,10. 由營口市長任。
土木廳長	**相馬龍雄**
哈爾濱市 市　　長	**韋煥章** 2,10. 調任濱江省長。**馮廣民** 2,10. 由民生部社會司長任。
哈爾濱市 副市長	**大迫幸男**
哈爾濱市 官　　房	
哈爾濱市 民生處長	**植村秀一** 1,1. 由市理事官任。
哈爾濱市 實業處長	**高恩濤** 1,1. 由財務處長任；6,30. 調任省參事官。**梁成柏** 8,16. 由市理事官任。
哈爾濱市 財務處長	**高恩濤** 1,1. 調。**馬駿聲** 1,1. 由原行政處長任。
哈爾濱市 工務處長	**近藤謙三郎**
哈爾濱警察廳 廳　　長	**白銘鎮**
哈爾濱警察廳 副廳長	**荻原八十盛**

8. 濱江省職官年表

名 稱 ＼ 年 代	康德六年(1939 年)
省 長	**韋煥章**
次 長	**結城清太郎** 1,1. 調任開拓總局長。**森田城之** 1,1. 由錦州省次長任；4,18. 調任總務廳參事官。**源田松三** 4,18. 由總務廳人事處長任。
官 房	
民生廳長	**賈文凌** 11,15. 辭。
警務廳長	**植木鎮夫** 4,18. 調任間島省次長。**秋吉威郎** 4,18. 由治安部理事官任。
開拓廳長	**尹永禎** 5,17. 卒。**劉澤漢** 10,7. 由省理事官任。
土木廳長	**相馬龍雄**

哈爾濱市	市 長	**馮廣民** 4,18. 調任總務廳參事官。**趙 震** 4,18. 由林野局副局長任。
	副 市 長	**大迫幸男**
	官 房	
	民生處長	**植村秀一** 10,2. 調任衛生處長。**大迫幸男** 10,2. 兼；?,?. 免。**郭濬文** 12,28. 任。
	衛生處長	(?,?. 設)**植村秀一** 10,2. 由民生處長任。
	實業處長	**梁成柏** 12,28. 辭。**井口忠彦** 12,28. 任。
	財務處長	**馬駿聲**
	工務處長	**近藤謙三郎** 3,31. 調任交通部技正。**藤原健二** 3,31. 由交通部技正任。

哈爾濱警察廳	廳 長	**白銘鎮**
	副 廳 長	**荻原八十盛** 10,10. 調任總務廳參事官。**園田莞爾** 10,10. 由密山縣副縣長任。

8. 濱江省職官年表

名　稱 ＼ 年　代	康德七年(1940 年)
省　　長	**韋煥章** 5,16. 調任外務局長官。**于鏡濤** 5,16. 由首都警察總監任。
次　　長	**源田松三**
官　　房	
民生廳長	**劉澤漢** 2,13. 由開拓廳長任。
警務廳長	**秋吉威郎**
開拓廳長	**劉澤漢** 2,13. 調任民生廳長。**薛永魁** 2,13. 由經濟部參事官任；8,27. 調任經濟部稅務司長。**范垂紳** 8,27. 由奉天省實業廳長任。
土木廳長	**相馬龍雄**

哈爾濱市	市　　長	**趙　震**
	副 市 長	**大迫幸男** 6,1. 調任興農部畜産司長。**山口民治** 6,13. 由牡丹江高等法院院長任。
	官　　房	
	民生處長	(11,1. 改稱行政處長)**郭濬文**
	衛生處長	**植村秀一** 6,1. 調任哈爾濱醫科大學學長。**閻德潤** 4,15. 由市技正任。
	實業處長	**井口忠彦**
	財務處長	**馬駿聲**
	工務處長	**藤原健二**

警察局①	局　長	**單作善** 11,1. 由龍江省民生廳長任。
	副局長	**園田莞爾** 11,1. 由原哈爾濱警察廳副廳長任。
哈爾濱警察廳 (10,31. 裁)	廳　長	**白銘鎮** 5,21. 調任瀋陽警察廳長。**王賢湋** 5,21. 由總務廳參事官任(11,1. 調任奉天警察局長)。
	副廳長	**園田莞爾** (11,1. 改任哈爾濱警察局副局長)

註①：11 月 1 日設哈爾濱警察局。

8. 濱江省職官年表

名　稱 ＼ 年　代		康德八年(1941 年)
省　　　長		于鏡濤
次　　　長		源田松三 11,15. 調任民生部次長。**中島俊雄** 11,15. 由通化省次長任。
官　　　房		
民生廳長		劉澤漢
警務廳長		秋吉威郎
開拓廳長		范垂紳 10,11. 調任開拓總局拓地處長。**崔正儒** 10,11. 由總務廳秘書官任。
土木廳長		(3,10. 改稱建設廳長) **相馬龍雄**
哈爾濱市	市　　　長	趙　震
	副　市　長	山口民治
	官　　　房	
	行政處長	郭濬文
	衛生處長	閻德潤
	實業處長	井口忠彥 6,2. 調任吉林市副市長。**坂本泰一** 6,2. 由臨時國勢調查局副局長任。
	財務處長	馬駿聲 7,1. 調任錦州市長。**臧　憲** 7,1. 任。
	工務處長	藤原健二 7,1. 調任總務廳技正。**武藤吉治** 7,1. 由臨時國都建設局副局長任。
警察局	局　　　長	單作善
	副局長	園田莞爾

8. 濱江省職官年表

名　稱　＼年　代	康德九年(1942 年)
省　　　長	于鏡濤
次　　　長	中島俊雄
官　　　房	
民生廳長	劉澤漢
警務廳長	秋吉威郎 1,15. 調任安東省次長。池野清躬 1,15. 由治安部參事官任。
開拓廳長	崔正儒 9,28. 調任奉天省民生廳長。王紹先 9,28. 由省參事官任。
建設廳長	相馬龍雄 3,5. 調任交通部技正。黑田重治 3,5. 由交通部技正任。
哈爾濱市　市　　　長	趙　震 6,30. 辭。袁慶濂 6,30. 由禁煙總局長任。
哈爾濱市　副　市　長	山口民治 5,18. 調任總務廳參事官。都富佃 5,18. 由大同學院教官任。
哈爾濱市　官　　　房	
哈爾濱市　行政處長	郭潘文
哈爾濱市　衛生處長	閻德潤
哈爾濱市　實業處長	坂本泰一
哈爾濱市　財務處長	臧　憲
哈爾濱市　工務處長	武藤吉治
警察局　局　　　長	單作善
警察局　副局長	園田莞爾 5,20. 辭。田坂又十郎 5,20. 任。

8. 濱江省職官年表

名　稱 ＼ 年　代	康德十年(1943年)
省　　　長	于鏡濤 4,20. 調任奉天省長。王子衡 4,20. 任。
次　　　長	中島俊雄
官　　　房	
民生廳長	劉澤漢
警務廳長	池野清躬 4,1. 調任警務總局警務處長。富田直次 4,1. 由北安省警務廳長任。
開拓廳長	王紹先
建設廳長	黑田重治

哈爾濱市			康德十年(1943年)
		市　　長	袁慶濂
		副市長	都富佃
		官　　房	
		行政處長	郭濬文 4,1. 調任通化省民生廳長。張國銓 4,1. 由鐵嶺縣長任。
		衛生處長	閻德潤 4,1. 調任民生部厚生司長。市川五郎 4,1. 以市技正兼。
		實業處長	坂本泰一 10,1. 調任總務廳參事官。村田福次郎 10,1. 由奉天市實業處長任。
		財務處長	(4,1. 裁)臧　憲 4,1. 調任錦縣長。
		工務處長	武藤吉治
警察局		局　　長	單作善 3,31. 辭。宮文超 4,1. 由瀋陽縣長任。
		副局長	田坂又十郎

8. 濱江省職官年表

名 稱 ＼ 年 代	康德十一年(1944年)
省　　長	**王子衡**
次　　長	**中島俊雄** 4,17. 辭。**田村敏雄** 4,17. 由大連稅關長任。
官　　房	
民生廳長	**劉澤漢** 12,31. 辭。**謝雨琴** 12,31. 由總務廳參事官任。
警務廳長	**富田直次**
開拓廳長	**王紹先**
建設廳長	(3,1. 改稱交通廳長)**黑田重治**
哈爾濱市 市　　長	**袁慶濂** 12,16. 辭。**袁慶清** 12,16. 由馬政局副局長任。
哈爾濱市 副 市 長	**都富佃** 4,6. 辭。**村田福次郎** 4,6. 署;4,17. 免。**山梨武夫** 4,17. 由大使館參事官任;12,26. 辭。**三浦靖** 12,26. 由安東稅關長任。
哈爾濱市 官　　房	
哈爾濱市 行政處長	**張國銓**
哈爾濱市 實業處長	**村田福次郎**
哈爾濱市 衛生處長	**村川五郎**兼。
哈爾濱市 工務處長	**武藤吉治**
警察局① 局　　長	**宮文超**
警察局① 副局長	**田坂又十郎** 2,1. 調任東安省警務廳長。**小林徹一** 2,1. 由琿春縣長任。

註①：7 月 1 日警察局改稱警察廳。

8. 濱江省職官年表

名　稱＼年　代	康德十二年(1945 年)
省　　　長	王子衡
次　　　長	田村敏雄
官　　　房	
民生廳長	謝雨琴
警務廳長	富田直次
開拓廳長	王紹先 4,1. 調任龍江縣長。常荷禄 4,1. 由榆樹縣長任。
建設廳長	黑田重治 1,20. 調任大東港建設局長。高野宗久 1,20. 由交通部技正任。

哈爾濱市	市　　　長	袁慶濂
	副市長	三浦靖
	官　　　房	
	行政處長	張國銓 4,1. 調任懷德縣長。楊蘭洲 4,1. 任。
	實業處長	村田福次郎
	衛生處長	村川五郎 兼；4,1. 任；7,20. 調任國民勤勞奉公隊總司令部保健處長。本間賢亮 7,20. 任。
	工務處長	武藤吉治
警察廳	廳　　　長	宮文超
	副廳長	小林徹一

9. 錦州省職官年表

名　稱＼年　代	康德元年(1934 年)
省　　長	**徐紹卿** 12,1. 由奉天省實業廳長任。
總務廳長	**皆川豐治** 12,1. 由總務廳人事處長任。
民政廳長	**馮廣民** 12,1. 任。
警務廳長	**大坪保雄** 12,1. 任。
實業廳長	**錢魯民** 12,1. 任。
教育廳長	**魏象賢** 12,1. 由文教部理事官任。

説明：12 月 1 日設錦州省。

9. 錦州省職官年表

名　稱 ＼ 年　代	康德二年(1935 年)
省　　　長	徐紹卿
總 務 廳 長	皆川豐治
政 　廳　 長	馮廣民
警 務 廳 長	大坪保雄 2,29. 調任國務院法制局參事官。小林義信 7,29. 由熱河省警務廳長任。
實 業 廳 長	錢魯民
教 育 廳 長	魏象賢
錦州警察廳長	傅作霖 10,1. 由省理事官任。

9. 錦州省職官年表

名　稱 ＼ 年　代	康德三年(1936 年)
省　　　長	徐紹卿
總　務　廳　長	皆川豐治 8,17. 調任文教部總務司長。松下芳三郎 8,17. 由間島省總務廳長任。
民　政　廳　長	馮廣民
警　務　廳　長	小林義信 4,1. 辭。松田芳助 4,1. 由中央警察學校主事任。
實　業　廳　長	錢魯民
教　育　廳　長	魏象賢
錦州警察廳長	傅作霖

9. 錦州省職官年表

年 代 名 稱	康德四年(1937年)6月30日之前
省　　　長	**徐紹卿**(7,1. 調任新京特別市長)
總 務 廳 長	**松下芳三郎** 5,11. 辭。**平島敏夫** 6,17. 任(7,1. 改任省次長)。
民 政 廳 長	**馮廣民**(7,1. 調任民生部社會司長)
警 務 廳 長	**松田芳助** 6,17. 調任三江省總務廳長。
實 業 廳 長	**錢魯民**
教 育 廳 長	**魏象賢**(7,1. 調任牡丹江省民生廳長)
錦州警察廳長	**傅作霖**(7,1. 調任吉林警察廳長)

9. 錦州省職官年表

名　稱 ＼ 年　代	康德四年(1937年)7月1日之後
省　　　長	**王玆棟** 7,1. 由安東省長任。
次　　　長	**平島敏夫** 7,1. 由原總務廳長任。
官　　　房	
民 政 廳 長	(翌年1,1.裁)**王瑞華** 7,1. 由蓋平縣長任。
警 務 廳 長	**桂定治郎** 7,9. 任。
實 業 廳 長	**錢魯民**
教 育 廳 長	(翌年1,1.裁)**王瑞華** 7,1. 兼。
錦州市① 　市　　長	**張國棟** 12,1. 由興城縣長任。
錦州市① 　副市長	**山田弘之** 12,1. 由恩賞局理事官任。
錦州警察廳長	**魯　綺** 7,1. 任。

註①:12月1日設錦州市。

9. 錦州省職官年表

名　稱＼年　代	康德五年(1938年)
省　　　長	王茲棟 7,28. 辭。姜恩之 7,28. 由專賣總局長任。
次　　　長	平島敏夫 1,20. 辭。森田成之 2,10. 由交通部鐵路司長任。
官　　　房	
民 生 廳 長	(1,1. 設)王瑞華 1,1. 由原民政廳長任。
警 務 廳 長	桂定治郎 3,15. 調任三江省警務廳長。海村園次郎 3,15. 由三江省警務廳長任。
實 業 廳 長	錢魯民 9,20. 調任安東省實業廳長。王純古 12,10. 由內務局理事官任。
錦州市　市　　長	張國棟
錦州市　副市長	山田弘之
錦州警察廳長	魯　綺

9. 錦州省職官年表

名　稱 ＼ 年　代	康德六年(1939年)
省　　　長	姜恩之
次　　　長	**森田成之** 1,1. 調任濱江省次長。**土肥穎** 1,1. 由奉天市副市長任；4,30. 調任奉天省次長。**武內哲夫** 4,30. 由內務局管理處長任。
官　　　房	
民 生 廳 長	王瑞華
警 務 廳 長	海村園次郎
實 業 廳 長	王純古
錦州市　市　長	**張國棟** 6,1. 調任黑河省參事官。**袁怡篋** 6,1. 由寧安縣長任。
錦州市　副市長	山田弘之
錦州警察廳長	魯騎

9. 錦州省職官年表

名 稱 ＼ 年 代	康德七年(1940 年)
省　　　長	姜恩之
次　　　長	武内哲夫
官　　　房	
民 政 廳 長	王瑞華
警 務 廳 長	海村園次郎 11,27. 調任興安西省次長。 渡邊蘭治 11,27. 由龍江省警務廳長任。
實 業 廳 長	王純古 1,23. 調任新京特別市行政處長。 張賢才 1,23. 由開原縣長任。
地政局① 局　　長	武内哲夫 2,1. 兼。
地政局① 副 局 長	井上元四郎 2,1. 任。
錦州市 市　　長	袁怡篋
錦州市 副 市 長	山田成之 5,21. 調任建築局總務處長。 疋田拾三 6,1. 由郵政管理局理事官任。
錦州市 警 務 處 長	(11,1. 設)李邦禎 11,1. 由省理事官任。
阜新市② 市　　長	稻葉賢一 1,1. 由遼陽市副市長任。
阜新市② 副 市 長	王興義 1,1. 由省理事官任。
錦州警察廳長	(10,31. 裁)魯　綺 8,21. 調任營口警察廳長。 陳景啓 8,21. 由承德警察廳長任(11,1. 調任營口警務處長)。
阜新警察廳長	(1,1. 設;10,31. 裁)田村元 1,1. 由縣警正任(11,1. 改任縣警正)。

註①:2 月 1 日設地政局。
註②:1 月 1 日設阜新市。

9. 錦州省職官年表

名 稱		年 代	康德八年(1941年)
		省 長	**姜恩之** 10,11. 辭。**王瑞華** 10,11. 由民生廳長任。
		次 長	**武内哲夫** 10,11. 調任總務廳參事官。**篠原吉丸** 10,11. 由地政總局副局長任。
		官 房	
		民生廳長	**王瑞華** 10,11. 調任省長。**陳蔭翹** 10,11. 由洮南縣長任。
		警務廳長	**渡邊蘭治** 10,11. 調任熱河省次長。**中島健治** 10,11. 由牡丹江省警務廳長任。
		實業廳長	**張賢才** 8,7. 辭。**李葆華** 8,7. 由總務廳參事官任。
地政局	局 長		**武内哲夫** 兼;10,11. 調。**篠原吉丸** 10,11. 兼。
	副局長		**井上元四郎**
錦州市	市 長		**袁怡篯** 7,1. 調任四平省實業廳長。**馬駿聲** 7,1. 由哈爾濱市財務處長任。
	副市長		**疋田拾三**
	警務處長		**李邦禎**
阜新市	市 長		**稻葉賢一** 11,13. 調任總務廳參事官。**西芳雄** 11,13. 由交通部理事官任。
	副市長		**王興義**

9. 錦州省職官年表

名　稱 ＼ 年　代			康德九年(1942 年)
省　　長			王瑞華
次　　長			篠原吉丸
官　　房			
民生廳長			陳蔭翹
警務廳長			中島健治 12,4. 調入協和會。飯塚富太郎 12,4. 由黑河省警務廳長任。
實業廳長			李葆華
地政局	局　　長		篠原吉丸兼。
	副 局 長		井上元四郎 3,14. 調任地政職員訓練所主事。城臺正 6,8. 由地政局理事官署。
錦州市	市　　長		馬駿聲
	副 市 長		疋田拾三
	警務處長		李邦禎
阜新市	市　　長		西芳雄
	副 市 長		王興義

9. 錦州省職官年表

名　稱 ＼ 年　代		康德十年(1943 年)
省　　　長		王瑞華
次　　　長		篠原吉丸
官　　　房		
民生廳長		陳蔭翹
警務廳長		飯塚富太郎 4,1. 調任總務廳參事官。安武慎一 4,1. 由東安省警務廳長任。
實業廳長		李葆華 4,1. 調任吉林市長。張經緯 4,1. 由省參事官兼。
地政局①	局　　　長	篠原吉丸兼。
	副局長	城臺正署。
錦州市	市　　　長	馬駿聲 3,31. 辭。葉　參 4,1. 由省參事官任。
	副市長	疋田拾三
	警務處長	李邦禎
阜新市	市　　　長	西芳雄
	副市長	王興義 3,31. 辭。徐謙德 4,1. 由省理事官任。

註①：3 月 31 日地政局裁。

9. 錦州省職官年表

名 稱 ＼ 年 代		康德十一年(1944 年)
省 長		王瑞華
次 長		篠原吉丸 4,17. 調任大連稅關長。木田清 4,17. 由總務廳參事官任。
官 房		
民生廳長		陳蔭翹
警務廳長		安武愼一 6,15. 調任山海關稅關長。山崎誠 6,15. 由總務廳參事官任。
實業廳長		張經緯兼。
交通廳長		(3,1. 設)太田哲夫 3,1. 由交通部技正任。
錦州市	市 長	葉 參
	副市長	疋田拾三
	警察處長	(7,1. 改稱警察局長)李邦禎
阜新市	市 長	西芳雄 2,1. 調任總務廳參事官。廣部忠彦 2,1. 由總務廳參事官任。
	副市長	徐謙德
	警察局長	(7,1. 設)土井太市 7,1. 由市警正任。

9. 錦州省職官年表

名　稱＼年　代		康德十二年(1945 年)
省　　長		王瑞華
次　　長		木田清 2,1. 調任總務廳人事處長。松村三次 2,1. 由開拓總局總務處長任。
官　　房		
民生廳長		陳蔭翹
警務廳長		山崎誠
實業廳長		張經緯兼。
交通廳長		太田哲夫 4,1. 調任通化省交通廳長。肥後正樹 4,1. 由土木局參事官任。
錦州市	市　　長	葉　參 4,1. 調任總務廳參事官。馬顯異 4,1. 由通化省實業廳長任。
	副市長	疋田拾三
	警察處長	李邦禎 4,1. 調任灤平縣長。艾定一 4,1. 由省理事官任。
阜新市	市　　長	廣部忠彦 5,3. 調任新京市敷島區長。山口民二 5,3. 由總務廳參事官任。
	副市長	徐謙德 4,1. 調任省理事官。中江千里 4,1. 由總務廳理事官任。
	警察局長	土井太市 4,1. 調任林口縣林口街街長。工藤惣吉 4,1. 由縣警正任。

10. 安東省職官年表

名　稱　＼　年　代	康德元年(1934 年)
省　　長	**王玆棟** 12,1. 由奉天省參事官任。
總務廳長	**別宮秀夫** 12,1. 任。
民政廳長	**許桂恒** 12,1. 任。
警務廳長	**連　修** 12,1. 任。
實業廳長	**范垂紳** 12,1. 任。
教育廳長	**孫文敷** 12,1. 任。

説明：12 月 1 日設安東省。

10. 安東省職官年表

名　稱 ＼ 年　代	康德二年(1935年)
省　　　長	王茲棟
總 務 廳 長	別宮秀夫
民 政 廳 長	許桂恒
警 務 廳 長	連　修
實 業 廳 長	范垂紳
教 育 廳 長	孫文敷
安東警察廳長	白銘鎮 3,1. 任。

10. 安東省職官年表

名　稱 ＼ 年　代	康德三年(1936 年)
省　　　　長	王茲棟
總　務　廳　長	別宮秀夫
民　政　廳　長	許桂恒
警　務　廳　長	連　修 3,14. 調任首都警察廳副總監。植木鎮夫 4,29. 任。
實　業　廳　長	范垂紳
教　育　廳　長	孫文敷
安東警察廳長	白銘鎮

10. 安東省職官年表

名　稱＼年　代	康德四年(1937年)6月30日之前
省　　　　長	**王兹棟**(7,1. 調任錦州省長)
總　務　廳　長	**別宮秀夫**(7,1. 改任省次長)
民　政　廳　長	**許桂恒**(7,1. 調任黑河省長)
警　務　廳　長	**植木鎮夫**(7,1. 調任濱江省警務廳長)
實　業　廳　長	**范垂紳**
教　育　廳　長	**孫文敷** 1,1. 休職；2,8. 免。① **谷次亨** 3,16. 由民政部理事官任(7,1. 調任總務廳次長)。
安東警察廳長	**白銘鎮**(7,1. 調任哈爾濱警察廳長)

註①:是年,孫氏因支持地下抗日活動遭殺害。

10. 安東省職官年表

名　稱＼年代	康德四年(1937年)7月1日之後
省　　　　長	**黃富俊** 7,1. 由民政部地方司長任。
次　　　　長	**別宮秀夫** 7,1. 由原總務廳長任。
官　　　　房	
民　政　廳　長	(翌年1,1. 裁)**馬冠標** 7,1. 由吉林省教育廳長任。
警　務　廳　長	**谷口明三** 7,9. 任。
實　業　廳　長	**范垂紳** 12,1. 調任新京市行政處長。
教　育　廳　長	(翌年1,1. 裁)**馬冠標** 7,1. 兼。
安東市① 市　　長	**多田晃** 12,1. 任。
安東市① 副市長	**孫潤蒼** 12,1. 由錦縣縣長任。
安東警察廳長	**李鳳翥** 7,1. 由營口航務局長任；12,1. 調任營口警察廳長。**猪苗代直躬** 12,1. 由警察廳警正任。

註①：12月1日設安東市。

10. 安東省職官年表

名　稱　＼　年　代	康德五年(1938 年)
省　　　長	**黄富俊**
次　　　長	**別宮秀夫** 9,28. 調任奉天省次長。**堀内一雄** 9,28. 由總務廳弘報處長任。
官　　　房	
民 生 廳 長	(1,1. 設)**馬冠標** 1,1. 由原民政廳長任；7,28. 調任奉天省民生廳長。**袁慶清** 7,28. 由間島省民生廳長任。
警 務 廳 長	**谷口明三** 12,10. 調任奉天省警務廳長。**星子敏雄** 12,10. 由内務局參事官任。
實 業 廳 長	**錢魯民** 9,30. 由錦州省實業廳長任。
安東市 市　　長	**多田晃**
安東市 副 市 長	**孫潤蒼**
安東警察廳長	**猪苗代直躬**

10. 安東省職官年表

年代 名稱		康德六年(1939年)
省　　　　長		**黄富俊** 8,19. 調任龍江省長。**丁　超** 8,19. 由通化省長任。
次　　　　長		**堀内一雄**
官　　　　房		
民 生 廳 長		**袁慶清**
警 務 廳 長		**星子敏雄** 12,16. 調任奉天省警務廳長。**神子勇** 12,16. 由興安南省警務廳長任。
實 業 廳 長		**錢魯民**
土 木 廳 長		(6,1. 設)**黑田重治** 7,24. 由省技正任。
安東市	市　　　長	**多田晃** 6,24. 調任龍江省次長。**都富佃** 6,24. 由龍江省警務廳長任。
	副 市 長	**孫潤蒼**
安東警察廳長		**猪苗代直躬** 4,17. 調任瀋陽警察廳長。**齋藤重英** 4,17. 由省理事官任。

643

10. 安東省職官年表

名　　稱 ＼ 年　代	康德七年(1940年)
省　　　長	丁　超
次　　　長	堀内一雄
官　　　房	
民 生 廳 長	袁慶清 8,27. 調任祭祀府奉祀官。張子焌 8,27. 由熱河省實業廳任。
警 務 廳 長	神子勇 11,27. 調任龍江省警務廳長。角田忠夫 11,27. 由省理事官任。
實 業 廳 長	錢魯民
土 木 廳 長	黑田重治 7,24. 調任交通部技正。米田正文 7,24. 由交通部技正任。
安東市 市　　　長	都富佃 12,19. 調任山海關稅關長。阿川幸壽 12,19. 由總務廳參事官任。
安東市 副 市 長	孫潤蒼
安東市 警 務 處 長	(11,1. 設)影仙八瀬樹 11,1. 由原撫順警察廳長任。
安東警察廳長	(10,31. 裁)齋藤重英(11,1. 調任省理事官)

10. 安東省職官年表

名 稱 ＼ 年 代		康德八年(1941 年)
省　　長		丁　超
次　　長		堀内一雄
官　　房		
民生廳長		張子烑
警務廳長		角田忠夫
實業廳長		錢魯民 7,17. 調任馬政局副局長。黃式叙 8,17. 由永吉縣長任。
土木廳長		(3,10. 改稱建設廳長)米田正文
安東市	市　　長	阿川幸壽
	副市長	孫潤蒼 3,13. 調任拜泉縣長。張文明 3,20. 由省參事官任。
	官　　房①	
	行政處長	張文明 3,20. 兼。
	警務處長	影仙八瀬樹

註①：4 月 9 日安東市公署置官房及行政處，然而張文明於 3 月 20 日已兼市行政處長。原因待考。

10. 安東省職官年表

年代　名稱			康德九年(1942年)
省　　長			丁　超 9,28. 調任參議府參議。 曹承宗 9,28. 由地政總局長任。
次　　長			堀内一雄 1,15. 辭。 秋吉威郎 1,15. 由濱江省警務廳長任。
官　　房			
民生廳長			張子烍
警務廳長			角田忠夫
實業廳長			黃式叙
土木廳長			米田正文
安東市	市　　長		阿川幸壽
	副市長		張文明
	官　　房		
	行政處長		張文明 兼;1,15. 免。 蔡景襄 1,15. 由興隆縣長任。
	警務處長		影仙八瀨樹

10. 安東省職官年表

名　稱＼年　代	康德十年(1943年)
省　　長	曹承宗
次　　長	秋吉威郎 9,13. 調任警務總局參事官。**渡邊蘭治** 9,13. 由熱河省次長任。
官　　房	
民生廳長	張子燨
警務廳長	角田忠夫 7,22. 調任警務總局參事官。**宮崎專一** 7,22. 任。
實業廳長	黃式叙
建設廳長	米田正文 11,1. 調任交通部技正。**五十嵐真作** 11,1. 由交通部技正任。
安東市　市　　長	阿川幸壽
安東市　副市長	張文明 8,25. 調任師道學校校長。**董静仁** 8,25. 由街長任。
安東市　官　房①	
安東市　行政處長	蔡景襄 4,1. 調任遼中縣長。
安東市　警務處長	影仙八瀨樹 5,20. 調任興安西省警務廳長。**岸本政治** 5,20. 由警務總局事務官任。

註①:4月1日裁官房及行政處。

10. 安東省職官年表

名　稱 ＼ 年　代	康德十一年(1944年)
省　　長	**曹承宗**
次　　長	**渡邊蘭治**
官　　房	
民生廳長	**張子炴** 2,1. 調任吉林市長。**黃式叙** 2,1. 由實業廳長任。
警務廳長	**宮崎專一** 6,22. 調任首都警察廳副總監。**岡田總一** 6,22. 由民生部參事官任。
實業廳長	**黃式叙** 2,1. 調任民生廳長。**林鈞寶** 2,1. 由東滿總省參事官任。
建設廳長	(3,1. 改稱交通廳長)**五十嵐真作**
安東市　市　　長	**阿川幸壽**
安東市　副市長	**董静仁**
安東市　警務處長	(7,1. 改稱警察局長)**岸本政治**

10. 安東省職官年表

名　稱＼年　代	康德十二年(1945 年)
省　　　長	曹承宗
次　　　長	渡邊蘭治
官　　　房	
民政廳長	黄式叙
警務廳長	岡田總一
實業廳長	林鈞寶
建設廳長	五十嵐真作
安東市　市　　　長	阿川幸壽 6,1. 調任大使館參事官。後藤英男 6,1. 由東安省次長任。
安東市　副 市 長	董静仁
安東市　警察局長	岸本政治

11. 間島省職官年表

名　稱 ＼ 年　代	康德元年(1934 年)
省　　長	**蔡運升** 12,1. 任。
總務廳長	**松下芳三郎** 12,1. 任。
民政廳長	**金秉泰** 12,1. 任。
警務廳長	**吉村秀藏** 12,1. 任。
教育廳長	**袁慶清** 12,1. 任。

説明：12 月 1 日設間島省。間島省不設實業廳。

11. 間島省職官年表

名　稱　＼　年　代	康德二年(1935 年)
省　　　長	蔡運升
總 務 廳 長	松下芳三郎
民 政 廳 長	金秉泰
警 務 廳 長	吉村秀藏
教 育 廳 長	袁慶清
延吉警察廳長	梁學貴 10,1. 任。

11. 間島省職官年表

名 稱 ＼ 年 代	康德三年(1936年)
省　　　　長	**蔡運升** 6,16. 辭(改任中央銀行副總裁)。**松下芳三郎**代。**金井章次** 8,17. 由濱江省總務廳長任。
總　務　廳　長	**松下芳三郎** 8,17. 調任錦州省總務廳長。**大迫幸男** 10,13. 由國道局總務處長任。
民　政　廳　長	**金秉泰**
警　務　廳　長	**吉村秀藏** 4,1. 調任哈爾濱警察廳副廳長。**伊藤容憲** 4,1. 由濱江省理事官任；8,17. 調任吉林省警務廳長。**江口治** 8,17. 由首都警察廳理事官任。
教　育　廳　長	**袁慶清**
延吉警察廳長	**梁學貴**

11. 間島省職官年表

名　稱　＼　年　代	康德四年(1937年)6月30日之前
省　　　　　長	金井章次
總　務　廳　長	大迫幸男(7,1. 調任興安北省參與官)
民　政　廳　長	金秉泰
警　務　廳　長	江口治
教　育　廳　長	袁慶清
延吉警察廳長	梁學貴

11. 間島省職官年表

名　稱 ＼ 年　代	康德四年(1937年)7月1日之後
省　　　長	**金井章次** 11,1. 休職。**李范益** 11,1. 任。
總　務　廳　長	**江原綱一** 8,24. 由哈爾濱市副市長任。
官　　　房	**民政廳長**(翌年1,1. 裁) **金秉泰** 9,30. 辭。**劉鴻洵** 10,2. 由省理事官任(翌年1,1. 改任實業廳長)。
警　務　廳　長	**江口治** 9,30. 辭。**袖岡静太** 10,25. 任。
教　育　廳　長	(翌年1,1. 裁)**袁慶清**(翌年1,1. 改任民生廳長)
延吉警察廳長	**梁學貴** 10,8. 調任農安縣長。**崔玉珽** 12,1. 任。

11. 間島省職官年表

名　稱 ＼ 年　代	康德五年(1938 年)
省　　　長	**李范益**
次　　　長	**江原綱一** 8,16. 調任駐德國大使館參事官。**毛利富一** 8,16. 由林野局理事官任。
官　　　房	
民 生 廳 長	(1,1. 設)**袁慶清** 1,1. 由原教育廳長任；7,28. 調任安東省民生廳長。**白恒興** 8,23. 由吉林市長任；12,10. 辭。**劉鴻洵** 12,10. 由省參事官兼(翌年 1,1. 調任實業廳長)。
警 務 廳 長	**袖岡静太**
實 業 廳 長	(1,1. 設)**劉鴻洵** 1,1. 由原民政廳長任；12,10. 調任省參事官。**郭寶森** 12,10. 由撫順市副市長任。
延吉警察廳長	**崔玉琬**

11. 間島省職官年表

名 稱＼年 代	康德六年(1939 年)
省　　　長	**李范益**
次　　　長	**毛利富一** 4,18. 調任總務廳參事官。 **植木鎮夫** 4,18. 由濱江省警務廳長任。
官　　　房	
民 生 廳 長	**劉鴻洵** 兼。
警 務 廳 長	**袖岡静太**
實 業 廳 長	(6,1. 改稱開拓廳長) **郭寶森**。
延吉警察廳長	**崔玉珽** 12,27. 調任安圖縣長。

11. 間島省職官年表

名　稱 ＼ 年　代	康德七年(1940 年)
省　　　長	**李范益**(2,11. 改名清原范益)5,16. 改任參議府參議。**神吉正一** 5,16. 由民生部次長任。
次　　　長	**植木鎭夫** 5,16. 調任總務廳參事官。**中原鴻洵** 5,16. 由省參事官任。
官　　　房	
民　生　廳　長	**劉鴻洵**(2,11. 改名中原鴻洵)兼；5,16. 調。**齊知政** 5,16. 由省參事官兼。
警　務　廳　長	**袖岡静太**
開　拓　廳　長	**郭寶森** 5,21. 調任經濟部參事官。**市川敏** 5,21. 由交通部理事官任。
延吉警察廳長	(10,31. 裁)**景有昌** 4,16. 由佳木斯警察廳長任(11,1. 調任吉林警務處長)。

11. 間島省職官年表

年代 名稱	康德八年(1941年)
省　　長	**神吉正一**
次　　長	**中原鴻洵**
官　　房	
民生廳長	**齊知政**兼；6,2. 調任首都警察總監。**山田弘之** 10,11. 由建築局總務處長任。
警務廳長	**袖岡静太** 7,25. 辭。**猪苗代直躬** 7,25. 由奉天警察局副局長任。
開拓廳長	**市川敏** 7,1. 調任四平省警務廳長。**今吉均** 7,1. 由民生部理事官任。

11. 間島省職官年表

名　稱 ＼ 年　代	康德九年(1942年)
省　　長	**神吉正一** 8,8. 辭。**岐部與平** 8,8. 由總務廳參事官任。
次　　長	**中原鴻洵**
官　　房	
民生廳長	**山田弘之**
警務廳長	**猪苗代直躬**
開拓廳長	**今吉均**

11. 間島省職官年表

名　稱 ＼ 年　代		康德十年(1943年)
省　　長		**岐部與平**
次　　長		**中原鴻洵** 12,1. 辭。**倉內善藏** 12,1. 由四平省民生廳長任。
官　　房		
民生廳長		**山田弘之** 10,28. 調任地政總局事業處長。**岸水喜三郎** 10,28. 由虎林縣長任。
警務廳長		**猪苗代直躬** 4,1. 調任總務廳參事官。**米村茂** 4,1. 由興安南省警務廳長任。
開拓廳長		**今吉均** 4,1. 調任龍江省警務廳長。**足立義之助** 4,1. 由興農部理事官任。
間島市①	市　　長	**本鄉窗一** 4,1. 由總務廳參事官任。
	副市長	**富田明完** 4,1. 由省理事官任。

註①：4月1日設間島市。

660

11. 間島省職官年表

名　稱　＼　年代	康德十一年(1944 年)
省　　長	**岐部與平** 4,28. 辭。**菅原達郎** 4,21. 任。
次　　長	**倉内善藏**
官　　房	
民政廳長	**岸水喜三郎** 12,16. 調任齊齊哈爾市副市長。**尹明善** 12,16. 由專賣總局理事官任。
警務廳長	**米村茂**
開拓廳長	**足立義之助**
間島市　市　　長	**本鄉窗一**
間島市　副　市　長	**富田明完**
間島市　警察局長	(7,1. 設) **成瀬芳太郎** 7,1. 由警正任。

11. 間島省職官年表

名　稱 ＼ 年　代	康德十二年(1945年)
省　　長	**菅原達郎** 4,14. 調任通化省次長。**倉内善藏** 4,14. 由省次長任。
次　　長	**倉内善藏** 4,14. 調任省長。**西尾極** 4,14. 由牡丹江高等法院院長任。
官　　房	
民生廳長	**尹明善**
警務廳長	**米村茂** 3,24. 調任牡丹江市長。**岡部善修** 3,24. 由警務總局理事官任。
開拓廳長	**足立義之助** 2,17. 辭。**船山德輔** 2,17. 由省參事官任。
林政廳長	(5,1. 設)**泉顯彰** 5,1. 由間島營林局長任。
間島市 市　　長	**本鄉窗一** 4,1. 調任總務廳參事官。**木金昌孝** 4,1. 任。
間島市 副市長	**富田明完**
間島市 警察局長	**成瀬芳太郎** 4,1. 調任縣理事官。**河本七三郎** 4,1. 由縣警正任。

12. 三江省職官年表

名　稱＼年　代	康德元年(1934 年)
省　　長	**金名世** 12,1. 由吉林省警務廳長任。
總務廳長	**樋口光雄** 12,1. 由北滿特別區總務處長任。
民政廳長	**榮孟枚** 12,1. 由吉林省參事官任。
警務廳長	**對馬百之** 12,4. 任。
教育廳長	**單作善** 12,1. 任。

説明:12 月 1 日設三江省。三江省不設實業廳。

663

12. 三江省職官年表

名　稱 ＼ 年　代	康德二年(1935年)
省　　　　長	金名世
總　務　廳　長	樋口光雄
民　政　廳　長	榮孟枚
警　務　廳　長	對馬百之
教　育　廳　長	單作善
佳木斯警察廳長	聞　博 10,1. 由省理事官任。

12. 三江省職官年表

名　稱＼年　代	康德三年(1936 年)
省　　　　長	**金名世**
總　務　廳　長	**樋口光雄** 8,17. 調任高等師范學校校長。**河内志郎** 8,17. 由吉林省警務廳長任。
民　政　廳　長	**榮孟枚** 8,17. 調任龍江省教育廳長。**趙汝楳** 8,17. 由吉林省民政廳長任。
警　務　廳　長	**對馬百之**
教　育　廳　長	**單作善**
佳木斯警察廳長	**聞　博** 9,5. 調任通河縣長。**景有昌** 12,28. 由哈爾濱警察廳警正任。

12. 三江省職官年表

名　　　稱 ＼ 年　代	康德四年(1937年)6月30日之前
省　　　　　長	**金名世**(7,1. 調任熱河省長)
總　務　廳　長	**河内志郎** 6,17. 辭。 **松田芳助** 6,17. 由錦州省警務廳長任(7,1. 改任省次長)。
民　政　廳　長	**趙汝楳** 6,30. 辭。
警　務　廳　長	**對馬百之** 6,15. 辭。 **海村園次郎** 6,15. 由民政部理事官任。
教　育　廳　長	**單作善**(7,1. 調任呼蘭縣長)
佳木斯警察廳長	**景有昌**

12. 三江省職官年表

名　稱　＼　年　代	康德四年(1937年)7月1日之後
省　　　　　長	**于深澂** 7,1. 由第四軍管區司令官兼。
次　　　　　長	**松田芳助** 7,1. 由原省總務廳長任。
官　　　　　房	
民　生　廳　長	**謝雨琴** 7,1. 由伊通縣長任。
警　務　廳　長	**海村園次郎**
佳木斯市① ／ 市　　長	**張樹聲** 12,1. 由省理事官任。
佳木斯市① ／ 副市長	**鈴木三藏** 12,1. 任。
佳木斯警察廳長	**景有昌**

註①：12月1日設佳木斯市。

12. 三江省職官年表

名　稱　　　　　年　代	康德五年(1938年)
省　　　　長	**于深澂**兼。
次　　　　長	**松田芳助**
官　　　　房	
民　生　廳　長	**謝雨琴**
警　務　廳　長	**海村園次郎** 3,15. 調任錦州省警務廳長。**桂定治郎** 3,15. 由錦州省警務廳長任。
實　業　廳　長	(1,1. 設;翌年 1,1. 改稱開拓廳長) **楊玉書** 5,17. 任。
佳木斯市　市　　長	**張樹聲**
佳木斯市　副市長	**鈴木三藏**
佳木斯警察廳長	**景有昌**

12. 三江省職官年表

名　稱 ＼ 年　代	康德六年(1939 年)
省　　　長	**于深澂**兼；4,24. 調任治安大臣。**盧元善** 4,24. 由專賣總局長任。
次　　　長	**松田芳助** 1,1. 調任奉天市副市長。**桂定治郎** 1,1. 由警務廳長任；6,24. 調任內務局管理處長。**增田增太郎** 6,24. 由撫順市市長任。
官　　　房	
民 生 廳 長	**謝雨琴** 4,18. 調任奉天省參事官。**楊玉書** 4,18. 由開拓廳長任。
警 務 廳 長	**桂定治郎** 1,1. 調任省次長。**島崎庸一** 1,1. 由交通部理事官任。
開 拓 廳 長	**楊玉書** 1,1. 由原實業廳長任；4,18. 調任民生廳長。**都用謙介** 4,18. 由總務廳監察官任。
佳木斯市　市　長	**張樹聲**
佳木斯市　副市長	**鈴木三藏** 4,3. 調任總務廳事務官。**椎葉糺民** 4,3. 由勃利縣副縣長任。
佳木斯警察廳長	**景有昌**

669

12. 三江省職官年表

名　稱＼年　代	康德七年(1940 年)
省　　　　長	**盧元善**
次　　　　長	**增田增太郎** 4,10. 調任總務廳參事官。**畑勇三郎** 4,10. 任。
官　　　　房	
民 生 廳 長	**楊玉書** 3,31. 辭。**高元良** 3,31. 任。
警 務 廳 長	**島崎庸一**
開 拓 廳 長	**都用謙介** 12,19. 調任大同學院教官。**瀨下清明** 12,19. 由審判官任。
佳木斯市　市　　長	**張樹聲** 11,1. 調任省參事官。**魯　綺** 11,1. 由營口警察廳長任。
佳木斯市　副 市 長	**椎葉糺民** 4,17. 調任特許發明局理事官。**廣部忠彦** 4,17. 由總務廳事務官任。
佳木斯市　警務處長	(11,1. 設)**福島保家** 11,1. 由省警正任。
佳木斯警察廳長	(10,31. 裁)**景有昌** 4,16. 調任延吉警察廳長。**永松增郎** 5,23. 由警正任(11,1. 改任阜新市警正)。

12. 三江省職官年表

名 稱 ＼ 年 代	康德八年(1941 年)
省 長	盧元善
次 長	畑勇三郎
官 房	
民生廳長	高元良
警務廳長	島崎庸一 5,6. 調任鞍山市長。 田中要次 5,6. 由治安部參事官任。
開拓廳長	瀨下清明
佳木斯市 — 市 長	魯 綺
佳木斯市 — 副 市 長	廣部忠彥
佳木斯市 — 警務處長	福島保家

12. 三江省職官年表

名　稱 ＼ 年　代	康德九年(1942 年)
省　　長	**盧元善** 9,29. 調任總務廳次長。**孫柏芳** 9,29. 由林野局副局長任。
次　　長	**畑勇三郎** 1,25. 調任東安省長。**栗山茂二** 1,15. 由總務廳參事官任；12,4. 調任總務廳參事官。**田村仙定** 12,4. 由民生部勞務司長任。
官　　房	
民生廳長	**高元良**
警務廳長	**田中要次**
開拓廳長	**瀨下清明**
佳木斯市　市　　長	**魯　綺** 3,14. 調任熱河省實業廳長。**周家璧** 3,14. 由經濟部理事官任。
佳木斯市　副　市　長	**廣部忠彥** 11,2. 調任總務廳參事官。**城地良之助** 11,2. 任。
佳木斯市　警務處長	**福島保家** 7,16. 調任縣警正。**坂房吉** 7,16. 任。

12. 三江省職官年表

名　稱 ＼ 年　代	康德十年(1943 年)
省　　長	孫柏芳
次　　長	田村仙定 10,1. 調任東滿總省次長。 竹内節雄 10,1. 由奉天省警務廳長任。
官　　房	
民政廳長	高元良 4,1. 調任吉林省建設廳長。 王國棟 4,1. 由遼中縣長任。
警務廳長	田中要次
開拓廳長	瀨下清明 4,1. 調任林野總局總務處長。 井上義人 4,1. 由東安省開拓廳長任。
佳木斯市 市　　長	周家璧
佳木斯市 副 市 長	城地良之助(何時去職不詳)　小胎今朝治郎 1,25. 由鐵嶺市副市長任。
佳木斯市 警務處長	坂房吉

12. 三江省職官年表

名 稱 ＼ 年 代	康德十一年(1944 年)
省 長	**孫柏芳**
次 長	**竹内節雄** 8,26. 調任奉天市副市長。**手島朋義** 8,26. 由奉天税務監督署副署長任。
官 房	
民生廳長	**王國棟**
警務廳長	**田中要次** 4,1. 調任總務廳參事官。**北原正一** 4,1. 由奉天市警察局副局長任。
開拓廳長	**井上義人**
交通廳長	(3,1. 設)**竹内節雄** 3,1. 署；6,15. 免。**田村十一** 6,15. 由交通部技監任。
佳木斯市 市 長	**周家璧**
佳木斯市 副 市 長	**小胎今朝治郎**
佳木斯市 警務處長	(7,1. 改稱警察局長)**坂房吉** 5,15. 辭。**渡會一二** 7,1. 由省理事官任。

12. 三江省職官年表

名　稱 ＼ 年代	康德十二年(1945年)
省　　長	**孫柏芳** 5,12. 調任熱河省長。**路之淦** 5,12. 由專賣總局長任。
次　　長	**手島朋義**
官　　房	
民生廳長	**王國棟**
警務廳長	**北原正一**
開拓廳長	**井上義人** 6,1. 調任開拓總局總務處長。**福田一** 6,1. 由東安省開拓廳長任。
交通廳長	**田村十一**
林政廳長	(5,1. 設) **阿部昊** 5,1. 任。
佳木斯市　市　　長	**周家璧** 4,1. 調任開原縣長。**段寶堃** 4,1. 任。
佳木斯市　副 市 長	**小胎今朝治郎** 2,1. 調任總務廳參事官。**渡邊三郎** 2,1. 任。
佳木斯市　警務處長	**渡會二一** 6,15. 調任警務總局理事官。**西辻定彦** 6,15. 由警務總局理事官任。

13. 黑河省職官年表

名　稱 ＼ 年　代	康德元年(1934 年)
省　　長	**鍾　毓** 12,1. 由原黑龍江省民政廳長任。
總務廳長	**成澤直亮** 12,1. 任。
民政廳長	**許紹志** 12,1. 任。
警務廳長	**大園長喜** 12,1. 由哈爾濱警察廳理事官任。

説明：12 月 1 日設黑河省。黑河省不設實業廳和教育廳。

13. 黑河省職官年表

名　稱　＼　年　代	康德二年(1935 年)
省　　　　長	鍾　毓
總 務 廳 長	成澤直亮
民 政 廳 長	許紹志
警 務 廳 長	大園長喜
黑河警察廳長	臧　銳 10,1. 任。

13. 黑河省職官年表

名　稱＼年　代	康德三年(1936 年)
省　　　長	**鍾　毓**
總　務　廳　長	**成澤直亮** 8,17. 辭。**河內由藏** 8,17. 由錦州省警務廳總務科長任。
民　政　廳　長	**許紹志** 1,4. 卒。**曲秉善** 4,8. 由民政部總務司資料科長任。
警　務　廳　長	**大園長喜**
黑河警察廳長	**臧　銳**

13. 黑河省職官年表

名　稱 ＼ 年　代	康德四年(1937年)6月30日之前
省　　　長	鍾　毓(7,1. 辭)
總 務 廳 長	河內由藏(7,1. 調任省次長)
民 政 廳 長	曲秉善(7,1. 調任內務局參事官)
警 務 廳 長	大園長喜(7,1. 調任牡丹江省警務廳長)
黑河警察廳長	臧　銳

13. 黑河省職官年表

名　稱 ＼ 年　代	康德四年(1937年)7月1日之後
省　　長	**許桂恒** 7,1. 由安東省民政廳長任。
次　　長	**河內由藏** 7,1. 由原總務廳長任；8,24. 調任興安北省參與官。**手島朋義** 8,24. 由奉天省理事官任。
官　　房①	
民 政 廳 長	**河內由藏** 7,1. 兼；8,24. 調。
警 務 廳 長	**小田孝三** 7,1. 署；11,1. 調任警察學校教授。**當麻音治郎** 11,1. 由省理事官署。
黑河警察廳長	(12,1. 裁)**臧　銳** 12,1. 調任鐵嶺警察廳長。

註①：12月1日黑河省實行《黑河省官制》，黑河省公署不設官房及各廳，僅設庶務、民生和警務三科。

13. 黑河省職官年表

名　稱 ＼ 年　代	康德五年(1938 年)
省長	**許桂恒** 8,16. 辭。 **王子衡** 8,16. 由總務廳秘書官任。
次長	**手島朋義**

13. 黑河省職官年表

名　稱　＼　年　代	康德六年(1939年)
省　　　長	**王子衡** 1,1. 調任産業部畜産司長。**濱田陽兒** 1,1. 由原産業部畜産局長任。
次　　　長	**手島朋義** 4,18. 調任産業部理事官。**中井久二** 4,18. 由審判官任。
官　　　房	
警務廳長	**竹内節雄** 6,1. 由總務廳參事官任。
開拓廳長	**甲斐政治** 6,1. 由總務廳參事官任。

説明：6月1日黑河省公署設官房及警務、開拓二廳。

13. 黑河省職官年表

名　稱 ＼ 年　代	康德七年(1940 年)
省　　長	**濱田陽兒** 10,1. 辭。**三浦惠一** 10,1. 由鐵道警護總隊總監任。
次　　長	**中井久二**
官　　房	
警務廳長	**竹内節雄**
開拓廳長	**甲斐政治** 10,25. 調任總務廳參事官。**宗敏雄** 11,27. 由總務廳參事官任。

13. 黑河省職官年表

名　　稱　＼　年　代	康德八年(1941年)
省　　長	**三浦惠一**
次　　長	**中井久二** 7,10. 調任司法部參事官。**中村撰一** 7,10. 由總務廳參事官任。
官　　房	
警務廳長	**竹内節雄** 2,25. 調任首都警察副總監。**飯塚富太郎** 2,25. 由總務廳參事官任。
開拓廳長	**宗敏雄**

13. 黑河省職官年表

年 代\名 稱	康德九年(1942年)
省 長	三浦惠一 1,25. 辭。中村撰一 1,15. 署;2,13. 免。長野義雄 2,13. 由原宮內府皇宮近衛處長任。
次 長	中村撰一
官 房	
警務廳長	飯塚富太郎 12,4. 調任錦州省警務廳長。今川嘉高 12,4. 由省理事官任。
開拓廳長	宗敏雄

13. 黑河省職官年表

名　稱　＼　年　代	康德十年(1943年)
省　　　長	**長野義雄**
次　　　長	**中村撰一** 12,1. 辭。**長野義雄** 12,1. 署。
官　　　房	
警務廳長	**今川嘉高**
開拓廳長	**宗敏雄** 10,1. 調任東滿總省警務廳長。**關田金作** 10,1. 由嫩江縣副縣長任。

13. 黑河省職官年表

名　稱 ＼ 年　代	康德十一年(1944 年)
省　　長	**長野義雄**
次　　長	**長野義雄**署;5,25.免。**河谷俊清** 5,25. 由齊齊哈爾營林局長任。
官　　房	
警務廳長	**今川嘉高** 4,1. 調任奉天市警察局副局長。**正岡輝** 4,1. 由省理事官任。
開拓廳長	**關田金作**

13. 黑河省職官年表

名　　稱＼年　代	康德十二年(1945 年)
省　　　長	**長野義雄** 3,12. 辭。**村井矢之助** 3,12. 由鞍山市長任。
次　　　長	**河谷俊清** 5,15. 調任官需局長。**村井矢之助** 5,15. 署。
官　　　房	
民生廳長	(5,1. 設)**傅廣義** 5,1. 由省理事官任。
警務廳長	**正岡輝**
開拓廳長	**關田金作**

14. 通化省職官年表

名　稱 ＼ 年　代	康德四年(1937年)
省　　　長	**吕宜文** 7,1. 由原國務總理大臣秘書官任。
次　　　長	**田村敏雄** 7,1. 任；12,27. 調任經濟部稅務司長。**栗山茂二** 12,27. 由龍江省警務廳長任。
官　　　房	
民生廳長	**趙仲達** 7,1. 由撫順縣長任。
警務廳長	**岸谷隆一郎** 7,1. 由長春縣參事官任。

説明：7月1日設通化省。省公署設官房及民生、警務二廳。

14. 通化省職官年表

名　稱 ＼ 年　代	康德五年(1938 年)
省　　長	**吕宜文** 8,16. 調任駐德意志大使。 **丁　超** 8,16. 任。
次　　長	**栗山茂二**
官　　房	
民生廳長	**趙仲達**
警務廳長	**岸谷隆一郎**

14. 通化省職官年表

名　稱 ＼ 年　代	康德六年(1939年)
省　　長	**丁　超** 8,19. 調任安東省長。**張書翰** 8,19. 由郵政總局長任。
次　　長	**栗山茂二**
官　　房	
民生廳長	**趙仲達** 6,1. 調任雙城縣長。**李葆華** 6,1. 由省參事官任。
警務廳長	**岸谷隆一郎**

14. 通化省職官年表

名　稱 ＼ 年　代	康德七年(1940 年)
省　　長	**張書翰**
次　　長	**栗山茂二** 11,13. 調任總務廳參事官。 **中島俊雄** 11,13. 任。
官　　房	
民生廳長	**李葆華** 8,27. 調任總務廳參事官。 **章俊民** 8,27. 由奉天市財務處長任。
警務廳長	**岸谷隆一郎**

14. 通化省職官年表

名　稱 ＼ 年　代	康德八年(1941 年)
省　　長	**張書翰** 6,2. 調任總務廳參事官。**姜全我** 6,2. 由首都警察總監任。
次　　長	**中島俊雄** 11,15. 調任濱江省次長。**盛長次郎** 11,15. 由北安省開拓廳長任。
官　　房	
民生廳長	**章俊民**
警務廳長	**岸谷隆一郎** 5,6. 調任經濟部參事官。**皆川富之亟** 5,6. 由省參事官任。
實業廳長	(3,10. 設) **曹肇元** 4,7. 由總務廳理事官任。

14. 通化省職官年表

名　　稱 ＼ 年　代	康德九年(1942 年)
省　　長	姜全我
次　　長	盛長次郎
官　　房	
民生廳長	章俊民
警務廳長	皆川富之亟 12,4. 調任總務廳參事官。池田和實 12,4. 由省理事官任。
實業廳長	曹肇元
通化市① 市　　長	趙長生 1,1. 由省參事官任。
通化市① 副市長	田崎庫三 1,15. 由總務廳參事官任。

註①：1 月 1 日設通化市。

694

14. 通化省職官年表

年代 名　稱		康德十年(1943年)
省　　　長		**姜全我** 9,13. 調任熱河省長。**楊乃時** 9,13. 由地改總局長任。
次　　　長		**盛長次郎** 5,29. 調任建築局總務處長。**松井退藏** 5,29. 由審計官任。
官　　　房		
民生廳長		**章俊民** 4,1. 調任奉天省實業廳長。**郭濬文** 4,1. 由哈爾濱市行政處長任。
警務廳長		**池田和實**
實業廳長		**曹肇元**
通化市	市　　長	**趙長生**
	副市長	**田崎庫三**

14. 通化省職官年表

名　稱 ＼ 年　代		康德十一年(1944 年)
省　　長		楊乃時
次　　長		松井退藏
官　　房		
民生廳長		郭濬文
警務廳長		池田和實 11,3. 調任吉林省警務廳長。川瀨石仙 11,3. 由省參事官任。
實業廳長		曹肇元 1,1. 調任國民勤勞奉公局管理處長。馬顯異 1,1. 由奉天市行政處長任。
通化市	市　　長	趙長生
	副市長	田崎庫三 7,1. 調任總務廳參事官。林昌雄 7,1. 由東滿總省理事官任。
	警察局長	(7,1. 設)龜野勇次郎 7,1. 由市警正任。

14. 通化省職官年表

名　稱 ＼ 年　代	康德十二年(1945年)
省　　　長	**楊乃時**
次　　　長	**松井退藏** 4,14. 調任總務廳參事官。**菅原達郎** 4,14. 由間島省長任。
官　　　房	
民生廳長	**郭濬文**
警務廳長	**川瀨石仙**
實業廳長	**馬顯異** 4,1. 調任錦州市長。**中村豐治** 4,1. 由新京稅務監督署副署長任。
交通廳長	(4,1. 設)**太田哲夫** 4,1. 由錦州省交通廳長任。
林政廳長	(4,1. 設)**金亞鐸** 5,1. 由營林局長任。
通化市　市　　　長	**趙長生**
通化市　副市長	**林昌雄**
通化市　警察局長	**龜野勇次郎** 4,1. 調任東滿總省警正。**空閑俊范** 4,1. 由省警正任。

15. 牡丹江省職官年表

名　稱＼年　代		康德四年(1937 年)
省　　　　長		**大島陸太郎** 7,1. 由原民政部警務司長任。
次　　　　長		**宇山兵士** 7,1. 由新京市財務處長任。
官　　　　房		
民　生　廳　長		**魏象賢** 7,1. 由錦州省教育廳長任。
警　務　廳　長		**大園長喜** 7,1. 由黑河省警務廳長任。
牡丹江市①	市　　　長	**鈴木健次郎** 12,1. 由省理事官任。
	副　市　長	
牡丹江警察廳長		(12,1. 設)**財部直熊** 12,1. 任。

説明:7 月 1 日設牡丹江省。省公署設官房及民生、警務二廳。

註①:12 月 1 日設牡丹江市。

15. 牡丹江省職官年表

名　稱＼年　代	康德五年(1938年)
省　　　　長	**大島陸太郎** 8,19. 辭。**澁谷三郎** 8,19. 由治安部警務司長任。
次　　　　長	**宇山兵士** 1,1. 休職。**山口重次** 1,1. 由總務廳參事官任；9,28. 辭。**岐部與平** 9,28. 由哈爾濱郵政管理局長任。
官　　　　房	
民　生　廳　長	**魏象賢**
警　務　廳　長	**大圍長喜** 3,15. 休職。**山菅正誠** 3,15. 由地籍整理局理事官任。
牡丹江市　市　　長	**鈴木健次郎** 8,30. 卒。**草地一雄** 9,1. 任。
牡丹江市　副市長	
牡丹江警察廳長	**財部直熊** 9,30. 調任地方警察學校教官。**小川國廣** 9,30. 由縣警正任。

15. 牡丹江省職官年表

名　稱　＼年　代	康德六年(1939 年)
省　　　　長	**澁谷三郎** 12,16. 調任治安部次長。**三谷清** 12,16. 由吉林省次長任。
次　　　　長	**岐部與平** 4,18. 調任總務廳參事官。**向野元生** 4,18. 由交通部鐵路司長任。
官　　　　房	
民　生　廳　長	(6,1. 裁)**魏象賢** 6,1. 調任省參事官。
警　務　廳　長	**山菅正誠** 4,18. 調任總務廳參事官。**馬込信一** 4,18. 由省理事官任。
開　拓　廳　長	(1,1. 設)**井上實** 4,18. 由省理事官任。
牡丹江市　市　　長	**草地一雄**
牡丹江市　副市長	
牡丹江警察廳長	**小川國廣** 12,28. 調任省理事官。**蘆澤治道** 12,28. 由省理事官任。

15. 牡丹江省職官年表

名　稱 ＼ 年　代	康德七年(1940 年)
省　　　　長	三谷清
次　　　　長	向野元生
官　　　　房	
警　務　廳　長	馬込信一 2,13. 調任興安北省次長。**中島健治** 2,13. 由興安北省警務廳長任。
開　拓　廳　長	井上實

牡丹江市	市　　長	革地一雄 11,6. 調任鞍山市長。**古舘尚也** 11,6. 由鞍山市長任。
	副　市　長	習齊輝 6,20. 由巴彥縣長任。
	警　務　處　長	(11,1. 設)蘆澤治道 11,1. 任。
牡丹江警察廳長		(10,31. 裁)蘆澤治道(11,1. 改任)

15. 牡丹江省職官年表

名　稱 ＼ 年　代	康德八年(1941 年)
省　　長	**三谷清**
次　　長	**向野元生** 6,2. 調任開拓總局總務處長。**櫛田文男** 6,2. 由奉天税務監督署副署長任。
官　　房	
民生廳長	(3,10. 設)**馬　江** 3,10. 由省參事官任。
警務廳長	**中島健治** 10,11. 調任錦州省警務廳長。**森田貞男** 10,11. 由治安部理事官任。
開拓廳長	**井上實**
牡丹江市 市　　長	**古舘尚也** 4,21. 調任北安省次長。**習齊輝** 4,21. 署；6,2. 免。**平山一男** 6,2. 由齊齊哈爾營林局長任。
牡丹江市 副市長	**習齊輝**
牡丹江市 警務處長	**蘆澤治道** 2,21. 休職。**登樂松** ?,?. 任。

15. 牡丹江省職官年表

名　稱 ＼ 年　代		康德九年(1942 年)
省　　長		三谷清
次　　長		櫛田文男
官　　房		
民生廳長		馬　江
警務廳長		森田貞男
開拓廳長		井上實 3,10. 調任興農部參事官。岩尾精一 3,10. 由總務廳理事官任。
牡丹江市	市　　長	平山一男
	副 市 長	習齊輝
	警務處長	登樂松

15. 牡丹江省職官年表

名　稱 ＼ 年　代		康德十年(1943年)
省　　　長		**三谷清** 10,1. 改任東滿總省長。
次　　　長		**櫛田文男** 10,1. 調任總務廳參事官。
官　　　房		
民生廳長		**馬　江** 10,1. 調任東滿總省民生廳長。
警務廳長		**森田貞男** 10,1. 調任奉天省警務廳長。
開拓廳長		**岩尾精一** 10,1. 調任東滿總省開拓廳長。
牡丹江市	市　　　長	**平山一男** 5,29. 辭。**鯉沼兵士郎** 5,29. 由建築局住政處長任。
	副 市 長	**習齊輝**
	警務處長	**登樂松**

説明：10月1日牡丹江省裁。

16. 東安省職官年表

年 代 名 稱	康德六年(1939 年)
省 長	**御影池辰雄** 6,1. 由總務廳參事官任。
次 長	**岐部與平** 6,1. 由總務廳參事官任。
官 房	
警務廳長	**原野是男** 6,1. 由總務廳參事官任。
開拓廳長	**田中孫平** 6,1. 由總務廳參事官任。

説明：6 月 1 日設東安省。省公署設官房及警務、開拓二廳。

16. 東安省職官年表

名 稱＼年 代	康德七年（1940 年）
省　　長	**御影池辰雄** 11,30. 辭。 **岐部與平** 11,30. 由省次長任。
次　　長	**岐部與平** 11,30. 調任省長。
官　　房	
警務廳長	**原野是男** 11,27. 調任總務廳參事官。 **安武慎一** 11,27. 由琿春縣長任。
開拓廳長	**田中孫平**

16. 東安省職官年表

名 稱 ＼ 年 代	康德八年(1941年)
省　　長	**岐部與平**
次　　長	**田中孫平** 2,20. 由開拓廳長任。
官　　房	
民生廳長	(3,10. 設)**苗建發** 3,10. 由省參事官任。
警務廳長	**安武慎一**
開拓廳長	**田中孫平** 2,20. 調任省次長。**松村三次** 2,20. 由興農部理事官任;7,25. 辭。**井上義人** 7,25. 由特産局理事官任。

16. 東安省職官年表

名稱＼年代	康德九年(1942年)
省　長	**岐部與平** 1,15. 調任總務廳參事官。**畑勇三郎** 1,15. 由三江省次長任。
次　長	**田中孫平** 12,4. 調任開拓總局土地處長。**村井矢之助** 12,4. 由吉林省警務廳長任。
官　房	
民生廳長	**苗建發** 7,16. 調任治安部參事官。**鄒海瀛** 7,16. 由敦化縣長任。
警務廳長	**安武慎一**
開拓廳長	**井上義人**
東安市① 市　長	**日地鷹雄** 1,1. 由街長任；11,2. 辭。**倉持利平** 11,2. 由總務廳參事官任。
東安市① 副市長	**陳駿聲** 1,1. 由副街長任。

註①：1月1日設東安市。

16. 東安省職官年表

名　稱 ＼ 年　代	康德十年(1943年)
省　　長	**畑勇三郎**
次　　長	**村井矢之助**
官　　房	
民生廳長	**鄒海瀛** 8,25. 調任師道學校校長。**保聯亨** 10,1. 由鐵嶺市長任。
警務廳長	**安武慎一** 4,1. 調任錦州省警務廳長。**高比虎之助** 4,1. 由雙城縣副縣長任。
開拓廳長	**井上義人** 4,1. 調任三江省開拓廳長。**毛利佐郎** 4,1. 由開拓總局理事官任。
東安市　市　長	**倉持利平**
東安市　副市長	**陳駿聲**

16. 東安省職官年表

名　稱　　　　年　代	康德十一年(1944 年)
省　長	**畑勇三郎**
次　長	**村井矢之助** 5,25. 調任鞍山市長。**畑勇三郎** 5,25. 署；7,27. 免。 **後藤英男** 7,27. 由撫順市長任。
官　房	
民生廳長	**保聯亨** 7,1. 調任奉天市興農處長。
警務廳長	**高比虎之助** 2,1. 調任青龍縣副縣長。**田坂又十郎** 2,1. 由哈爾濱警察局副局長任。
開拓廳長	**毛利佐郎** 9,15. 調任東滿總省開拓廳長。**福田一** 9,15. 由開拓總局參事官任。
東安市　市　長	**倉持利平**
東安市　副市長	**陳駿聲** 7,1. 調任撫松縣長。**陳殿武** 7,1. 由街長任。

16. 東安省職官年表

名　稱＼年　代	康德十二年(1945年)
省　　長	**畑勇三郎**(去職時間不詳) **三谷清**?,?. 由東滿總省長兼；5,31. 辭。
次　　長	**後藤英男** 6,1. 改任安東市長。
官　　房	
民生廳長	**李國昌** 2,1. 由農安縣長任；6,1. 改任東滿省民生廳長。
警務廳長	**田坂又十郎** 6,1. 調任密山縣長。
開拓廳長	**福田一** 6,1. 調任三江省開拓廳長。
東安市　市　長	**倉持利平**
副市長	**陳殿武**

説明：6月1日裁東安省。

17. 北安省職官年表

名　稱 ＼ 年　代	康德六年(1939年)
省　　長	**馮廣民** 6,1. 由總務廳參事官任；11,6. 調任總務廳參事官。**壽聿彭** 11,6. 由恩賞局長任。
次　　長	**岡本忠雄** 6,1. 由總務廳參事官任。
官　　房	
民生廳長	**孫仁軒** 6,1. 由總務廳參事官任。
警務廳長	**大畑蘇一** 6,1. 由總務廳參事官任。
開拓廳長	**盛長次郎** 6,1. 由總務廳參事官任。

説明：6月1日設北安省。省公署設官房及民生、警務、開拓三廳。

17. 北安省職官年表

名　　稱＼年　代	康德七年(1940 年)
省　　　長	**壽聿彭**
次　　　長	**岡本忠雄**
官　　　房	
民生廳長	**孫仁軒** 5,21. 調任吉林省土木廳長。**謝雨琴** 5,21. 由省參事官任。
警務廳長	**大畑蘇一**
開拓廳長	**盛長次郎**

17. 北安省職官年表

名　稱 ＼ 年　代	康德八年(1941 年)
省　　長	**壽聿彭** 10,11. 辭。**李叔平** 10,11. 由地政總局拓地處長任。
次　　長	**岡本忠雄** 4,21. 調任總務廳地方處長。**古館尚也** 4,21. 由牡丹江市長任。
官　　房	
民生廳長	**謝雨琴**
警務廳長	**大畑蘇一**
開拓廳長	**盛長次郎** 11,15. 調任通化省次長。**大木義雄** 12,11. 由盤山縣副縣長任。

17. 北安省職官年表

名　稱 ＼ 年　代	康德九年(1942年)
省　　長	**李叔平**
次　　長	**古館尚也** 7,18. 調任地政總局副局長。**島崎庸一** 7,18. 由鞍山市長任。
官　　房	
民生廳長	**謝雨琴**
警務廳長	**大畑蘇一** 2,10. 退官。**富田直次** 2,10. 由興農部理事官任。
開拓廳長	**大木義雄**

17. 北安省職官年表

名　稱＼年　代	康德十年(1943 年)
省　　　長	李叔平
次　　　長	島崎庸一
官　　　房	
民生廳長	謝雨琴
警務廳長	富田直次 4,1. 調任濱江省警務廳長。三宅秀也 4,1. 由治安部理事官任。
開拓廳長	大木義雄 10,28. 調任總務廳參事官。上田知作 11,1. 由省參事官任。

17. 北安省職官年表

名　稱　＼　年　代	康德十一年(1944 年)
省　　　長	**李叔平** 12,16. 調任禁煙總局長。**王秉鐸** 12,16. 由總務廳統計處長任。
次　　　長	**島崎庸一** 8,26. 調任東滿總省次長。**都用謙介** 8,26. 由開拓總局總務處長任。
官　　　房	
民生廳長	**謝雨琴** 10,15. 調任總務廳參事官。**傅連珍** 10,5. 由長春縣長任。
警務廳長	**三宅秀也** 6,22. 調任奉天省警務廳長。**池端敏** 6,22. 由敦化縣副縣長任。
開拓廳長	**上田知作**

17. 北安省職官年表

名　稱　＼　年　代	康德十二年(1945年)
省　　長	王秉鐸
次　　長	都用謙介
官　　房	
民生廳長	傅連珍
警務廳長	池端敏
開拓廳長	上田知作 4,1. 調任總務廳參事官。楊白鶴 4,1. 由興農部參事官任。

18. 四平省職官年表

名　稱　＼　年　代		康德八年(1941年)
省　　　長		**徐家恒** 7,1. 由總務廳參事官任。
次　　　長		**野田清武** 7,1. 由總務廳參事官任。
官　　　房		
民生廳長		**倉内善藏** 7,1. 由民生部理事官任。
警務廳長		**市川敏** 7,1. 間島省開拓廳長任。
實業廳長		**袁怡箷** 7,1. 由錦州市長任。
四平市①	市　　長	**薄井友治**
	副市長	**王作述**

說明：7月1日設四平省。四平省設官房及民生、警務、實業三廳。

註①：7月1日四平街市改稱四平市。

18. 四平省職官年表

名　稱 ＼ 年　代		康德九年(1942 年)
省　　長		**徐家恒**
次　　長		**野田清武** 5,18. 調任總務廳參事官。**田邊秀雄** 5,18. 由地政總局副局長任。
官　　房		
民生廳長		**倉内善藏**
警務廳長		**市川敏** 8,15. 調任興安南省次長。**高松征二** 8,15. 由遼陽縣副縣長任。
實業廳長		**袁怡篯**
四平市	市　長	**薄井友治**
	副市長	**王作述** 6,6. 調任省參事官。**張德懋** 6,6. 由鐵力縣長任。

18. 四平省職官年表

名　稱 ＼ 年　代		康德十年(1943 年)
省　　長		**徐家恒** 4,1. 調任總務廳次長。**曲秉善** 4,1. 由民生部厚生司長任。
次　　長		**田邊秀雄** 5,19. 辭。**關口保** 5,19. 由總務廳參事官任。
官　　房		
民生廳長		**倉内善藏** 12,1. 調任間島省次長。**袁怡箎** 12,1. 由實業廳長任。
警務廳長		**高松征二** 9,13. 調任警務總局特別處長。**武藤喜一郎** 9,13. 由熱河省警務廳長任。
實業廳長		**袁怡箎** 12,1. 調任民生廳長。**王保粹** 12,1. 由安達縣長任。
四平市	市　　長	**薄井友治**
	副市長	**張德懋**

18. 四平省職官年表

名　稱 ＼ 年　代		康德十一年(1944 年)
省　　　長		**曲秉善**
次　　　長		**關口保** 12,1. 辭。**角田忠夫** 12,1. 由警務總局參事官任。
官　　　房		
民生廳長		**袁怡箴**
警務廳長		**武藤喜一郎**
實業廳長		**王保粹**
四平市	市　　　長	**薄井友治** 7,1. 調任總務廳參事官。**淺子英** 7,1. 由警務總局參事官任。
	副 市 長	**張德懋** 7,1. 辭。**關溥濤** 7,1. 由街長任。
	警察局長	(7,1. 設)**持館義雄** 7,1. 由市警正任。

18. 四平省職官年表

名　稱　＼　年　代		康德十二年(1945年)
省　　　長		曲秉善
次　　　長		角田忠夫
官　　　房		
民生廳長		袁怡篯 4,1. 調任奉天市瀋陽區長。 常守陳 4,1. 由龍江縣長任。
警務廳長		武藤喜一郎
實業廳長		王保粹
四平市	市　　　長	淺子英
	副　市　長	關溥濤
	警察局長	持館義雄

19. 東滿總省職官年表

年代　　名稱		康德十年(1943 年)
省　　　長		**三谷清** 10,1. 由原牡丹江省長任。
次　　　長		**田村仙定** 10,1. 由三江省次長任。
官　　　房		
民 生 廳 長		**馬　江** 10,1. 由原牡丹江省民生廳長任。
警 務 廳 長		**宗敏雄** 10,1. 由原黑河省開拓廳長任。
開 拓 廳 長		**岩尾精一** 10,1. 由原牡丹江省開拓廳長任。
交 通 廳 長		**東城源三** 10,1. 由交通部技正任。
牡丹江市	市　　長	**鯉沼兵士郎**
	副 市 長	**習齊輝**
	警務處長	**登樂松**

説明:10 月 1 日設東滿總省。總省公署設官房及民生、警務、開拓、交通四廳。

19. 東滿總省職官年表

名　稱 ／ 年　代		康德十一年(1944年)
省　　長		三谷清
次　　長		田村仙定 8,26. 調任總務廳防空部長。島崎庸一 8,26. 由北安省次長任。
官　　房		
民生廳長		馬　江
警務廳長		宗敏雄
開拓廳長		岩尾精一 4,28. 辭。島崎庸一 8,26. 署;9,15. 免。毛利佐郎 9,15. 由東安省開拓廳長任。
交通廳長		東城源三 6,15. 辭。運藤昌義 6,15. 由新京市參事官任;11,20. 調任奉天省參事官。原田清 11,20. 由省參事官任。
牡丹江市	市　　長	鯉沼兵士郎
	副市長	習齊輝
	警務處長	(7,1. 改稱警察局長)登樂松 12,27. 辭。池田敬一 12,27. 由首都警察廳理事官任。

19. 東滿總省職官年表

名　稱 ＼ 年　代		康德十二年(1945 年)
省　　　長		**三谷清**5,31. 辭。
次　　　長		**島崎庸一**2,1. 調任總務廳弘報處長。**星子敏雄**2,1. 由總務廳人事處長任(6,1. 改任東滿省次長)。
官　　　房		
民生廳長		**馬　江**(6,1. 調任總務廳參事官)
警務廳長		**宗敏雄**(6,1. 改任東滿省警務廳長)
開拓廳長		**毛利佐郎**(6,1. 改任東滿省開拓廳長)
交通廳長		**原田清**(6,1. 改任省參事官)
林政廳長		(5,1. 設)**橫川信夫**5,1. 由林野總局林產處長任(6,1. 改任東滿省林政廳長)。
牡丹江市	市　　長	**鯉沼兵士郎**3,24. 辭。**米村茂**3,24. 由間島省警務廳長任。
	副市長	**習齊輝**2,1. 調任撫順縣長。**鍾鏡瑩**4,1. 由公主嶺市副市長任。
	警察局長	**池田敬一**

説明:6月1日東滿總省裁。

20. 東滿省職官年表

名稱＼年代	康德十二年(1945 年)
省　　長	**五十子卷三** 6,1. 由開拓總局長任。
次　　長	**星子敏雄** 6,1. 由原東滿總省次長任；6,9. 調任總務廳警務總局長。 **馬込信一** 6,9. 由大同學院教官任。
官　　房	
民生廳長	**李國昌** 6,1. 由原東安省民生廳長任。
警務廳長	**宗敏雄** 6,1. 由原東滿總省警務廳長任。
開拓廳長	**毛利佐郎** 6,1. 由原東滿總省開拓廳長任。
交通廳長	**美濃豐吉** 6,1. 由省理事官任。
林政廳長	**橫川信夫** 6,1. 由原東滿總省林政廳長任。
牡丹江市 市　　長	**米村茂**
牡丹江市 副 市 長	**鍾鏡瑩**
牡丹江市 警察局長	**池田敬一**
東安市 市　　長	**倉持利平**
東安市 副 市 長	**陳殿武**

說明：6 月 1 日設東滿省。省公署設官房及民生、警務、開拓、交通、林政五廳。

21. 興安東分省、興安南分省職官年表

名　稱 ＼ 年　代		大同元年(1932年)
興安東分省	分 省 長	**額勒春** 3,29. 任。
	總務廳長	**恩克蒙都** 8,1. 任。
	民政廳長	**志達圖** 8,1. 任。

名　稱 ＼ 年　代		大同元年(1932年)
興安南分省	分 省 長	**業喜海順** 3,29. 任。
	總務廳長	**富凌阿** 8,1. 任。
	民政廳長	**博彥滿都** 8,1. 任。

説明：3月9日日偽當局將興安局(後改稱興安總署,蒙政部,復稱興安局)所治之區域定名興安省。下設東、南、北三分省；翌年5月10日設興安西分省。

21. 興安東分省、興安南分省職官年表

名 稱 ＼ 年 代		大同二年(1933年)
興安東分省	分 省 長	額勒春
	總 務 廳 長	恩克蒙都 2,4. 卒。巴金保 8,1. 由莫力達瓦旗長任。
	民 政 廳 長	志達圖
	扎蘭屯興安警察局長	索 寶 5,1. 由布特哈左旗長任。

名 稱 ＼ 年 代		大同二年(1933年)
興安南分省	分 省 長	業喜海順
	總 務 廳 長	富凌阿
	民 政 廳 長	博彦滿都
	達爾罕王府興安警察局長①	甘珠爾札布 2,1. 任。

註①：大同元年 12 月 28 日設達爾罕王府、布西、海拉爾三處興安警察局。翌年 2 月 8 日改布西興安警察局爲扎蘭屯興安警察局(興安東分省省會遷至扎蘭屯)；8 月 23 日設開魯興安警察局長。

21. 興安東分省、興安南分省職官年表

名　稱 ＼ 年　代	大同三年、康德元年(1934 年)
興安東分省 分　省　長	額勒春
參　與　官	中村撰一 12,1. 由省參事官任。
總　務　廳　長	巴金保
民　政　廳　長	志達圖
扎蘭屯興安警察局長	索　寶

説明:12 月 1 日興安各分省改稱興安各省,分省長改稱省長,同時各省設參與官。

名　稱 ＼ 年　代	大同三年、康德元年(1934 年)
興安南分省 分　省　長	業喜海順
參　與　官	白濱晴澄 12,1. 由原興安總署參與官任。
總　務　廳　長	富凌阿
民　政　廳　長	博彦滿都
達爾罕王府興安警察局長	甘珠爾札布

22. 興安東省、興安南省職官年表

名稱＼年代	康德二年(1935年)
興安東省 省　　　長	額勒春
參　與　官	中村撰一
總　務　廳　長	巴金保
民　政　廳　長	志達圖
扎蘭屯興安警察局長	(9,5.裁)索　寶 8,31.辭。

名稱＼年代	康德二年(1935年)
興安南省 省　　　長	業喜海順 3,18.辭。博彥滿都 3,18.代。
參　與　官	白濱晴澄
總　務　廳　長	富凌阿
民　政　廳　長	博彥滿都
警　務　廳　長	(9,5.設)甘珠爾札布 9,5.任。
達爾罕王府興安警察局長	(4,1.改稱王爺廟興安警察局長;9,5.裁)甘珠爾札布 9,5.改任警務廳長。

22. 興安東省、興安南省職官年表

名　稱 ＼ 年　代	康德三年(1936年)
省　　長	額勒春
參　與　官	中村撰一
總務廳長	巴金保
民政廳長	志達圖
興安東省	

名　稱 ＼ 年　代	康德三年(1936年)
省　　長	博彦滿都代；7,21. 調。壽明阿 7,21. 由蒙政部民政司長任。
參　與　官	白濱晴澄
總務廳長	富凌阿
民政廳長	博彦滿都 7,21. 調任蒙政部民政司長。
警務廳長	甘珠爾札布
興安南省	

22. 興安東省、興安南省職官年表

名稱　　年代	康德四年(1937年)
興安東省 省　　長	**額勒春**
參　與　官	**中村撰一** 7,1. 調任興安南省參與官。**山口凱夫** 7,1. 任。
總務廳長	**巴金保**
民政廳長	**志達圖**

名稱　　年代	康德四年(1937年)
興安南省 省　　長	**壽明阿**
參　與　官	**向濱晴澄** 7,1. 調任興安局參與官。**中村撰一** 7,1. 由興安東省參與官任。
總務廳長	**富凌阿** 6,28. 辭。
民政廳長	**甘珠爾札布** 5,5. 由警務廳廳長任。
警務廳長	**甘珠爾札布** 5,5. 調。**福原二一** 5,5. 由警務廳警務科長任。

22. 興安東省、興安南省職官年表

名　稱 ＼ 年　代		康德五年(1938 年)
興安東省	省　　長	額勒春
	參　與　官	山口凱夫
	總務廳長	巴金保
	民政廳長	志達圖

名　稱 ＼ 年　代		康德五年(1938 年)
興安南省	省　　長	壽明阿
	參　與　官	中村撰一
	總務廳長	
	民政廳長	甘珠爾札布 5,19. 免。瑪尼巴達喇 8,16. 由内務局理事官任。
	警務廳長	福原二一 3,15. 辭。曾根忠一 3,15. 由首都警察廳理事官任；12,10. 辭。神子勇 12,10. 由省理事官任。

22. 興安東省、興安南省職官年表

名 稱 / 年 代		康德六年(1939 年)
興安東省	省　　長	**額勒春**
	參 與 官	(6,1. 改稱次長)**山口凱夫** 6,1. 調。**山口凱夫** 6,1. 署；9,12. 調。**園山光藏** 9,12. 由鐵道警護總隊參事官任。
	總務廳長	**巴金保**
	民政廳長	(6,1. 改稱民生廳長)**志達圖**
	警務廳長	(6,1. 設)**山口凱夫** 8,11. 代；9,12. 調任興安局參事官。**園山光藏** 9,12. 兼。

名 稱 / 年 代		康德六年(1939 年)
興安南省	省　　長	**壽明阿**
	參 與 官	(6,1. 改稱次長)**中村撰一** 6,1. 調任興安西省次長。**都間觀三** 6,1. 由原興安西省參與官任。
	總務廳長	
	民政廳長	(6,1. 改稱民生廳長)**瑪尼巴達喇** 9,1. 辭。
	警務廳長	**神子勇** 12,16. 調任安東省警務廳長。**宇野音治** 12,16. 由中央警察學校教授任。

22. 興安東省、興安南省職官年表

名　稱 ＼ 年　代		康德七年(1940年)
興安東省	省　　長	**額勒春**
	次　　長	**園山光藏**
	總務廳長	(5,1. 總務廳改稱官房)**巴金保** 4,30. 辭。
	民政廳長	**志達圖**
	警務廳長	**園山光藏**兼;5,23. 免。**安藤貞夫** 5,23. 由吉林省警務廳警務科長任。

名　稱 ＼ 年　代		康德七年(1940年)
興安南省	省　　長	**壽明阿**
	次　　長	**都間觀三**
	總務廳長	(5,1. 總務廳改稱官房)
	民政廳長	**郭文田** 5,1. 由海龍縣長任。
	警務廳長	**宇野音治** 9,17. 調任熱河省警務廳長。**米村茂** 9,17. 由省理事官任。
	實業廳長	(5,1. 設)**巴雅爾** 5,1. 由科左前旗長任。

22. 興安東省、興安南省職官年表

名　稱 ＼ 年　代		康德八年(1941年)
興安東省	省　　長	**額勒春** 1,4. 卒。**園山光藏** 1,4. 署；3,25. 免。**博彥滿都** 3,25. 由興安局參與官任。
	次　　長	**園山光藏** 12,5. 辭。**高綱信次郎** 12,5. 由總務廳參事官任。
	官　　房	
	民政廳長	**志達圖** 8,7. 調任布特哈旗長。**額爾登** 8,7. 由布特哈旗長任。
	警務廳長	**安藤貞夫**

名　稱 ＼ 年　代		康德八年(1941年)
興安南省	省　　長	**壽明阿**
	次　　長	**都間觀三**
	官　　房	
	民政廳長	**郭文田** 7,1. 調任省參事官。**包尼雅巴斯爾** 7,1. 由科左後旗長任。
	警務廳長	**米村茂**
	實業廳長	**巴雅爾**

22. 興安東省、興安南省職官年表

名　稱 / 年　代		康德九年(1942 年)
興安東省	省　　長	**博彥滿都** 4,8. 調任興安南省長。**高綱信次郎** 4,8. 署;7,3. 免。**巴金保** 7,3. 任。
	次　　長	**高綱信次郎**
	官　　房	
	民政廳長	**額爾登**
	警務廳長	**安藤貞夫**

名　稱 / 年　代		康德九年(1942 年)
興安南省	省　　長	**壽明阿** 4,8. 辭。**博彥滿都** 4,8. 由興安東省長任。
	次　　長	**都間觀三** 8,15. 調任總參廳參事官。**市川敏** 8,15. 由四平省警務廳長任。
	官　　房	
	民政廳長	**包尼雅巴斯爾**
	警務廳長	**米村茂**
	實業廳長	**巴雅爾**

22. 興安東省、興安南省職官年表

名 稱 \ 年 代		康德十年(1943年)
興安東省	省 長	**巴金保** 10,1. 改任興安總省諮議。
	次 長	**高綱信次郎** 10,1. 調任總務廳參事官。
	官 房	
	民政廳長	(3,31. 裁)**額爾登**(4,1. 改任開拓廳長)
	警務廳長	**安藤貞夫** 4,1. 調任興安南省警務廳長。**財部直熊** 4,1. 由省警正任;10,1. 調任總務廳參事官。
	開拓廳長	(4,1. 設)**額爾登** 4,1. 任;10,1. 調任總省參事官。

名 稱 \ 年 代		康德十年(1943年)
興安南省	省 長	**博彥滿都** 10,1. 改任興安總省長。
	次 長	**市川敏** 5,29. 調任總務廳弘報處長。**都用謙介** 5,29. 由鞍山市長任;10,1. 調任開拓總局總務處長。
	官 房	
	民政廳長	**包尼雅巴斯爾** 9,16. 調任科左後旗長。
	警務廳長	**米村茂** 4,1. 調任間島省警務廳長。**安藤貞夫** 4,1. 由興安東省警務廳長任;10,1. 調任海拉爾市長。
	實業廳長	**巴雅爾** 10,1. 調任科左前旗長。

説明:10月1日裁興安東省及興安南省。

23. 興安西分省、興安北分省職官年表

名　稱＼年　代	大同元年(1932 年)

名　稱＼年　代		大同元年(1932 年)
興安北分省	分 省 長	凌　陞 3,29. 任。
	總務廳長	榮　安 8,1. 任。
	民政廳長	奇普森額 8,1. 任。[①]

註①:《政府公報》僅稱奇普森額爲興安北分省理事官,在民政廳辦事。此處據《滿洲國官吏録》等資料。

23. 興安西分省、興安北分省職官年表

名 稱 ＼ 年 代	大同二年(1933年)
分 省 長	札噶爾 7,5. 任。
總 務 廳 長	
民 政 廳 長	諾拉嘎爾札布 7,5. 任。
開魯興安 警察局長①	

興安西分省

説明：5月10日設興安西分省。

註①：參見第728頁註。

名 稱 ＼ 年 代	大同二年(1933年)
分 省 長	凌 陞
總 務 廳 長	榮 安
民 政 廳 長	奇普森額
海拉爾興安 警察局長①	蘇勒芳阿 2,1. 任。

興安北分省

註①：參見第729頁註。

23. 興安西分省、興安北分省職官年表

名 稱 ＼ 年 代		大同三年、康德元年(1934年)
興安西分省	分 省 長	札噶爾
	參 與 官	松岡信夫 12,1. 由興安南分省參事官任。
	總 務 廳	
	民 政 廳 長	諾拉嘎爾札布
	開魯興安 警察局長	敬棍太 6,5. 任。

名 稱 ＼ 年 代		大同三年、康德元年(1934年)
興安北分省	分 省 長	凌 陞
	參 與 官	
	總 務 廳 長	榮 安
	民 政 廳 長	奇普森額
	海拉爾興安 警察局長	蘇勒芳阿 6,1. 卒。
	説明:12月1日興安各分省改稱興安各省,分省長改稱省長,同時各省設參與官。	

24. 興安西省、興安北省職官年表

名 稱 \ 年 代		康德二年(1935年)
興安西省	省　　長	札噶爾
	參 與 官	松岡信夫 10,1. 調任王爺廟興安綿羊改良場長。 除野康雄 10,22. 任。
	總務廳長	敬棍太 9,5. 任。
	民政廳長	諾拉嘎爾札布
	開魯興安警察局長	(9,5. 裁)敬棍太 9,5. 改任。

名 稱 \ 年 代		康德二年(1935年)
興安北省	省　　長	凌　陞
	參 與 官	伊東喜八郎 10,22. 任。
	總 務 廳 長	榮　安
	民 政 廳 長	奇普森額 2,2. 卒。 倭克吉布 2月代。
	警 務 廳 長	(9,5. 設)春　德 9,5. 任。
	海拉爾興安警察局長	(9,5. 裁)

743

24. 興安西省、興安北省職官年表

名 稱 \ 年 代		康德三年(1936年)
興安西省	省　　　長	札噶爾
	參　與　官	除野康雄
	總 務 廳 長	敬棍太(1,1. 改名敬文泰)
	民 政 廳 長	諾拉嘎爾札布

名 稱 \ 年 代		康德三年(1936年)
興安北省	省　　　長	凌　陞 4,14. 免。 額爾欽巴圖 6,9. 由新巴爾虎左翼旗長任。
	參　與　官	伊東喜八郎
	總 務 廳 長	榮　安 5,29. 辭。 巴嘎巴迪 6,17. 由新巴爾虎右翼旗長任。
	民 政 廳 長	倭克吉布代;5,29. 辭。 定　貴 6,17. 由額爾克納左翼旗長任(12,1. 改名武雲畢方克)。
	警 務 廳 長	春　德 4,14. 免。
	海 拉 爾 市 政 管 理 處 長	(1,1. 設)李相庭 1,1. 任。
	滿 洲 里 市 政 管 理 處 長	(1,1. 設)孟憲惠 1,1. 任。
	滿洲里警察廳長①	宇野音治 4,1. 由綏芬河國境警察隊長任。

註①:康德二年12月28日設海拉爾及滿洲里警察廳,至是方有任命。

24. 興安西省、興安北省職官年表

名 稱 ＼ 年 代		康德四年(1937年)
興安西省	省　　　　長	**札噶爾** 7,1. 調任興安局總裁。**諾拉嘎爾札布** 7,1. 由民政廳長任。
	參　　與　　官	**除野康雄** 4,13. 辭。**都間觀三** 7,1. 任。
	總　務　廳　長	**敬文太** 7,13. 調任巴林右旗長。
	民　政　廳　長	**諾拉嘎爾札布** 7,1. 調任省長。**阿拉騰鄂齊爾** 7,1. 由克什克騰旗長任。
	警　務　廳　長	(12,1. 設)**若林邦敏** 12,1. 由省理事官任。

名 稱 ＼ 年 代		康德四年(1937年)
興安北省	省　　　　長	**額爾欽巴圖**
	參　　與　　官	**伊東喜八郎** 7,1. 辭。**大迫幸男** 7,1. 由間島省總務廳長任；8,24. 調任哈爾濱市副市長。**河內由藏** 8,24. 由黑河省次長任。
	總　務　廳　長	**巴嘎巴迪**
	民　政　廳　長	**武雲畢力克**
	警　務　廳　長	**谷口慶弘** 5,5. 由濱江省理事官任。
	海拉爾市政管理處長	**李相庭** 12,1. 調任四平街市副市長。**郭文田** 12,1. 由大賚縣長任。
	滿洲里市政管理處長	**孟憲惠** 8,24. 調任奉天市事務官。**田樹桂** 8,24. 由依蘭縣長任。
	海拉爾警察廳長	**高橋重利** 1,1. 由省警正任；1,26. 調。**大林太久美** 2,9. 由安東省理事官任；8,23. 調任治安部事務官。**安藤貞夫** 9,1. 由吉林省理事官任。
	滿洲里警察廳長	**宇野音治** 12,1. 調任地方警察學校教官。**前田信二** 12,1. 由地方警察學校教官任。

24. 興安西省、興安北省職官年表

名 稱 \ 年 代	康德五年(1938年)
興安西省	
省　　　　長	諾拉嘎爾札布
參　與　官	都間觀三
總　務　廳　長	
民　政　廳　長	阿拉騰鄂齊爾
警　務　廳　長	若林邦敏 7,23. 休職。 當麻音治郎 7,23. 由治安部督察官任。

名 稱 \ 年 代	康德五年(1938年)
興安北省	
省　　　　長	額爾欽巴圖
參　與　官	河內由藏
總　務　廳　長	巴嘎巴迪 12,31. 退官。
民　政　廳　長	武雲畢力克
警　務　廳　長	谷口慶弘 12,10. 辭。 中島健治 12,10. 由雙城縣副縣長任。
海拉爾市政管理處長	郭文田
滿洲里市政管理處長	田樹桂
海拉爾警察廳長	安藤貞夫 3,24. 調任興安各省理事官。 福田繁茂 3,24. 由省督察官任。
滿洲里警察廳長	前田信二

24. 興安西省、興安北省職官年表

名 稱 \ 年 代		康德六年(1939年)
興安西省	省　　　　長	**諾拉嘎爾札布**
	參　　與　　官	(6,1. 改稱次長)**都間觀三** 6,1. 調任興安南省次長。**中村撰一** 6,1. 由興安南省參與官任。
	總　務　廳　長	(6,1. 總務廳改稱官房)
	民　政　廳　長	(6,1. 改稱民生廳長)**阿拉騰鄂齊爾**
	警　務　廳　長	**當麻音治郎**

名 稱 \ 年 代		康德六年(1939年)
興安北省	省　　　　長	**額爾欽巴圖**
	參　　與　　官	(6,1. 改稱次長)**河内由藏**
	總　務　廳　長	(6,1. 總務廳改稱官房)
	民　政　廳　長	(6,1. 改稱開拓廳長)**武雲畢力克** 6,1. 調任興安總省理事官。**三箇功** 6,1. 由總務廳參事官任。
	警　務　廳　長	**中島健治**
	海 拉 爾 市 政管 理 處 長	**郭文田** 6,1. 調任朝陽縣長。**慶德敏夫** 6,1. 由公主嶺街長任。
	滿 洲 里 市政 管 理 處 長	**田樹桂**
	海拉爾警察廳長	(翌年 1,1. 裁)**福田繁茂** 7,24. 辭。**藤原德茨郎** 7,24. 任。
	滿洲里警察廳長	(7,27. 裁)**前田信二** 7,24. 調任治安部參事官。

24. 興安西省、興安北省職官年表

名 稱		年 代	康德七年(1940 年)
興安西省	省	長	**諾拉嘎爾札布**
	次	長	**中村撰一** 11,27. 調任總務廳參事官。**海村園次郎** 11,27. 由錦州省警務廳長任。
	官	房	
	民 生 廳	長	**阿拉騰鄂齊爾** 5,1. 調任克什克騰旗長。
	警 務 廳	長	**當麻音治郎**
	實 業 廳	長	(5,1. 設)**卜和克什克** 5,1. 由民生廳文教科長任。

名 稱		年 代	康德七年(1940 年)
興安北省	省	長	**額爾欽巴圖**
	次	長	**河內由藏** 2,13. 調任興安局參與官。**馬込信一** 2,13. 由牡丹江省警務廳長任。
	官	房	
	開 拓 廳	長	**三箇功** 6,21. 調任興農部技正。**田中由五郎** 6,21. 由馬政局理事官任。
	警 務 廳	長	**中島健治** 2,13. 調任牡丹江省警務廳長。**副島種** 2,13. 由民生部理事官任。
	海拉爾市政管理處①	處 長	**慶德敏夫** 5,1. 改任海拉爾市長。
		副處長②	**楊世英** 2,1. 任;5,1. 改任海拉爾市副市長。
	海拉爾市③	市 長	**慶德敏夫** 5,1. 任。
		副市長	**楊世英** 5,1. 任。
	滿洲里市政管理處長		(5,1. 裁)**田樹桂** 5,1. 改任豐寧縣長。

註①:5月1日海拉爾市政管理處裁。
註②:康德六年六月一日設副處長,此時方有任命。
註③:設海拉爾市。

24. 興安西省、興安北省職官年表

名稱 年代			康德八年(1941年)
興安西省		省　　長	**諾拉嘎爾札布** 10,1. 卒。**海村園次郎** 10,1. 署;11,20. 免。**旺沁帕爾賫** 11,20. 由阿魯科爾沁旗長任。
		次　　長	**海村園次郎**
		官　　房	
		民生廳長	
		警務廳長	**當麻音治郎** 7,1. 辭。**羽田野平山** 7,1. 由省理事官任。
		實業廳長	**卜和克什克**

名稱 年代			康德八年(1941年)
興安北省		省　　長	**額爾欽巴圖**
		次　　長	**馬込信一**
		官　　房	
		開拓廳長	**田中由五郎**
		警務廳長	**副島種**
	海拉爾市	市　　長	**慶德敏夫** 11,27. 調任總務廳參事官。**宮村修一郎** 11,27. 由省參事官任。
		副市長	**楊世英**
	滿洲里市①	市　　長	**坂梨良三** 1,1. 由滿洲里街長任。
		副市長	**周雲溪** 3,10. 由省理事官任。
	註①:1月1日設滿洲里市。		

749

24. 興安西省、興安北省職官年表

名 稱	年 代	康德九年(1942年)
興安西省	省　　長	旺沁帕爾賚
	次　　長	海村園次郎
	官　　房	
	民生廳長	阿勒塘瓦齊爾 3,14. 由扎魯特旗長任。
	警務廳長	羽田野平三
	實業廳長	卜和克什克

名 稱	年 代	康德九年(1942年)
興安北省	省　　長	額爾欽巴圖
	次　　長	馬込信一 5,18. 調任龍江省次長。 大園長喜 5,18. 由總務廳參事官任。
	官　　房	
	開拓廳長	田中由五郎 2,4. 休職。 米田富 3,1. 由興農部技正任。
	警務廳長	副島種 1,15. 辭。 犬塚善吉 1,15. 由首都警察廳理事官任。
	海拉爾市　市　長	宮村修一郎
	海拉爾市　副市長	楊世英 6,6. 調任興京縣長。 蘇正本 6,6. 由旗事務官任。
	滿洲里市　市　長	坂梨良三
	滿洲里市　副市長	周雲溪

24. 興安西省、興安北省職官年表

名稱		年代	康德十年(1943 年)
興安西省	省　長		**旺沁帕爾賚** 10,1. 改任興安總省諮議。
	次　長		**海村園次郎** 10,1. 調任總務廳參事官。
	官　房		
	民生廳長		**阿勒塘瓦齊爾** 10,1. 調任巴林右旗長。
	警務廳長		**羽田野平三** 5,20. 調任總務廳參事官。 **影仙八瀬樹** 5,20. 由安東市警務處長任；10,1. 調任興安北省警務廳長。
	實業廳長		**卜和克什克** 1,13. 卒。

説明：10 月 1 日興安西省裁。

名稱		年代	康德十年(1943 年)
興安北省	省　長		**額爾欽巴圖** 10,1. 調任興安總省諮議。 **額爾欽巴圖** 10,1. 兼。
	次　長		**大園長喜**
	官　房		
	民生廳長		(10,1. 設) **善吉密圖普** 10,9. 由新巴爾虎右旗長任。
	開拓廳長		(10,1. 裁) **米田富** 10,1. 調任興農部技正。
	警務廳長		**犬塚善吉** 10,1. 調任總務廳參事官。 **影仙八瀬樹** 10,1. 由興安西省警務廳長任。
	海拉爾市	市　長	**宮村修一郎** 10,1. 調任交通部理事官。 **安藤貞夫** 10,1. 由興安南省警務廳長任。
		副市長	**蘇正本**
	滿洲里市	市　長	**坂梨良三** 4,1. 調任延吉縣龍井街長。 **鎌田生三** 4,1. 由街長任。
		副市長	**周雲溪**

24. 興安西省、興安北省職官年表

			年代　康德十一年(1944 年)
興安西省			

		年代　康德十一年(1944 年)
興安北省	省　　　長	額爾欽巴圖兼。
	次　　　長	大園長喜
	官　　　房	
	民生廳長	善吉密圖普
	警務廳長	影仙八瀨樹
	海拉爾市　市　長	安藤貞夫
	海拉爾市　副市長	蘇正本
	滿洲里市　市　長	鎌田生三 7,1. 調任承德街副街長。中野勇介 7,1. 由興安總省理事官任。
	滿洲里市　副市長	周雲溪 7,1. 調任醴泉縣長。趙　畏 7,1. 由延壽縣長任。

24. 興安西省、興安北省職官年表

名　稱 ＼ 年　代			康德十二年(1945 年)
興安西省			

名　稱 ＼ 年　代			康德十二年(1945 年)
興安北省	省　　　長		**額爾欽巴圖**兼。
	次　　　長		**大園長喜** 7,5. 辭。**森田貞男** 7,5. 由警務總局警務處長任。
	官　　　房		
	民生廳長		**善吉密圖普**
	警務廳長		**影仙八瀬樹**
	海拉爾市	市　　長	**安藤貞夫**
		副市長	**蘇正本**
	滿洲里市	市　　長	**中野勇介**
		副市長	**趙　畏**
	扎賚諾爾市①	市　　長	**西江照男** 1,1. 由總省警正任。
		副市長	**馬空群** 4,1. 任。

註①:1 月 1 日設扎賚諾爾市。

25. 興安總省職官年表

年　代 名　稱	康德十年(1943 年)
總 省 長	**博彥滿都** 10,1. 由興安南省長任。
參 與 官	**白濱晴澄** 10,1. 由總務廳參事官任。
諮　　議	**額爾欽巴圖** 10,1. 由興安北省長任。
	巴金保 10,1. 由興安東省長任。
	旺沁帕爾賚 10,1. 由興安西省長任。
官　　房	
民生廳長	**那木海札布** 10,1. 由興安局參與官任。
警務廳長	**福地家久** 10,1. 由總務廳理事官任。
產業廳長	**武雲畢力克** 10,1. 由省參事官任。
交通廳長	**宗石盛始** 10,1. 由省技正任。

説明：10 月 1 日興安總省設。總省公署由官房及民生、警務、産業、交通四廳組成。

25. 興安總省職官年表

名　　稱 ＼ 年　代	康德十一年(1944年)
總　省　長	博彦滿都
參　與　官	白濱晴澄
諮　　議	額爾欽巴圖
	巴金保
	旺沁帕爾賚
官　　房	
民生廳長	那木海札布 7,1. 調任科右前旗長。 薩嘎拉札布 7,1. 由興安總省參事官任。
警務廳長	福地家久
產業廳長	武雲畢力克
交通廳長	宗石盛始

25. 興安總省職官年表

名　稱＼年　代	康德十二年(1945 年)
總 省 長	博彥滿都
參 與 官	白濱晴登
諮　　議	額爾欽巴圖
	巴金保
	旺沁帕爾賚 3,1. 卒。
官　　房	
民生廳長	薩嘎拉札布
警務廳長	福地家久
產業廳長	武雲畢力克 5,1. 調任畜政廳長。綽克巴圖爾 5,1. 由總省理事官任。
交通廳長	宗石盛始
畜政廳長	(5,1. 設)武雲畢力克 5,1. 由產業廳長任。
林政廳長	(5,1. 設)三井田重治 5,1. 由林野總局理事官任。

附:省區變動表

1931	1932.3.9	1933	1933.5.10	1933.7.1	1934.12.1	1936.1.1	1937.7.1	1939.6.1	1941.7.1	1943.10.1	1945.6.1
□奉天省	奉天省	奉天省	奉天省	奉天省	奉天省	奉天省	奉天省	奉天省	奉天省	奉天省	奉天省
□吉林省	吉林省	吉林省	吉林省	吉林省	吉林省	吉林省	吉林省	吉林省	吉林省	吉林省	吉林省
□黑龍江省	黑龍江省	黑龍江省	黑龍江省	黑龍江省	△龍江省	龍江省	龍江省	龍江省	龍江省	龍江省	龍江省
		□熱河省	熱河省	熱河省	熱河省	熱河省	熱河省	熱河省	熱河省	熱河省	熱河省
□東省特別區	東省特別區	東省特別區	東省特別區	△北滿特別區	北滿特別區	×北滿特別區					
					·濱江省	濱江省	濱江省	濱江省	濱江省	濱江省	濱江省
					·錦州省	錦州省	錦州省	錦州省	錦州省	錦州省	錦州省
					·安東省	安東省	安東省	安東省	安東省	安東省	安東省
					·間島省	間島省	間島省	間島省	間島省	間島省	間島省
					·三江省	三江省	三江省	三江省	三江省	三江省	三江省
					·黑河省	黑河省	黑河省	黑河省	黑河省	黑河省	黑河省
							·通化省	通化省	通化省	通化省	通化省
							·牡丹江省	牡丹江省	牡丹江省	×牡丹江省	
								·東安省	東安省	東安省	×東安省
								·北安省	北安省	北安省	北安省
									·四平省	四平省	四平省
										·東滿總省	×東滿總省
											·東滿省
	·興安東分省	興安東分省	興安東分省	興安東分省	△興安東省	興安東省	興安東省	興安東省	興安東省	×興安東省	
	·興安南分省	興安南分省	興安南分省	興安南分省	△興安南省	興安南省	興安南省	興安南省	興安南省	×興安南省	
			·興安西分省	興安西分省	△興安西省	興安西省	興安西省	興安西省	興安西省	×興安西省	
	·興安北分省	興安北分省	興安北分省	興安北分省	△興安北省	興安北省	興安北省	興安北省	興安北省	興安北省	興安北省
										·興安總省	興安總省

说明:□表示淪陷;·表示設置;×表示裁撤;△表示改稱。

附：市變動表

1932.3.10	1933.7.1	1936.4.1	1937.7.1	1937.12.1	1939.10.1	1940.1.1	1941.1.1	1941.7.1	1942.1.1	1943.4.1	1945.1.1
新京特別市	新京特別市	新京特別市	新京特別市	新京特別市	新京特別市	新京特別市	新京特別市	新京特別市	新京特別市	新京特別市	新京特別市
		奉天市	奉天市	奉天市	奉天市	奉天市	奉天市	奉天市	奉天市	奉天市	奉天市
	·哈爾濱特別市	哈爾濱特別市	△哈爾濱市	哈爾濱市	哈爾濱市	哈爾濱市	哈爾濱市	哈爾濱市	哈爾濱市	哈爾濱市	哈爾濱市
		·吉林市	吉林市	吉林市	吉林市	吉林市	吉林市	吉林市	吉林市	吉林市	吉林市
		·齊齊哈爾市	齊齊哈爾市	齊齊哈爾市	齊齊哈爾市	齊齊哈爾市	齊齊哈爾市	齊齊哈爾市	齊齊哈爾市	齊齊哈爾市	齊齊哈爾市
				·鞍山市	鞍山市	鞍山市	鞍山市	鞍山市	鞍山市	鞍山市	鞍山市
				·撫順市	撫順市	撫順市	撫順市	撫順市	撫順市	撫順市	撫順市
				·營口市	營口市	營口市	營口市	營口市	營口市	營口市	營口市
				·遼陽市	遼陽市	遼陽市	遼陽市	遼陽市	遼陽市	遼陽市	遼陽市
				·四平街市	四平街市	四平街市	四平街市	△四平市	四平市	四平市	四平市
				·鐵嶺市	鐵嶺市	鐵嶺市	鐵嶺市	鐵嶺市	鐵嶺市	鐵嶺市	鐵嶺市
				·錦州市	錦州市	錦州市	錦州市	錦州市	錦州市	錦州市	錦州市
				·安東市	安東市	安東市	安東市	安東市	安東市	安東市	安東市
				·佳木斯市	佳木斯市	佳木斯市	佳木斯市	佳木斯市	佳木斯市	佳木斯市	佳木斯市
				·牡丹江市	牡丹江市	牡丹江市	牡丹江市	牡丹江市	牡丹江市	牡丹江市	牡丹江市
					·本溪湖市	本溪湖市	本溪湖市	本溪湖市	本溪湖市	本溪湖市	本溪湖市
						·阜新市	阜新市	阜新市	阜新市	阜新市	阜新市
							·海拉爾市	海拉爾市	海拉爾市	海拉爾市	海拉爾市
								·滿洲里市	滿洲里市	滿洲里市	滿洲里市
									·公主嶺市	公主嶺市	公主嶺市
									·通化市	通化市	通化市
									·東安市	東安市	東安市
										·間島市	間島市
											·扎賚諾爾市

説明：·表示設置；△表示改稱。

五、附　　録

(一)縣長表

説　明

　　1931 年九一八事變後，日本帝國主義侵佔東北三省。是時，遼寧省轄 58 縣(不包括日本殖民地關東州即金縣)，吉林省轄 41 縣 1 設治局；黑龍江省轄 42 縣 11 設治局。1933 年 3 月，日本帝國主義侵佔熱河省。熱河省轄 16 縣 4 設治局。同時侵佔河北省都山設治局並改稱青龍縣，隸屬熱河省。日僞當局對上述縣分和設治局，或裁撤，或改稱，或增設新的縣分(見《縣之設置、裁撤、合併、更名表》)。

　　表中帶 * 號者爲設治局，其長官稱設治員。僞民政部規定自 1933 年 10 月 1 日，設治局一律昇爲縣，其長官自然相應改稱縣長。

　　1935 年 7 月 1 日之前，絕大多數縣長由各省任命，故不見於僞《政府公報》及《滿洲國官吏録》。本表 1935 年 7 月 1 日之前各縣縣長，根據《滿洲國現勢》，各種《人名鑑》及奉天、吉林、黑龍江三省部分《公報》編制而成，尚待他日補正。

年代\縣分	大同元年(1932年)	大同二年(1933年)	大同三年、康德元年(1934年)
瀋陽	謝桐森　許桂恒	許桂恒	許桂恒　尹永禎 12,1.代。
遼陽	楊顯清	楊顯清　王德春	王德春
遼中	徐維淮　金兆庚	金兆庚	金兆庚
本溪	陳蔭翹	陳蔭翹	陳蔭翹 12,1.調。
撫順	夏　宜	夏　宜　趙仲達	趙仲達
鐵嶺	許桂恒　王化南　楊宇齊	楊宇齊	楊宇齊
開原	丁一清　常守陳	常守陳	常守陳
新民	劉維清　王　慎	王　慎	王　慎 7,8.卒。戴東藩 7,12.代。
法庫	梁維新　李擇生	李擇生　魏運衡	魏運衡
康平	張維周	張維周　蕭書春	蕭書春　蒼文霈 9,5.代。
海城	孫文敷	孫文敷　尹永禎	尹永禎 12,1.調。陳蔭翹 12,1.代。
營口	楊晋源	楊晋源	楊晋源
蓋平	辛廣瑞	辛廣瑞	辛廣瑞
復縣	李　端	李　端	李　端
新賓	衣文深　張耀東 10,7.署	(3,17.改稱興京)張耀東	張耀東
清原	劉玉璞　姜興周	姜興周	姜興周
西豐	馮廣民	馮廣民　谷金聲	谷金聲
昌圖	祖福廣　欒自新	康　濟	康　濟
梨樹	曲廉本	曲廉本 8,2.調。鄧炳武 9,1.任。	鄧炳武　曲廉本 4,7.代。
雙山	趙仲達	趙仲達　閻恢康	閻恢康　袁慶恩 9,5.代。
遼源	陳亞新	陳亞新	陳亞新
海龍	趙駿第	趙駿第	趙駿第
輝南	高振武	高振武	高振武

762

年代 縣分	大同元年(1932 年)	大同二年(1933 年)	大同三年、康德元年(1934 年)
金川	魏運衡 3,5. 任。	魏運衡　周文英	周文英
柳河	高元策　陳玉銘 5,26. 署。	陳玉銘	陳玉銘
東豐	王瀛杰	王瀛杰　徐維淮	徐維淮
西安	戴東藩	戴東藩	戴東藩 7,12. 調。關義鐸 7,12. 代。
蒙江	韓香閣　閻詡鈞	閻翊鈞	閻翊鈞
安東	王介公	王介公　孫文敷	孫文敷　宮文超
鳳城	李筠生　康　濟	康　濟　董毓基	董毓基
岫岩	劉景文　劉鈞仁	劉鈞仁　宮文超	宮文超　于繼昌
莊河	王純古 6,15. 調。張　昆	張　昆　王佐才	王佐才
寬甸	那雲鵬　佟寶章	佟寶章	佟寶章
桓仁	劉錚達　周　鼎 10,7. 署。	周　鼎	周　鼎
輯安	蘇顯揚　劉天成	劉天成	劉天成
通化	裴煥星　蘇斯民 10,7. 署。	蘇斯民	蘇斯民　徐偉儒 9,5. 代。
臨江	董敏舒　劉維清	劉維清	劉維清
長白	翟潤田	翟潤田	翟潤田
撫松	張元俊	張元俊	張元俊
錦縣	谷金聲	谷金聲　馮廣民	馮廣民
錦西	劉寶章　王在邦 3,18. 署。	王在邦	王在邦
興城	張國棟	張國棟	張國棟
綏中	溫繼嶠	溫繼嶠	溫繼嶠
義縣	宋德謙	宋德謙	宋德謙
北鎮	夏鍾秀	夏鍾秀　鄂舒敏 8,31. 代。	鄂舒敏
盤山	孫咸熙	孫咸熙　李端凝	李端凝
臺安	方向學　鄧炳武 7,?. 任。	鄧炳武　于長卿 8,5. 任。	于長卿
黑山	李銘三	李銘三	李銘三

年代 縣分	大同元年(1932年)	大同二年(1933年)	大同三年、康德元年 (1934年)
彰武	王恕	王恕	王恕　王奉璋
朝陽		王永蒼	王永蒼　于晴軒
阜新		王槐山	王槐山
永吉	關榮森　臧爾壽	臧爾壽　李科元	李科元
長春	趙汝楳　祖福廣 4,9.署。段世德	段世德　宋德玉	宋德玉
九臺	臧爾壽　馬昱珊	谷金聲[②]	谷金聲
雙陽	馮蔭樹	馮蔭樹	馮蔭樹
伊通	張柳橋　馬英韜	馬英韜	馬英韜　溫文
德惠	李錫章　龐仙芝 2,26.任。厲維城	厲維城　郭衛村	郭衛村
農安[①]	吳延緒 1,26.任。劉文寶 12,25.任。	劉文寶	劉文寶 7,23.調。彭燾 7,?.任。
長嶺	徐景明　賈樹椿	賈樹椿 7,?.調。蔡時杰 7,?.任。	蔡時杰
乾安*	徐晉賢　關楗 2,13.任。	關楗　解魁源	解魁源　劉文寶 7,23.任。
扶餘	陳之瑛 1,22.任。丁光普	丁光普	丁光普　鄭頤津
舒蘭	朱瑞麟	朱瑞麟　唐寶哲	唐寶哲　張樹珊
榆樹	姜恩之 1,18.任。吳延緒	吳延緒	吳延緒
懷德	康濟　馬春田	孫潤蒼	孫潤蒼
磐石	何殿芳　楊正藩　徐恢	徐恢　趙兆藩	趙兆藩　劉懋昭
樺甸	賈明善	賈明善　朱瑞麟	朱瑞麟
額穆	張樹珊　徐恢　趙福隆	趙福隆　謝雨琴 3月代。	謝雨琴
敦化	彭燾	彭燾	彭燾 7,?.調。盧廉海 7,?.任。

註①：1932年9月14日民政部批准設縣,1935年2月2日國務院批准設縣。

註②：是時有兩谷金聲。任九臺、雙陽縣長者爲海城人,光緒九年(1883)生;任錦縣、西豐縣長者爲義縣人,光緒十五年(1889)生。

年代 縣分	大同元年(1932年)	大同二年(1933年)	大同三年、康德元年 (1934年)
延吉	高立垣　李樹梅	李樹梅	李樹梅
汪清	李祝三	李祝三　那璞珩	那璞珩
和龍	劉懋昭	劉懋昭	劉懋昭　關長慶
琿春	崔龍藩　姜相臣 1,28. 任。	姜相臣　林　珪	林　珪
安圖	馬空群	張朝選　張繼周 9,23. 代。	張繼周
濱江	李科元	李科元 (7,1. 裁)	
阿城	魏福錫　呂佐周	蔡時杰 7,?. 調。賈樹椿 7,?. 任。	賈樹椿
賓縣	孫象乾　賈文凌 1,26. 任。	賈文凌 12,27. 調。李春魁	李春魁
雙城	魏鐵華 1,22. 任；12,16. 免。 祖福廣 12,16. 任。	祖福廣　賈文凌 12,27. 代。	賈文凌
五常	姜渭琦 1,23. 任。于謙澍	于謙澍	于謙澍
珠河	楊鳳玉　郝秉鈞 3,21. 任。 趙宗清	趙宗清	趙宗清　王鳴山
葦河	馬紹融　關錦濤	關錦濤　盧廉海	盧廉海 7,?. 調。解魁原
延壽	李有忱　李春魁 4,26. 署。	李春魁　顧綏青	顧綏青
東寧	袁奉之	袁奉之　劉澤漢	劉澤漢
寧安	臧爾壽　鄭頤津 3,4. 署。	鄭頤津	鄭頤津　湯武涉
穆稜	徐　恢　張樹珊	張樹珊　袁怡箎	袁怡箎
密山	馬良翰　商振邦 2,22. 任。 那璞珩	那璞珩　李　祜	李　祜
虎林	董春芳	董春芳　樂紹奎　金國禎	金國禎
呼蘭	張承元　徐忱康　栗鍾華 陳玉符 10,28. 署。	陳玉符　梁維新 7,29. 代。	梁維新 5,15. 調。吳玉 成 5,15. 代。
巴彥	張慶祿　程紹濂	程紹濂　張東壁	張東壁
木蘭	富連明	富連明　李沛如 12,28. 代。	李沛如
肇東	孫甲東　趙鈺令 12,7. 署。	趙鈺令 11,21. 免。謝桐森 11,21. 代。	謝桐森

年代\縣分	大同元年(1932年)	大同二年(1933年)	大同三年、康德元年(1934年)
肇州	孫柏芳	孫柏芳 1,19. 調。劉亞唐 1,19. 署。	劉亞唐　劉慶綱 11,27. 代。
蘭西	陳萬鎧	陳萬鎧	陳萬鎧 11,27. 調。金棟 11,27. 代。
綏化	段耀先　張仁安　劉伯召	劉伯召　張維周	張維周
東興 *	高韵泉　王銘三　王世修 12,19. 署。	王世修	王世修
安達	張錫堃　金希鈞　范毓芝 王國禎 8,2. 署。	王國禎	王國禎　高芝秀 8,20. 代。
青岡	杜含英	杜含英 1,19. 調。習齊輝 1,19. 署。	習齊輝
望奎	靖國儒	靖國儒	靖國儒　楊　渡
慶城	韓之棟　張仁安 11,16. 署。	張仁安 ?,?. 卒。張之興 9,14. 代。	張之興　萬繩先 11,27. 代。
鐵驪 *	莫嵩岫　趙桂岩	趙桂岩	趙桂岩　金毓綸
綏稜	黃恒祥	趙雨田　王祝齡 12,9. 代。	王祝齡
海倫	宋德玉　田樹桂	田樹桂	田樹桂 11,27. 調。路之淦 11,27. 代。
方正	景陽春	景陽春　單作善	單作善　景陽春
依蘭	趙福隆　盧廉海	盧廉海　關錦濤	關錦濤
勃利	王贊卿　于啓鈞	于啓鈞	于啓鈞
寶清	李郁馥	李郁馥　齊耀斌	齊耀斌
饒河	劉鴻謨	劉鴻謨	劉鴻謨
撫遠	劉鴻謨　袁怡篏	袁怡篏　趙鼎澂	趙鼎澂　郭榮廷
同江	龐作藩	龐作藩　張文楷	張文楷
富錦	李春海　白　復	白　復	白　復
樺川	唐純禮　張錫侯　唐純禮	唐純禮　景陽春	景陽春　唐純禮

年代 縣分	大同元年(1932 年)	大同二年(1933 年)	大同三年、康德元年 (1934 年)
通河	路克遵　張鴻斌　崔作智	崔作智　沈玉昆　王知津 12,28. 代。	王知津
鳳山 *	蔡景驤	蔡景驤	蔡景驤
湯原	萬錫章　王海峰　劉會同 11,16. 署。	劉會同　方向學 9,16. 代。	方向學
蘿北	韓樹業　廖績熙 8,4. 代。	成友直 1,19. 署。	成友直
綏濱	葉宗遠　王正青 12,7. 署。	王正青　趙福民 14,21. 署。	趙福民　許柏權
呼瑪	張連慶	張連慶　李學詩 1,19. 署。	李學詩　崔培基 8,20. 代。
璦琿	鄒邦傑　成友直 8,19. 署。	成友直 1,19. 調。杜含英 1, 19. 署。于連英　裴炳熙 12,28. 代。	裴炳熙
奇克	吳恩祿	吳恩祿　周鑄新 1,19. 署。	周鑄新
遜河 *	劉守光	張國治 1,19. 署。	張國治
鷗浦	馬元駿	馬元駿　張全桂	張全桂
漠河	龐國光	龐國光　江存渃 1,19. 署。 孫燮昌	孫燮昌　龐國光 8,20. 代。
佛山	惠　榮	惠　榮　唐新民 1,19. 署。	唐新民
烏雲	劉俊民	劉俊民　譚英多 1,19. 署。	譚英多　趙　畏 8,20. 代。
龍江	王文熙　楊乃時 8,19. 署。	楊乃時　李義順 1,19. 署。	李義順 5,15. 調。梁維 新 5,15. 代。
泰來	李玉宣 ?,?. 卒。張殿銘 9,12. 署。李師泌 9,19. 署。	李師泌　劉東藩	劉東藩
泰康 *	張孝友　陶景明	陶景明	陶景明　隋葆光 11,27. 代。
景星	劉震明　蔣賓旭　高北濱 12,19. 署。	高北濱	高北濱 11,27. 調。陳 毅 11,27. 代。
甘南 *	傅豫廷	傅豫廷	傅豫廷

年代 縣分	大同元年(1932年)	大同二年(1933年)	大同三年、康德元年 (1934年)
富裕＊	張聲遠　馬毓年　張亭馨 11,26. 署。	張亭馨	張亭馨
林甸	王樹章　張孝友	張孝友　黃海樓 6,10. 署。 張松生 12,28. 代。	張松生
依安	吳健東　于文英 9,12. 署。	于文英	于文英
訥河	崔福坤	崔福坤	崔福坤
克山	孫鴻志　陳　毅 8,3. 署。	陳　毅	陳　毅 11,27. 調。王紹 先 11,27. 代。
明水	盧浚海　李萬言 12,7. 署。	李萬言	李萬言 ?,?. 卒。商寶緒 1,15. 代。
克東＊	徐忱康　李鴻達　栗鍾華	栗鍾華　陳承定	陳承定
拜泉	王履中	王履中　孫柏芳 1,19. 署。	孫柏芳
德都＊	徐國順　張亭馨　徐國順	徐國順	徐國順　田樹桂 11,27. 代。
嫩江	左魁章　崔作智 1,27 兼。	崔作智	崔作智
龍鎮	溫酪德　韓敬和 1,22. 署。	韓敬和　張漢仁 11,21. 代。	張漢仁
通北	栗鍾華　王知津 8,7. 署。 張游翔	張游翔　王　驥 4,6. 署。	王　驥　馬魁昇
大賚	王家范　左奎章 12,7. 署。	左奎章　馬名良 1,19. 署。 郭文田	郭文田
突泉	王佐才 3,14. 任。	王佐才　譙金聲	譙金聲
安廣	德養源	德養源　王豫順	王豫順
鎮東	佟寶璋　張樹椿　張徵乾	張徵乾	張徵乾
開通	鄭　巽	鄭　巽	鄭　巽
瞻榆	莊紹裕	莊紹裕	莊紹裕
洮南	申振先	齊　鄉	齊　鄉
洮安	金文彬　張殿銘 10,21. 署。	張殿銘	張殿銘
呼倫	程紹康　戰鎮寰 (6,27. 裁)		

年代 縣分	大同元年(1932 年)	大同二年(1933 年)	大同三年、康德元年 (1934 年)
臚濱	桂　聯(6,27. 裁)		
奇乾	李鴻鏡(6,27. 裁)		
室韋	李玉琛(6,27. 裁)		
雅魯	李錫章　蕭文藻(6,27. 裁)		
布西 *	王國禎(6,27. 裁)		
索倫 *	譚英多(6,27. 裁)		
承德		王鐵珊　蘇鶴年　趙養愚	趙養愚　趙桂馨
灤平		趙桂馨	趙桂馨　陳學裕
豐寧		陳學裕	陳學裕　馮景昇
隆化		李　諤	李　諤　杜湛恩
圍場		潘瑞麟	潘瑞麟　王永蒼
建平		李恩培	李恩培
綏東		何慶倫	何慶倫(12,1. 裁)
凌源		楊守亨	楊守亨　史怡祖
經棚		(5,10. 裁)	
林東		劉劍東(5,10. 裁)	
魯北 *		李　祐(5,10. 裁)	
天山 *		(5,10. 裁)	
赤峰		孫廷弼	孫廷弼　王冷佛
平泉		劉瑞麟	劉瑞麟　楊守亨
青龍		張爾舟	張爾舟　李文廷
凌南 *		宮壁忱	宮壁忱　閻家統
寧城 *		李浥霖	李浥霖　吳椿齡
開魯		姜明遠	姜明遠
林西		蘇紹泉	蘇紹泉
通遼	董雲卿	董雲卿	董雲卿

年代 縣分	康德二年(1935年)	康德三年(1936年)	康德四年(1937年)
瀋陽	尹永禎代。　尹永禎 7,1. 任。	尹永禎	尹永禎 12,1. 調。李端 12,1. 任。
遼陽	王德春　王德春 7,1. 任。	王德春 6,15. 調。楊晉源 6,15. 任。	楊晉源 12,1. 調。黃式叙 12,1. 任。
遼中	金兆庚　關慶琨　關慶琨 7,1. 任。	關慶琨	關慶琨
本溪	王蔭椿 2,14. 代。王蔭椿 7,1. 任。	王蔭椿	王蔭椿 9,15. 辭。魏運衡 10,8. 任。
撫順	趙仲達　趙仲達 7,1. 任。	趙仲達	趙仲達 7,1. 調。袁士驤 7,1. 任。
鐵嶺	楊宇齊　楊宇齊 12,9. 任。12,10. 辭。趙駿第 12,10. 任。	趙駿第	趙駿第 9,15. 辭。汪兆璠 10,9. 任。
開原	常守陳　常守陳 7,1. 任。	常守陳 6,15. 調。李端 6,15. 任。	李端 12,1. 調。張賢才 12,1. 任。
新民	戴東藩　戴東藩 7,1. 任。	戴東藩 6,15. 辭。陳蔭翹 6,15. 任。	陳蔭翹
法庫	魏運衡　魏運衡 7,1. 任。	魏運衡	魏運衡 10,8. 調。李國昌 10,8. 任。
康平	蒼文霈　蒼文霈 7,1. 任。	蒼文霈	蒼文霈 9,15. 辭。麻德慧 10,8. 任。
海城	陳蔭翹　陳蔭翹 7,1. 任。	陳蔭翹 6,15. 調。常守陳 6,15. 任。	常守陳
營口	楊晉源　楊晉源 7,1. 任。	楊晉源 6,15. 調。王德春 6,15. 任。	王德春 12,1. 調(12,1. 改稱營口市)。
蓋平	辛廣瑞　辛廣瑞 7,1. 任。	辛廣瑞 6,15. 調。王瑞華 9,3. 任。	王瑞華 7,1. 調。楊顯青 7,1. 任。
復縣	李端　李端 7,1. 任。	李端 6,15. 調。張國銓 9,12. 任。	張國銓
興京	張耀東　張耀東 7,1. 任。	張耀東 3,23. 辭。教德興 3,23. 任。	教德興

年代 縣分	康德二年(1935年)	康德三年(1936年)	康德四年(1937年)
清原	姜興周　姜興周 12,9. 任； 12,10. 辭。楊顯清 12,10. 任。	楊顯清	楊顯清 7,1. 調。贇鴻墀 7,1. 任。
西豐	谷金聲　谷金聲 7,1. 任； 10,10. 辭。黃式叙 10,10. 任。	黃式叙	黃式叙 12,1. 調。曹肇 元 12,1. 任。
昌圖	康　濟　康　濟 12,9. 任； 12,10. 辭。陳耀先 12,10. 任。	陳耀先	陳耀先 9,15. 辭。洪怡 賢 10,8. 任。
梨樹	曲廉本　曲廉本 7,1. 任。	曲廉本 6,15. 辭。辛廣瑞 6, 15. 任。	辛廣瑞
雙山	袁慶恩　袁慶恩 7,1. 任。	袁慶恩 6,15. 辭。胡景隆 9, 3. 任。	胡景隆
遼源	陳亞新　陳亞新 7,1. 任。	陳亞新 6,15. 調。高振武 6, 15. 任。	高振武
海龍	趙駿第　趙駿第 7,1. 任； 12,10. 調。王永恩 12,10. 任。	王永恩	王永恩
輝南	高振武　高振武 7,1. 任。	高振武 6,15. 調　王國棟 9, 3. 任。	王國棟
金川	周文英　王鳳鳴 10,10. 任。	王鳳鳴	王鳳鳴
柳河	陳玉銘　陳玉銘 7,1. 任。	陳玉銘	陳玉銘 11,1. 休職。戴 廣元 12,1. 任。
東豐	徐維淮　徐維淮 7,1. 任。	徐維淮　陳亞新 6,15. 任。	陳亞新 9,15. 辭。趙長 生 10,8. 任。
西安	關義鐸　關義鐸 7,1. 任。	關義鐸	關義鐸
蒙江	閻翊鈞	閻翊鈞　劉連瑞 5,5. 任。	劉連瑞 8,24. 調。呂書 銘 8,24. 任。
安東	宮文超　宮文超 7,1. 任。	宮文超	宮文超
鳳城	董毓基　董毓基 7,1. 任。	董毓基	董毓基 10,8. 調。劉天 成 10,8. 任。
岫岩	于繼昌　于繼昌 7,1. 任。	于繼昌	于繼昌 7,1. 調。張光熙 7,1. 任。

年代\n縣分	康德二年(1935年)	康德三年(1936年)	康德四年(1937年)
莊河	王佐才　王佐才 10,30. 任；10,31. 辭。劉鳴渙 10,31. 任。	劉鳴渙	劉鳴渙
寬甸	佟寶章　金文彬 11,26. 任。	金文彬	金文彬 1,7. 休職。董毓基 10,8. 任。
桓仁	周　鼎　周　鼎 2,30. 任；10,31. 辭。常荷祿 10,31. 任。	常荷祿	常荷祿
輯安	劉天成　汪毓昌 5,8. 任。	汪毓昌	汪毓昌
通化	徐偉儒　徐偉儒 3,15. 任；3,15. 卒。劉天成　劉天成 7,1. 任。	劉天成	劉天成 10,8. 調。高元良 10,8. 任。
臨江	劉維清	劉維清　劉維清 7,28. 任；7,29. 辭。馮錫藩 7,29. 任。	馮錫藩
長白	翟潤田　翟潤田 7,1. 任。	翟潤田	翟潤田 4,11. 休職。劉連瑞 8,24. 任。
撫松	張元俊　張元俊 7,1. 任。	張元俊	張元俊　苗建發 12,1. 任。
錦縣	孫潤蒼　孫潤蒼 7,1. 任。	孫潤蒼	孫潤蒼 12,1. 調。王奉璋 12,1. 任。
錦西	王在邦　王在邦 10,15. 任。	王在邦	王在邦
興城	張國棟　張國棟 7,1. 任。	張國棟	張國棟 12,1. 調。溫繼嶠 12,1. 任。
綏中	溫繼嶠	溫繼嶠　溫繼嶠 1,10 任。	溫繼嶠 12,1. 調。劉長貴 12,1. 任。
義縣	宋德謙　宋德謙	宋德謙	宋德謙
北鎮	鄂舒敏　鄂舒敏 12,28. 任。	鄂舒敏	鄂舒敏
盤山	李端凝　李端凝 7,1. 任。	李端凝	李端凝
臺安	于長卿　于長卿 7,1. 任。	于長卿	于長卿
黑山	李銘三	李銘三　李銘三 3,3. 任；3,4. 辭。祁靖黎 3,4. 任。	祁靖黎

年代 縣分	康德二年(1935 年)	康德三年(1936 年)	康德四年(1937 年)
彰武	王奉璋　王奉璋 7,1. 任。	王奉璋	王奉璋 12,1. 調。王甲第 12,1. 任。
朝陽	于晴軒　于晴軒 7,1. 任。	于晴軒 3,4. 調。戴景賢 3,4. 任。	戴景賢
阜新	張遇春　張遇春 10,15. 任。	張遇春	張遇春
永吉	李科元　柏　堅 9,1. 任。	柏　堅 6,15. 調。王　惕 6,15. 任。	王　惕
長春	宋德玉　宋德玉 7,1. 任。	宋德玉	宋德玉
九臺	谷金聲　谷金聲 7,1. 任；10,15. 調。何春魁 10,15. 任。	何春魁	何春魁 9,22. 調。姜英藩 10,8. 任。
雙陽	馮蔭樹　馮蔭樹 7,1. 任；10,15. 調。谷金聲 10,15. 任。	谷金聲	谷金聲 6,5. 辭。鄭孝達 7,1. 任。
伊通	溫　文　溫　文 7,1. 任。	溫　文 6,15. 辭。謝雨琴 6,15. 任。	謝雨琴 7,1. 調。劉清一 7,1. 任。
德惠	郭衛村　郭衛村 7,1. 任。	郭衛村	郭衛村
農安	彭　燾　彭　燾 7,1. 任。	彭　燾	彭　燾 9,18. 辭。梁學貴 10,8. 任。
長嶺	蔡時杰　王夢齡　王夢齡 7,1. 任。	王夢齡 6,15. 辭。劉文寶 6,15. 任。	劉文寶 6,5. 辭。楊桂滋 7,1. 任。
乾安	劉文寶　劉文寶 7,1. 任。	劉文寶 6,15. 調。趙文澤 6,15. 任。	趙文澤 9,18. 辭。
撫餘	鄭頤津　鄭頤津 7,1. 任；馮蔭樹 10,15. 任。	馮蔭樹	馮蔭樹 9,18. 辭。張承露 10,8. 任。
舒蘭	張樹珊　張樹珊 7,1. 任。	張樹珊 6,15. 辭。柏　堅 6,15. 任。	柏　堅
榆樹	吳延緒　謝雨琴　謝雨琴 7,1. 任。	謝雨琴 6,15. 調。熊希堯 6,15. 任。	熊希堯
懷德	孫潤蒼　薛玉衡 9,1. 任。	薛玉衡	薛玉衡
磐石	劉懋昭　劉懋昭 7,1. 任。	劉懋昭 6,15. 調。姚祖訓 6,15. 任。	姚祖訓

年代 / 縣分	康德二年(1935年)	康德三年(1936年)	康德四年(1937年)
樺甸	朱瑞麟　朱瑞麟 7,1.任。	朱瑞麟 6,15.辭。丁　吾 6,15.任。	丁　吾
額穆	謝雨琴　關錦濤　關錦濤 7,1.任。	關錦濤	關錦濤 6,5.辭。李儒忱 7,19.任。
敦化	盧廉海　盧廉海 7,1.任。	盧廉海 6,15.辭。劉家琳 6,15.任。	劉家琳
延吉	李樹梅　李樹梅 7,1.任。	李樹梅	李樹梅 6,5.辭。林　珪 12,1.任。
汪清	那璞珩　那璞珩 7,1.任。	那璞珩	那璞珩 6,10.辭。關長慶 10,8.任。
和龍	關長慶　關長慶 7,1.任。	關長慶	關長慶 10,8.調。楊嗣驤 10,8.任。
琿春	林　珪　林　珪 7,1.任。	林　珪	林　珪 12,1.調。王亞良 12,1.任。
安圖	張繼周　夏耀林 11,27.任。	夏耀林	夏耀林
阿城	賈樹椿	賈樹椿　周家璧 5,15.任。	周家璧 12,1.調。蔡遇春 12,1.任。
賓縣	李春魁　李春魁 7,1.任。	李春魁 12,23.調。傅廣義 12,23.任。	傅廣義
雙城	賈文凌　賈文凌 7,1.任。	賈文凌 4,28.調。路之淦 6,19.任。	路之淦 7,1.調。吳奎昌 7,1.任。
五常	于謙澍　金毓綸 7,1.任。	金毓綸 6,19.調。王利貞 6,19.任。	王利貞
珠河	王鳴山	王鳴山　唐樹堯 5,7.任。	唐樹堯 7,1.調。劉　實 7,1.任。
葦河	解魁源　解魁源 7,1.任。	解魁源 6.15辭。蔡興吾 12,23.任。	蔡興吾
延壽	顧綏清　顧綏清 7,1.任。	顧綏清 6,15.辭。邵中嘏 12,23.任。	邵中嘏
東寧	劉澤漢　劉澤漢 7,1.任。	劉澤漢 6,19.調。盧連璧 6,19.任。	盧連璧 7,1.調。馬顯異 10,8.任。

年代\縣分	康德二年(1935 年)	康德三年(1936 年)	康德四年(1937 年)
寧安	湯武涉　湯武涉 7,1. 任。	湯武涉 4,14. 辭。袁怡篯 4, 14. 任。	袁怡篯
穆稜	袁怡篯　袁怡篯 7,1. 任。	袁怡篯 4,14. 調。袁慶澤 7, 18. 任。	袁慶澤
密山	李　祐　趙恒貞 10,29. 任。	趙恒貞	趙恒貞 7,1. 調。于耀洲 7,1. 任。
虎林	金國禎　金國禎 7,1. 任。	金國禎	金國禎
呼蘭	吳玉成　吳玉成 7,1. 任。	吳玉成	吳玉成 7,1. 辭。單作善 7,1. 任。
巴彥	張東壁　張東壁 7,1. 任。	張東壁	張東壁 7,1. 辭。王興義 7,1. 任。
木蘭	李沛如　李沛如 7,1. 任。	李沛如 6,15. 辭。王世修 7, 18. 任。	王世修 7,1. 調。張德純 7,1. 任。
肇東	謝桐森　謝桐森 7,1. 任。	謝桐森 6,15. 辭。王光旭 12,18. 任。	王光旭
肇州	劉慶綱　劉亞唐 7,1. 任。	劉亞唐	劉亞唐 7,1. 辭。張東壁 7,1. 任。
蘭西	金　棟　金　棟 7,1. 任。	金　棟	金　棟 7,1. 調。盧連璧 7,1. 任。
綏化	張維周　張維周 7,1. 任。	張維周	張維周 7,1. 辭。陳萬鎧 7,1. 任。
東興	王世修　王世修 7,1. 任。	王世修 7,18. 調。宋天人 7, 18. 任。	宋天人
安達	高芝秀　高芝秀 7,1. 任。	高芝秀	高芝秀
青岡	習齊輝　習齊輝 7,1. 任。	習齊輝	習齊輝
望奎	楊　渡　楊　渡 7,1. 任。	楊　渡	楊　渡 7,1. 辭。金　棟 7,1. 任。
慶城	萬繩先　陳萬鎧 7,1. 任。	陳萬鎧	陳萬鎧 7,1. 調。王世修 7,1. 任。
鐵驪	金毓綸　于謙澍	于謙澍　蔡興吾 5,7. 任；12,23. 調。趙振武 12,23. 任。	趙振武

年代 縣分	康德二年(1935 年)		康德三年(1936 年)	康德四年(1937 年)
綏稜	王祝齡	王祝齡 7,1. 任。	王祝齡	王祝齡
海倫	路之淦	路之淦 7,1. 任。	路之淦 6,19. 調。金毓綸 6,19. 任。	金毓綸
方正	景陽春	景陽春 7,1. 任。	景陽春	景陽春 8,24. 調。劉鴻謨 8,24. 任。
依蘭	關錦濤	田樹桂 10,10. 任。	田樹桂	田樹桂 8,24. 調。景陽春 8,24. 任。
勃利	于啓鈞	于啓鈞 7,1. 任。	于啓鈞	于啓鈞 7,1. 調。周宇文 10,8. 任。
寶清	齊耀斌	齊耀斌 7,1. 任。	齊耀斌	齊耀斌
饒河	劉鴻謨	劉鴻謨 7,1. 任。	劉鴻謨	劉鴻謨 8,24. 調。張祥廉 8,24. 任。
撫遠	郭榮庭		郭榮庭 蔡景襄 12,23. 任。	蔡景襄
同江	張文楷	張文楷 7,1. 任;10,10. 辭。于開誠 10,10. 任。	于開誠	于開誠
富錦	白 復	白 復 7,1. 任。	白 復	白 復
樺川	唐純禮	李家鼎 9,1. 任。	李家鼎	李家鼎
通河	王知津	王知津 7,1. 任。	王知津 9,15. 調。聞 博 9,5. 任。	聞 博
鳳山	蔡景驤	蔡景驤 7,1. 任。	蔡景驤 12,1. 改名蔡景襄;12,23. 調。謝峻山 12,23. 任。	謝峻山
湯原	方向學		方向學 7,6. 任。	方向學 10,14. 調。關德權 10,14. 任。
蘿北	成友直	成友直 7,1. 任。	成友直	成友直 10,23. 辭。
綏濱	許柏權	許柏權 7,1. 任;?,?. 卒。萬文匯 10,10. 任。	萬文匯	萬文匯
呼瑪	崔培基	崔培基 7,1. 任;10,10. 調。張全桂 10,10. 任。	張全桂	張全桂 周鑄新 12,1. 任。
瓊琿	裴炳熙	裴炳熙 7,1. 任;10,10. 辭。崔培基 10,10. 任。	崔培基	崔培基 12,1. 調。竇毓清 12,1. 任。

年代 / 縣分	康德二年(1935年)	康德三年(1936年)	康德四年(1937年)
奇克	周鑄新　周鑄新 7,1. 任。	周鑄新	周鑄新 12,1. 調。**金廷貢** 12,1. 任。
遜河	張國治　張國治 7,1. 任。	張國治	張國治 12,1. 調。**王常裕** 12,1. 任。
鷗浦	張全桂　張全桂 7,1. 任；10,10. 調。**譚英多** 11,5. 任。	譚英多	譚英多
漠河	龐國光　龐國光 7,1. 任。	龐國光	龐國光 7,1. 辭。**何迺聯** 12,1. 任。
佛山	唐新民　史康祖 7,1. 任；11,5. 辭。**夏虞卿** 11,5. 任。	夏虞卿	夏虞卿 4,15. 免。**竇毓清** 7,1. 任；12,1. 調。**周文武** 12,1. 任。
烏雲	趙　畏　趙　畏 7,1. 任。	趙　畏	趙　畏
孫吳			(12,1. 設)**關恩榮** 12,1. 任。
龍江	梁維新　梁維新 7,1. 任。	梁維新 10,26. 調。**陳　毅** 10,26. 任。	陳　毅
泰來	劉東蕃　劉東蕃 7,1. 任。	劉東蕃	劉東蕃
泰康	隋葆光　隋葆光 7,1. 任。	隋葆光	隋葆光
景星	陳　毅　陳　毅 7,1. 任。	陳　毅 10,26. 調。**孫　達** 10,26. 任。	孫　達
甘南	傅豫廷　傅豫廷 7,1. 任。	傅豫廷 10,26. 調。**林士奎** 10,26. 任。	林士奎
富裕	張亭馨　張亭馨 7,1. 任。	張亭馨	張亭馨
林甸	張松生　張松生 7,1. 任。	張松生 9,10. 辭。**吳熙林** 10,27. 任。	吳熙林
依安	于文英　于文英 7,1. 任。	于文英 10,26. 調。**崔作智** 10,26. 任。	崔作智
訥河	崔福坤　崔福坤 7,1. 任。	崔福坤 6,15. 辭。**傅豫廷** 10,26. 任。	傅豫廷
克山	王紹先　王紹先 7,1. 任。	王紹先	王紹先

年代\縣分	康德二年(1935年)	康德三年(1936年)	康德四年(1937年)
明水	商寶緒　商寶緒 7,1. 任。	商寶緒	商寶緒
克東	陳承定　陳承定 7,1. 任。	陳承定 10,26. 調。張殿銘 10,26. 任。	張殿銘
拜泉	孫柏芳　孫柏芳 7,1. 任。	孫柏芳 10,26. 調。梁維新 10,26. 任。	梁維新
德都	田樹桂 10,10. 調	張鑑國 10,26. 任。	張鑑國
嫩江	崔作智　崔作智 7,1. 任。	崔作智 10,26. 調。莊紹裕 10,26. 任。	莊紹裕
龍鎮	張漢仁　張漢仁 7,1. 任。	張漢仁 1,22. 調。馬顯異 1,22. 任。	馬顯異 10,8. 調。申鴻泰 10,8. 任。
通北	馬魁昇　馬魁昇 7,1. 任。	馬魁昇 6,15. 辭。于文英 10,26. 任。	于文英
大賚	郭文田　郭文田 7,1. 任。	郭文田	郭文田 12,1. 調。崔培基 12,1. 任。
突泉	譙金聲　譙金聲 7,1. 任。	譙金聲	(3,25. 改稱醴泉)譙金聲 7,1. 調。陳桂森 7,1. 任。
安廣	王豫順　王豫順 7,1. 任。	王豫順	王豫順 7,1. 辭。于爾謨 8,24. 任。
鎮東	張徵乾	張徵乾　張徵乾 1,21. 任；1,22. 辭。張漢仁 1,22. 任。	張漢仁 7,1. 調。譙金聲 7,1. 任。
開通	鄭　巽	鄭　巽　鄭　巽 3,3. 任；3,4. 辭。于學道 3,4. 任。	于學道
瞻榆	莊紹裕　莊紹裕 7,1. 任。	莊紹裕 10,26. 調。張翼之 10,26. 任。	張翼之
洮南	齊　鄉　齊　鄉 7,1. 任。	齊　鄉	齊　鄉
洮安	張殿銘	張殿銘 5,1. 任；10,26. 調。陳承定 10,26. 任。	陳承定 4,15. 辭。董雲卿 7,1. 任。
承德	趙桂馨　李家浦 7,1. 任。	李家浦	李家浦 6,30. 免。龐鳳書 10,30. 任。
灤平	陳學裕　郭鍾韶 7,1. 任。	郭鍾韶	郭鍾韶 3,1. 休職。楊守亨 3,1. 任。

年代 縣分	康德二年(1935年)	康德三年(1936年)	康德四年(1937年)
豐寧	馮景异　王冷佛 7,1. 任。	王冷佛	王冷佛
隆化	杜湛恩　杜湛恩 7,1. 任。	杜湛恩	杜湛恩 3,1. 休職。**史怡祖** 3,1. 任。
圍場	王永蒼　王永蒼 7,1. 任；7,2. 休職。	王永蒼 休職；6,15. 辭。**王國生** 10,7. 任。	王國生 3,1. 調。**宮廷蕃** 3,1. 任。
建平	李恩培　趙桂馨 7,1. 任。	趙桂馨	趙桂馨
凌源	史怡祖　史怡祖 7,1. 任。	史怡祖	史怡祖 3,1. 調(3,1. 裁)。
赤峰	王冷佛　許福奎 7,1. 任。	許福奎	許福奎
平泉	楊守亨　楊守亨 7,1. 任。	楊守亨	楊守亨 3,1. 調(3,1. 裁)。
青龍	李文廷　王宗騄 7,1. 任。	王宗騄	王宗騄
凌南	閻家統　王保粹 7,25. 任。	王保粹	王保粹 3,1. 調(3,1. 裁)。
寧城	吳椿齡　馮景异 7,1. 任。	馮景异	馮景异
建昌			(3,1. 設)**王保粹** 3,1. 任。
新惠			(3,1. 設)**王國生** 3,1. 任。
烏丹			(3,1. 設)**拉沁旺楚克** 3,1. 兼。
開魯	姜明遠　姜明遠 7,1. 任。	姜明遠	姜明遠 5,25. 辭。**富察遷** 7,1. 任。
林西	蘇紹泉　蘇紹泉 7,1. 任。	蘇紹泉	蘇紹泉
通遼	董雲卿　董雲卿 7,1. 任。	董雲卿	董雲卿 7,1. 調。**華榮棟** 7,1. 任。

年代 縣分	康德五年(1938年)	康德六年(1939年)	康德七年(1940年)
瀋陽	李 端 12,10. 調。楊晋源 12,10. 任。	楊晋源	楊晋源 4,7. 卒。梁維新 5,21. 任。
遼陽	黃式叙	黃式叙 11,16. 調。宮文超 10,16. 任。	宮文超
遼中	關慶琨 9,28. 調。教德興 9,28. 任。	教德興 10,16. 辭。王國棟 10,16. 任。	王國棟
本溪	魏運衡 9,28. 調。關慶琨 9,28. 任。	關慶琨	關慶琨 6,20. 調。劉連瑞 6,20. 任。
撫順	袁士驤	袁士驤 10,16. 辭。李存甫 10,16. 任。	李存甫
鐵嶺	汪兆璠	汪兆璠 6,1. 調。金亞鐸 6,1. 任。	金亞鐸 6,1. 調。張國銓 6,1. 任。
開原	張賢才	張賢才	張賢才 1,23. 調。張國治 1,23. 任。
新民	陳蔭翹	陳蔭翹	陳蔭翹 6,1. 調。趙 畏 6,1. 任。
法庫	李國昌	李國昌	李國昌 6,1. 調。柏 堅 6,1. 任。
康平	麻德慧	麻德慧	麻德慧 11,1. 調。金廷貢 11,1. 任。
海城	常守陳	常守陳	常守陳 5,21. 調。張國棟 5,21. 任。
蓋平	楊顯青	楊顯青	楊顯青
復縣	張國銓	張國銓	張國銓 6,1. 調。李國昌 6,1. 任。
興京	教德興 9,28. 調。魏運衡 9,28. 任。	魏運衡	魏運衡 8,12. 卒。莊秀川 8,29. 任。
清原	黃鴻墀	黃鴻墀 6,1. 調。王之鄰 6,1. 任。	王之鄰 6,1. 調。富察遷 11,1. 任。
西豐	曹肇元	曹肇元 6,1. 調。袁慶澤 6,1. 任。	袁慶澤

年代 縣分	康德五年(1938 年)	康德六年(1939 年)	康德七年(1940 年)
昌圖	洪怡賢	洪怡賢	洪怡賢
梨樹	辛廣瑞	辛廣瑞	辛廣瑞 2,1. 調。莊紹裕 2,1. 任。
雙山	胡景隆	胡景隆 6,1. 調。鄂舒敏 6,1. 任。	鄂舒敏 5,1. 調(5,1. 與遼源合併爲雙遼)。
遼源	高振武	高振武	高振武 5,1. 調(5,1. 與雙山合併爲雙遼)。
雙遼			(5,1. 設)鄂舒敏 5,1. 任。
海龍	王永恩	王永恩 10,16. 辭。郭文田 10,16. 任。	郭文田 5,1. 調。王利貞 6,20. 任。
輝南	王國棟	王國棟 6,1. 休職。劉鳴渙 6,1. 任;9,10. 退官。湯銘新 10,16. 任。	湯銘新 8,1. 調。吳旭瀛 8,1. 任。
金川	王鳳鳴	王鳳鳴 6,1. 調。胡景隆 6,1. 任;10,16. 辭。吳旭瀛 10,16. 任。	吳旭瀛 8,1. 調(翌年 7,1. 裁)。
柳河	戴廣元	戴廣元 6,1. 調。戴景賢 6,1. 任。	戴景賢
東豐	趙長生	趙長生	趙長生 6,1. 調。任芳春 6,1. 任。
西安	關義鐸	關義鐸 10,16. 調。薛玉衡 10,16. 任。	薛玉衡
蒙江	呂書銘	呂書銘	呂書銘 12,18. 調。夏福昇 12,18. 任。
安東	宮文超	宮文超 10,16. 調。關義鐸 10,16. 任。	關義鐸
鳳城	劉天成 11,29. 辭。楚重三 12,10. 任。	楚重三	楚重三 8,1. 辭。邵立棟 8,1. 任。
岫岩	張光熙	張光熙	張光熙 9,20. 退官。麻德慧 11,1. 任。

781

年代 縣分	康德五年(1938年)	康德六年(1939年)	康德七年(1940年)
莊河	劉鳴渙	劉鳴渙 6,1. 調。王鳳鳴 6,1. 任。	王鳳鳴
寬甸	董毓基	董毓基	董毓基 6,20. 調。蔡遇春 6,20. 任。
桓仁	常荷禄	常荷禄 6,1. 調。王蔚文 6,1. 任。	王蔚文
輯安	汪毓昌 12,10. 調。陳天喜 12,22. 任。	陳天喜	陳天喜
通化	高元良 11,29. 辭。馮錫藩 12,22. 任。	馮錫藩	馮錫藩
臨江	馮錫藩 12,22. 調。那汝昌 12,22. 任。	那汝昌	那汝昌 11,1. 調。姜英藩 11,1. 任。
長白	劉連瑞	劉連瑞	劉連瑞 6,20. 調。蔡興吾 6,20. 任。
撫松	苗建發	苗建發 5,15. 辭。溫常新 7,24. 任。	溫常新
錦縣	王奉璋	王奉璋	王奉璋
錦西	王在邦 9,12. 調。張遇春 9,12. 任。	張遇春	張遇春 12,18. 調。王祝齡 12,18. 任。
興城	溫繼嶠	溫繼嶠	溫繼嶠 6,20. 調。張翼之 6,20. 任;11,1. 辭。鄭向榮 11,1. 任。
綏中	劉長貴	劉長貴	劉長貴 11,1. 調。傅連珍 11,1. 任。
義縣	宋德謙 9,12. 調。鄂舒敏 9,12. 任。	鄂舒敏 6,1. 調。竇毓清 6,1. 任。	竇毓清
北鎮	鄂舒敏 9,12. 調。李端凝 9,12. 任。	李端凝 10,16. 辭。王蘊珂 10,16. 任。	王蘊珂
盤山	李端凝 9,12. 調。王在邦 9,12. 任。	王在邦	王在邦 5,1. 調。高振武 5,1. 任;11,1. 辭。劉緒宗 11,1. 任。

年代\\縣分	康德五年(1938年)	康德六年(1939年)	康德七年(1940年)
臺安	于長卿 3,2. 辭。郭兆麟 5, 28. 任。	郭兆麟	郭兆麟 8,30. 退官。于學道 11,1. 任。
黑山	祁靖黎	祁靖黎	祁靖黎 5,21. 調。齊鄉 5,21. 任。
彰武	王甲第	王甲第	王甲第
朝陽	戴景賢	戴景賢 6,1. 調。郭文田 6, 1. 任;10,16. 調。	(1,1. 裁)
阜新	張遇春 9,12. 調。宋德謙 9, 12. 任。	宋德謙 10,16. 調。	(1,1. 裁)
永吉	王 惕	王 惕 9,30. 退官。黃式叙 10,16. 任。	黃式叙
長春	宋德玉 12,10. 辭。李 端 12,10. 任。	李 端 10,16. 調。劉允升 10,16. 任。	劉允升
九臺	姜英藩	姜英藩 6,1. 調。于文英 6, 1. 任。	于文英
雙陽	鄭孝達 12,10. 調。馬 江 12,10. 任。	馬 江	馬 江 11,1. 調。謝峻山 11,1. 任(翌年 1,1. 與伊通合併爲通陽)。
伊通	劉清一	劉清一	劉清一 翌年 1,1. 調(翌年 1,1. 與雙陽合併爲通陽)。
德惠	郭衛村	郭衛村 10,16. 辭。景陽春 10,16. 任。	景陽春
農安	梁學貴	梁學貴 11,6. 調。丁 吾 11,6. 任。	丁 吾
長嶺	楊桂滋	楊桂滋	楊桂滋
乾安	郭連壁 8,12. 任。	郭連壁	郭連壁
扶餘	張承露	張承露 10,16. 休職。宋德謙 10,16. 任。	宋德謙
舒蘭	柏 堅	柏 堅	柏 堅 6,1. 調。譚英多 6,1. 任。

年代\县分	康德五年(1938年)	康德六年(1939年)	康德七年(1940年)
榆樹	熊希堯 12,31. 退官。	林 珪 6,1. 任。	林 珪 11,1. 辭。常荷禄 11,1. 任。
懷德	薛玉衡	薛玉衡 10,16. 調。宋 毅 10,16. 任。	宋 毅
磐石	姚祖訓	姚祖訓	姚祖訓
樺甸	丁 吾	丁 吾 11,6. 調。張祥廉 11,6. 任。	張祥廉
額穆	李儒忱	李儒忱 (10,1. 改稱蛟河)	李儒忱
敦化	劉家琳 11,29. 辭。張紹瑛 12,10. 任。	張紹瑛 11,6. 調。梁學貴 11,6. 任。	梁學貴
延吉	林 珪	林 珪 6,1. 調。吳奎昌 6,1. 任;11,18. 調。聞 博 11,18. 任。	聞 博
汪清	關長慶	關長慶	關長慶 12,18. 調。王忠義 12,18. 任。
和龍	楊嗣驤	楊嗣驤	楊嗣驤
琿春	王亞良	王亞良 6,1. 調。安武慎一 6,1. 任。	安武慎一 11,19. 調。澤田貞一 11,27. 任。
安圖	夏耀林	夏耀林 12,27. 辭。崔玉琭 12,27. 任。	崔玉琭
阿城	蔡遇春	蔡遇春	蔡遇春 6,20. 調。温繼嶠 6,24. 任。
賓縣	傅廣義	傅廣義 6,1. 調。王樂民 6,1. 任。	王樂民
雙城	吳奎昌	吳奎昌 6,1. 調。趙仲達 6,1. 任。	趙仲達
五常	王利貞	王利貞	王利貞 6,20. 調。盧連璧 6,20. 任。
珠河	劉 實 9,12. 調。宋天人 9,12. 任。	宋天人	宋天人

年代 縣分	康德五年(1938年)	康德六年(1939年)	康德七年(1940年)
葦河	蔡興吾	蔡興吾	蔡興吾 6,20. 調。蘇堃 6,20. 任。
延壽	邵中暇	邵中暇 11,18. 調。周萬選 11,18. 任。	周萬選
東寧	馬顯異 4,22. 調。	河谷俊清 6,1. 任。	河谷俊清
寧安	袁怡篯	袁怡篯 6,1. 調。常荷禄 6,1. 任。	常荷禄 11,1. 調。劉長貴 11,1. 任。
穆稜	袁慶澤	袁慶澤 6,1. 調。城地良之助 6,1. 任。	城地良之助 4,30. 辭。中山一清 4,30. 任。
林口		(6,1. 設)夏尊英 6,1. 任。	夏尊英 6,1. 調。孫 述 6,1. 任。
綏陽		(6,1. 設)根本龍太郎 6,1. 任。	根本龍太郎
密山	于耀洲	于耀洲 6,1. 調。鈴木三藏 6,1. 任。	鈴木三藏
虎林	金國禎	金國禎 6,1. 調。大瀬戸權次郎 6,1. 任。	大瀬戸權次郎
呼蘭	單作善	單作善 6,1. 調。汪兆璠 6,1. 任。	汪兆璠
巴彦	王興義 9,12. 調。習齊輝 9,12. 任。	習齊輝	習齊輝 6,20. 調。關慶琨 6,20. 任。
木蘭	張德純	張德純	張德純 5,1. 調。王國生 5,1. 任。
肇東	王光旭 6,3. 調。李家鼎 6,3. 任；12,31. 退官。	傅廣義 6,1. 任。	傅廣義
肇州	張東璧 12,31. 退官。	董雲卿 6,1. 任。	董雲卿 6,20. 調。董毓基 6,20. 任。
蘭西	盧連璧	盧連璧	盧連璧 6,20. 調。周鑄新 6,20. 任。
綏化	陳萬鎧 6,3. 調。王光旭 6,3. 任。	王光旭 6,1. 調。陳 毅 6,1. 任。	陳 毅 12,18. 退官。張遇春 12,18. 任。

785

年代 縣分	康德五年(1938年)	康德六年(1939年)	康德七年(1940年)
東興	宋天人 9,12. 調。蘇 堃 9, 12. 任。	蘇 堃	蘇 堃 6,20. 調。陳學倫 6,20. 任。
安達	高芝秀	高芝秀	高芝秀
青岡	習齊輝 9,12. 調。趙振武 9, 12. 任。	趙振武	趙振武 11,1. 辭。
望奎	金 棟 1,5. 免。王祝齡 3, 17. 任。	王祝齡	王祝齡 12,18. 調。關長慶 12,18. 任。
慶城	王世修	王世修	王世修
鐵驪	趙振武 9,12. 調。張德壆 9, 12. 任。	張德壆	張德壆
綏稜	王祝齡 3,17. 調。郭振昌 3, 17. 任。	郭振昌	郭振昌
海倫	金毓綸 3,17. 調。楊綏欽 3, 17. 任。	楊綏欽	楊綏欽
方正	劉鴻謨	劉鴻謨	劉鴻謨 6,1. 調。張煥青 6,1. 任。
依蘭	景陽春	景陽春 10,16. 調。許福奎 10,16. 任。	許福奎
勃利	周宇文 7,7. 卒。岳茹山 9, 30. 任。	岳茹山	岳茹山
寶清	齊耀斌 9,12. 辭。謝峻山 9, 12. 任。	謝峻山	謝峻山 11,1. 調。孫金波 11,1. 任。
饒河	張祥廉	張祥廉 11,6. 調。孫金波 11,6. 任。	孫金波 11,1. 調。施永珍 11,1. 任。
撫遠	蔡景襄	蔡景襄 10,16. 調。劉興邦 10,16. 任。	劉興邦
同江	于開誠 12,9. 辭。王丕承 12,22. 任。	王丕承	王丕承
富錦	白 復 3,24. 調。聞 博 3, 24. 任。	聞 博 11,18. 調。邵中颭 11,18. 任。	邵中颭

年代\縣分	康德五年(1938年)	康德六年(1939年)	康德七年(1940年)
樺川	李家鼎 6,3. 調。林喜岳 6, 3. 任。	林喜岳	林喜岳 11,1. 調。關德權 11,1. 任。
通河	聞 博 3,24. 調。周雲溪 3, 24. 任；8,16. 調。崔寶山 8, 16. 任。	崔寶山	崔寶山
鳳山	謝峻山 9,12. 調。陳學倫 9, 12. 任。	陳學倫 6,1. 調(6,1. 裁)。	
湯原	關德權	關德權	關德權 11,1. 調。張承露 11,1. 任。
蘿北	劉藻莘 1,11. 任。	劉藻莘	劉藻莘 6,1. 調。阮全璞 6,1. 任。
鶴立		(6,1. 設)陳學倫 6,1. 任。	陳學倫 6,20. 調。馬連登 6,20. 任。
綏濱	萬文匯 4,19. 調。鍾秀崎 4, 19. 任。	鍾秀崎	鍾秀崎
呼瑪	周鑄新	周鑄新	周鑄新 6,20. 調。丁廣文 6,20. 任。
璦琿	竇毓清	竇毓清 6,1. 調。廣石鬱膺 6,1. 任。	廣石鬱膺
奇克	金廷貢	金廷貢	金廷貢 11,1. 調。韓連昌 11,1. 任。
遜河	王常裕	王常裕	王常裕
鷗浦	譚英多	譚英多	譚英多 6,1. 調。吳希純 6,1. 任。
漠河	何迺聯 9,20. 調。金德祿 9, 30. 任。	金德祿	金德祿
佛山	周文武	周文武	周文武
烏雲	趙 畏 9,30. 調。蓋文化 9, 30. 任。	蓋文化	蓋文化
孫吳	關恩榮 9,30. 調。趙 畏 9, 30. 任。	趙 畏 6,1. 調。山名義觀 6,1. 任。	山名義觀 11,6. 調。新井清 11,27. 任。

年代 縣分	康德五年(1938年)	康德六年(1939年)	康德七年(1940年)
龍江	陳 毅	陳 毅 6,1. 調。黃鴻墀 6,1. 任。	黃鴻墀
泰來	劉東藩 12,31. 退官。	林士奎 6,1. 任。	林士奎
泰康	隋葆光	隋葆光 9,30. 退官。王國生 10,16. 任。	王國生 5,1. 調(5,1. 裁)。
景星	孫 達	孫 達	孫 達 6,1. 調。劉藻萼 6,1. 任。
甘南	林士奎	林士奎 6,1. 調。郭英麟 6,1. 任。	郭英麟
富裕	張亭馨 8,12. 調。郭良弼 8,12. 任。	郭良弼	郭良弼
林甸	吳熙林 12,20. 免。盧賢德 12,20. 任。	盧賢德	盧賢德
依安	崔作智	崔作智 10,16. 辭。劉桂榮 10,16. 任。	劉桂榮
訥河	傅豫廷 8,12. 調。張亭馨 8,12. 任。	張亭馨 11,6. 調。李相庭 11,10. 任。	李相庭
克山	王紹先 8,12. 調。傅豫廷 8,12. 任。	傅豫廷	傅豫廷 12,18. 調。呂書銘 12,18. 任。
明水	商寶緒 12,31. 退官。	金國禎 6,1. 任。	金國禎
克東	張殿銘 12,31. 退官。	張積珍 6,1. 任。	張積珍
拜泉	梁維新	梁維新	梁維新 5,21. 調。常守陳 5,21. 任。
德都	張鑑國	張鑑國	張鑑國
嫩江	莊紹裕	莊紹裕	莊紹裕 2,1. 調。段降衷 2,1. 任。
龍鎮	申鴻泰	(1,1. 改稱北安)申鴻泰	申鴻泰
通北	于文英	于文英 6,1. 調。蓬世隆 6,1. 任。	蓬世隆

年代 縣分	康德五年(1938年)	康德六年(1939年)	康德七年(1940年)
大賚	崔培基	崔培基	崔培基
醴泉	陳桂森	陳桂森	陳桂森
安廣	于爾謨	于爾謨	于爾謨
鎮東	譙金聲	譙金聲	譙金聲
開通	于學道	于學道	于學道 11,1. 調。那汝昌 11,1. 任。
瞻榆	張翼之	張翼之	張翼之 6,20. 調。蘇紹泉 6,20. 任。
洮南	齊 鄉	齊 鄉	齊 鄉 5,21. 調。陳蔭翹 6,1. 任。
洮安	董雲卿(5,12. 改稱白城)	董雲卿 6,1. 調。趙 畏 6,1. 任。	趙 畏 6,1. 調。劉鴻謨 6,1. 任。
承德	龐鳳書	龐鳳書	龐鳳書 2,1. 調。辛廣瑞 2,1. 任。
灤平	楊守亨	楊守亨 10,16. 辭。王恩周 10,16. 任。	王恩周
豐寧	王冷佛	王冷佛 9,20. 退官。趙桂馨 10,16. 任。	趙桂馨 5,1. 退官。田樹桂 5,1. 任。
隆化	史怡祖	史怡祖	史怡祖 7,11. 調。邊樹芳 7,11. 任。
圍場	宮廷藩	宮廷藩	宮廷藩
建平	趙桂馨	趙桂馨 10,16. 調。	(1,1. 裁)
赤峰	許福奎	許福奎 10,16. 調。	(1,1. 裁)
青龍	王宗騄	王宗騄	王宗騄 11,1. 辭。于文治 11,1. 任。
寧城	馮景异 12,31. 退官。	湯銘新 5,1. 任；10,16. 調。	(1,1. 裁)
興隆	(1,1. 設)李輯五 3,10. 任。	李輯五 10,16. 調。蔡景襄 10,16. 任。	蔡景襄
建昌	王保粹 8,16. 調。李存甫 8,16. 任。	李存甫 10,16. 調。	(1,1. 裁)

789

年代 縣分	康德五年(1938年)	康德六年(1939年)	康德七年(1940年)
新惠	王國生	王國生 10,16. 調	(1,1. 裁)
烏丹	拉沁旺楚克兼。	拉沁旺楚克兼。	(1,1. 裁)
開魯	富察遷	富察遷	富察遷 11,1. 調。林喜岳 11,1. 任。
林西	蘇紹泉	蘇紹泉	蘇紹泉 6,20. 調。楊荃苾 6,20. 任。
通遼	華榮棟	華榮棟	華榮棟

年代 縣分	康德八年(1941年)	康德九年(1942年)	康德十年(1943年)
瀋陽	梁維新 10,24. 辭。宮文超 10,24. 任。	宮文超	宮文超 4,1. 調。辛廣瑞 4,1. 任(翌年 1,1. 調;翌年 1,1. 裁)。
遼陽	宮文超 10,24. 調。汪兆璠 10,24. 任。	汪兆璠	汪兆璠
遼中	王國棟	王國棟	王國棟 4,1. 調。蔡景襄 4,1. 任。
本溪	劉連瑞	劉連瑞	劉連瑞 6,10. 調。王世修 6,10. 任。
撫順	李存甫 10,3. 調。王士香 10,3. 任。	王士香	王士香
鐵嶺	張國銓	張國銓	張國銓 4,1. 調。鄭向榮 4,1. 任。
開原	張國治	張國治	張國治 4,1. 調。聞　博 4,1. 任。
新民	趙　畏	趙　畏 6,6. 調。丁　吾 6,6. 任。	丁　吾
法庫	柏　堅	柏　堅 6,6. 調。王承丕 6,6. 任。	王承丕
康平	金廷貢	金廷貢	金廷貢
海城	張國棟	張國棟	張國棟 6,10. 調。劉連瑞 6,10. 任。
蓋平	楊顯青 3,20. 辭。張樹聲 3,20. 任。	張樹聲	張樹聲
復縣	李國昌	李國昌 6,6. 調。郭振昌 6,6. 任。	郭振昌
興京	莊秀川	莊秀川 6,6. 調。楊世英 6,6. 任。	楊世英
清原	富察遷	富察遷	富察遷 3,31. 辭。洪福麟 4,1. 任。

年代 縣分	康德八年(1941年)	康德九年(1942年)	康德十年(1943年)
西豐	袁慶澤	袁慶澤 6,6. 調。郭連壁 6,6. 任。	郭連壁
昌圖	洪怡賢	洪怡賢 6,6. 調。馮錫藩 6,6. 任。	馮錫藩
梨樹	莊紹裕	莊紹裕	莊紹裕 4,26. 調。祖光勳 4,26. 任。
雙遼	鄂舒敏 4,26. 退官。宋天人 4,26. 任。	宋天人	宋天人 8,25. 調。韓連昌 8,25. 任。
海龍	王利貞	王利貞　竇毓清 6,6. 任。	竇毓清
輝南	吳旭瀛	吳旭瀛	吳旭瀛
柳河	戴景賢	戴景賢	戴景賢 10,1. 調。劉藻莘 10,1. 任。
東豐	任芳春	任芳春	任芳春 8,25. 調。于學道 8,25. 任。
西安	薛玉衡 10,10. 調。劉憲高 10,11. 任。	劉憲高	劉憲高
蒙江	夏福昇	夏福昇	夏福昇 8,25. 調。張紹春 8,25. 任。
安東	關義鐸	關義鐸	關義鐸
鳳城	邵立棟	邵立棟	邵立棟
岫岩	麻德慧	麻德慧	麻德慧
莊河	王鳳鳴	王鳳鳴	王鳳鳴 3,31. 辭。關德權 4,1. 任。
寬甸	蔡遇春	蔡遇春	蔡遇春
桓仁	王蔚文 7,1. 調。劉清一 7,1. 任。	劉清一	劉清一
輯安	陳天喜	陳天喜 6,6. 調。于爾謨 6,6. 任。	于爾謨 4,1. 調。雍善者 4,1. 任。
通化	馮錫藩	馮錫藩 6,6. 調。王稔五 6,6. 任。	王稔五 11,25. 調。孫祥雲 11,25. 任。

年代 縣分	康德八年(1941年)	康德九年(1942年)	康德十年(1943年)
臨江	姜英藩	姜英藩	姜英藩 8,25. 調。宋天人 8,25. 任。
長白	蔡興吾	蔡興吾 11,24. 辭。韓守武 11,24. 任。	韓守武
撫松	温常新	温常新 3,20. 調。趙 貴 3,20. 任。	趙 貴
錦縣	王奉璋 1,4. 調。華榮棟 1,4. 任。	華榮棟	華榮棟 4,1. 調。臧 憲 4,1. 任。
錦西	王祝齡	王祝齡	王祝齡 3,31. 辭。孫傳魁 4,1. 任。
興城	鄭向榮	鄭向榮	鄭向榮 4,1. 調。崔作智 4,1. 任。
綏中	傅連珍	傅連珍	傅連珍 4,1. 調。張積珍 4,1. 任。
義縣	竇毓清	竇毓清 6,6. 調。金國禎 6,6. 任。	金國禎
北鎮	王蘊珂 7,1 調。王甲第 7,1. 任。	王甲第	王甲第
盤山	劉緒宗	劉緒宗	劉緒宗 7,1. 調。蓋文化 7,1. 任。
臺安	于學道	于學道	于學道 8,25. 調。夏福昇 8,25. 任。
黑山	齊 鄉 2,1. 卒。梁學貴 3,20. 任;10,6. 退官。張昭瑛 10,6. 任。	張昭瑛	張昭瑛
彰武	王甲第 7,1. 調。董毓基 7,1. 任。	董毓基	董毓基
永吉	黃式叙 7,17. 調。宋德謙 7,17. 任。	宋德謙	宋德謙(7,1. 改稱吉林)
長春	劉允升	劉允升	劉允升 3,31. 辭。傅連珍 4,1. 任。

年代 縣分	康德八年(1941 年)	康德九年(1942 年)	康德十年(1943 年)
九臺	于文英 1,4. 調。楊綏欽 1,4. 任。	楊綏欽	楊綏欽
通陽	(1,1. 設)謝峻山 1,1. 任。	謝峻山	謝峻山
德惠	景陽春	景陽春 6,6. 調。洪怡賢 6,6. 任;7,16. 調。王國生 7,16. 任。	王國生 3,31. 辭。陳學倫 4,1. 任。
農安	丁　吾	丁　吾 6,6. 調。李國昌 6,6. 任。	李國昌
長嶺	楊桂滋 7,17. 調。吳鍾埩 7,17. 任。	吳鍾埩	吳鍾埩 2,15. 辭。用田秀雄 2,15. 署;4,1. 免。張亭馨 4,1. 任。
乾安	郭連壁	郭連壁 6,6. 調。王貴昌 6,6. 任。	王貴昌
扶餘	宋德謙 7,17. 調。楊桂滋 7,17. 任。	楊桂滋	楊桂滋
舒蘭	譚英多	譚英多 6,6. 調。陳天喜 6,6. 任。	陳天喜
榆樹	常荷禄	常荷禄	常荷禄
懷德	宋　毅 8,15. 調。李儒忱 8,5. 任。	李儒忱	李儒忱 4,1. 調。趙振邦 4,1. 任。
磐石	姚祖訓 7,1. 辭。申鴻泰 7,1. 任。	申鴻泰	申鴻泰
樺甸	張祥廉 7,1. 調。趙振邦 7,1. 任。	趙振邦	趙振邦 4,1. 調。劉桂榮 4,1. 任。
蛟河	李儒忱 8,5. 調。佟松麟 8,5. 任。	佟松麟	佟松麟
敦化	梁學貴 3,20. 調。鄒海瀛 3,20. 任。	鄒海瀛 7,16. 調。戴廣元 7,16. 任。	戴廣元
延吉	聞　博	聞　博	聞　博 4,1. 調。顧振權 4,1. 任。
汪清	王忠義	王忠義	王忠義

年代\縣分	康德八年(1941年)	康德九年(1942年)	康德十年(1943年)
和龍	楊嗣驤	楊嗣驤	楊嗣驤 3,31. 辭。車化善 4,1. 任。
琿春	澤田貞一	澤田貞一 3,10. 調。小林徹一 3,10. 任。	小林徹一
安圖	崔玉琿	崔玉琿	崔玉琿 3,31. 辭。張兢擇 4,1. 任。
阿城	温繼嶠	温繼嶠	温繼嶠
賓縣	王樂民 7,1. 調。王恩周 7,1. 任。	王恩周	王恩周
雙城	趙仲達	趙仲達 6,6. 調。高虎比之助 6,6. 兼;6,30. 免。王奉璋 6,30. 任。	王奉璋
五常	盧連璧	盧連璧	盧連璧
珠河	宋天人 4,26. 調。陳明遠 4,26. 任。	陳明遠	陳明遠 10,1. 調。丁輔仁 10,1. 任。
葦河	蘇 堃	蘇 堃	蘇 堃
延壽	周萬選	周萬選 6,6. 調。趙 畏 6,6. 任。	趙 畏
東寧	河谷俊清 6,2. 調。貞松恒郎 6,2. 任。	貞松恒郎	貞松恒郎 4,26. 調。荒川海太郎 4,26. 任。
寧安	劉長貴	劉長貴	劉長貴 2,26. 卒。高橋重義 2,26. 署;4,1. 免。史怡祖 4,1. 任。
穆稜	中山一清 7,26. 調。荒川海太郎 7,21. 任。	荒川海太郎	荒川海太郎 4,26. 調。雙川喜文 4,26. 任。
林口	孫 述 3,20. 調。大塚彰 3,20. 任;3,21. 辭。吉田藏人 5,1. 任。	吉田藏人	吉田藏人
綏陽	根本龍太郎	根本龍太郎	根本龍太郎 10,28. 調。瀨川五郎 10,28. 任。

年代 縣分	康德八年(1941年)	康德九年(1942年)	康德十年(1943年)
密山	鈴木三藏	鈴木三藏 3,20. 辭。温常新 3,20. 任。	温常新 4,1. 調。岳茹山 4,1. 任；8,25. 調。任芳春 8,25. 任。
鷄寧	(9,1. 設)久保田豐 9,1. 任。	久保田豐	久保田豐
虎林	大瀬戸權次郎	大瀬戸權次郎 7,25. 調。岸水喜三郎 2,25. 任。	岸水喜三郎 10,28. 調。岩崎丙午郎 10,28. 任。
呼蘭	汪兆璠 10,24. 調。張鑑國 10,24. 任。	張鑑國	張鑑國
巴彦	關慶琨 3,20. 辭。張樹屏 3,20. 任。	張樹屏	張樹屏
木蘭	王國生	王國生 7,16. 調。何迺聯 7,16. 任。	何迺聯 3,31. 辭。王文魁 4,1. 任。
肇東	傅廣義 3,20. 調。張立藩 3,20. 任。	張立藩	張立藩 4,1. 調。于文英 4,1. 任。
肇州	董毓基 7,1. 調。于開誠 7,1. 任。	于開誠 9,1. 調。蓬世隆 9,1. 任。	蓬世隆
蘭西	周鑄新	周鑄新	周鑄新
綏化	張遇春	張遇春	張遇春
東興	陳學倫	陳學倫	陳學倫 4,1. 調。趙鶴年 4,1. 任；9,21. 辭。紀良 9,21. 任。
安達	高芝秀 10,1. 退官。王保粹 10,1. 任。	王保粹	王保粹 12,1. 調。李相庭 12,1. 任。
青岡		景陽春 6,6. 任。	景陽春
望奎	關長慶	關長慶	關長慶
慶城	王世修 3,20. 調。王常裕 3,20. 任。	王常裕 3,30. 休職。蓋文化 3,30. 任。	蓋文化 7,1. 調(7,1 與鐵驪合併爲慶安)。
鐵驪	張德壄	張德壄 6,6. 調。譚英多 6,6. 任。	譚英多 7,1. 調(7,1. 與慶城合併爲慶安)。
慶安			(7,1. 設)劉緒宗 7,1. 任。

年代　縣分	康德八年(1941年)	康德九年(1942年)	康德十年(1943年)
綏稜	郭振昌	郭振昌 6,30. 調。于文治 6,6. 任。	于文治
海倫	楊紱欽 1,4. 調。王奉璋 1,4. 任。	王奉璋 6,30. 調。邵中嘏 6,30. 任。	邵中嘏 11,9. 卒。張國治 11,9. 任。
方正	張煥青	張煥青	張煥青
依蘭	許福奎 10,11. 調。宮廷藩 10,11. 任。	宮廷藩	宮廷藩
勃利	岳茹山	岳茹山	岳茹山 4,1. 調。李儒忱 4,1. 任。
寶清	孫金波	孫金波 3,10. 調。施永珍 3,10. 任；9,1. 調。佟松壽 9,1. 任。	佟松壽
饒河	施永珍	施永珍 3,10. 調。稻津一穗 3,10. 任。	稻津一穗
撫遠	劉興邦 7,1. 調。高廷鈞 7,1. 任。	高廷鈞	高廷鈞 10,9. 調。高鳳翰 10,9. 任。
同江	王丕承	王丕承 6,6. 調。趙祥雲 6,6. 任。	趙祥雲 10,9. 調。高廷鈞 10,9. 任。
富錦	邵中嘏	邵中嘏 1,1. 調。張陞臣 1,1. 任。	張陞臣
樺川	關德權	關德權	關德權 4,1. 調。張國治 4,1. 任；4,26. 調。莊紹裕 4,26. 任。
通河	崔寶山 3,20. 調。張紹慶 3,20. 任。	張紹慶	張紹慶
湯原	張承露	張承露	張承露 4,1. 調。邊樹芳 4,1. 任。
蘿北	阮全璞 3,20. 調。許蘭坡 3,20. 任。	許蘭坡	許蘭坡
鶴立	馬連登	馬連登 6,6. 調。南廣福 6,6. 任。	南廣福

年代 縣分	康德八年(1941年)	康德九年(1942年)	康德十年(1943年)
綏濱	鍾秀崎 4,19. 調。**馮煥章** 4,19. 任。	馮煥章	馮煥章
呼瑪	丁廣文	丁廣文 6,29. 休職。**欒鳳翼** 6,30. 任。	欒鳳翼
璦琿	廣石鬱膺 3,20. 辭。**田中有年** 3,20. 任。	田中有年	田中有年
奇克	韓連昌	韓連昌	韓連昌 7,1. 調(7,1. 與遜河合併爲遜克)。
遜河	王常裕 3,20. 調。**張世英** 3,20. 任。	張世英 5,30. 辭。**盧元凱** 6,6. 任。	盧元凱 7,1. 調(7,1. 與奇克合併爲遜克)。
遜克			(7,1. 設)**盧元凱** 7,1. 任。
鷗浦	吳希純	吳希純 5,5. 調。**牛希伯** 5,5. 任。	牛希伯
漠河	金德禄	金德禄 6,6. 調。**中西岩村** 6,6. 署;7,6. 免。**宋殿才** 7,6. 任。	宋殿才
佛山	周文武 8,21. 調。**崔作智** 8,21. 任。	崔作智	崔作智 4,1. 調。**于爾謨** 4,1. 任。
烏雲	蓋文化 11,1. 調。**郭福瀚** 11,1. 任。	郭福瀚	郭福瀚
孫吳	新井清	新井清 12,1. 辭。**松本忠一** 12,1. 任。	松本忠一
龍江	黃鴻墀	黃鴻墀 3,1. 退官。**常守陳** 3,1. 任。	常守陳
泰來	林士奎	林士奎 5,21. 辭。**徐景昌** 6,6. 任。	徐景昌
景星	劉藻莘	劉藻莘	劉藻莘 10,1. 調。**王安惠** 10,1. 任。
甘南	郭英麟 12,27. 調。**孫金城** 12,27. 任。	孫金城	孫金城

年代 縣分	康德八年(1941 年)	康德九年(1942 年)	康德十年(1943 年)
富裕	郭良弼	郭良弼 5,30. 辭。金德禄 6, 6. 任。	金德禄 5,17. 免。森茂 5,17. 署;6,10. 免。劉盛源 6,10. 任。
林甸	盧賢德	盧賢德 5,28. 調。李文珊 5, 28. 任。	李文珊
依安	劉桂榮	劉桂榮	劉桂榮 4,1. 調。施永珍 4,1. 任。
訥河	李相庭 3,20. 調。崔培基 3, 20. 任。	崔培基	崔培基
克山	吕書銘	吕書銘	吕書銘
明水	金國禎	金國禎 6,6. 調。顧振權 6, 6. 任。	顧振權 4,1. 調。馬季援 4,1. 任。
克東	張積珍	張積珍	張積珍 4,1. 調。馬慶驥 4,1. 任。
拜泉	常守陳 3,13. 休職。孫潤蒼 3,13. 任。	孫潤蒼	孫潤蒼
德都	張鑑國 10,24. 調。鍾鏡瑩 10,24. 任。	鍾鏡瑩 6,30. 調。馬慶文 6, 30. 任。	馬慶文
嫩江	段降衷	段降衷	段降衷 3,31. 辭。盛文光 4,1. 任。
北安	申鴻泰 7,1. 調。于耀洲 7, 1. 任。	于耀洲	于耀洲 3,31. 辭。鍾秀崎 4,1. 任。
通北	蓬世隆	蓬世隆 9,1. 調。張靖宇 9, 1. 任。	張靖宇
大賚	崔培基 3,20. 調。邊樹藩 3, 20. 任。	邊樹藩	邊樹藩 7,1. 調。邵繼真 7,1. 任。
醴泉	陳桂森 7,1. 調。萬文匯 7, 1. 任。	萬文匯	萬文匯
安廣	于爾謨	于爾謨 6,6. 調。劉茂林 6, 6. 任。	劉茂林

年代 縣分	康德八年(1941年)	康德九年(1942年)	康德十年(1943年)
鎮東	譙金聲 3,20. 辭。崔寶山 3, 20. 任。	崔寶山	崔寶山 4,1. 調。韓精一 4,1. 任。
開通	那汝昌	那汝昌	那汝昌
瞻榆	蘇紹泉	蘇紹泉 5,5. 卒。吴希純 5, 5. 任。	吴希純
洮南	陳蔭翹 10,11. 調。薛玉衡 10,11. 任。	薛玉衡	薛玉衡
白城	劉鴻謨	劉鴻謨	劉鴻謨 3,22. 退官。橫 山安起 3,22. 署；4,1. 免。 崔寶山 4,1. 任。
承德	辛廣瑞	辛廣瑞	辛廣瑞 4,1. 調。張承露 4,1. 任。
灤平	王恩周 7,1. 調。張祥廉 7, 1. 任。	張祥廉	張祥廉
豐寧	田樹桂 3,20. 調。馬季援 3, 20. 任。	馬季援	馬季援 4,1. 調。潘文彭 4,1. 任。
隆化	邊樹芳	邊樹芳	邊樹芳 4,1. 調。何浚洲 4,1. 任。
圍場	宮廷藩 10,11. 調。趙鶴年 10,11. 任。	趙鶴年	趙鶴年 4,1. 調。李生福 4,1. 任。
青龍	于文治	于文治 6,6. 調。關溥濤 6, 6. 任。	關溥濤 4,1. 調。徐明遠 4,1. 任。
興隆	蔡景襄	蔡景襄 1,25. 調。葛 萱 1, 25. 任；8,27. 辭。安齊之 8, 27. 任。	安齊之
開魯	林喜岳	林喜岳 6,30. 調。王達善 6, 30. 任。	王達善 10,1. 調。王鎮 川 10,1. 任。
林西	楊荃苾	楊荃苾 6,6. 調。王鎮川 6, 6. 任。	王鎮川 10,1. 調。巾尾 慎一 10,1. 任。
通遼	華榮棟 1,4. 調。于文英 1, 4. 任。	于文英	于文英 4,1. 調。劉興邦 4,1. 任。

年代 縣分	康德十一年(1944年)	康德十二年(1945年)	
遼陽	汪兆璠	汪兆璠 1,15.調。張嘉賓 1, 15.任。	
遼中	蔡景襄	蔡景襄	
本溪	王世修	王世修	
撫順	王士香	王士香 2,1.調。習齊輝 2, 1.任。	
鐵嶺	鄭向榮	鄭向榮 4,1.調。莊紹裕 4, 1.任。	
開原	聞　博	聞　博 4,1.辭。周家璧 4, 1.任。	
新民	丁　吾	丁　吾	
法庫	王丕承	王丕承	
康平	金廷貢 7,1.辭。張焕青 7, 1.任。	張焕青	
海城	劉連瑞	劉連瑞	
蓋平	張樹聲 2,1.調。呂書銘 2, 1.任。	呂書銘	
復縣	郭振昌	郭振昌	
興京	楊世英	楊世英	
清原	洪福麟 7,1.辭。譚英多 7, 1.任。	譚英多	
西豐	郭連壁	郭連壁 5,15.調。李文珊 5, 15.任。	
昌圖	馮錫藩	馮錫藩 4,1.調。宮廷蕃 4, 1.任。	
梨樹	祖光勳	祖光勳 4,1.調。崔寶山 4, 1.任。	
雙遼	韓連昌	韓連昌 6,1.調。史怡祖 6, 1.任。	

年代 縣分	康德十一年(1944 年)	康德十二年(1945 年)	
海龍	竇毓清 7, 1. 調。那汝昌 7, 1. 任。	那汝昌	
輝南	吳旭瀛	吳旭瀛 4, 1. 調。崔培基 4, 1. 任。	
柳河	劉藻莩	劉藻莩	
東豐	于學道	于學道 6, 1. 調。蓋文化 6, 1. 任。	
西安	劉憲高 7, 1. 調。孫潤蒼 7, 1. 任。	孫潤蒼	
蒙江	張紹春	張紹春 4, 1. 調。王文芹 4, 1. 任。	
安東	關義鐸	關義鐸	
鳳城	邵立棟 7, 1. 調。關長慶 7, 1. 任。	關長慶	
岫岩	麻德慧	麻德慧	
莊河	關德權	關德權	
寬甸	蔡遇春	蔡遇春 4, 1. 調。田應良 4, 1. 任。	
桓仁	劉清一	劉清一	
輯安	雍善耆	雍善耆 4, 1. 調。馬慶文 4, 1. 任。	
通化	孫祥雲	孫祥雲	
臨江	宋天人	宋天人 4, 1. 調。邊樹芳 4, 1. 任。	
長白	韓守武 7, 1. 調。林喜岳 7, 1. 任。	林喜岳	
撫松	趙 貴 7, 1. 調。陳駿聲 7, 1. 任。	陳駿聲	
錦縣	臧 憲	臧 憲	

縣分 ＼ 年代	康德十一年(1944 年)	康德十二年(1945 年)	
錦西	孫傳魁 7,1. 調。景陽春 7, 1. 任。	景陽春	
興城	崔作智 7,1. 調。盧連璧 7, 1. 任。	盧連璧	
綏中	張積珍	張積珍 4,1. 調。姜英藩 4, 1. 任。	
義縣	金國禎	金國禎	
北鎮	王甲第	王甲第 6,1. 調。蔡遇春 4, 1. 任。	
盤山	蓋文化	蓋文化 6,1. 調。張陞臣 6, 1. 任。	
臺安	夏福昇	夏福昇	
黑山	張昭英	張昭英	
彰武	董毓基	董毓基 3,28. 調。吳希純 3, 28. 任。	
吉林	宋德謙	宋德謙	
長春	傅連珍 10,5. 調。王福海 10,5. 任。	王福海	
九臺	楊絨欽	楊絨欽 4,1. 調。高丕琨 4, 1. 任。	
通陽	謝峻山	謝峻山 4,1. 調。劉　曦 4, 1. 任。	
德惠	陳學倫	陳學倫	
農安	李國昌	李國昌 2,1. 調。于長運 2, 1. 任。	
長嶺	張亭馨	張亭馨	
乾安	王貴昌 7,1. 調。崔作智 7, 1. 任。	崔作智	
扶餘	楊桂滋	楊桂滋	

年代 縣分	康德十一年(1944年)	康德十二年(1945年)	
舒蘭	陳天喜 2,1. 調。安齊之 2,1. 任。	安齊之 4,1. 調。周士章 4,1. 任。	
榆樹	常荷禄	常荷禄 4,1. 調。宋天人 4,1. 任。	
懷德	趙振邦	趙振邦 4,1. 調。張國銓 4,1. 任。	
磐石	申鴻泰 7,1. 辭。張紹慶 7,1. 任。	張紹慶	
樺甸	劉桂榮	劉桂榮	
蛟河	佟松麟 2,1. 調。白國政 7,1. 任。	白國政	
敦化	戴廣元	戴廣元	
延吉	顧振權 7,1. 辭。艾永鈞 7,1. 任。	艾永鈞	
汪清	王忠義 7,1. 調。邵立棟 7,1. 任。	邵立棟	
和龍	車化善 10,13. 調。松木洋根 10,13. 任。	松木洋根	
琿春	小林徹一 7,1. 調。佐藤朝海 2,1. 任。	佐藤朝海 4,1. 調。安田正治 4,1. 任。	
安圖	張兢擇	張兢擇 4,1. 調。于慶伋 4,1. 任。	
阿城	温繼嶠	温繼嶠	
賓縣	王恩周	王恩周	
雙城	王奉璋 2,1. 調。張樹聲 2,1. 任。	張樹聲	
五常	盧連璧 7,1. 調。李存甫 7,1. 任。	李存甫	
珠河	丁鋪仁	丁鋪仁	
葦河	蘇 堃 7,1. 調。陳永濤 7,1. 任。	陳永濤	

年代\縣分	康德十一年(1944年)	康德十二年(1945年)	
延壽	趙　畏 7,1. 調。于維瀚 7,1. 任。	于維瀚	
東寧	荒川海太郎	荒川海太郎	
寧安	史怡祖	史怡祖 6,1. 調。王甲第 6,1. 任。	
穆稜	雙川喜文	雙川喜文 5,15. 調。宮澤次郎 5,15. 任。	
林口	吉田藏人 11,29. 辭。田沼義男 11,29. 任。	田沼義男	
綏陽	瀨川五郎	瀨川五郎 4,1. 調。後藤春吉 4,1. 任。	
密山	任芳春	任芳春 4,1. 調。蔡遇春 4,1. 任;6,1. 調。田坂又十郎 6,1. 任。	
鷄寧	久保田豐	久保田豐	
虎林	岩崎丙午郎	岩崎丙午郎	
呼蘭	張鑑國	張鑑國	
巴彥	張樹屏 10,13. 辭。宋殿才 10,13. 任。	宋殿才	
木蘭	王文魁	王文魁	
肇東	于文英 8,1. 調。馮煥章 8,1. 任。	馮煥章	
肇州	蓬世隆	蓬世隆	
蘭西	周鑄新 7,1. 調。蘇　堃 7,1. 任。	蘇　堃	
綏化	張遇春 10,13. 辭。湯銘新 10,13. 任。	湯銘新	
東興	紀　良	紀　良	
安達	李相庭	李相庭	
青岡	景陽春 7,1. 調。孫傳魁	孫傳魁	

年代 縣分	康德十一年(1944 年)	康德十二年(1945 年)	
望奎	關長慶 7,1. 調。楊階三 7, 1. 任。	楊階三	
慶安	劉緒宗	劉緒宗	
綏稜	于文治	于文治 4,1. 調。王復恩 4, 1. 任。	
海倫	張國治	張國治 5,25. 辭。郭連壁 6, 25. 任。	
方正	張煥青 7,1. 調。郭福翰 7, 1. 任。	郭福翰	
依蘭	宮廷藩	宮廷藩 4,1. 調。張積珍 4, 1. 任。	
勃利	李儒忱	李儒忱	
寶清	佟松壽	佟松壽	
饒河	稻津一穗 7,1. 調。新井清 7,1. 任。	新井清	
撫遠	高鳳翰	高鳳翰	
同江	高廷鈞	高廷鈞	
富錦	張陞臣	張陞臣 6,1. 調。韓連昌 6, 1. 任。	
樺川	莊紹裕	莊紹裕 4,1. 調。謝峻山 4, 1. 任。	
通河	張紹慶 7,1. 調。韓昆津 7, 1. 任。	韓昆津 6,1. 調。于學道 6, 1. 任。	
湯原	邊樹芳	邊樹芳 4,1. 調。趙振邦 4, 1. 任。	
蘿北	許蘭坡	許蘭坡 4,1. 調。陳景啓 4, 1. 任。	
鶴立	南廣福	南廣福	
綏濱	馮煥章 2,1. 調。潘文彰 2, 1. 任。	潘文彰	

年代 \ 縣分	康德十一年(1944 年)	康德十二年(1945 年)	
呼瑪	欒鳳翼	欒鳳翼	
璦琿	田中有年	田中有年 4,1. 調。平山節 4,1. 任。	
遜克	盧元凱	盧元凱	
鷗浦	牛希伯 7,1. 調。馬大鳴 7,1. 任。	馬大鳴	
漠河	宋殿才 10,13. 調。關玉昇 10,13. 任。	關玉昇	
佛山	于爾謨	于爾謨	
烏雲	郭福瀚 7,1. 調。谷麟山 7,1. 任。	谷麟山	
孫吳	松本忠一	松本忠一	
龍江	常守陳	常守陳 4,1. 調。王紹先 4,1. 任。	
泰來	徐景昌	徐景昌 1,10. 調。韓岡鎮 1,10. 任。	
景星	王安惠	王安惠	
甘南	孫金城	孫金城 4,1. 調。張士選 4,1. 任。	
富裕	劉盛源 7,1. 調。周之瑞 7,1. 任。	周之瑞	
林甸	李文珊	李文珊 5,15. 調。高化南 5,15. 任。	
依安	施永珍	施永珍	
訥河	崔培基	崔培基 4,1. 調。鄭向榮 4,1. 任。	
克山	呂書銘 2,1. 調。佟松麟 2,1. 任。	佟松麟	
明水	馬季援	馬季援	

年代 縣分	康德十一年(1944年)	康德十二年(1945年)	
克東	馬慶驥 7,1. 調。劉增喜 7, 1. 任。	劉增喜	
拜泉	孫潤蒼 7,1. 調。王忠義 7, 1. 任。	王忠義	
德都	馬慶文	馬慶文 4,1. 調。孫金城 4, 1. 任。	
嫩江	盛文光	盛文光	
北安	鍾秀崎	鍾秀崎	
通北	張靖宇	張靖宇 4,1. 調。葛振維 4, 1. 任。	
大賚	邵繼真	邵繼真	
醴泉	萬文匯 7,1. 調。周雲溪 7, 1. 任。	周雲溪	
安廣	劉茂林 7,1. 調。李連馨 7, 1. 任。	李連馨	
鎮東	韓精一	韓精一 4,1. 調。吳旭瀛 4, 1. 任。	
開通	那汝昌 7,1. 調。袁慶澤 7, 1. 任；10,13. 調。袁作魁 10, 13. 任。	袁作魁	
瞻榆	吳希純	吳希純 3,28. 調。畢克剛 3, 28. 任。	
洮南	薛玉衡	薛玉衡 3,28. 辭。董毓基 3, 28. 任。	
白城	崔寶山	崔寶山 4,1. 調。張靖宇 4, 1. 任。	
承德	張承露	張承露	
灤平	張祥廉	張祥廉 ?,?. 休職。李邦禎 4, 1. 任。	
豐寧	潘文彭 2,1. 調。徐明遠 2, 1. 任。	徐明遠 6,1. 調。楊建中 6, 1. 任。	

年代 縣分	康德十一年(1944 年)	康德十二年(1945 年)	
隆化	何浚洲	何浚洲	
圍場	李生福	李生福	
青龍	徐明遠 7,1. 調。王奉璋 2,1. 任。	王奉璋	
興隆	安齊之 2,1. 調。于文英 2,1. 任。	于文英	
開魯	王鎮川	王鎮川	
林西	中尾慎一	中尾慎一	
通遼	劉興邦	劉興邦	

附:縣之設置、撤銷、合併、更名表

呼倫縣	1932 年 6 月 27 日裁。
臚濱縣	1932 年 6 月 27 日裁。
奇乾縣	1932 年 6 月 27 日裁。
室韋縣	1932 年 6 月 27 日裁。
雅魯縣	1932 年 6 月 27 日裁。
布西設治局	1932 年 6 月 27 日裁。
索倫設治局	1932 年 6 月 27 日裁。
興京縣	1933 年 3 月 17 日改新賓縣爲興京縣(先是,1929 年改興京縣爲新賓縣)。
經棚縣	1933 年 5 月 10 日裁。
林東縣	1933 年 5 月 10 日裁。
魯北設治局	1933 年 5 月 10 日裁。
天山設治局	1933 年 5 月 10 日裁。
濱江縣	1933 年 7 月 1 日裁併哈爾濱特別市。
綏東縣	1934 年 12 月 1 日裁。
九臺縣	1935 年 2 月 2 日設(1932 年已試辦縣政,派遣縣長)。
凌南縣	1937 年 3 月 1 日裁。
凌源縣	1937 年 3 月 1 日裁。
平泉縣	1937 年 3 月 1 日裁。
建昌縣	1937 年 3 月 1 日設;1940 年 1 月 1 日裁。
新惠縣	1937 年 3 月 1 日設;1940 年 1 月 1 日裁。
烏丹縣	1937 年 3 月 1 日設;1940 年 1 月 1 日裁。
醴泉縣	1937 年 3 月 25 日改突泉縣爲醴泉縣(先是,1914 年改醴泉縣爲突泉縣)。
營口縣	1937 年 12 月 1 日改設營口市。
孫吳縣	1937 年 12 月 1 日設。
興隆縣	1938 年 1 月 1 日設。
白城縣	1938 年 5 月 12 日改洮安縣爲白城縣。

北安縣	1939 年 1 月 1 日改龍鎮縣爲北安縣。
綏陽縣	1939 年 6 月 1 日設。
林口縣	1939 年 6 月 1 日設。
鶴立縣	1939 年 6 月 1 日設。
鳳山縣	1939 年 6 月 1 日裁。
蛟河縣	1939 年 10 月 1 日改額穆縣爲蛟河縣。
朝陽縣	1940 年 1 月 1 日裁。
阜新縣	1940 年 1 月 1 日裁。
建平縣	1940 年 1 月 1 日裁。
赤峰縣	1940 年 1 月 1 日裁。
寧城縣	1940 年 1 月 1 日裁。
雙遼縣	1940 年 5 月 1 日合併雙山縣和遼源縣爲雙遼縣。
泰康縣	1940 年 5 月 1 日裁。
通陽縣	1941 年 1 月 1 日合併伊通縣和雙陽縣爲通陽縣。
金川縣	1941 年 7 月 1 日裁。
雞寧縣	1941 年 9 月 1 日設。
慶安縣	1943 年 7 月 1 日合併慶城縣和鐵驪縣爲慶安縣。
遜克縣	1943 年 7 月 1 日合併遜河縣和奇克縣爲遜克縣。
吉林縣	1943 年 7 月 1 日改永吉縣爲吉林縣(先是,1929 年改吉林縣爲永吉縣)。
瀋陽縣	1944 年 1 月 1 日裁併奉天市。

(二)旗 長 表

説 明

　　1931年九一八事變後,日本帝國主義侵佔東北三省。同時侵佔内蒙古哲里木盟10旗及伊克明安特別旗。1933年3月,日本帝國主義侵佔熱河省。當時,熱河省境内有内蒙古卓索圖盟7旗、昭烏達盟13旗。

　　日僞當局於1932年7月5日頒布教字第56號《旗制》。《旗制》的要點是徹底廢除清朝以來的王公制度、扎薩克制度,代之以流官性質的旗長;廢除盟制,代之以行省。

　　没有實行"旗制"的旗分,從法律觀點看,從國家建制中消失。然而事實上各扎薩克仍然行使傳統的"管轄治理權"。這些旗分後來也陸續實行了"旗制"。僞滿時期"旗制"的實施經歷了一個相當長的過程(1932—1940)。表中＊號表示未實行"旗制",是時旗長官爲扎薩克。實行旗制後爲旗長。

　　日僞當局在清代駐防八旗地方,即黑龍江省呼倫貝爾地方及西布特哈地方設置新的旗分。這些旗分設置之初即實行"旗制"。

　　另請參閱筆者《僞滿時期在蒙旗地方推行"旗制"的過程》(《社會科學戰綫》1993年第3期)。

年代\旗分	大同元年(1932年)	大同二年(1933年)	大同三年、康德元年(1934年)
莫力達瓦旗	(6,27.設)巴金保 8,1. 任。	巴金保 8,1. 調。鄂爾德蒙格 8,1. 任。	鄂爾德蒙格
阿榮旗	(6,27.設)爾恒巴圖 8,1. 任。	爾恒巴圖	爾恒巴圖
巴彥旗	(6,27.設)卓仁托布 8,1. 任。	卓仁托布	卓仁托布
布特哈左翼旗	(6,27.設)索 寶 8,1. 任。	索 寶 5,1. 調。額爾登 5,1. 任(5,10. 與右旗合併爲布旗)。	
布特哈右翼旗	(6,27.設)額爾登 8,1. 任。	額爾登 5,1. 調(5,10. 與左旗合併爲布旗)。	
布特哈旗		(5,10.設)額爾登 5,10. 任。	額爾登
那文旗	(6,27.設)巴 圖 8,1. 任。	巴 圖(5,10. 裁)	
喜扎嘎爾旗	(6,27.設)布彥和什克圖 8,1. 任。	布彥和什克圖	布彥和什克圖
科爾沁左翼中旗	陽倉札布 8,1. 任。	陽倉札布	陽倉札布
科爾沁左翼前旗	訥青額 8,1. 任。	訥青額	訥青額
科爾沁左翼後旗	額爾德尼畢勒格 8,1. 任。	額爾德尼畢勒格	額爾德尼畢勒格
科爾沁右翼中旗	根丕勒扎木素 8,1. 任。	根丕勒扎木素	根丕勒扎木素
科爾沁右翼前旗	拉哈穆札布 8,1. 任。	拉哈穆札布	拉哈穆札布
科爾沁右翼後旗	巴顏那木爾 8,1. 任。	巴顏那木爾	巴顏那木爾
扎賚特旗	巴特瑪拉布坦 8,1. 任。	巴特瑪拉布坦 3,3. 辭。圖們滿都護 3,3. 任。	圖們滿都護
扎魯特左翼旗		勒旺端魯布 ?,?. 代。	勒旺端魯布代。
扎魯特右翼旗		阿勒塘瓦齊爾 ?,?. 代。	阿勒塘瓦齊爾代。

814

年代 \\ 旗分	大同元年(1932 年)	大同二年(1933 年)	大同三年、康德元年 (1934 年)
阿魯科爾沁旗		旺沁帕爾賚 10 月代。	旺沁帕爾賚代。
巴林左翼旗		色丹那木濟勒旺保?,?.代。	色丹那木濟勒旺 保代;3 月卒。密希格拉布丹?,?.代。
巴林右翼旗		札噶爾?,?.代;7,5.調。	業什敖爾布 4,?.代。
克什克騰旗		諾拉嘎爾札布?,?.代;7,5.調。阿拉騰鄂齊爾 8,?.代。	阿拉騰鄂齊爾
奈曼旗 *		蘇達那木達爾濟	蘇達那木達爾濟(12,1.實施旗制)
錫垎圖庫倫旗 *		羅布桑林沁	羅布桑林沁(12,1.合併於庫倫旗)
庫倫旗			(12,1.設,實行旗制)
索倫左翼旗	(6,27.設)榮 禄 8,1.任。	榮 禄(7,12.與右翼合併爲索倫旗)	
索倫右翼旗	(6,27.設)恩 明 8,1.任。	恩 明(7,12.與左翼合併爲索倫旗)	
索倫旗		(7,12.設)恩 明 7,12.任。	恩 明
新巴爾虎左翼旗	(6,27.設)額爾欽巴圖 8,1.任。	額爾欽巴圖	額爾欽巴圖
新巴爾虎右翼旗	(6,27.設)巴嘎巴迪 8,1.任。	巴嘎巴迪	巴嘎巴迪
陳巴爾虎旗	(6,27.設)彭楚克 8,1.任。	彭楚克	彭楚克
額魯特旗	(6,27.設)福 齡 8,1.任。	福 齡(7,12.裁)	
布里雅特旗	(6,27.設)烏爾金 8,1.任。	烏爾金 3,3.辭(7,12.裁)。	
鄂倫春旗	(6,27.設)勝 鈞 8,1.任。	勝 鈞(7,12.裁)	
吉拉林旗		(5,10.設)定 貴?,?.代(7,12.裁)。	

年代 旗分	大同元年(1932年)	大同二年(1933年)	大同三年、康德元年 (1934年)
額爾克納 左翼旗		(7,12. 設)**定 貴** 7,12. 任。	**定 貴**
額爾克納 右翼旗		(7,12. 設)**勝 鈞** 7,12. 任； 12,28. 卒。	
郭爾羅斯 前旗 *	**齊默特色木丕勒**	齊默特色木丕勒	齊默特色木丕勒(12,1. 實行旗制)
郭爾羅斯 後旗 *	**多爾濟帕勒木**	多爾齊帕勒木	多爾齊帕勒木(12,1. 實 行旗制)
杜爾伯特 旗 *	**色旺多爾齊**	色旺多爾濟	色旺多爾濟(12,1. 實行 旗制)
伊克明安 旗 *	**哈欽素榮**	哈欽素榮	哈欽素榮(12,1. 實行旗 制)
翁牛特左 翼旗 *		拉沁旺楚克	拉沁旺楚克(12,1. 實行 旗制)
翁牛特右 翼旗 *		色旺札布	色旺札布
敖漢左 旗 *		勒扎勒林沁旺寶	勒扎勒林沁旺寶
敖漢右 旗 *		噶拉桑札布	噶拉桑札布
敖漢南 旗 *		德色賚都布	德色賚都布
喀爾喀左 翼旗 *		魯勒木色楞	魯勒木色楞(12,1. 合併 於庫倫旗)
喀喇沁右 旗 *		篤多博	篤多博
喀喇沁左 旗 *		默爾賡額	默爾賡額
喀喇沁中 旗 *		漢羅札布	漢羅札布

816

年代 旗分	大同元年(1932年)	大同二年(1933年)	大同三年、康德元年 (1934年)
土默特左旗 *		雲丹桑布	雲丹桑布
土默特右旗 *		沁布多爾濟	沁布多爾濟
唐古特喀爾客旗 *		達克丹彭蘇克	達克丹彭蘇克(12,1. 合併於庫倫旗)

年代 旗分	康德二年(1935 年)	康德三年(1936 年)	康德四年(1937 年)
莫力達瓦旗	鄂爾德蒙格	鄂爾德蒙格	鄂爾德蒙格
阿榮旗	爾恒巴圖	爾恒巴圖　索　寶 8,1. 任。	索　寶
巴彦旗	卓仁托布	卓仁托布 11,20. 辭。阿罕臺 11,20. 任。	阿罕臺
布特哈旗	額爾登	額爾登	額爾登
喜扎嘎爾旗	布彦和什克圖	布彦和什克圖	布彦和什克圖 9,18. 辭。墨爾根巴圖魯 10,23. 任。
科爾沁左翼中旗	陽倉札布	陽倉札布	陽倉札布 9,30. 辭。色拉哈旺珠爾 10,22. 任。
科爾沁左翼前旗	訥青額	訥青額 5,25. 辭。巴雅爾 8,24. 任。	巴雅爾
科爾沁左翼後旗	額爾德尼畢勒格	額爾德尼畢勒格 5,25. 辭。包尼雅巴斯爾 8,24. 任。	包尼雅巴斯爾
科爾沁右翼中旗	根丕勒扎木素	根丕勒扎木素	根丕勒扎木素
科爾沁右翼前旗	拉哈穆札布	拉哈穆札布	拉哈穆札布
科爾沁右翼後旗	巴顔那木爾	巴顔那木爾	巴顔那木爾
扎賚特旗	圖們滿都護	圖們滿都護	圖們滿都護
扎魯特左翼旗	勒旺端魯布 代(5,24. 與右翼旗合併)。		
扎魯特右翼旗	阿勒塘瓦齊爾 代(5,24. 與左翼旗合併)。		
扎魯特旗	(5,24. 設) 阿勒塘瓦齊爾 ?,?. 代。	阿勒塘瓦齊爾 代；8,1. 任。	阿勒塘瓦齊爾
阿魯科爾沁旗	旺沁帕爾賚 代。	旺沁帕爾賚 代；8,1. 任。	旺沁帕爾賚

年代 旗分	康德二年(1935年)	康德三年(1936年)	康德四年(1937年)
巴林左翼旗	密希格拉布丹代。	密希格拉布丹代。羅布桑業喜12,18.任。	羅布桑業喜
巴林右翼旗	業什敖爾布代。	業什敖爾布代;8,11.任;8,12.卒。	敬文泰7,13.任。
克什克騰旗	阿拉騰鄂齊爾代。	阿拉騰鄂齊爾代;8,1.任。	阿拉騰鄂齊爾7,1.調。伯克濟亞10,22.任。
奈曼旗	蘇達那木達爾濟代。	蘇達那木達爾濟代;?,?.免。	哈斯寶1,6.任。
庫倫旗	羅布桑林沁4月代。	羅布桑林沁代;8,1.任。	羅布桑林沁
索倫旗	恩　明	恩　明5,28.辭。榮　禄8,1.任。	榮　禄
新巴爾虎左翼旗	額爾欽巴圖	額爾欽巴圖6,9.調。奇倫8,1.任。	奇　倫
新巴爾虎右翼旗	巴嘎巴迪	巴嘎巴迪6,17.調。金　博8,5.任。	金　博12,12.卒。
陳巴爾虎旗	彭楚克	彭楚克	彭楚克11,25.調。平福11,25.任。
額爾克納左翼旗	定　貴	定　貴6,17.調。	色　仁1,6.任。
額爾克納右翼旗	傅　貴代。	傅　貴代;8,1.任。	傅　貴
郭爾羅斯前旗	業錫扎拉森?,?.代。	業錫扎拉森代;8,1.任。	業錫扎拉森
郭爾羅斯後旗	多爾濟帕勒木?,?.代。	多爾濟帕勒木代;8,1.任。	多爾濟帕勒木
杜爾伯特旗	色旺多爾濟?,?.代。	色旺多爾濟代;8,1.任。	色旺多爾濟
伊克明安旗			額勒和春5,19.任;5,20.卒。

年代\旗分	康德二年(1935 年)	康德三年(1936 年)	康德四年(1937 年)
翁牛特左翼旗	拉沁旺楚克 4,?. 代。	拉沁旺楚克代;8,1. 任。	拉沁旺楚克
翁牛特右翼旗*	色旺札布	色旺札布	(1,1. 實行旗制)色旺札布 1,1. 任。
敖漢左旗*	勒扎勒林沁旺寶	勒扎勒林沁旺寶(翌年 1,1. 與右、南並爲敖漢旗)	
敖漢右旗*	噶拉桑札布	噶拉桑札布(翌年 1,1. 與左、南並爲敖漢旗)	
敖漢南旗*	德色賫都布	德色賫都布(翌年 1,1. 與左、右並爲敖漢旗)	
敖漢旗			(1,1. 設)勒扎勒林沁旺寶 1,1. 任。
喀喇沁右旗	篤多博	篤多博	(1,1. 實行旗制)篤多博 1,1. 任。
喀喇沁左旗*	默爾賡額	默爾賡額	(1,1. 實行旗制)默爾賡額 1,1. 任。
喀喇沁中旗*	漢羅札布	漢羅札布	(1,1. 實行旗制)漢羅札布 1,1. 任;4,1. 休職;5,10. 復職。
土默特左旗*	雲丹桑布	雲丹桑布	(1,1. 實行旗制)雲丹桑布 1,1. 任。
土默特右旗*	沁布多爾濟	沁布多爾濟	(1,1. 實行旗制)沁布多爾濟 1,1. 任。

年代 旗分	康德五年(1938年)	康德六年(1939年)	康德七年(1940年)
莫力達瓦旗	鄂爾德蒙格	鄂爾德蒙格 11,1. 辭。	塔日雅圖 1,10. 任。
阿榮旗	索　寶	索　寶	索　寶
巴彥旗	阿罕臺	阿罕臺 10,23. 調。綽克巴圖爾 12,1. 任。	綽克巴圖爾
布特哈旗	額爾登	額爾登	額爾登
喜扎嘎爾旗	墨爾根巴圖魯	墨爾根巴圖魯	墨爾根巴圖魯
科爾沁左翼中旗	色拉哈旺珠爾	色拉哈旺珠爾 9,30. 退官。色旺多爾濟 11,1. 任。	色旺多爾濟
科爾沁左翼前旗	巴雅爾	巴雅爾	巴雅爾 6,1. 調。孟和濟亞 6,1. 任。
科爾沁左翼後旗	包尼雅巴斯爾	包尼雅巴斯爾	包尼雅巴斯爾
科爾沁右翼中旗	根丕勒扎木素	根丕勒扎木素	根丕勒扎木素 11,1. 辭。
科爾沁右翼前旗	拉哈穆札布	拉哈穆札布	拉哈穆札布
科爾沁右翼後旗	巴顏那木爾	巴顏那木爾	巴顏那木爾 6,2. 卒。伯喜那森 8,27. 任。
扎賚特旗	圖們滿都護	圖們滿都護	圖們滿都護 6,1. 辭。額爾赫謨 6,1. 任。
扎魯特旗	阿勒塘瓦齊爾	阿勒塘瓦齊爾	阿勒塘瓦齊爾
阿魯科爾沁旗	旺沁帕爾賚代。	旺沁帕爾賚代。	旺沁帕爾賚代。
巴林左翼旗	羅布桑業喜	羅布桑業喜	羅布桑業喜
巴林右翼旗	敬文泰	敬文泰	敬文泰 10,1. 退官。薩嘎拉札布 11,6. 任。

年代 旗分	康德五年(1938 年)	康德六年(1939 年)	康德七年(1940 年)
克什克騰旗	伯克濟亞	伯克濟亞	伯克濟亞 5,1. 辭。阿拉騰鄂齊爾 5,1. 任。
奈曼旗	哈斯寶	哈斯寶	哈斯寶
庫倫旗	羅布桑林沁	羅布桑林沁	羅布桑林沁
索倫旗	榮 禄 12,31. 退官。		春 祥 1,18. 任。
新巴爾虎左翼旗	奇 倫 12,31. 退官。	吳訥爾 10,2. 任。	吳訥爾
新巴爾虎右翼旗	善吉密圖普 3,10. 任。	善吉密圖普	善吉密圖普
陳巴爾虎旗	平 福	平 福	平 福
額爾克納左翼旗	色 仁	色 仁	色 仁
額爾克納右翼旗	傅 貴	傅 貴	傅 貴 11,1. 辭。
郭爾羅斯前旗	業錫扎拉森	業錫扎拉森	業錫扎拉森
郭爾羅斯後旗	多爾濟帕勒木	多爾濟帕勒木 10,16. 辭。額爾和謨畢勒格 11,4. 任。	額爾和謨畢勒格 12,18. 調。
杜爾伯特旗	色旺多爾濟	色旺多爾濟	色旺多爾濟
伊克明安旗	博彥納默克 3,10. 任。	博彥納默克	博彥納默克
翁牛特左翼旗	拉沁旺楚克	拉沁旺楚克	拉沁旺楚克
翁牛特右翼旗	色旺札布	色旺札布	色旺札布
敖漢旗	勒扎勒林沁旺寶	勒扎勒林沁旺寶	勒扎勒林沁旺寶
喀喇沁右旗	篤多博	篤多博	篤多博

年代　旗分	康德五年(1938年)	康德六年(1939年)	康德七年(1940年)
喀喇沁左旗	**默爾賡額**	默爾賡額	默爾賡額
喀喇沁中旗	漢羅札布 7,1. 休職。	漢羅札布 休職。	漢羅札布 10, 1. 退官。孟袞敖拉 12,2. 任。
土默特左旗	雲丹桑布 9,1. 休職。	雲丹桑布 休職。	依薩布 1,1. 任。
土默特右旗	**沁布多爾濟**	沁布多爾濟	沁布多爾濟 1,1. 改。**寶音烏勒吉** 3,13. 任。
土默特中旗			(1,1. 設)**沁布多爾濟** 1,1. 任。

年代 旗分	康德八年(1941年)	康德九年(1942年)	康德十年(1943年)
莫力達瓦旗	塔日雅圖	塔日雅圖	塔日雅圖 4,1. 調。志達圖 4,1. 任；10,1. 調。蒼吉札布 10,1. 任。
阿榮旗	索　寶	索　寶	索　寶 4,1. 調。巴銀諾音 4,1. 任。
巴彥旗	綽克巴圖爾	綽克巴圖爾	綽克巴圖爾 4,1. 調。塔日雅圖 4,1. 任。
布特哈旗	額爾登 8,7. 調。志達圖 8,7. 任。	志達圖	志達圖 4,1. 調。蒼吉札布 4,1. 任；10,1. 調。志達圖 10,1. 任。
喜扎嘎爾旗	墨爾根巴圖魯	墨爾根巴圖魯 9,29. 調。綽羅巴圖爾 9,29. 任。	綽羅巴圖爾
科爾沁左翼中旗	色旺多爾濟	色旺多爾濟	色旺多爾濟 6,1. 辭。烏力圖 6,1. 任。
科爾沁左翼前旗	孟和濟亞	孟和濟亞	孟和濟亞 10,1. 調。巴雅爾 10,1. 任。
科爾沁左翼後旗	包尼雅巴斯爾 7,1. 調。達瓦敖斯爾 7,1. 任。	達瓦敖斯爾	達瓦敖斯爾 9,16. 調。包尼雅巴斯爾 9,16. 任。
科爾沁右翼中旗	頌　嘉 1,25. 任。	頌　嘉	頌　嘉
科爾沁右翼前旗	拉哈穆札布 5,21. 休職。森松重三郎 7,14. 代。	森松重三郎代。	森松重三郎代；4,1. 免。烏雲達賚 4,1. 任。
科爾沁右翼後旗	柏喜那森	柏喜那森	柏喜那森 1,15. 辭。中村新一 1,25. 署；4,1. 免。那蔭泰 4,1. 任。
扎賚特旗	額爾赫謨	額爾赫謨	額爾赫謨 10,1. 調。鄂和睦巴雅爾 10,1. 任。
扎魯特旗	阿勒塘瓦齊爾	阿勒塘瓦齊爾 3,14. 調。勒旺端魯布 3,14. 任。	勒旺端魯布
阿魯科爾沁旗	旺沁帕爾賚 11,20. 調。蘇達那木道布 11,20. 任。	蘇達那木道布	蘇達那木道布

年代\旗分	康德八年(1941年)	康德九年(1942年)	康德十年(1943年)
巴林左翼旗	羅布桑業喜	羅布桑業喜 12,9. 卒。**本多彦次** 12,9. 署。	本多彦次 署;2,1. 免。**密西格拉布丹** 2,1. 任。
巴林右翼旗	薩嘎拉札布	薩嘎拉札布	薩嘎拉札布 10,1. 調。阿勒塘瓦齊爾 10,1. 任。
克什克騰旗	阿拉騰鄂齊爾	阿拉騰鄂齊爾	阿拉騰鄂齊爾
奈曼旗	哈斯寶	哈斯寶	哈斯寶
庫倫旗	羅布桑林沁 10,1. 辭。**那達木德** 10,1. 任。	那達木德	那達木德
索倫旗	春 祥	春 祥 8,27. 卒。**江川廣也** 8,22. 署;11,2. 免。**色 仁** 11,2. 任。	色 仁
新巴爾虎左翼旗	吳訥爾 8,23. 辭。**卓德巴** 8,23. 任。	卓德巴	卓德巴
新巴爾虎右翼旗	善吉密圖普	善吉密圖普	善吉密圖普 10,9. 調。功果爾札布 10,9. 任。
陳巴爾虎旗	平 福	平 福	平 福
額爾克納左翼旗	色 仁	色 仁 11,2. 調。**額爾登泰** 11,2. 任。	額爾登泰
額爾克納右翼旗	圖孟吉拉嘎爾 3,10. 任。	圖孟吉拉嘎爾	圖孟吉拉嘎爾
郭爾羅斯前旗	業錫扎拉森	業錫扎拉森	業錫扎拉森 3,31. 辭。達木林多爾濟 4,1. 任。
郭爾羅斯後旗	達 瓦 1,18. 任。	達 瓦	達 瓦
杜爾伯特旗	色旺多爾濟	色旺多爾濟	色旺多爾濟 4,15. 休職。關彌七 4,15. 署。
伊克明安旗	博彦納默克	博彦納默克 5,30. 辭。**山田德聖** 5,30. 署;7,16. 免。**額爾敦布喇嘎** 7,16. 任。	額爾敦布喇嘎

825

年代 旗分	康德八年(1941年)	康德九年(1942年)	康德十年(1943年)
翁牛特左翼旗	拉沁旺楚克	拉沁旺楚克 1,19. 休職。喀薩巴他爾 1,19. 任。	喀薩巴他爾 2,8. 調。拉沁旺楚克 2,8. 復職。
翁牛特右翼旗	色旺札布	色旺札布 2,28. 卒。恩欽綽克圖 3,14. 任。	恩欽綽克圖
敖漢旗	勒扎勒林沁旺寶 10,1. 調。道卜丹 10,1. 任。	道卜丹	道卜丹
喀喇沁右旗	篤多博	篤多博 9,1. 調。烏勒巴圖 9,1. 任。	烏勒巴圖
喀喇沁左旗	默爾賡額	默爾賡額	默爾賡額
喀喇沁中旗	孟袞敖拉	孟袞敖拉 5,30. 辭。若尾政義 5,30. 署;11,20. 免。散紮拉千吉 11,20. 任。	散紮拉千吉
土默特左旗	依薩布	依薩布	依薩布 4,27. 卒。荻原四郎 4,27. 署;9,21. 免。雲丹桑布 9,21. 任。
土默特右旗	寶音烏勒吉	寶音烏勒吉	寶音烏勒吉
土默特中旗	沁布多爾濟	沁布多爾濟	沁布多爾濟

年代 旗分	康德十一年(1944 年)	康德十二年(1945 年)	
莫力達瓦旗	蒼吉札布	蒼吉札布	
阿榮旗	巴銀諾音	巴銀諾音	
巴彥旗	塔日雅圖 11,10. 調。日暮臺雄 11,10. 任。	日暮臺雄	
布特哈旗	志達圖	志達圖	
喜扎嘎爾旗	綽羅巴圖爾	綽羅巴圖爾	
科爾沁左翼中旗	烏力圖	烏力圖	
科爾沁左翼前旗	巴雅爾	巴雅爾 4,1. 辭。那蔭泰 4,1. 任。	
科爾沁左翼後旗	包尼雅巴斯爾	包尼雅巴斯爾 4,1. 辭。額爾赫謨 4,1. 任。	
科爾沁右翼中旗	頌　嘉	頌　嘉	
科爾沁右翼前旗	烏雲達賚 7,1. 調。那木海札布 7,1. 任。	那木海札布	
科爾沁右翼後旗	那蔭泰	那蔭泰 4,1. 調。富珠隆阿 4,1. 任。	
扎賚特旗	鄂和睦巴雅爾	鄂和睦巴雅爾	
扎魯特旗	勒旺端魯布	勒旺端魯布	
阿魯科爾沁旗	蘇達那木道布	蘇達那木道布	
巴林左翼旗	密西格拉布丹	密西格拉布丹	
巴林右翼旗	阿勒塘瓦齊爾	阿勒塘瓦齊爾	

年代 旗分	康德十一年(1944年)	康德十二年(1945年)	
克什克騰旗	阿拉騰鄂齊爾	阿拉騰鄂齊爾 4,1. 辭。義禮通阿 4,1. 任。	
奈曼旗	哈斯寶	哈斯寶	
庫倫旗	那達木德	那達木德	
索倫旗	色 仁	色 仁	
新巴爾虜左翼旗	卓德巴 8,5. 調。烏爾吉札布 8,5. 任。	烏爾吉札布	
新巴爾虎右翼旗	功果爾札布	功果爾札布	
陳巴爾虎旗	平 福 9,1. 調。吉拉海 9,1. 任。	吉拉海	
額爾克納左翼旗	額爾登泰	額爾登泰	
額爾克納右翼旗	圖孟吉拉嘎爾	圖孟吉拉嘎爾	
郭爾羅斯前旗	達木林多爾濟	達木林多爾濟	
郭爾羅斯後旗	達 瓦	達 瓦	
杜爾伯特旗	關彌七署;1,28. 調。大庭判次 1,18. 署。	大庭判次署;4,1. 免。色旺多爾濟 4,1. 復職。	
伊克明安旗	額爾敦布喇嘎	額爾敦布喇嘎	
翁牛特左翼旗	拉沁旺楚克	拉沁旺楚克	
翁牛特右翼旗	恩欽綽克圖	恩欽綽克圖	
敖漢旗	道卜丹 1,31. 卒。濱田莊二 1,31. 署;4,1. 免。錫里都稜 4,1. 任。	錫里都稜	

年代 旗分	康德十一年(1944 年)	康德十二年(1945 年)	
喀喇沁右旗	烏勒巴圖	烏勒巴圖	
喀喇沁左旗	默爾賡額 2,1. 辭。 郭文田 2,1. 任。	郭文田	
喀喇沁中旗	散紮拉千吉	散紮拉千吉	
土默特左旗	雲丹桑布	雲丹桑布	
土默特右旗	寶音烏勒吉	寶音烏勒吉	
土默特中旗	沁布多爾濟	沁布多爾濟	

（三）人名録之一

人名録之一所收人名爲本職官年表内的中國官吏，即漢族、滿族、蒙族、達斡爾族、回族出身的中國官吏。

人名録姓氏檢字表

人名録之一

二　畫

丁士源　字問槎。浙江吳興人。清光緒五年生。上海聖約翰大學畢業。駐日本公使。

丁　波　黑龍江雙城人。清光緒三十一年生。日本北海道帝國大學畢業。奉天省遼陽市市長。

丁　超　字潔忱。遼寧新賓人。清光緒九年生。日本陸軍士官學校畢業。通化省省長,安東省省長,參議府參議。

丁鑑修　字幹元。遼寧蓋平人。清光緒十二年生。日本早稻田大學畢業。東北交通委員會委員長,交通部總長、大臣,實業部大臣,參議府參議。

卜和克什克　蒙古族。漢名梁玉嵐,字翠軒。昭烏達盟奈曼旗人。清光緒二十八年生。北京法政大學畢業。興安西省實業廳長。

三　畫

于文治　遼寧金縣人。清光緒二十三年生。旅順中學畢業。奉天省遼陽市市長。

于冲漢　字雲章。遼寧遼陽人。清同治十年生。秀才出身。監察院長。

于芷山　字瀾波。遼寧台安人。清光緒八年生。奉天省東邊保安司令,奉天省警備司令官,第一軍管區司令官,軍政部大臣,治安部大臣,參議府參議。

于治功　字靜夫。遼寧金縣人。清光緒二十年生。日本步兵學校畢業。第一軍管區司令官。

于宗海　字岱東。山東高密人。清光緒八年生。山東第一法政學校畢業。奉天高等法院院長。

于深澂　字險舟。黑龍江雙城人。清光緒十

三年生。北洋陸軍速成學校畢業。吉林剿匪司令,中東鐵路護路軍總司令,北滿鐵路護路軍總司令,第四軍管區司令官,第一軍管區司令官,第四軍管區司令官兼三江省省長,治安部大臣。

于晴軒　遼寧大連人。清光緒二十七年生。日本早稻田大學畢業。奉天市財務處長、行政處長,新京市行政處長,吉林省民生廳長。

于靜遠　字任樸。遼寧遼陽人。清光緒二十四年生。于冲漢之子。瑞士陸軍士官學校畢業。新京市市長,產業部大臣,興農部大臣,民生部大臣,經濟部大臣。

于壽彭　山東榮城人。清光緒十八年生。上海吳淞商船學校畢業。錦州郵政管理局長,哈爾濱航務局長。

于鏡濤　字鑒寰。吉林長春人。清光緒二十二年生。哈爾濱甲種商業學校畢業。東省特別區路警處副處長,哈爾濱警察廳長,首都警察廳總監,濱江省省長,奉天省省長,國民勤勞部大臣兼國民勤勞奉公隊總司令,新京特別市市長。

四　畫

王士香　遼寧金縣人。清光緒二十九年生。日本東商科大學畢業。鞍山市副市長。

王之佑　字立三。遼寧興城人。清光緒十八年生。東三省講武堂畢業。軍政部參謀司長,第八軍管區司令官,第三軍管區司令官,第一軍管區司令官。

王子衡　字子衡。遼寧旅順人。清光緒二十二年生。日本早稻田大學畢業。國務總理大臣秘書官,黑河省省長,產業部畜產司長,農政司長,濱江省省長。

王允卿　遼寧海城人。清光緒十六年生。日

本明治大學畢業。吉林高等檢察廳長，司法部行刑司長，奉天省民政廳長兼教育廳長、民生廳長，熱河省省長，總務廳次長，駐日本大使。

王作述　遼寧鐵嶺人。清光緒三十二年生。日本京都帝國大學畢業。四平街市副市長，四平市副市長。

王作震　吉林榆樹人。第八軍管區司令官。

王秉鐸　遼寧旅順人。清光緒二十七年生。日本京都帝國大學畢業。民生部社會司長、厚生司長，總務廳統計處長，北安省省長。

王保純　遼寧蓋平人。清光緒二十七年生。日本東京商科大學畢業。牡丹江郵政管理局副局長。

王保粹　遼寧蓋平人。清光緒三十一年生。日本盛岡高等農業學校畢業。四平省實業廳長。

王純古　字子常。黑龍江巴彥人。清光緒三十三年生。日本明治大學畢業。錦州省實業廳長，新京市行政處長，總務廳監察部長。

王兹棟　字卓忱。遼寧北鎮人。清光緒八年生。日本陸軍士官學校畢業。安東省省長，錦州省省長。

王家鼎　字滋新。山東蓬萊人。清光緒二十年生。奉天稅務監督署長。

王國棟　遼寧海城人。北京法政大學畢業。三江省民生廳長。

王惕　字敬生。遼寧錦縣人。清光緒八年生。北洋法政專門學校畢業。吉林省民生廳長。

王紹先　遼寧遼陽人。清光緒二十年生。江蘇省立法政專門學校畢業。齊齊哈爾市市長，熱河省煙政廳長，濱江省開拓廳長。

王達善　遼寧瀋陽人。清光緒二十七年生。奉天警察傳習所畢業。遼陽警察廳長，承德警察廳長，齊齊哈爾市警務處長。

王遇甲　字思澄。湖北鄂城人。清光緒八年生。日本陸軍士官學校畢業。憲兵總團司令官。

王瑞華　遼寧錦西人。清光緒十七年生。保定軍官學校畢業。東省特別區警察管理處處長，錦州省民政廳長兼教育廳長、民生廳長，錦州省省長。

王夢齡　字熙久。遼寧新民人。清光緒十九年生。奉天法政專門學校畢業。司法部行刑司長，新京高等法院院長。

王殿忠　字孝先。遼寧蓋平人。清光緒八年生。第六軍管區司令官，第一軍管區司令官。

王静修　字襄忱。熱河承德人。清光緒五年生。日本陸軍士官學校畢業。軍政部次長、代理部務，第五軍管區司令官，第一軍管區司令官，第六軍管區司令官，參議府參議。

王銘鼎　字禹聲。遼寧海城人。清光緒十年生。北京法政學堂畢業。東省特別區高等檢察廳長。

王賓章　字寅卿。黑龍江泰來人。清光緒十二年生。保定高等師范學校畢業。黑龍江省教育廳長。爲國民黨抗日志士。

王肇勳　字芷生。山東歷城人。清光緒十四年生。奉天法政學堂畢業。東省特別區高等檢察廳長，北滿特別區高等檢察廳長，哈爾濱高等檢察廳長，新京高等檢察廳長，奉天高等檢察廳長。

王維常　遼寧大連人。清光緒三十三年生。日本東京高等師范學校畢業。奉天市勤勞處長。

王賢湋　遼寧金縣人。清光緒二十九年生。王永江之子。東北大學畢業。哈爾濱警察廳長，奉天市警察局長，奉天市市長，總務廳次長。

王德春　遼寧新民人。清光緒十一年生。北京大學畢業。鐵嶺市市長。

王慶璋　字中玉。遼寧新賓人。清光緒二十年生。日本東京高等工業學校畢業。民政部土木司長,奉天市市長,產業部建設司長,駐中國(上海)通商代表,郵政總局長,駐泰國大使。

王興義　字宜如。遼寧鐵嶺人。清光緒二十年生。北京大學畢業。阜新市副市長。

王錫九　字荷安。河北灤縣人。清光緒十年生。北洋法政學堂畢業。黑龍江高等法院院長。

王濟衆　字豁然。遼寧北鎮人。清光緒二十四年生。東三省講武堂畢業。軍政部軍需司長,治安部軍政司長,第二軍管區司令官,第十一軍管區司令官。

王蘊珂　遼寧金縣人。清光緒三十二年生。北京民國大學畢業。奉天市行政處長。

牛希伯　遼寧黑山人。清光緒二十四年生。吉林省警官學校畢業。齊齊哈爾市警務處長。

毛遇風　字瑞階。遼寧台安人。清光緒十一年生。日本陸軍士官學校畢業。軍政部馬政局副局長。

尹永禎　字善符。吉林柳河人。清光緒十四年生。奉天師范學校畢業。奉天巡警學堂畢業。營口市市長,濱江省實業廳長。

尹祚乾　字健庵。湖南芷江人。清光緒十三年生。日本東京高等商船學校畢業。砲術手雷學校畢業。海軍江防鑑隊司令官,江上軍司令官。

巴金保　黑龍江東布特哈人。清光緒十八年生。黑龍江省滿蒙師范學堂畢業。興安東分省總務廳長,興安東省省長,興安總省諮議。

巴特瑪拉布坦　字經堂。哲里木盟扎賚特旗扎薩克郡王。清光緒二十五年生。興安南分省警備司令,興安第二警備司令官,興安南省警備軍司令官,興安軍管區司令官,第九軍管區司令官,興安局總裁。

巴雅爾　哲里木盟科爾沁左翼前旗人。清光緒二十一年生。奉天蒙文中學堂畢業。興

安南省實業廳長。

巴嘎巴迪　呼倫貝爾新巴爾虎右翼正黃旗人。清同治十三年生。興安北分省總務廳長。

孔世培　字仲權。山東曲阜人。清光緒十一年生。華冑學堂畢業。國道局副局長,吉林省土木廳長,交通部航路司長,郵政總局長。

五　畫

甘珠爾扎布　卓索圖盟土默特左翼旗人。清光緒二十九年生。日本陸軍士官學校畢業。興安南分省達爾罕王府警察局長,興安南省警務廳長,第九軍管區司令官。

艾定一　遼寧瀋陽人。清光緒二十八年生。日本鐵道省教習所畢業。錦州市警察局長。

札噶爾　字明軒。昭烏達盟巴林右翼旗扎薩克郡王。清光緒十年生。興安西分省省長,興安西省省長,興安局總裁,參議府參議。

申振先　遼寧法庫人。清光緒二十二年生。北京大學畢業。熱河省教育廳長,龍江省實業廳長、開拓廳長,奉天省民生廳長,龍江省省長。

田樹桂　吉林梨樹人。清光緒十九年生。先後就學於北京朝陽大學、奉天外國語學校。滿洲里市政管理處長。

史中鑑　遼寧瀋陽人。清光緒三十四年生。東北大學畢業。公主嶺市副市長。

白恒興　字渤然。遼寧撫順人。清光緒十年生。吉林市市長,間島省民生廳長。

白　復　字亦南。吉林扶餘人。清光緒十二年生。本溪湖市副市長。

白斌安　字錫九。黑龍江雙城人。清光緒十年生。奉天法政學校畢業。熱河高等檢察廳長。

白銘鎮　字子敬。遼寧瀋陽人。清光緒十年

生。北京陸軍大學畢業。安東警察廳長，哈爾濱警察廳長，瀋陽警察廳長。

白錫澤　遼寧瀋陽人。清光緒二十一年生。北京陸軍大學畢業。奉天電政管理局副局長，新京郵政管理局長。

包用宏　字俊賓。河南羅山人。清光緒十五年生。北京法政專門學校畢業。龍江稅務監督署長。

包尼雅巴斯爾　字沛霖。哲里木盟科爾沁左翼後旗人。清光緒二十四年生。奉天省立高級中學畢業。興安南省民生廳長。

六　畫

邢士廉　字隅三。遼寧瀋陽人。清光緒十一年生。日本陸軍士官學校畢業。第五軍管區司令官，第四軍管區司令官，第一軍管區司令官，治安部大臣，軍事部大臣。

邢占清　濱江警備司令。

吉祥　字德純。黑龍江龍江人。清同治元年生。代黑龍江省省長。

吉興　字培之。清皇族。光緒五年生於瀋陽。日本陸軍士官學校畢業。延吉警備司令，吉林省警備司令官，第二軍管區司令官，侍從武官長，尚書府大臣。

呂作新　遼寧金縣人。清光緒二十二年生。日本大阪工業大學畢業。興農部農政司長、農產司長。

呂宜文　字儀文。遼寧金縣人。清光緒二十三年生。日本明治大學畢業。外交部通商司長，國務總理大臣秘書官，通化省省長，駐德國公使兼駐匈牙利公使、兼駐羅馬尼亞公使、兼駐芬蘭公使、兼駐丹麥公使。

呂榮寰　字維東。遼寧撫順人。清光緒十六年生。江蘇法政專門學校畢業。東省特別區市政管理局長，哈爾濱市政籌備所長，北滿特別區長官兼哈爾濱特別市市長，濱江省省長，民政部大臣，實業部大臣，產業部

大臣，民生部大臣，駐中華民國大使。

呂衡　字鍾璞。遼寧台安人。清光緒十九年生。東三省講武堂畢業。第五軍管區司令官，第三軍管區司令官，第七軍管區司令官。

曲秉善　字子良。遼寧瀋陽人。清光緒二十七年生。南滿醫科大學畢業。黑河省民政廳長，民生部厚生司長，四平省省長。

朱之正　字博彥。江蘇吳縣人。清光緒二十一年生。監生出身。外交部總務司長。

朱榕　字望溪。浙江紹興人。清光緒二十八年生。朱慶瀾之子。東三省講武堂畢業。第三軍管區司令官。1940年赴日途中，蹈海以明民族氣節。國民政府明令褒揚。

朱鳳燾　河北寧河人。清光緒二十九年生。天津高等商業學校畢業。牡丹江稅務監督署副署長。

任芳春　遼寧海城人。清光緒二十九年生。四平街警察廳長。

安玉珍　吉林省城警備司令。

安集雲　遼寧遼陽人。清光緒二十二年生。日本東京帝國大學畢業。奉天省實業廳長，總務廳監察部長，國民勤勞奉公隊副總司令。

祁靖寰　字靜軒。遼寧瀋陽人。清光緒十三年生。奉天方言學堂畢業。齊齊哈爾市市長。

那木海扎布　字鎮疆。漢名陳封。哲里木盟扎賚特旗人。清光緒三十年生。北京師范大學畢業。興安總省民生廳長。

阮振鐸　字叔周。遼寧鐵嶺人。清光緒十九年生。南滿醫學堂畢業。國都建設局長，文教部大臣，駐日本大使，交通部大臣，經濟部大臣，外交部大臣。

七　畫

志達圖　黑龍江西布特哈人。清光緒二十九

年生。興安東分省民政廳長,興安東省民生廳長。

李文炳　字惟一。遼寧海城人。清光緒十二年生。雲南講武堂畢業。國都警備軍司令官,第三軍管區司令官。

李文蔚　字味秋。遼寧海城人。清光緒九年生。吉林法政專門學校畢業。代吉林高等法院院長,吉林高等檢察廳長,吉林高等法院院長。

李文龍　字鴻科。吉林梨樹人。清光緒十八年生。東三省講武堂畢業。江上軍司令官,第六軍管區司令官,第四軍管區司令官。

李邦禎　字希珍。遼寧遼陽人。清光緒十九年生。錦州市警務處長。

李守信　字子忠。卓索圖盟土默特右翼旗人。清光緒十八年生。行伍出身。興安西省警備軍司令官。

李　杜　字植初。遼寧義縣人。清光緒六年生。東三省講武堂畢業。依蘭警備司令。

李叔平　遼寧瀋陽人。清光緒二十二年生。日本高等工業學校畢業。哈爾濱市行政處長,濱江省民政廳長,民政部土木司長,土木局副局長,吉林省土木廳長,北安省省長,禁煙總局長。

李相庭　遼寧法庫人。清光緒十五年生。東三省講武堂畢業。海拉爾市政管理處長,四平街市副市長。

李桂林　字馨山。遼寧海城人。清同治十一年生。長春警備司令,东省特別区路警处长。

李盛唐　遼寧瀋陽人。清光緒九年生。日本陸軍士官學校畢業。軍政部參謀司長,軍政部次長,憲兵司令官。

李國昌　遼寧金縣人。清光緒二十六年生。大連法政學堂畢業。東安省民生廳長,東滿省民生廳長。

李紹庚　字夢白。遼寧瀋陽人。清光緒二十

一年生。哈爾濱俄國高等商業學校畢業。代中東鐵路督辦,北滿鐵路督辦,交通部大臣,駐日本大使,外交部大臣,駐中華民國大使。

李葆華　遼寧遼陽人。清光緒二十七年生。通化省民生廳長,錦州省實業廳長,吉林市市長,熱河省民生廳長。

李義順　遼寧旅順人。清光緒三十年生。日本名古屋高等商業學校畢業。駐蒙疆代表,外交部調查司長。

李　槃　字古民。河南光州人。清光緒三年生。日本法政大學畢業。最高檢察廳長。

李銘書　字子箴。遼寧黑山人。清光緒四年生。奉天法政學堂畢業。吉林省秘書長、民政廳長,吉林省省長。

李鳳翥　遼寧遼陽人。清光緒二十年生。遼陽師范學校畢業。營口航政局長,安東警察廳長,營口警察廳長。

李樹滋　字潤生。吉林梨樹人。清光緒八年生。奉天法政學堂畢業。黑龍江高等法院院長。

李錫恩　吉林舒蘭人。吉林省教育廳長(未就任)。

吳元敏　字紹南。湖北荆縣人。清光緒十二年生。日本陸軍士官學校畢業。軍政部參謀司長,第八軍管區司令官,第五軍管區司令官,第二軍管區司令官。

吳奎昌　遼寧瀋陽人。清光緒十三年生。奉天警務學堂畢業。齊齊哈爾警察廳長,龍江省民生廳長。

何春魁　吉林永吉人。清光緒三十四年生。東北大學畢業。駐蒙疆代表,外交部調查司長。

佟　衡　北京人。清光緒二十二年生。保定軍官學校畢業。日本千葉陸軍步兵學校畢業。軍事部參謀司長。

佟濟煦　字楫先。滿洲鑲黃旗人。福建駐防。清光緒十年生。執政府警衛處警衛

長,宮內府警衛處長,近侍處長。

邱任元　字凤貞。福建長樂人。清光緒十二年生。日本早稻田大學畢業。吉林省土木廳長、開拓廳長。

谷中山　遼寧金縣人。清光緒二十七年生。日本山口高等商業學校畢業。駐蒙疆代表。

谷次亨　原名谷家年。遼寧金縣人。清光緒二十四年生。日本東京高等師范學校畢業。安東省教育廳長,總務廳次長,民生部大臣,交通部大臣。

辛廣瑞　字祥民。黑龍江五常人。清光緒十九年生。北京法政專門學校畢業。奉天市行政處長。

汪兆瑤　字希珍。遼寧復縣人。清光緒十八年生。美國密西根大學畢業。奉天省民生廳長。

汪宗可　黑龍江省政務廳長。

沈瑞麟　字硯裔。浙江吳縣人。清同治十三年生。執政府府中令,宮內府大臣,參議府參議,祭祀府副總裁。

宋文林　東省特別區政務廳長。

宋文郁　字墨林。遼寧台安人。清光緒八年生。奉天高等巡警學校畢業。東省特別區市政管理局長、政務廳長。

宋文俊　字毓芝。遼寧台安人。東省特別區警察管理處副處長。

阿拉騰鄂齊爾　昭烏達盟克什克騰旗人。清光緒八年生。興安西省民政廳長、民生廳長。

阿勒塘瓦齊爾　昭烏達盟扎魯特左翼旗扎薩克郡王。清光緒二十七年生。興安西省民生廳長。

邵中鍜　遼寧蓋平人。清光緒二十三年生。東三省講武堂畢業。公主嶺市副市長。

邵先周　字仙洲。河北鹽山人。清光緒十年生。日本振武學校畢業。陸軍經理學校畢業。哈爾濱郵政管理局副局長。

邵　麟　字仲烈。浙江杭州人。清光緒二十一年生。日本早稻田大學畢業。東省特別區市政管理局副局長,熱河省實業廳長。

八　畫

武雲畢力克　原名定貴。呼倫貝爾索倫旗人。清光緒二十一年生。呼倫貝爾蒙旗中學畢業。興安北省民政廳長,興安總省産業廳長、畜政廳長。

林廷琛　字子獻。福建閩侯人。清光緒十二年生。日本法政大學畢業。帝室會計審查局長。

林喜泰　原遼寧西安人。清光緒二十七年生。日本京都帝國大學畢業。營口市市長,奉天市興農處長,國民勤勞部整備司長。

林鈞寶　遼寧金縣人。清光緒二十八年生。日本早稻田大學畢業。熱河省民生廳長,安東省實業廳長。

林　棨　字少旭。福建閩侯人。清光緒十年生。日本早稻田大學畢業。最高法院院長。

苗建發　遼寧金縣人。清光緒二十六年生。大連商業學校畢業。東安省民生廳長。

范垂紳　字虎忱。遼寧撫順人。清光緒二十二年生。日本北海道帝國大學畢業。安東省實業廳長,新京市行政處長,奉天省實業廳長,濱江省開拓廳長。

范培忠　遼寧莊河人。清光緒十八年生。北洋電報學校畢業。哈爾濱電政管理局副局長,新京郵政管理局長,交通部航路司長,都邑計劃司長,禁煙總局長,奉天市市長。

奇普森額　呼倫貝爾新巴爾虎右翼人。清同治七年生。興安北分省民政廳長。

旺沁帕爾賚　昭烏達盟阿魯科爾沁旗扎薩克郡王。清光緒九年生。興安西省省長,興安總省諮議。

金亞鐸　遼寧撫順人。清光緒十九年生。日本東京高等師范學校畢業。齊齊哈爾市市長,通化省林政廳長。

金名世　字吾宣。遼寧新賓人。清光緒二十三年生。北京法政大學畢業。吉林省警務廳長,三江省省長,熱河省省長,新京市市長,吉林省省長,民生部大臣,厚生部大臣。

金振民　字醒初。遼寧蓋平人。清光緒二十九年生。上海東南大學畢業。金榮桂之子。奉天郵政管理局副局長,錦州郵政管理局長,民生部厚生司長。

金智元　字稚源,即溥佳。載濤第二子。清光緒三十四年生。宮內府侍衛處長兼近侍處長。

金榮桂　字伯衡。遼寧蓋平人。清光緒二年生。北京法政學堂畢業。東省特別區警察管理處長,哈爾濱警察廳長,首都警察總監,奉天市市長,奉天省省長。

金璧東　字武之。清宗室,肅親王善耆第七子。日本振武學校畢業。東北交通委員會副委員長,長春市政籌備處長,新京市市長,龍江省省長。

周大魯　別名周楨林。遼寧開原人。清光緒十九年生。東三省講武堂畢業。第八軍管區司令官。

周家璧　遼寧大連人。清光緒二十二年生。大連法政學校畢業。佳木斯市市長。

周雲溪　遼寧新民人。清光緒二十七年生。北京大學畢業。滿洲里市副市長。

周鴻鈞　安徽天長人。清光緒十九年生。日本大學畢業。齊齊哈爾高等檢察廳長,錦州高等檢察廳長。

周鑄新　江蘇宜興人。清光緒二十八年生。北京財政商業專門學校畢業。撫順市副市長。

定　貴　1936年改名武雲畢力克。

孟憲惠　滿洲里市政籌備處長。

九　畫

春　德　呼倫貝爾索倫左翼人。清光緒十九年生。黑龍江省立中學畢業。興安北省警務廳長。

胡承禄　字荷之。遼寧瀋陽人。清光緒二十七年生。日本大學畢業。承德警察廳長,吉林警察廳長,撫順市副市長。

胡嗣瑗　字晴初。貴州貴陽人。清同治八年生。進士出身。執政府秘書處秘書長,參議府參議。

胡　靖　字靖風。河北宛平人。清光緒三年生。日本早稻田大學畢業。商標局長。

修長餘　字雲汀。遼寧營口人。清光緒十四年生。奉天警務學堂畢業。吉林省警務處長,京師警察總監,首都警察總監。

保聯亨　字象乾。遼寧瀋陽人。清光緒二十八年生。旅順工科大學畢業。鐵嶺市市長,東安省民生廳長,奉天市興農處長。

段寶堃　遼寧遼陽人。清光緒三十一年生。日本東京帝國大學畢業。佳木斯市市長。

禹　澄　湖南靖縣人。清光緒二十二年生。日本東京高等工業學校畢業。鞍山市副市長。

施履本　字長卿。湖北江陵人。清光緒十年生。日本中央大學畢業。外交部北滿特派員,哈爾濱市市長,濱江省省長。

姜全我　字曉峰。遼寧金縣人。清光緒九年生。瀋陽警察廳長,首都警察總監,通化省省長,熱河省省長。

姜英藩　遼寧遼陽人。清光緒二十八年生。北京大學畢業。遼陽市市長。

姜承業　字敬齋。遼寧金縣人。清同治十三年生。東三省講武堂畢業。黑龍江省教育廳長。

姜恩之　字澤仁。吉林榆樹人。清光緒十四年生。北京朝陽大學畢業。專賣總署長,專賣總局長,錦州省省長。

洪維世　遼寧義縣人。清光緒二十七年生。東三省講武堂畢業。錦州稅務監督署長。

洪維國　字敬民。遼寧義縣人。清光緒十九年生。上海中國公學畢業。財政部次長。

宮文超　字擢章。遼寧復縣人。清光緒二十年生。奉天警官傳習所畢業。哈爾濱市警察局長。

韋煥章　字秀實。遼寧遼陽人。清光緒十八年生。遼陽師范學校畢業。奉天省教育廳長,哈爾濱市市長,濱江省省長,外務局長官,外交大臣,參義府參議,恩賞局總裁,奉天省省長。

十　畫

耿熙旭　字真如。遼寧瀋陽人。清光緒十九年生。日本東京帝國大學畢業。奉天市行政處長,營口市市長,吉林省民生廳長,文教部教化司長。

袁金鎧　字潔珊。遼寧遼陽人。清同治九年生。瀋陽萃昇書院肄業。奉天省最高顧問,參議府參議,尚書府大臣。

袁怡篯　遼寧瀋陽人。清光緒十九年生。奉天師范學校畢業。錦州市市長,四平省實業廳長、民生廳長。

袁慶清　字秋澄。遼寧遼陽人。清光緒二十四年生。北京大學畢業。袁金鎧之子。間島省教育廳長,安東省民生廳長,林野局副局長,馬政局副局長,哈爾濱市市長。

袁慶濂　遼寧遼陽人。清光緒二十年生。瀋陽高等師范學校畢業。袁金鎧之侄。濱江稅務監督署長,地畝管理局長,地籍整理局長,禁煙總局長,哈爾濱市市長。

華榮棟　北京人。清光緒十四年生。日本早稻田大學畢業。吉林省開拓廳長。

索　寶　黑龍江東布特哈人。清光緒二十年生。扎蘭屯興安警察局長。

馬大鳴　字志超。遼寧新賓人。清光緒二十年生。北京政法大學畢業。齊齊哈爾市警務處長。

馬占山　字秀芳。吉林懷德人。清光緒十年生。行伍出身。黑龍江省省長,東北行政委員會委員,軍政部總長。

馬　江　字子安。河北衡水人。清光緒十七年生。日本東京高等工業學校畢業。牡丹江省民生廳長,東滿總省民生廳長。

馬空群　遼寧遼陽市。清光緒二十四年生。北京中國大學畢業。扎賚諾爾市副市長。

馬冠標　字虎臣。北京人。清光緒十七年生。日本東京高等師范學校畢業。吉林省教育廳長,安東省民政廳長兼教育廳長、民生廳長,奉天省民生廳長,熱河省省長。

馬景桂　字志丹。原吉林洮安人。清光緒十年生。黑龍江省實業廳長。

馬錫麟　字夢熊。河北省人。清光緒十年生。日本陸軍士官學校畢業。熱河稅務監督署長,錦州稅務監督署長,哈爾濱稅務監督署長。

馬駿聲　字省生。遼寧瀋陽人。清光緒十八年生。北京大學畢業。北滿特別區行政處長,哈爾濱市行政處長、財務處長,錦州市市長。

馬顯異　遼寧海城人。清光緒三十年生。撫順礦山學校畢業。奉天市行政處長,通化省實業廳長,錦州市市長。

恩克蒙都　興安東分省總務廳長。

恩　麟　字錫三。遼寧法庫人。清光緒八年生。奉天法政專門學校畢業。熱河省實業廳長、民政廳長。

倭克吉布　字治安。呼倫貝爾索倫左翼人。清光緒十年生。代興安北省民政廳長。

烏古廷　原名烏臻泰,字嘏庭。卓索圖盟喀喇沁右翼旗人。清光緒三十四年生。北平大同中學畢業。興安西分省警備司令官,興安西省警備軍司令官。

烏爾金　布里亞特蒙古人。1891 生於俄國貝加爾州。1919 年俄國陸軍士官學校畢業。1920 年來中國。興安北分省警備司令官，興安第一警備司令官，第十軍管區司令官。

徐良儒　遼寧遼中人。清光緒十四年生。奉天法政學堂畢業。東省特別區高等檢察廳長。

徐尚志　貴州銅仁人。清同治十三年生。京師大學堂畢業。龍江稅務監督署長。

徐家桓　字純熙。吉林永吉人。清光緒二十年生。日本京都帝國大學畢業。吉林市市長，總務廳統計處長兼臨時國勢調查事務局長，四平省省長，總務廳次長，吉林省省長。

徐紹卿　字亞公。遼寧瀋陽人。清光緒十八年生。日本東京帝國大學畢業。奉天省實業廳長，錦州省省長，新京市市長，駐意大利公使兼駐西班牙公使，郵政總局長，奉天省省長。

徐漸九　字逵九。吉林永吉人。清光緒二十一年生。日本京都帝國大學畢業。撫順市副市長，鐵嶺市市長。

徐維新　遼寧蓋平人。清光緒十二年生。奉天法政學堂畢業。奉天高等檢察廳長，最高檢察廳長。

徐謙德　遼寧金縣人。清光緒二十八年生。旅順師范學校畢業。阜新市副市長，鐵嶺市市長。

徐寶斌　遼寧瀋陽人。清光緒二十八年生。安東航政局長，營口航務局長。

翁恩裕　字問卿。遼寧本溪人。清光緒元年生。奉天省財政廳長。

凌　陞　字雲志。呼倫貝爾索倫正黃旗人。清光緒十二年生。貴福之子。呼倫貝爾蒙旗中學畢業。東北行政委員會委員，興安北分省省長，興安北省省長。

郭文田　卓索圖盟喀喇沁右翼旗人。清光緒六年生。海拉爾市政籌備處長，興安南省民生廳長。

郭文林　原名色爾魯格。呼倫貝爾索倫左翼人。清光緒三十二年生。日本陸軍士官學校畢業。第九軍管區司令官，第十軍管區司令官。

郭　良　四平街警察廳長。

郭英麟　遼寧遼中人。清光緒三十三年生。北京鬱文大學畢業。本溪湖市副市長。

郭若霖　遼寧遼陽人。清光緒三十年生。日本陸軍士官學校畢業。郭恩霖之弟。治安部參謀司長，第十一軍管區司令官。

郭宗熙　字酮伯。湖南長沙人。清同治十年生。進士出身。尚書府大臣。

郭恩霖　字澤華。遼寧遼陽人。清光緒十九年生。日本陸軍大學畢業。吉林省軍政廳長，軍政部參謀司長，軍政部次長，第四軍管區司令官。

郭濬文　遼寧瀋陽人。清光緒十九年生。奉天師范學堂畢業。哈爾濱市民生處長，通化省民生廳廳長。

郭寶山　哲里木盟科爾沁左翼後旗人。蒙名烏力圖。綠林出身。興安西省警備司令官。

郭寶森　遼寧蓋平人。清光緒二十七年生。日本京都帝國大學畢業。美國威斯康星大學畢業。撫順市副市長，間島省實業廳長、開拓廳長，吉林稅務監督署長，總務廳統計處長，專賣總局長。

高乃濤　字蒙泉。遼寧遼陽人。清光緒十年生。京師大學堂畢業。吉林省秘書長。

高乃濟　遼寧遼陽人。清光緒二十一年生。北京大學畢業。代吉林省秘書長，龍江稅務監督署長，熱河省民政廳長兼教育廳長，奉天稅務監督署長。

高元良　字卿之。遼寧海城人。清光緒二十七年生。日本東京帝國大學畢業。三江省民生廳長，吉林省建設廳長。

高恩濤　字静瀾。遼寧撫順人。清光緒十六年生。北京大學畢業。哈爾濱市財務處長。

高毓衡　字鈞閣。遼寧遼陽人。清同治八年生。副貢出身。奉天省實業廳長。

高儒林　遼寧蓋平人。清光緒二十一年生。奉天法政學校畢業。齊齊哈爾高等檢察廳長，司法矯正總局副局長。

唐豫森　遼開剿匪司令。

陳士傑　字炳丕。湖北安陸人。清光緒十年生。日本東京帝國大學畢業。奉天高等法院首席檢察官，新京高等法院院長。

陳玉銘　字朗軒。遼寧瀋陽人。清光緒二十二年生。奉天法政專門學校畢業。龍江省民生廳長。

陳克正　字止中。遼寧遼陽人。清光緒四年生。保定法政學校畢業。東省特別區高等法院院長，吉林高等法院院長。

陳叔達　字覺人。福建閩侯人。清光緒二十二年生。日本東京中央大學畢業。錦州郵政管理局長，新京郵政管理局長，吉林市市長。

陳承修　字淮生。福建閩侯人。國道局副局長。

陳桂臨　字馨山。山東桓臺人。清光緒六年生。京師法律專門學校畢業。齊齊哈爾高等檢察廳長。

陳　悟　福建省人。清光緒二十二年生。實業部礦務司長。

陳國翰　字勁夫。福建閩侯人。清光緒十五年生。湖南法政專門學校畢業。熱河高等法院院長，錦州高等檢察廳長，哈爾濱高等檢察廳長。

陳萬鎧　遼寧撫順人。清光緒十五年生。北京大學畢業。龍江省開拓廳長。

陳紫瀾　字默存。福建閩侯人。清光緒十年生。黑龍江省民政廳長。

陳景啓　字子開。河北大興人。清光緒二十五年生。承德警察廳長，錦州警察廳長，營口市警務處長。

陳曾壽　字仁先。湖北蘄水人。清光緒二年生。進士出身。執政府內廷局長，宮內府近侍處長。

陳蔭翹　字楚珊。遼寧遼中人。清光緒十八年生。營口商業學校畢業。錦州省民生廳長。

陳殿武　遼寧瀋陽人。清光緒二十七年生。東安市副市長。

陳駿聲　遼寧金縣人。清光緒二十八年生。營口商業學校畢業。東安市副市長。

陳懋侗　字願士。福建閩侯人。清光緒十八年生。日本醫科大學畢業。宮內府侍衛處長。

陳懋鼎　字徵宇。福建閩侯人。清同治九年生。進士出身。文教部禮教司長。

孫仁軒　遼寧金縣人。清光緒二十一年生。旅順師範學校畢業。吉林警察廳長，北安省民生廳長，吉林省土木廳長，熱河省民生廳長。

孫文斁　字門南。黑龍江延壽人。清光緒二十年生。日本東京中央大學畢業。安東省教育廳長。

孫旭昌　字紹忱。河北通縣人。清光緒六年生。東三省講武堂畢業。鹽務署長，濱江稅務監督署長，地畝管理局長。

孫其昌　字鍾五。遼寧遼陽人。清光緒七年生。日本高等師範學校畢業。吉林省財政廳長，財政部次長，黑龍江省省長，財政部大臣，民生部大臣，參議府參議。

孫柏芳　字蔭喬。遼寧撫順人。清光緒十八年生。奉天法政專門學校畢業。濱江省實業廳長，林野局副局長，三江省省長，熱河省省長。

孫祖澤　字淵如。遼寧瀋陽人。清光緒十一年生。奉天法政專門學校畢業。司法部行刑司長。

孫振魁　字冠生。山東平度人。清光緒十六年生。青島高等專門學校畢業。錦州高等法院院長。

孫輔忱 名廷弼,字輔忱,以字行。遼寧營口人。清光緒二十四年生。日本明治大學畢業。吉林省實業廳長。

孫 澂 字魯望。安徽壽縣人。清光緒二十年生。日本大學畢業。實業部工商司長兼商標局長,滿洲興業銀行副總裁。

孫潤蒼 遼寧瀋陽人。清光緒十九年生。北京大學畢業。安東市副市長。

十一畫

黃式叙 字黎雍。遼寧遼陽人。清光緒二十三年生。瀋陽高等師范學校畢業。安東省實業廳長、民生廳長。

黃明春 遼寧遼陽人。清宣統元年生。撫順礦山學校畢業。四平街市警察廳長。

黃富俊 字潤軒。遼寧遼陽人。清光緒十六年生。奉天法政學堂畢業。民政部地方司長,安東省省長,龍江省省長,興農部大臣。

黃錫齡 承德警察廳長。

曹秉森 吉林永吉人。清光緒二十一年生。日本陸軍士官學校畢業。江上軍司令官。

曹承宗 字克誠。黑龍江木蘭人。清光緒二十六年生。日本慶應大學畢業。奉天省秘書長、實業廳長,地籍整理局長,地政總局長,安東省省長。

曹肇元 字鼓晨。遼寧金縣人。清光緒三十年生。日本京都帝國大學畢業。通化省實業廳長。

常守陳 字樸象。遼寧瀋陽人。清光緒二十一年生。奉天警察專門學校畢業。四平省民生廳長。

常荷祿 字介福。遼寧瀋陽人。清光緒二十九年生。警官高等學校畢業。濱江省開拓廳長。

崔玉琠 河北南皮人。清光緒十三年生。延吉警察廳長。

崔正儒 遼寧蓋平人。清光緒二十八年生。日本京都帝國大學畢業。濱江省開拓廳長,奉天省民生廳長,文教部學生勤勞奉公司長。

崔國藩 東省特別區地畝管理局副局長。

婁學謙 字靜庵。黑龍江賓縣人。清光緒十七年生。北京朝陽大學畢業。黑龍江高等檢察廳長,奉天高等法院院長,最高法院院長。

許汝棻 字魯山。江蘇鎮江人。清同治二年生。進士出身。文教部次長。

許桂恒 字泮香。遼寧遼陽人。清光緒十一年生。遼陽警務學校畢業。安東省民政廳長,黑河省省長。

許紹志 字式穀。遼寧遼陽人。清光緒十二年生。貢生出身。黑河省民政廳長。

許寶蘅 字季湘。浙江杭縣人。清光緒二年生。舉人出身。執政府掌禮處大禮官,宮內府總務處長。

商衍瀛 字丹石。廣東番禺人。清同治八年生。進士出身。執政府會計審查局長,宮內府內侍處長。

章俊民 浙江平陽人。清光緒二十年生。日本早稻田大學畢業。奉天市行政處長、財務處長,通化省民生廳長,奉天省實業廳長,新京稅務監督署長。

梁玉書 奉天省實業廳長。

梁成柏 遼寧瀋陽人。清光緒十四年生。北洋工業專門學校畢業。哈爾濱市實業處長。

梁禹襄 字芬如。福建閩侯人。清光緒八年生。奉天法政學堂畢業。東省特別區教育廳長,北滿特別區教育處長,濱江省教育廳長。

梁學貴 字尊一。遼寧營口人。清光緒十三年生。延吉警察廳長。

啓 彬 字采儒。遼寧瀋陽人。清光緒十五年生。日本早稻田大學畢業。延吉市政籌備處長,吉林稅務監督署長,奉天稅務監督署長。

張大任　原名張孝騫。遼寧瀋陽人。治安部參謀司長。

張子炣　字行午。河北安國人。清光緒二十四年生。日本大阪高等工業學校畢業。實業部工商司長,熱河省實業廳長,安東省民生廳長,吉林市市長。

張文明　字子昭。遼寧金縣人。清光緒二十六年生。日本東京高等師范學校畢業。安東市副市長。

張文鑄　字鼎元。四川巫溪人。清光緒二十五年生。保定陸軍軍官學校畢業。黑龍江省警備司令官,第三軍管區司令官,第七軍管區司令官,第四軍管區司令官,侍從武官長。

張允愷　字季才。河北豐潤人。清光緒元年生。舉人出身。官内府掌禮處長。

張世謙　遼寧瀋陽人。清光緒二十八年生。日本廣島高等工業學校畢業。遼陽市市長,龍江省開拓廳長。

張名久　軍事部參謀司長。

張明峻　字允竹。遼寧瀋陽人。清光緒十八年生。南滿醫學堂畢業。民政部衛生司長,民生部保健司長。

張明濬　1935年改名張明峻。

張承元　字晋亭。遼寧遼陽人。清光緒十八年生。熱河稅務監督署長,吉林稅務監督署長。

張益三　字同一。黑龍江雙城人。清光緒二十年生。保定軍官學校畢業。軍政部軍需司長、參謀司長,第六軍管區司令官。

張海鵬　字仙濤。遼寧蓋平人。清光緒二年生。綠林出身。邊境保安司令,蒙邊保安司令,參議府參議、副議長,侍從武官長,洮遼警備司令官兼熱河省省長,熱河省警備司令官。

張祥廉　字語權。吉林永吉人。清光緒二十

四年生。日本陸軍步兵學校畢業。吉林市警察局長。

張書翰　字小齋。吉林伊通人。清光緒十七年生。天津北洋大學畢業。吉林省教育廳長、民政廳長,郵政總局長,通化省省長。

張國棟　字輔廷。遼寧遼中人。清光緒十六年生。日本大學畢業。錦州市市長,齊齊哈爾市市長。

張國銓　遼寧安東人。清光緒二十二年生。北京高等師范學校畢業。哈爾濱市行政處長。

張焕相　字召棠。遼寧撫順人。清光緒八年生。日本陸軍士官學校畢業。司法部大臣,參議府參議。

張景惠　字叙五。遼寧台安人。清同治十年生。綠林出身。東省特別區長官,黑龍江省省長,東北行政委員會委員長,參議府議長兼軍政部總長、兼軍政部大臣,國務總理大臣兼外交部大臣、兼蒙政部大臣、兼建國大學總長。

張景弼　遼寧黑山人。清光緒十七年生。哈爾濱法政大學畢業。安東航政局長,哈爾濱航政局長。

張會辰　字學先。吉林榆樹人。清光緒十六年生。北京朝陽大學畢業。錦州高等檢察廳長,哈爾濱高等檢察廳長。

張經緯　遼寧黑山人。清光緒二十年生。北京陸軍軍需學校畢業。奉天市財務處長,錦州省實業廳長。

張兢擇　遼寧開原人。清光緒二十七年生。北京大學畢業。鐵嶺市市長。

張漢仁　字羽飛。遼寧金縣人。清光緒二十九年生。日本東京商科大學畢業。鐵嶺市市長,牡丹江郵政管理局副局長,營口市市長。

張賢才　原遼寧西安人。清光緒十七年生。旅順工科大學畢業。錦州省實業廳長,奉天省實業廳長、興農廳長。

張德懋　遼寧錦西人。清光緒十八年生。日

本東京高等師范學校畢業。四平市副市長。

張諒 字子因。遼寧開原人。清光緒二十二年生。奉天市財務處長、實業處長，營口市市長，龍江省民生廳長。

張樹聲 遼寧彰武人。清光緒十九年生。佳木斯市市長。

張燕卿 字耐甫。河北南皮人。清光緒二十四年生。日本東京學習院畢業。張之洞之子。長春市政籌備處長，吉林省實業廳長，實業部總長，實業部大臣，外交部大臣。

張聯文 字韻珊。遼寧金縣人。清光緒二十年生。遼陽警務學校畢業。文教部禮教司長，民生部社會司長，恩賞局長，熱河省省長，禁煙總局長，新京市市長。

張翼廷 字翊宸。河北承德人。清同治七年生。秀才出身。熱河省民政廳長。

習齊輝 江蘇南通人。清光緒十六年生。商人出身。牡丹江市副市長。

十二畫

博彥滿都 字豹忱。哲里木盟科爾沁左翼前旗人。清光緒二十年生。奉天籌邊專門學校畢業。興安南分省民政廳長，代興安南省省長，蒙政部民政司長，興安東省省長，興安南省省長，興安總省省長。

敬文泰 原名敬棍太。昭烏達盟巴林右翼旗人。清光緒八年生。開魯興安警察局長，興安西省警務廳長。

敬棍太 1936年改名敬文泰。

彭清裕 江蘇吳縣人。清光緒十八年生。上海交通大學畢業。四平市副市長。

葉參 安徽桐城人。清光緒二十八年生。錦州市市長。

董文瑞 字輯五。黑龍江雙城人。清光緒八年生。黑龍江省秘書長。

董敬舒 遼寧金縣人。清光緒二十一年生。

日本明治大學畢業。哈爾濱郵政管理局副局長，交通部都邑計劃司長，新京郵政管理局長。

董蔭青 吉林九臺人。清光緒十七年生。日本東京帝國大學畢業。龍江省交通廳長。

董暘 字之威。遼寧海城人。清光緒十四年生。北京法政大學畢業。新京市行政處長。

董靜仁 遼寧海城人。清光緒三十三年生。奉天商業學校畢業。安東市副市長。

董懷清 字靜泉。遼寧遼陽人。清光緒八年生。奉天警務學堂畢業。鞍山市副市長。

葆康 字健之。遼寧瀋陽人。清光緒十八年生。東三省講武堂畢業。民政部次長、代理部務，奉天省省長，滿洲興業銀行次長。

葆廉 字鏡泉。遼寧瀋陽人。清光緒九年生。奉天法政學堂畢業。東省特別區政務廳長，地畝管理局長，北滿特別區地畝處長，濱江省實業廳長，龍江省實業廳長。

景有昌 遼寧省人。清光緒二十五年生。奉天省立中學畢業。佳木斯警察廳長，延吉警察廳長，吉林市警務處長。

貴福 字申吾。呼倫貝爾索倫右翼正黃旗人。清同治元年生。參議府參議。

單作善 遼寧北鎮人。清光緒二十一年生。日本早稻田大學畢業。三江省教育廳長，龍江省民生廳長，哈爾濱市警察局長。

程志遠 字銘閣。山東萊陽人。清光緒四年生。行伍出身。黑龍江省警備司令官，黑龍江省省長，參議府參議。

程科甲 字斌亭。吉林永吉人。清光緒十一年生。吉林高等巡警學堂畢業。吉林市政籌備處長。

程崇 字曉川。黑龍江雙城人。清光緒十年生。奉天法政學堂畢業。司法部行刑司長，東省特別區高等法院院長，哈爾濱高等法院院長。

程義明 字橫一。吉林雙遼人。清光緒二十三年生。北京法政專門學校畢業。司法部行刑司長,新京高等檢察廳長。

傅作霖　字侶可。遼寧瀋陽人。清光緒十九年生。北京高等師範學校畢業。錦州警察廳長,吉林警察廳長。

傅連珍　字寶珊。遼寧蓋平人。清光緒二十五年生。北京大學畢業。北安省民生廳長。

傅靖氛　洮南警備司令。

傅廣義　遼寧海城人。清光緒十八年生。蓋平公學校畢業。黑河省民生廳長。

焦桐　字可琴。江蘇儀征人。清光緒十三年生。日本明治大學畢業。吉林省實業廳長。

舒柱石　湖南乾城人。清光緒十七年生。吉林法政學校畢業。錦州高等法院院長,哈爾濱高等法院院長。

鄒海瀛　吉林長春人。清光緒十七年生。日本廣島師範學校畢業。東安省民生廳長。

馮秉元　河北天津人。清光緒二十四年生。東三省講武堂畢業。遼陽警察廳長。

馮涵青　字汁青。遼寧蓋平人。清光緒十七年生。奉天法政專門學校畢業。奉天省實業廳長,司法部總長,司法部大臣。

馮廣民　遼寧鐵嶺人。清光緒九年生。北京高等師範學校畢業。錦州省民政廳長,民生部社會司長,哈爾濱市長,北安省長。

曾恪　字彝進。北京人。清光緒四年生。日本東京帝國大學畢業。熱河省秘書長。

善吉密圖普　呼倫貝爾新巴爾虎右翼旗人。清光緒十六年生。呼倫貝爾官立小學畢業。興安北省民生廳長。

湯玉麟　字閣忱。遼寧阜新人。清同治十年生。綠林出身。東北行政委員會委員,參議府副議長(均未就職)。

湯武涉　字古忱。吉林省人。清光緒十六年生。東省特別區警察管理處副處長。

富春田　字雨亭。遼寧錦縣人。清光緒八年生。奉天法政學堂畢業。吉林省建設廳長,吉林高等法院院長。

富凌阿　字劍潭。哲里木盟科爾沁左翼前旗人。清光緒二十二年生。北京朝陽大學畢業。興安南分省總務廳長。

十三畫

楊乃時　字雪門。遼寧遼中人。清光緒十四年生。奉天法政專門學校畢業。黑龍江省秘書長,齊齊哈爾市市長,龍江省民生廳長,吉林稅務監督署長,濱江稅務監督署長,地政總局長,通化省省長。

楊玉書　遼寧瀋陽人。清光緒十四年生。奉天方言學校畢業。三江省實業廳長、開拓廳長、民生廳長。

楊世英　遼寧瀋陽人。清光緒三十年生。北京法政大學畢業。海拉爾市副市長。

楊白鶴　遼寧盤山人。清光緒二十四年生。日本東京大倉高等商業學校畢業。龍江省開拓廳長,北安省開拓廳長。

楊晉源　字君青。遼寧瀋陽人。清光緒十二年生。遼陽市市長。

楊培　字植六。遼寧海城人。清光緒二十三年生。瀋陽高等師範學校畢業。熱河稅務監督署長,龍江稅務監督署長,地政總局長。

楊葆恒　河北臨榆人。清光緒二十九年生。南開大學肄業。哈爾濱郵政管理局副局長。

楊裕文　字子彬。山東壽光人。清光緒四年生。秀才出身。熱河省赤峰辦事處長。

楊蘭洲　臺灣臺南人。清光緒三十三年生。日本東京商業大學畢業。哈爾濱市行政處長。

楊繼楷　字潤陬。遼寧遼陽人。清光緒十六年生。奉天法政學堂畢業。齊齊哈爾高等法院院長,哈爾濱高等法院院長,新京高等法院院長,奉天高等法院院長。

靳造華　字邦彥。遼寧法庫人。清光緒十六年生。北洋法政大學畢業。日本法政大學畢業。吉黑榷運局局長。

賈文凌　黑龍江依蘭人。清光緒七年生。濱江省民生廳長。

賈華杰　河北大興人。清光緒十八年生。保定軍官學校畢業。第六軍管區司令官。

業喜海順　字劍泉。哲里木盟科爾沁右翼中旗扎薩克親王。清光緒十七年生。興安南分省省長,興安南省省長。

路之淦　浙江杭州人。清光緒二十二年生。上海復旦大學畢業。黑龍江省秘書長,吉林市市長,吉林省民生廳長,專賣總局長,三江省省長。

誠　允　字執中。遼寧遼陽人。清光緒八年生。奉天法政專門學校畢業。吉林高等法院院長(未就職)。

十四畫

瑪尼巴達喇　字鳴周。哲里木盟科爾沁左翼前旗人。清光緒二十三年生。北京俄文法政專門學校畢業。興安南省民政廳長。

赫慕俠　字劍芒。遼寧鳳城人。清光緒二十六年生。東三省講武堂畢業。治安部參謀司長,第七軍管區司令官,第三軍軍管區司令官。

穀　昌　吉林省會公安局長。

壽聿彭　字先五。遼寧瀋陽人。清光緒十年生。奉天法政學堂畢業。民政部土地局長,地籍整理局長,恩賞局長,北安省省長。

壽明阿　字玉亭。哲里木盟科爾沁右翼後旗人。清光緒十年生。蒙政部民政司長,興安南省省長,參議府參議。

蔡其運　浙江杭縣人。清光緒十六年生。東省測量學校畢業。營口市警察局長。

蔡景襄　字仲孚。原名蔡景驤。遼寧鳳城人。清光緒二十八年生。北京朝陽大學畢業。安東市行政處長。

蔡運升　字品三。黑龍江雙城人。清光緒五年生。保定法政學堂畢業。間島省省長,滿州中央銀行副總裁,外務局長官,經濟部大臣,參議府參議。

熙　洽　字格民。清皇族。清光緒十年生。日本陸軍士官學校畢業。吉林省長官,東北行政委員會委員,吉林省省長,財政部總長,財政部大臣,宮內府大臣。

熙　清　字則民。清皇族。清光緒十七年生。北京大學畢業。熙洽之弟。吉黑榷運局副局長,吉黑榷運署副署長。

趙仲達　遼寧鳳城人。清光緒二十五年生。北京朝陽大學畢業。通化省民生廳長,奉天市警察局長。

趙汝楳　字任羹。遼寧海城人。清光緒十七年生。京師大學堂畢業。吉林省警務廳長、實業廳長、民政廳長,三江省民政廳長。

趙伯俊　字樹人。黑龍江龍江人。濱江市政籌備處長。

趙長生　字東藩。遼寧瀋陽人。清光緒二十六年生。南滿中學堂畢業。通化市市長。

趙欣伯　河北宛平人。清光緒十七年生。日本明治大學畢業。最高法院東北分院院長,奉天市市長,立法院長。

趙　畏　遼寧新民人。清光緒二十五年生。北京大學畢業。滿洲里市副市長。

趙秋航　字曉舟。遼寧遼中人。清光緒十六年生。東三省講武堂畢業。第三軍管區司令官。

趙梯青　字雲平。河北安國人。清光緒三年生。直隸法律學堂畢業。最高法院東北分院檢察長。

趙榮昇　吉林省會公安局長。

趙　震　黑龍江巴彥人。清光緒十年生。黑龍江高等警官學校畢業。權度局長,林野局副局長,哈爾濱市市長。

趙德健　字剛則。遼寧瀋陽人。清光緒二十年生。日本早稻田大學畢業。民政部文教司長。

趙鵬第　字孟南。江蘇鎮江人。清光緒四年生。奉天法律講習所畢業。奉天省秘書長,代實業廳長,民政廳長,民政部次長,龍江省省長。

臧又青　遼寧蓋平人。清光緒二十四年生。日本大阪工業大學畢業。奉天郵政管理局副局長,錦州郵政管理局長。

臧式毅　字奉九。遼寧瀋陽人。清光緒十年生。日本陸軍士官學校畢業。奉天省省長,東北行政委員會委員,民政部總長,民政部大臣,參議府議長。

臧爾壽　字彭伯。遼寧瀋陽人。清光緒十三年生。吉林法政專門學校畢業。吉林高等檢察廳長,齊齊哈爾高等檢察廳長。

臧　銳　字劍秋。遼寧瀋陽人。清光緒二十六年生。京師高等警官學校畢業。臧爾壽之子。黑河警察廳長,鐵嶺警察廳長。

臧　憲　字式民。遼寧瀋陽人。清光緒十九年生。瀋陽高等師范學校畢業。哈爾濱市財務處長。

毓　崇　清宗室。溥倫之子。清光緒二十九年生。宮內府近侍處長。

齊知政　遼寧開原人。清光緒二十年生。日本陸軍士官學校畢業。吉林省城警備司令,東省特別區警察管理處副處長,間島省民生廳長,首都警察總監。

齊恩銘　字佐忱。遼寧錦西人。清光緒三年生。瀋陽警察廳長。

齊默特色木丕勒　字克莊。哲里木盟郭爾羅斯前旗扎薩克輔國公。清同治十三年生。興安局總長,興安總署總長、長官,蒙政部大臣,參議府參議。

鄭孝胥　字蘇戡。福建福州人。清咸豐九年生。進士出身。國務總理,文教部總長,國務總理大臣,文教部大臣。

鄭孝達　字贊周。吉林梨樹人。清光緒二十二年生。吉林法政專門學校畢業。新京市行政處長。

鄭林皋　字鳴九。黑龍江拜泉人。清光緒八年生。黑龍江省立第一師范學校畢業。黑龍江省教育廳長。

鄭　垂　字讓於。福建福州人。清光緒十年生。日本早稻田大學畢業。鄭孝胥之子。國務總理大臣秘書官。

鄭　禹　字炎佐。福建福州人。清光緒十五年生。日本東京成城學校畢業。英國利物浦大學畢業。鄭孝胥之子。國務總理大臣秘書官,國都建設局長,郵政總局長,奉天市市長,駐泰國公使,恩賞局總裁。

榮　安　字錦堂。呼倫貝爾索倫左翼人。清同治九年生。興安北分省總務廳長。

榮孟枚　字叔右。黑龍江阿城人。清光緒四年生。日本東京法政大學畢業。吉林省教育廳長,三江省民政廳長,龍江省教育廳長。

榮　厚　字叔章。滿洲鑲藍旗人。清光緒元年生。滿洲中央銀行總裁,參議府參議。

聞　博　字孝天。遼寧海城人。清光緒二十二年生。北京法政大學畢業。佳木斯警察廳長。

翟克文　黑龍江龍江人。清光緒十六年生。保定東文學堂畢業。齊齊哈爾稅務監督署長。

綽克巴圖爾　漢名德樹元。黑龍江東布特哈人。清光緒三十一年生。南京中央政治學校畢業,後留學日本。興安總省產業廳長。

綽羅巴圖爾　漢名郭興元。黑龍江西布特哈人。清光緒二十八年生。南京中央政治學校畢業,後留學日本。興安東省警備司令官。

十五畫

增　韞　字子固。蒙古鑲藍旗人。清咸豐十

一年生。參議府參議。

德楞額　吉林扶餘人。清光緒十七年生。巴英額之弟。京師憲兵司令官。

劉允升　字守忱。山東日照人。清光緒八年生。奉天警察傳習所畢業。齊齊哈爾警察廳長。

劉廷選　字梓陽。吉林伊通人。清光緒九年生。奉天法政專門學校畢業。黑龍江省民政廳長。

劉志格　遼寧旅順人。清光緒二十七年生。旅順師范學校畢業。鐵嶺警察廳長。

劉尚華　憲兵總團司令官。

劉秉璋　遼寧開原人。清光緒十二年生。奉天法政學堂畢業。民政部土木司長,龍江稅務監督署長。

劉負初　字寄綠。四川奉節人。清光緒十五年生。福建法政學堂畢業。奉天省民生廳長,吉林省民生廳長。

劉炳藻　字紱卿。河北省人。清光緒十三年生。直隸法政專門學校畢業。黑龍江高等檢察廳長,吉林高等檢察廳長,錦州高等檢察廳長。

劉恩格　字鯉門。遼寧遼陽人。清光緒十七年生。日本早稻田大學畢業。立法院秘書廳秘書長。

劉紹衣　字仲聞。遼寧瀋陽人。清光緒十九年生。北京大學畢業。鹽務署長,吉林稅務監督署長,奉天稅務監督署長,專賣總局長。

劉傑三　遼寧開原人。清光緒二十三年生。日本早稻田大學畢業。宮內府內務處長,帝室會計審查局長。

劉夢庚　字炳秋。河北撫寧人。清光緒六年生。北京軍醫學校畢業。熱河省省長。

劉德權　字均衡。遼寧金縣人。清光緒十三年生。日本陸軍士官學校畢業。黑龍江省警務廳長、民政廳長。

劉　毅　字長民。遼寧瀋陽人。清光緒十二

年生。奉天法政專門學校畢業。齊齊哈爾高等檢察廳長。

劉澤漢　山東省人。清光緒二十年生。吉林師范學校畢業。濱江省開拓廳長、民生廳長。

魯　綺　字俠民。吉林懷德人。清光緒二十七年生。警察高等學校畢業。錦州警察廳長,營口警察廳長,佳木斯市市長,熱河省實業廳長。

魯同恩　河北遵化人。清光緒十五年生。北洋法政專門學校畢業。齊齊哈爾高等法院院長。

諾拉嘎爾扎布　漢名包文明,字福亭。昭烏達盟克什克騰旗閑散輔國公。清光緒十四年生。興安西分省民政廳長,興安西省省長。

潘鶚年　字曙紳。江蘇省人。吉林省秘書長(未就職)。

十六畫

薛永魁　福建福清人。清光緒二十九年生。日本東京帝國大學畢業。濱江省開拓廳長,經濟部稅務司長。

薛紹齊　遼寧瀋陽人。清光緒二十八年生。旅順工業大學畢業。奉天郵政管理局副局長。

薛蜀屏　吉林長春人。清光緒二十五年生。北京朝陽大學畢業。齊齊哈爾高等檢察廳長。

蕭露華　字渥均。遼寧北鎮人。清光緒九年生。日本早稻田大學畢業。吉林高等法院首席檢察官,吉林高等法院院長,錦州高等法院院長。

薩嘎拉扎布　漢名鄭鳳翔。昭烏達盟巴林右翼旗人。清光緒三十三年生。滿鐵育成學校畢業。興安總省民生廳長。

盧元善　字仰三。遼寧金縣人。清光緒十四年生。日本宮城農業學校畢業。黑龍江省

實業廳長、民政廳長、民生廳長、專賣總局長,三江省省長,總務廳次長,文教部大臣。

錢魯民　遼寧瀋陽人。清光緒二十六年生。北京師範大學畢業。錦州省實業廳長,安東省實業廳長,興農部馬政局副局長。

鮑觀澄　字冠春。江蘇鎮江人。清光緒二十三年生。天津北洋大學畢業。哈爾濱市政籌備所長,駐日本代表。

憲原　字本之。清光緒二十六年生。清宗室,肅親王善耆第十一子。日本陸軍士官學校畢業。江上軍司令官。

閻傳紱　字紉韜。遼寧金縣人。清光緒二十一年生。日本東京帝國大學畢業。奉天市市長,濱江省省長兼北滿特別區長官,吉林省省長,司法部大臣。

閻德潤　遼寧海城人。清光緒二十二年生。南滿醫學堂畢業。哈爾濱市衛生處長,民生部厚生司長、禁煙司長。

十七畫

韓雲階　名樂隆。字雲階,以字行。遼寧金縣人。清光緒十九年生。日本名古屋高等工業學校畢業。黑龍江省實業廳長,黑龍江省省長,龍江稅務監督署長,新京市市長,財政部大臣。

戴仁　字伯賢。清光緒六年生。進士出身。代司法部行刑司長。

戴景賢　字希之。遼寧瀋陽人。清光緒二十五年生。奉天法政學校畢業。鐵嶺市市長。

魏宗蓮　字蓮溪。山東德縣人。清光緒十一年生。日本東京帝國大學畢業。吉黑榷運局長,吉黑榷運署長。

魏紹周　字繩武。遼寧義縣人。清光緒三年生。舉人出身。東省特別區教育廳長、秘書長。

魏景賢　字紹廷。遼寧瀋陽人。清光緒十四年生。日本早稻田大學畢業。錦州省教育

廳長,牡丹江省民生廳長,熱河省實業廳長。

鍾毓　字輯五。遼寧瀋陽人。清光緒元年生。日本法政大學速成科畢業。濱江市政籌備處長,黑龍江省民政廳長,黑河省省長。

鍾鏡瑩　江蘇松江人。清光緒十九年生。日本東京高等工業學校畢業。公主嶺市副市長,牡丹江市副市長。

謝介石　字又安。福建惠安人。清光緒四年生於臺灣新竹。日本明治大學畢業。吉林省交涉署長,外交部總長,外交部大臣,參議府參議,駐日本大使。

謝廷秀　遼寧旅順人。清光緒三十一年生。大同學院畢業。新京市行政處長。

謝雨琴　黑龍江五常人。清光緒三十二年生。北京朝陽大學畢業。三江省民生廳長,北安省民生廳長,濱江省民生廳長。

應振復　字梓里。遼寧遼陽人。清光緒十年生。日本陸軍士官學校畢業。代憲兵司令官,憲兵司令官,第五軍管區司令官,第四軍管區司令官。

十八畫

額勒春　字樂田。黑龍江東布特哈人。清光緒五年生。興安東分省省長,興安東省省長。

額爾欽巴圖　呼倫貝爾新巴爾虎左翼旗人。清光緒八年生。興安北省省長,興安總省諮議。

額爾登　漢名金耀卅。黑龍江龍江人。清光緒三十年生。黑龍江省第一師范學校畢業。興安東省民生廳長、開拓廳長。

十九畫

蘇正本　遼寧遼陽人。清光緒三十年生。日本早稻田大學畢業。海拉爾市副市長。

蘇勒芳阿　興安北分省海拉爾警察局長。

羅振玉　字叔言。浙江上虞人。清同治五年

生。參議府參議,監察院長。

羅振邦　字靖寰。吉林海龍人。清光緒二十一年生。日本東京高等師范學校畢業。吉林省實業廳長,經濟部商務司長,專賣總局長,駐意大利公使兼駐西班牙公使,郵政總局長。

羅福葆　字君羽。浙江上虞人。清光緒二十三年生。羅振玉之子。宮內府內務處長、掌禮處長。

嚴東漢　遼寧昌圖人。清光緒四年生。日本法政大學畢業。哈爾濱航政局長。

龐作屏　字鎮湘。遼寧綏中人。清光緒十七年生。北京法政專門學校畢業。黑龍江省財政廳長。

龐鳳書　遼寧遼陽人。清光緒二十一年生。日本早稻田大學畢業。奉天市行政處長,熱河省民生廳長。

闞潮洗　字子珍。原名闞朝璽。遼寧盤山人。清光緒十年生。滿洲中央銀行副總裁、總裁。

關成山　清光緒十六年生。保定軍官學校畢業。第十一軍管區司令官,第二軍管區司令官。

關溥濤　黑龍江龍江人。清光緒二十年生。北京朝陽大學畢業。四平市副市長。

關慶麟　遼寧義縣人。清光緒二十四年生。北京大學畢業。熱河省朝陽辦事處長。

二十畫

寶　熙　字瑞臣。清宗室。進士出身。執政府內務處長,代府中令,內務處內務長,參議府參議。

竇聯芳　字桂五。遼寧遼陽人。清同治十三年生。東三省講武堂肄業。黑龍江省警務廳長。

人名録之二

人名録之二所收人名爲本職官年表内的日本官吏及少量的朝鮮官吏（當時稱之爲"半島日係"）。

人名録姓氏檢字表

二　畫

二入

三　畫

三工土下大上山川久丸及小

四　畫

井天木五太犬日中内手毛片今尹水

五　畫

玉正甘古本辻石平北甲田生矢代白市半永疋加

六　畫

寺吉西成早竹仲伊向行舟多米江池宇安阪羽

七　畫

坂村杉赤志李岐町別足佐作近谷角尾阿

八　畫

青武坪林板松直若茅長東岸岩岡牧和依迫金肥於河沼宗空

九　畫

城相柏草荒持皆貞品星秋重泉後風庭畑前美津宮神除

十　畫

桂都真荻栗連馬原柴財島倉高浦酒袖桑

十一畫

堀梅副菊菅盛野國笠船猪望鹿清淺深隈

十二畫

植椎喜萬森黑筑筒奧御飯勝遊曾渡渥富登結

十三畫

楠遠當照園鈴溝源福

十四畫

槙樋對廣

十五畫

增橫駒影稻德劉慶澁

十六畫

橋薄篠澤隱

十七畫

橿櫛鮫齋濱

十八畫

藥藤鯉龜

十九畫

難蘆瀨關

二十一畫

鎌

二十四畫

鹽

人名録之二

二　畫

二階堂喜一郎　宮城縣人。明治三十年生。東京帝國大學畢業。牡丹江高等法院院長，哈爾濱高等法院次長。

入江貫一　東京市人。明治九年生。東京帝國大學畢業。宮內府次長。

三　畫

三上憲之助　青森縣人。明治三十年生。內務省警察講習所畢業。本溪湖市市長。

三井田重治　山口縣人。明治三十五年生。東京帝國大學畢業。興安總省林政廳長。

三田正夫　山口縣人。明治三十九年生。京都帝國大學畢業。首都警察副總監。

三宅秀也　兵庫縣人。明治三十八年生。東京帝國大學畢業。北安省警務廳長，奉天省警務廳長。

三宅福馬　法制局長。

三谷清　東京市人。明治二十年生。陸軍士官學校畢業。奉天省警務廳長，吉林省總務廳長，吉林省次長，牡丹江省省長，東滿總省省長。

三重野勝　大分縣人。明治二十九年生。東京帝國大學畢業。鞍山市市長，熱河省次長。

三浦武美　弘前人。明治二十五年生。東京帝國大學畢業。外務局次長，外交部次長，駐中國公使。

三浦惠一　山口縣人。明治十四年生。陸軍士官學校畢業。鐵道警護總隊總監，黑河省省長。

三浦碌郎　京都市人。明治十五年生。東京帝國大學畢業。吉林省總務廳長。

三浦靖　宮城縣人。明治二十八年生。小樽高等商業學校畢業。奉天稅務監督署副署長，龍江稅務監督署副署長，哈爾濱市副市長。

三笘彌太郎　署鐵路警護總隊總監。

三箇功　富山縣人。明治二十八年生。東京農業大學畢業。興安北省開拓廳長。

工藤忠　原名工藤鐵三郎，此名爲溥儀所賜。青森縣人。明治十五年生。東京專修大學畢業。宮內府侍衛官長、侍衛處長。

工藤惣吉　青森縣人。明治四十年生。青森縣弘前中學畢業。阜新市警察局長。

土井太市　奈良縣人。日本大學畢業。阜新市警察局長。

土肥原賢二　岡山縣人。明治十六年生。陸軍大學畢業。奉天市市長。

土肥穎　北海道人。明治二十九年生。東京帝國大學畢業。奉天市副市長，錦州省次長，奉天省次長，民生部次長。

下村信貞　福岡縣人。明治三十二年生。東京帝國大學畢業。外務局駐哈爾濱特派員，外交部政務司長，外交部次長。

大川銈介　東京市人。明治二十一年生。陸軍砲工學校畢業。治安部測量局長。

大木義雄　崎玉縣人。明治二十八年生。京都帝國大學畢業。北安省開拓廳長。

大石重雄　東京市人。明治三十四年生。浦鹽俄語學校畢業。代外交部駐哈爾濱特派員。

大石義郎　東京市人。明治三十二年生。京都帝國大學畢業。交通部理水司長、建築司長。

大田正　廣島市人。明治四十年生。東京帝國大學畢業。署奉天稅務監督署長。

大江晃　大阪府人。明治三十七年生。東京帝國大學畢業。外交部政務司長。

大村卓一　福井縣人。明治五年生。扎幌農業學校畢業。大陸科學院院長。

大坪保雄　東京帝國大學畢業。錦州省警務廳長,總務廳法制處長。

大林太久美　岡山縣人。明治二十三年生。海拉爾警察廳長。

大迫幸男　鹿兒島縣人。明治三十四年生。東京帝國大學畢業。間島省總務廳長,興安北省參與官,哈爾濱市副市長,產業部畜產司長,新京市副市長。

大畑蘇一　靜岡縣人。明治二十年生。北安省警務廳長。

大津敏男　福岡縣人。明治二十六年生。東京帝國大學畢業。民政部總務司長,内務局長官。

大島陸太郎　東京市人。明治十七年生。陸軍士官學校畢業。民政部警務司長,牡丹江省省長。

大達茂雄　東京市人。明治二十五年生。東京帝國大學畢業。法制局長,總務廳次長,總務廳長。

大塚讓三郎　茨城縣人。明治三十六年生。東京帝國大學畢業。臨時國勢調查事務局副局長。

大園長喜　熊本縣人。明治二十三年生。陸軍士官學校畢業。黑河省警務廳長,牡丹江省警務廳長,興安北省次長。

大橋忠一　岐阜縣人。明治二十六年生。東京帝國大學畢業。外交部總務司長,外交部次長,外務局長官,參議府參議。

大澤菊太郎　群馬縣人。明治十八年生。東京帝國大學畢業。滿洲中央銀行副總裁。

大澤寅一　東京市人。明治二十三年生。陸軍士官學校畢業。宮内府皇宮近衛處長。

上田知作　高知縣人。明治三十五年生。京都帝國大學畢業。北安省開拓廳長。

上加世田成法　東京市人。明治三十六年生。東京帝國大學畢業。濱江稅務監督署副署長,奉天稅務監督署副署長。

上村哲彌　鹿兒島縣人。明治二十六年生。東京帝國大學畢業。文教部學務司長。

上原群一郎　東京市人。明治二十七年生。東京帝國大學畢業。特許發明局長。

山口民二　岡山縣人。明治四十年生。日本大學畢業。阜新市市長。

山口民治　佐賀縣人。明治二十七年生。東京帝國大學畢業。北滿特別區高等法院首席庭長,哈爾濱高等法院次長,牡丹江高等法院院長,哈爾濱市副市長。

山口重次　千葉縣人。明治二十五年生。奉天市參與官,牡丹江省次長。

山口凱夫　明治二十八年生。陸軍士官學校畢業。興安東省參與官,警務廳長。

山本要助　鐵嶺市警察局長。

山田一隆　福井縣人。明治十四年生。福井縣小浄中學畢業。熱河省警務廳長。

山田弘之　愛知縣人。明治三十二年生。同文書院畢業。錦州市副市長,間島省民生廳長。

山田春雄　東京府人。明治三十三年生。地畝管理局副局長,齊齊哈爾稅務監督署副署長,牡丹江稅務監督署長。

山田俊介　兵庫縣人。明治三十二年生。東京帝國大學畢業。警務總局長。

山田龜一　佐賀縣人。明治三十五年生。牡丹江郵政管理局長,奉天郵政管理局長。

山成喬六　岡山縣人。明治五年生。東京高等學校畢業。滿洲中央銀行副總裁。

山名義觀　津市市人。明治三十六年生。東亞同文書院畢業。齊齊哈爾市副市長。

山菅正誠　靜岡縣人。明治三十一年生。東京帝國大學畢業。牡丹江省警務廳長,龍江省次長,奉天市副市長,地政總局副局長。

山野井四郎　水戶市人。明治三十二年生。東京高等商船學校畢業。安東航務局長。

山野重雄　大阪市人。明治三十六年生。東京帝國大學畢業。經濟部礦山司長。

山梨武夫　靜岡縣人。明治三十五年生。東北帝國大學畢業。經濟部專賣總局副局長、稅務司長、商務司長,哈爾濱市副市長。

川又甚一郎　愛媛縣人。明治二十三年生。吉林高等檢察廳首席檢察官、次長,奉天高等檢察廳次長。

川上六馬　岡山縣人。明治三十五年生。慶應大學畢業。新京市衛生處長,民生部保健司長。

川崎寅雄　岡山縣人。明治二十三年生。外交部宣化司長,總務廳情報處長。

川瀨石仙　宮崎縣人。明治三十八年生。東京帝國大學畢業。通化省警務廳長。

久下沼英　茨城縣人。明治二十二年生。茨城縣大田中學畢業。瀋陽警察廳副廳長。

久米成夫　鹿兒島縣人。明治十五年生。東京帝國大學畢業。奉天省警務廳長,文教部總務廳長。

久保田文一　長野縣人。明治二十四年生。日本大學畢業。吉林高等檢察廳次長,哈爾濱高等檢察廳次長。

久保田有年　岐阜縣人。明治三十一年生。公主嶺市警察局長。

久保田榮祐　東京市人。明治三十六年生。日本大學畢業。齊齊哈爾高等法院次長。

丸才司　千葉縣人。明治二十九年生。東京帝國大學畢業。北滿特別區高等檢察廳首席檢察官,哈爾濱高等檢察廳次長。

及川三男　宮城縣人。明治二十七年生。東京外國語學校畢業。熱河省地政局副局長。

及川德助　岩手市人。明治二十三年生。東京帝國大學畢業。司法部次長兼司法部法學校校長。

小川國廣　千葉縣人。明治二十九年生。明治大學畢業。牡丹江警察廳長。

小平權一　長野縣人。明治十七年生。東京帝國大學畢業。參議府參議。

小田孝三　香川縣人。明治二十六年生。署黑河省警務廳長,奉天市警察局副局長。

小田原三郎　鹿兒島縣人。明治四十年生。東京高等商船學校畢業。安東航務局副局長。

小林義信　東京市人。明治二十年生。陸軍士官學校畢業。熱河省警務廳長,錦州省警務廳長。

小林徹一　長崎縣人。明治三十七年生。拓殖大學畢業。哈爾濱市警察局副局長。

小岩井諫衛　長野縣人。明治二十七年生。里山補習學校畢業。鞍山市警務處長。

小泉三郎　茨城縣人。明治二十二年生。陸軍經理學校畢業。總務廳需用處長。

小泉敏次　大阪市人。明治三十一年生。東京帝國大學畢業。哈爾濱高等法院次長,奉天高等法院次長。

小胎今朝治郎　長野縣人。明治三十四年生。東京外國語學校畢業。鐵嶺市副市長,佳木斯市副市長。

小原二三夫　東京府人。明治三十五年生。京都帝國大學畢業。郵政總局副局長,宮內府總務處長。

小島榮次郎　都城市人。明治二十三年生。錦州郵政管理局長。

小海鼎　新潟縣人。明治三十七年生。北海道帝國大學畢業。鞍山市工務處長,奉天市工務處長。

小野正康　文教部教學司長。

小蟠勇三郎　東京市人。早稻田大學畢業。齊齊哈爾高等檢察廳次長。

四　畫

井上元四郎　東京市人。明治三十二年生。東京帝國大學畢業。錦州省地政局副局長。

井上仁三郎　明治三十五年生。東京外國語學校畢業。代宮內府警務處長。

井上忠也　熊本縣人。明治十二年生。陸軍大學畢業。大同學院院長，參議府參議。

井上俊太郎　三重縣人。明治三十九年生。東京帝國大學畢業。畜產局副局長，林野局長。

井上義人　福岡縣人。明治三十八年生。九州帝國大學畢業。東安省開拓廳長，三江省開拓廳長。

井上實　福岡縣人。明治三十八年生。北海道帝國大學畢業。牡丹江省開拓廳長，興農部畜產司長，糧政司長。

井口忠彥　長野縣人。明治三十七年生。東京帝國大學畢業。哈爾濱市實業處長，吉林市副市長，奉天市實業處長、經濟處長。

井出廉三　新京高等檢察廳次長。

井野英一　大阪市人。明治十七年生。東京帝國大學畢業。最高法院次長、院長，參議府參議。

天野作藏　鳥取縣人。明治十七年生。濱江稅務監督署副署長。

木田清　山形縣人。明治三十三年生。東京商業大學附設商業教員養成所畢業。民生部教育司長兼新京法政大學學長，文教部學務司長，錦州省次長，總務廳人事處長。

木付鎮雄　熊本縣人。明治三十九年生。同文書院畢業。吉林省警務廳長。

木金昌孝　廣島縣人。明治二十七年生。京城中學教員養成所畢業。間島市市長。

五十子卷三　東京府人。明治三十年生。東京帝國大學畢業。實業部農務司長，產業部農務司長，吉林省次長，開拓總局長，東滿省省長。

五十嵐真作　新潟縣人。明治三十五年生。東京帝國大學畢業。安東省建設廳長、交通廳長兼安東航務局長。

太田米雄　鐵路警護軍總司令。

太田耐造　東京市人。明治三十六年生。東京帝國大學畢業。司法部刑事司長。

太田哲夫　金澤市人。明治三十七年生。金澤高等工業學校畢業。錦州省交通廳長，通化省交通廳長。

犬塚善吉　岡崎市人。明治二十五年生。高輪中學畢業。興安北省警務廳長。

日地鷹雄　廣島縣人。明治三十一年生。尾道商業學校畢業。東安市市長。

中山優　駐中國公使。

中井久二　鳥取縣人。明治三十年生。明治大學畢業。黑河省次長，司法部司法矯正總局局長。

中江千里　阜新市副市長。

中村貞輔　山口縣人。明治二十年生。京都帝國大學畢業。奉天省土木廳長。

中村撰二　神奈川縣人。明治三十一年生。東京帝國大學畢業。興安東省參與官，興安南省參與官，興安西省次長，黑河省次長。

中村豐治　鹿兒島縣人。明治三十七年生。京都帝國大學畢業。新京稅務監督署副署長，通化省實業廳長。

中根不羈雄　東京市人。明治三十二年生。東京帝國大學畢業。駐中國通商代表。

中原鴻洵　原名劉鴻洵。朝鮮忠州郡人。1889年生。間島省民政廳長、實業廳長兼民生廳長，間島省次長，參議府參議。

中島九平　福岡縣人。明治十九年生。陸軍士官學校畢業。治安部測量局長。

中島俊雄　金澤市人。明治三十一年生。東京帝國大學畢業。奉天電政管理局長，奉天郵政管理局副局長、代局長，通化省次長，濱江省次長。

中島健治　宮城縣人。明治三十二年生。京都帝國大學畢業。興安北省警務廳長，牡丹江省警務廳長，錦州省警務廳長。

中野四郎　滋賀縣人。明治三十五年生。京都帝國大學畢業。熱河省警務廳長。

中野英光　治安部顧問部最高顧問。

中野俊助　福岡市人。明治十二年生。東京帝國大學畢業。黑龍江高等檢察廳首席檢察官,齊齊哈爾高等檢察廳次長,錦州高等檢察廳次長,吉林高等檢察廳次長。

中野勇介　福岡縣人。明治二十七年生。滿洲里市市長。

中野琥逸　廣島縣人。明治二十九年生。京都帝國大學畢業。民政部總務司長,熱河省總務廳長,吉林省總務廳長。

中澤武夫　奈良市人。明治三十八年生。東京帝國大學畢業。吉林稅務監督署副署長,濱江稅務監督署副署長。

内田孝　和歌山市人。明治二十一年生。專修大學畢業。營口市副市長。

内田定爾　静岡縣人。明治三十三年生。日俄協會學校畢業。遼陽市副市長。

内海二郎　廣島縣人。明治二十八年生。關中大學畢業。交通部航空司長。

手島朋義　宮城縣人。明治三十二年生。東京帝國大學畢業。黑河省次長,奉天稅務監督署副署長,三江省次長。

毛里英於菟　福岡縣人。明治三十五年生。東京帝國大學畢業。龍江稅務監督署副署長。

毛利佐郎　堺市人。明治三十八年生。東京帝國大學畢業。東安省開拓廳長,東滿省開拓廳長。

毛利富一　大分縣人。明治二十五年生。大分縣師范學校畢業。間島省次長。

片岡甚太郎　京都府人。明治二十六年生。東京憲兵訓練所畢業。鞍山市警務處長。

今川嘉高　福井縣人。明治三十二年生。中央大學畢業。黑河省警務廳長,奉天市警察局副局長。

今井敏夫　福井縣人。明治二十六年生。京都帝國大學畢業。錦州高等法院次長。

今吉均　中津市人。明治三十九年生。東京帝國大學畢業。間島省開拓廳長,龍江省警務廳長。

今里進三　福岡縣人。明治三十四年生。京都帝國大學畢業。新京稅務監督署副署長。

尹明善　朝鮮忠清南道人。1900年生。東京帝國大學畢業。間島省民生廳長。

水原義雄　高松市人。明治三十七年生。早稻田大學畢業。安東航務局長,營口航務局長。

五　畫

玉井又之丞　愛媛縣人。明治二十八年生。東京帝國大學畢業。奉天高等法院首席庭長、次長。

正岡輝　高知縣人。明治三十七年生。京都帝國大學畢業。黑河省警務廳長。

甘粕正彥　東京市人。明治二十四年生。陸軍士官學校畢業。代民政部警務司長。

古田正武　東京市人。明治二十一年生。東京帝國大學畢業。司法部總務司長兼司法部法學校長,司法部次長,參議府參議。

古海忠之　京都府人。明治三十三年生。東京帝國大學畢業。總務廳人事處長、主計處長,經濟部次長,總務廳次長,署企劃處長兼企劃局長,署弘報局長。

古館尚也　佐賀縣人。明治三十一年生。東京帝國大學畢業。四平街市市長,鞍山市市長,牡丹江市市長,北安省次長,地政總局副局長。

古館純一　佐賀縣人。明治三十七年生。京都帝國大學畢業。吉林市副市長。

本多静　福井縣人。明治三十六年生。東京帝國大學畢業。交通部運輸司長。

本鄉窗一　岡山縣人。明治三十四年生。日

俄協會學校畢業。間島市市長。

本間賢亮　秋田縣人。明治三十八年生。滿洲醫科大學畢業。哈爾濱市衛生處長。

本間德雄　新潟縣人。明治二十二年生。東京帝國大學畢業。水利電氣建設局副局長、局長。

辻剃郎　最高法院次長，司法部次長。

辻參正　廣島市人。明治二十八年生。京都帝國大學畢業。牡丹江高等法院院長。

石川周治　北海道人。明治二十年生。熱河稅務監督署副署長。

石井謹爾　千葉縣人。明治二十四年生。東京帝國大學畢業。最高檢察廳次長。

石田芳穗　津山市人。明治三十九年生。東北帝國大學畢業。經濟部化學司長、兵器司長。

石田茂　本溪湖市市長。

石田磊　米子市人。明治三十六年生。東京商業大學畢業。經濟部工務司長、礦山司長、金屬司長、鋼鐵司長。

石坂弘　熊本縣人。明治三十五年生。東京帝國大學畢業。產業部農務司長兼特產局長。

平山一男　高松市人。明治二十五年生。陸軍經理學校畢業。牡丹江市市長。

平川保一　奉天市工務處長。

平川哲夫　軍事部軍政司長。

平井出貞三　山梨縣人。明治二十四年生。東京帝國大學畢業。交通部總務司長兼郵務司長。

平田淳　福岡縣人。明治二十八年生。早稻田大學畢業。鐵嶺市副市長。

平田勳　東京府人。明治二十一年生。東京帝國大學畢業。最高檢察廳次長。

平林盛一　治安部顧問部最高顧問。

平島敏夫　宮崎縣人。明治二十四年生。東京帝國大學畢業。錦州省總務廳長，錦州省次長。

平野博　福島縣人。明治三十九年生。同文書院畢業。本溪湖市市長，吉林市副市長。

平野馨　佐賀縣人。明治二十四年生。同文書院畢業。奉天稅務監督署副署長。

北村久直　大津市人。明治三十二年生。京都帝國大學畢業。齊齊哈爾高等檢察廳次長，哈爾濱高等檢察廳次長，司法部刑事司長。

北岡昆　安東航務局長。

北原正一　靜岡縣人。明治三十六年生。東北帝國大學畢業。奉天市警察局副局長，三江省警務廳長。

北野重雄　大阪市人。明治三十六年生。東京帝國大學畢業。經濟部礦山司長。

甲斐正治　熊本縣人。明治二十七年生。明治大學畢業。營口市副市長，鞍山市行政處長。

甲斐政治　宮崎縣人。明治三十五年生。九州帝國大學畢業。黑河省開拓廳長。

田中由五郎　東京市人。明治二十四年生。陸軍士官學校畢業。興安北省開拓廳長。

田中要次　鳥取縣人。明治二十七年生。陸軍士官學校畢業。三江省警務廳長。

田中恭　和歌山市人。明治三十二年生。財政部理財司長、代總務司長，經濟部金融司長。

田中孫平　小倉市人。明治三十五年生。同文書院畢業。東安省開拓廳長，東安省次長，興農部糧政司長，開拓總局長。

田中義男　廣島縣人。明治三十四年生。東京帝國大學畢業。文教部次長，署學務司長。

田中龜藏　茨城縣人。明治二十九年生。哈爾濱稅務監督署副署長。

田中鐵三郎　茨城縣人。明治三十四年生。秋田礦業專科學校畢業。滿洲中央銀行總裁。

田代重德　東京市人。明治二十九年生。東京帝國大學畢業。外務局次長。

田坂又十郎　廣島縣人。明治二十七年生。哈爾濱市警察局副局長，東安省警務廳長。

田村十一　山口縣人。明治三十八年生。京都帝國大學畢業。三江省交通廳長。

田村仙定　東京市人。明治三十四年生。東京帝國大學畢業。首都警察副總監，民生部勞務司長，三江省次長，東滿總省次長，總務廳防空部長，總務廳地方處長。

田村敏雄　京都府人。明治二十九年生。京都帝國大學畢業。通化省次長，經濟部稅務司長，民生部教育司長，濱江省次長。

田所耕耘　和歌山市人。明治二十年生。東京高等商業學校畢業。新京法政大學學長。

田倉八郎　交通部航空司長。

田崎庫三　長崎縣人。明治三十一年生。同文書院畢業。通化市副市長。

田邊秀雄　岡山縣人。明治三十年生。東京帝國大學畢業。熱河省次長，地政總局副局長，四平省次長。

田邊治通　山梨縣人。明治十一年生。東京帝國大學畢業。參議府參議，參議府副議長。

生松净　橫濱縣人。明治三十四年生。東京帝國大學畢業。駐中國通商代表，官需局長，經濟部商務司長兼貿易司長。

矢田七太郎　靜岡縣人。明治十二年生。東京帝國大學畢業。參議府參議。

矢野正記　廣島縣人。明治三十三年生。東京帝國大學畢業。外交部政務司長。

代谷勝三　大阪市人。明治二十一年生。新京郵政管理局副局長，哈爾濱郵政管理局長。

白井康　櫪木縣人。明治二十五年生。上海東亞同文書院畢業。國務總理大臣秘書官。

白石八郎　岩手縣人。明治三十二年生。中央大學畢業。齊齊哈爾高等檢察廳次長，牡丹江高等檢察廳長，新京高等檢察廳次長。

白濱晴澄　鹿兒島縣人。明治三十年生。哈爾濱日俄協會學校畢業。興安南省參與官，興安總省參與官。

市川五郎　哈爾濱市衛生處長。

市川正俊　長野縣人。明治十九年生。陸軍經理學校畢業。吉林稅務監督署副署長。

市川敏　山口縣人。明治三十七年生。東京帝國大學畢業。間島省開拓廳長，四平省警務廳長，興安南省次長，總務處弘報處長。

半田敏治　福岡市人。明治二十五年生。九州帝國大學畢業。民生部國民勤勞奉公局長，國民勤勞部次長，國民勤勞奉公隊副總司令。

永井四郎　富山縣人。明治二十五年生。東京帝國大學畢業。黑龍江省總務廳長，龍江省總務廳長。

永井哲夫　兵庫縣人。明治三十五年生。東京帝國大學畢業。專賣總局副局長。

永松增郎　佳木斯警察廳長。

永島忠道　神奈川縣人。明治二十四年生。東京帝國大學畢業。蒙政部勸業司長。

疋田拾三　東京市人。明治三十四年生。法政大學畢業。錦州市副市長。

加藤八郎　山形縣人。明治三十五年生。東京帝國大學畢業。專賣總局副局長兼經濟部稅務司長、商務司長。

加藤日吉　佐賀縣人。明治二十五年生。同文書院畢業。駐德國通商代表。

加藤内藏助　東京市人。明治十六年生。東京帝國大學畢業。帝室會計審查局長。

六　畫

寺岡健次郎　山形縣人。明治三十七年生。

東京帝國大學畢業。興農部合作社司長。

寺崎英雄　佐賀縣人。明治二十一年生。東京帝國大學畢業。監察院審計部長、代院長,審計局長官。

吉田一盛　公主嶺市警察局長。

吉村秀藏　岡山縣人。明治二十年生。間島省警務廳長,哈爾濱警察廳副廳長。

吉村富之助　鹿兒島縣人。明治三十四年生。九州帝國大學畢業。新京市工務處長兼水道處長。

吉野不二雄　福島縣人。明治十九年生。日本大學畢業。吉林市參與官。

吉野淑計　京都府人。明治二十七年生。京都帝國大學畢業。吉林高等法院首席庭長、次長。

西山政豬　高知縣人。明治十六年生。東京帝國大學畢業。文教部總務司長。

西山勉　高知縣人。明治十八年生。東京高等商業學校畢業。滿洲中央銀行總裁。

西川精開　廣島縣人。明治二十八年生。日本大學畢業。錦州高等檢察廳次長,哈爾濱高等檢察廳次長。

西久保良行　市川市人。明治二十八年生。東京帝國大學畢業。奉天高等法院次長,最高法院次長。

西辻定彥　熊本縣人。明治三十三年生。佳木斯市警察局長。

西江照男　岡山縣人。明治四十四年生。扎賚諾爾市市長。

西村淳一郎　兵庫縣人。明治二十七年生。東京帝國大學畢業。財政部總務司長,財政部次長。

西芳雄　熊本縣人。明治三十年生。阜新市市長。

西尾極　兵庫縣人。明治三十五年生。東京帝國大學畢業。錦州高等法院次長,牡丹江高等法院院長,間島省次長。

成澤直亮　長野縣人。明治十八年生。東京外國語學校畢業。黑河省總務廳長。

成瀨芳太郎　間島市警察局長。

早借喜太郎　富山縣人。明治十四年生。奉天稅務監督署副署長,吉林稅務監督署副署長,濱江稅務監督署副署長。

竹下義晴　治安部顧問部最高顧問。

竹內節雄　愛知縣人。明治三十七年生。京都帝國大學畢業。黑河省警務廳長,首都警察副總監,奉天省警務廳長,三江省次長,奉天市副市長。

竹內德亥　青森縣人。明治二十一年生。東京帝國大學畢業。民政部總務司長,交通部總務司長,奉天省總務廳長,奉天省次長。

仲西實雄　奈良縣人。明治三十二年生。遞信官吏養成所畢業。錦州郵政管理局副局長,哈爾濱郵政管理局長。

伊地知辰夫　鹿兒島縣人。明治三十七年生。東京帝國大學畢業。經濟部稅務司長。

伊地知綱彥　鹿兒島縣人。仙台高等工業學校畢業。奉天市工務處長。

伊東喜八郎　大分縣人。明治十五年生。東京帝國大學畢業。興安北省參與官。

伊藤治郎　本溪湖市警察局長。

伊藤容憲　山梨縣人。明治十九年生。間島省警務廳長,吉林省警務廳長。

伊藤莊之助　新潟縣人。明治二十六年生。東京帝國大學畢業。產業部林野局長。

伊藤博　大阪市人。明治三十八年生。東京帝國大學畢業。經濟部貿易司長,總務廳主計處長。

向井俊郎　八幡市人。明治三十年生。東京帝國大學畢業。法制局統計處長,總務廳統計處長,官需局長,審計局長官。

向野元生　福岡縣人。明治三十六年生。東京帝國大學畢業。交通部鐵路司長,牡丹江省次長。

行山義光　東京市人。明治二十年生。京都帝國大學畢業。奉天高等法院首席庭長，黑龍江高等法院首席庭長，齊齊哈爾高等法院次長。

舟田清一郎　秋田縣人。明治三十七年生。京都帝國大學畢業。新京市衛生處長。

多田晃　岡山縣人。明治二十七年生。東京帝國大學畢業。安東市市長，龍江省次長，奉天市副市長。

多田駿　明治十五年生。陸軍大學畢業。軍政部顧問部最高顧問。

米田正文　福岡縣人。明治三十七年生。九州帝國大學畢業。安東省土木廳長、建設廳長，奉天省交通廳長。

米田清吉　奈良縣人。明治二十八年生。新京郵政管理局長。

米田富　兵庫縣人。明治二十八年生。興安北省開拓廳長。

米光作太　熊本縣人。明治四十年生。法政大學畢業。吉林省林政廳長。

米村茂　熊本縣人。明治三十年生。熊本第二師范學校畢業。興安南省警務廳長，間島省警務廳長，牡丹江市市長。

江口治　東京市人。明治十四年生。早稻田大學畢業。間島省警務廳長。

江原綱一　岡山縣人。明治二十九年生。東京帝國大學畢業。哈爾濱市總務處長，哈爾濱市副市長，間島省次長。

池田和實　愛知縣人。明治三十七年生。東京帝國大學畢業。通化省警務廳長，吉林省警務廳長。

池田敬一　岡山縣人。明治三十年生。牡丹江市警務處長。

池野清躬　酒田市人。明治三十九年生。東京帝國大學畢業。濱江省警務廳長。

池端敏　石川縣人。明治三十九年生。拓殖大學畢業。北安省警務廳長。

宇山兵士　宇部市人。明治三十一年生。東京帝國大學畢業。新京市財務處長，牡丹江省次長。

宇佐美勝　山形縣人。明治二年生。東京帝國大學畢業。國務顧問。

宇野音治　熊本縣人。明治二十三年生。陸軍士官學校畢業。滿洲里警察廳長，興安南省警務廳長，熱河省警務廳長。

安武慎一　福岡縣人。明治三十一年生。拓殖大學畢業。東安省警務廳長，錦州省警務廳長。

安藤貞夫　岡山縣人。明治二十五年生。憲兵練習所畢業。海拉爾警察廳長，興安東省警務廳長，興安南省警務廳長，海拉爾市市長。

阪田純雄　橫濱市人。明治三十七年生。東京帝國大學畢業。濱江稅務監督署副署長，奉天稅務監督署副署長。

阪谷希一　東京市人。明治二十二年生。東京帝國大學畢業。財政部總務司長，總務廳次長，總務廳長。

羽田野平山　新潟縣人。明治二十一年生。憲兵練習所畢業。興安西省警務廳長。

羽生秀吉　東京市人。明治三十一年生。慶應大學畢業。奉天省衛生處長。

七　畫

坂上丈三郎　福島縣人。明治二十六年生。東京帝國大學畢業。交通部水路司長、理水司長。

坂井丈七郎　新潟縣人。明治三十六年生。京都帝國大學畢業。錦州高等檢察廳次長。

坂本泰一　東京市人。明治三十六年生。東京帝國大學畢業。臨時國勢調查事務局副局長，哈爾濱市實業處長。

坂本義二三　福島縣人。明治三十五年生。內務省警察講習所畢業。鞍山市警務處長。

坂田昌亮　熊本縣人。明治三十三年生。東京帝國大學畢業。交通部道路司長。

坂房吉　三重縣人。明治三十二年生。佳木斯市警務處長。

坂梨良三　熊本縣人。明治三十四年生。同文書院畢業。滿洲里市市長。

村上則忠　熊本市人。明治三十年生。東京帝國大學畢業。齊齊哈爾高等檢察廳次長,錦州高等檢察廳次長,牡丹江高等檢察廳長。

村口康次郎　東京市人。明治三十六年生。東京帝國大學畢業。齊齊哈爾高等檢察廳次長,錦州高等檢察廳次長。

村川五郎　鳥取市人。明治三十年生。東京帝國大學畢業。新京市衛生處長。

村井矢之助　熊本縣人。明治二十四年生。陸軍士官學校畢業。熱河省警務廳長,吉林省警務廳長,東安省次長,鞍山市市長,黑河省省長。

村田福茨郎　北海道人。明治三十一年生。本溪湖市市長,奉天市實業處長,哈爾濱市實業處長。

村田精三　八戶市人。明治三十七年生。早稻田大學畢業。黑龍江省警務廳長。

杉岡令一　岐阜縣人。明治二十八年生。公主嶺市市長。

杉原一策　廣島縣人。明治三十二年生。東京帝國大學畢業。錦州高等檢察廳次長,哈爾濱高等檢察廳次長,新京高等檢察廳次長,司法部刑事司長。

赤澤辰三郎　德島縣人。明治二十年生。德島縣立脅町中學畢業。龍江省警務廳長。

志方益三　東京市人。明治二十八年生。東京帝國大學畢業。大陸科學院副院長、署院長。

李范益　1940年改名清原范益。

岐部與平　大分縣人。明治二十八年生。哈爾濱電政管理局長,哈爾濱郵政管理局長,牡丹江省次長,東安省次長,東安省省長,間島省省長。

町田義知　德山市人。明治三十一年生。東京帝國大學畢業。交通部道路司長兼水路司長,土木總局長。

別所大　三重縣人。明治二十年生。東京帝國大學畢業。齊齊哈爾高等法院次長。

別宮秀夫　愛媛縣人。明治二十年生。東京帝國大學畢業。安東省總務廳長,安東省次長,奉天省次長。

足立義之助　鳥取縣人。明治三十五年生。京都帝國大學畢業。間島省開拓廳長。

佐佐木到一　治安部顧問部最高顧問。

佐枝常一　鹿兒島縣人。明治二十七年生。京都帝國大學畢業。駐中國通商代表,文教部教學司長、學務司長。

佐藤五郎　熊本縣人。明治二十二年生。本溪湖警察廳長。

佐藤正俊　崎玉縣人。明治十九年生。東京帝國大學畢業。哈爾濱市總務處長。

佐藤俊久　明治十一年生。東京帝國大學畢業。哈爾濱市工務處長兼總務處長。

佐藤通男　福岡縣人。明治三十七年生。浦鹽斯德俄國學校畢業。哈爾濱航務局副局長,哈爾濱郵政管理局長。

作田莊一　山口縣人。明治十一年生。東京帝國大學畢業。建國大學副總長。

近藤三雄　山口縣人。明治三十六年生。京都帝國大學畢業。濱江稅務監督署副署長。

近藤安吉　東京市人。明治二十年生。京都帝國大學畢業。龍江省次長。

近藤清成　北海道人。明治三十二年生。哈爾濱日俄協會學校畢業。臨時國勢調查事務局副局長。

近藤謙三郎　高知縣人。明治三十年生。東京帝國大學畢業。哈爾濱市工務處長。

谷口明三　山口縣人。東京帝國大學畢業。安東省警務廳長，奉天省警務廳長，治安部警務司長。

谷口慶弘　鹿兒島縣人。明治二十年生。代首都警察總監。

角田忠夫　山梨縣人。明治三十四年生。東京帝國大學畢業。安東省警務廳長，四平省次長。

尾高龜藏　東京市人。明治十七年生。陸軍大學畢業。建國大學副總長。

阿川幸壽　山口縣人。明治三十四年生。京都帝國大學畢業。四平街市市長，安東市市長。

阿比留乾二　長崎縣人。明治三十年生。東京帝國大學畢業。司法部總務司長。

阿部孝作　大分縣人。明治二十年生。鞍山警察廳長。

阿部昊　宮城縣人。明治三十四年生。北海道帝國大學畢業。三江省林政廳長。

阿部金壽　宮城縣人。明治二十八年生。東京憲兵訓練所畢業。鐵嶺市副市長，遼陽市副市長。

八　畫

青木佐治彥　東京府人。明治二十八年生。東京帝國大學畢業。司法部民事司長，總務廳法制處長，參議府秘書局長兼審計局長官，最高法院次長。

青木實　東京市人。明治三十四年生。東京帝國大學畢業。財政部稅務司長、金融司長，總務廳企劃處長，經濟部次長。

青木碻郎　新潟縣人。明治三十二年生。東京帝國大學畢業。興農部糧政司長。

武內哲夫　福岡縣人。明治二十九年生。東京帝國大學畢業。錦州省次長兼地政局長。

武宮雄彥　鹿兒島縣人。明治十九年生。京都帝國大學畢業。尚書府秘書官長。

武部六藏　東京府人。明治二十六年生。東京帝國大學畢業。總務廳長官。

武藤吉治　秋田縣人。明治二十五年生。京都帝國大學畢業。新京市工務處長，臨時首都建設局副局長，哈爾濱市工務處長。

武藤喜一郎　黑河省警務廳長，四平省警務廳長。

武藤富男　靜岡縣人。明治三十七年生。東京帝國大學畢業。總務廳弘報處長。

坪上貞二　東京市人。明治二十七年生。東京高等商業學校畢業。參議府參議。

林昌雄　津山市人。明治三十七年生。同文書院畢業。通化市副市長。

林數馬　山梨縣人。明治二十九年生。東京外國語學校畢業。錦州郵政管理局副局長，新京郵政管理局副局長。

板垣征四郎　岩手縣人。明治十八年生。陸軍大學畢業。軍政部顧問部最高顧問。

松下芳三郎　鳥取縣人。明治二十三年生。京都帝國大學畢業。間島省總務廳長，錦州省警務廳長。

松川恭佐　東京市人。明治二十五年生。東京帝國大學畢業。林野總局長，興農部林政司長。

松井太久郎　治安部顧問部最高顧問。

松井退藏　名古屋市人。明治三十六年生。京都帝國大學畢業。交通部道路司長，通化省次長，地政總局副局長。

松木俠　仙台市人。明治三十一年生。東京帝國大學畢業。代法制局長，總務廳秘書處長、法制處長，參議府秘書局長，總務廳次長，審計局長官，大同學院院長。

松木進　鞍山市工務處長。

松本益雄　門司市人。明治三十三年生。國士館畢業。國務總理大臣秘書官。

松田令輔　山口縣人。明治三十三年生。東京帝國大學畢業。總務廳主計處長、企劃處長，經濟部次長，奉天省次長。

松田芳助　山形縣人。明治二十三年生。盛岡高等農業學校畢業。北滿特別區警務處長，哈爾濱警察廳副廳長，錦州省警務廳長，三江省總務廳長，三江省次長，奉天市副市長，龍江省次長。

松村三次　熊本縣人。明治三十一年生。明治大學畢業。東安省開拓廳長，錦州省次長。

松岡三雄　山口縣人。明治三十六年生。京都帝國大學畢業。錦州郵政管理局副局長，新京郵政管理局副局長，奉天郵政管理局長，外交部政務司長。

松岡杏太郎　新潟縣人。明治三十六年生。南滿醫學堂畢業。奉天市衛生處長。

松岡信夫　熊本縣人。明治二十二年生。東京帝國大學畢業。興安西省參與官。

松原純一　島根縣人。明治十七年生。神戶高等商業學校畢業。滿洲興業銀行副總裁。

松島鑑　長野縣人。明治十九年生。東北帝國大學畢業。實業部總務司長，農礦司長，農林司長兼礦務司長，農務司長兼林務司長。

松澤國治　長野縣人。明治二十三年生。東京帝國大學畢業。哈爾濱警察廳副廳長。

直木輪太郎　兵庫縣人。明治九年生。東京帝國大學畢業。國道局長兼大陸科學院院長，民政部土木司長兼水力電氣建設局長。

若林邦敏　三重縣人。明治二十九年生。三重縣立第一中學畢業。興安西省警務廳長。

茅野三郎　茨城縣人。明治二十八年生。錦州稅務監督署副署長。

長谷川進　弘前市人。明治四十年生。東京帝國大學畢業。經濟部化學司長。

長尾吉五郎　香川縣人。明治十五年生。陸軍士官學校畢業。民政部警務司長，宮內府警衛處長。

長岡隆一郎　東京府人。明治十七年生。國務院總務廳長。

長野義雄　東京市人。明治二十二年生。宮內府皇宮近衛處長，黑河省省長。

東城源三　廣島市人。明治三十二年生。東京帝國大學畢業。東滿總省交通廳長。

岸水喜三郎　島根縣人。明治三十五年生。同文書院畢業。間島省民生廳長，齊齊哈爾市副市長。

岸本政治　兵庫縣人。明治二十八年生。憲兵練習所畢業。安東市警務處長。

岸谷隆一郎　青森縣人。明治三十四年生。日俄協會學校畢業。通化省警務廳長，總務廳地方處長，熱河省次長。

岸良一　東京府人。明治二十三年生。東京帝國大學畢業。實業部林務司長，產業部林野局長。

岸信介　山口縣人。明治二十九年生。東京帝國大學畢業。實業部總務司長兼臨時產業調查局長，產業部次長兼特許發明局長，總務廳次長。

岩尾精一　大分縣人。明治三十七年生。東京帝國大學畢業。牡丹江省開拓廳長，東滿總省開拓廳長。

岩滿三七男　都城市人。明治四十三年生。早稻田大學畢業。鞍山市行政處長。

岩澤博　廣島市人。明治三十七年生。東京帝國大學畢業。民生部勞務司長。

岡大路　仙台市人。明治二十二年生。東京帝國大學畢業。建築局長。

岡本武德　岡山縣人。明治三十五年生。岡山師范學校畢業。宮內府內務處長。

岡本忠雄　郵政總局副局長，北安省次長，總務廳地方處長。

岡本練　鐵嶺市警察局長。

岡田文雄　米澤市人。明治三十一年生。慶應大學畢業。禁煙總局副局長。

岡田信　滿洲中央銀行總裁。

岡田總一　兵庫縣人。明治三十四年生。東京帝國大學畢業。安東省警務廳長。

岡部善修　福井縣人。明治四十三年生。東亞同文書院畢業。間島省警務廳長。

牧芳太郎　名古屋市人。明治二十五年生。公主嶺市市長。

牧野克己　室蘭市人。明治三十八年生。北海道帝國大學畢業。興農部農政司長。

和田義雄　長野縣人。明治二十年生。陸軍大學畢業。興農部馬政局長。

依田四郎　大分縣人。明治十五年生。陸軍大學畢業。興安總署次長，蒙政部次長。

迫喜平次　鹿兒島縣人。明治二十二年生。東京帝國大學畢業。總務廳人事處長，交通部總務司長。

金丸德重　山梨縣人。明治三十二年生。東北帝國大學畢業。總務廳人事處長，交通部總務司長。

金井章次　長野縣人。東京帝國大學畢業。奉天省總務廳長，濱江省總務廳長兼北滿特別區總務處長，間島省省長。

金秉泰　朝鮮慶尚北道人。1887年生。間島省民政廳長。

金澤辰夫　明治三十七年生。中央大學畢業。經濟部稅務司長。

肥後正樹　鹿兒島縣人。明治三十八年生。九州帝國大學畢業。錦州省交通廳長。

於保正隆　佐賀縣人。明治二十四年生。陸軍士官學校畢業。軍事部鐵路警護司長。

河內由藏　新潟縣人。明治二十二年生。日本大學畢業。黑河省總務廳長，黑河省次長，興安北省參與官，興安北省次長。

河內志郎　東京市人。明治十九年生。陸軍士官學校畢業。黑龍江省總務廳長，吉林省警務廳長，三江省警務廳長。

河本七三郎　石川縣人。明治三十六年生。警察官練習所畢業。間島市警察局長。

河谷俊清　山口縣人。明治三十七年生。東京帝國大學畢業。黑河省次長，官需局長。

河島常夫　鹿兒島縣人。明治三十七年生。東京帝國大學畢業。龍江稅務監督署副署長，吉林稅務監督署副署長。

沼田征矢雄　東京市人。明治三十四年生。東京帝國大學畢業。交通部都邑計劃司長、水路司長、理水司長。

宗石盛始　新居濱市人。明治二十六年生。北海道帝國大學畢業。興安總省交通廳長。

宗敏雄　福岡縣人。明治三十八年生。東京帝國大學畢業。黑河省開拓廳長，東滿總省警務廳長，東滿省警務廳長。

空閑俊范　長崎縣人。明治三十九年生。通化市警察局長。

九　畫

城台正　島原市人。明治三十六年生。同文書院畢業。錦州省地政局副局長。

城地良之助　佳木斯市副市長。

相馬龍雄　福島縣人。明治三十三年生。東京帝國大學畢業。監察院總務處長，奉天稅務監督署副署長，牡丹江省次長。

柏村稔三　山口縣人。明治二十六年生。東京帝國大學畢業。產業部礦山司長，產業部次長兼特許發明局長，總務廳企劃處長。

柏葉勇一　廣島縣人。明治二十三年生。撫順市警務處長。

草地一雄　岡山縣人。明治二十二年生。牡丹江市市長，鞍山市市長。

荒井静雄　新潟縣人。明治二十七年生。東京帝國大學畢業。參議府秘書局長、恩賞局長，監察院監察部長，審計局長官，宮內府次長。

荒井綠　新潟縣人。明治九年生。京都帝國大學畢業。奉天市工務處長。

持館義雄　福島縣人。明治三十五年生。四平市警察局長。

皆川富之丞　山形縣人。明治三十五年生。早稻田大學畢業。通化省警務廳長，熱河省警務廳長。

皆川豐治　山形縣人。明治二十八年生。東京帝國大學畢業。總務廳秘書處長、人事處長兼恩賞處長，錦州省總務廳長，文教部總務司長，民生部教育司長，奉天省次長。

貞松恒郎　長崎縣人。明治三十六年生。京都帝國大學畢業。吉林市副市長。

品川主計　福井市人。明治二十年生。東京帝國大學畢業。監察院監察部長、代院長。

星子敏雄　熊本縣人。明治三十八年生。東京帝國大學畢業。安東省警務廳長，奉天省警務廳長，總務廳人事處長，東滿總省次長，東滿省次長，警務總局長。

星野直樹　東京市人。明治二十五年生。東京帝國大學畢業。財政部總務司長，財政部次長，總務廳長。

秋山秀　軍事部軍政司長。

秋山隆義　軍事部顧問部最高顧問。

秋田文之　新京市實業處長。

秋吉威郎　福岡縣人。明治三十六年生。東京帝國大學畢業。濱江省警務廳長，安東省次長。

重住文男　福岡縣人。明治二十年生。名古屋高等工業學校畢業。新京市工務處長。

泉顯彰　鹿兒島縣人。明治三十六年生。東京帝國大學畢業。間島省林政廳長。

後藤英男　宮崎縣人。明治三十三年生。上海同文書院畢業。建國十週年祝典事務局副局長，撫順市市長，東安省次長，安東市市長。

風早義確　鹿兒島縣人。明治三十五年生。東京帝國大學畢業。產業部礦山司長。

庭川辰雄　滋賀縣人。明治三十八年生。京都帝國大學畢業。代黑龍江省警務廳長，代熱河省警務廳長。

畑中金二　京都府人。明治二十年生。陸軍

大學畢業。鐵路警護總隊總監。

畑勇三郎　東京市人。明治二十三年生。陸軍大學畢業。三江省次長，東安省次長。

前田良次　大阪市人。明治二十一年生。陸軍士官學校畢業。濱江省警務廳長兼北滿特別區警務處長，奉天省警務廳長。

前田信二　廣島縣人。明治二十三年生。滿洲里警察廳長。

前野茂　岡山縣人。明治三十二年生。東京帝國大學畢業。司法部刑事司長，總務廳人事處長，司法部次長，文教部次長。

前澤忠誠　東京市人。明治三十二年生。東京帝國大學畢業。司法部民事司長，參議府秘書局長。

美崎丈平　德島縣人。明治二十一年生。陸軍士官學校畢業。治安部軍政司長。

美濃豐吉　新潟縣人。明治四十二年生。盛岡高等商業學校畢業。東滿省交通廳長。

津末奎二　大分縣人。明治三十六年生。京都帝國大學畢業。文教部學務司長。

津田廣　代實業部工商司長。

宮本武夫　宮城縣人。明治三十七年生。東京帝國大學畢業。奉天郵政管理局長，總務廳法制處長，吉林省次長。

宮本增藏　茨城縣人。明治二十七年生。東京帝國大學畢業。吉林高等法院次長。

宮村修一郎　高田市人。明治三十六年生。東京帝國大學畢業。海拉爾市市長。

宮脇襄二　滋賀縣人。明治二十三年生。陸軍士官學校畢業。總務廳情報處長。

宮部光利　東京市人。明治十五年生。龍江省警務廳長。

宮崎專一　佐賀縣人。明治三十六年生。拓殖大學畢業。安東省警務廳長，首都警察副總監。

宮澤惟重　秋田縣人。明治二十六年生。東京帝國大學畢業。民生部次長。

神子勇　德島縣人。明治三十年生。憲兵練

習所畢業。興安南省警務廳長,安東省警務廳長,龍江省警務廳長。

神田暹　三重縣人。明治三十四年生。東京帝國大學畢業。總務廳企劃處長。

神吉末雄　東京市人。明治三十七年生。東京帝國大學畢業。齊齊哈爾稅務監督副署長。

神吉正一　東京市人。明治三十年生。東京帝國大學畢業。外交部政務司長,總務廳次長兼外務局長官兼弘報處長,民生部次長,間島省省長。

神尾弍春　廣島縣人。明治二十六年生。東京帝國大學畢業。總務廳秘書處長,文教部學務司長,龍江省總務廳長,龍江省次長。

除野康雄　興安西省參與官。

十　畫

桂定治郎　明治二十九年生。京都帝國大學畢業。錦州省警務廳長,三江省警務廳長,三江省次長,總務廳地方處長,駐中國公使。

都用謙介　熊本縣人。明治三十七年生。東京帝國大學畢業。代民政部地方司長,三江省開拓廳長,鞍山市市長,興安南省次長,北安省次長。

都富佃　熊本縣人。明治三十年生。東京帝國大學畢業。文教部學務司長,龍江省警務司長,安東市市長,哈爾濱市副市長。

都間觀三　島根縣人。明治二十年生。陸軍士官學校畢業。興安西省參與官,興安南省次長。

真井鶴吉　香川縣人。明治二十年生。陸軍大學畢業。治安部軍政司長,軍事部次長。

荻原八十盛　鹿兒島縣人。明治十九年生。哈爾濱警察廳副廳長。

荻原香一　兼臨時國勢調查事務局副局長。

栗山茂二　金澤市人。明治三十一年生。東京帝國大學畢業。司法部法務司長,熱河高等檢察廳首席檢察官,錦州高等檢察廳次長,龍江省警務廳長,通化省次長,三省省次長。

連修　大阪市人。明治二十年生。東京帝國大學畢業。安東省警務廳長,首都警察副總監,熱河省次長。

馬込信一　秋田縣人。明治三十五年生。東京帝國大學畢業。牡丹江省警務處長,興安北省次長,龍江省次長,東滿省次長。

原久一郎　東京府人。明治三十六年生。東京帝國大學畢業。專賣總局副局長。

原田清　佐賀縣人。明治三十八年生。東滿總省交通廳長。

原田富一　專賣總局副局長,經濟部貿易司長。

原武　東京市人。明治三十一年生。東京帝國大學畢業。吉林省總務廳長,熱河省總務廳長,特許發明局長。

原幸夫　廣島市人。明治四十一年生。東京帝國大學畢業。經濟部燃料司長、礦山司長兼鋼鐵司長。

原野是男　廣島市人。明治三十四年生。東京帝國大學畢業。東安省警務廳長。

柴田三藤二　福岡縣人。明治三十一年生。撫順警察廳長。

柴田健太郎　福岡市人。明治二十九年生。東京帝國大學畢業。新京高等法院次長,新京法政大學學長。

柴碩文　東京市人。明治十四年生。東京帝國大學畢業。最高檢察廳首席檢察官,最高檢察廳次長。

財部直熊　都城市人。明治二十七年生。都城中學畢業。牡丹江警察廳長,興安東省警務廳長。

島一郎　廣島縣人。明治二十九年生。東京帝國大學畢業。黑龍江省總務廳長兼實業廳長。

島崎庸一　鹿兒島縣人。明治三十五年生。東京帝國大學畢業。三江省警務廳長，鞍山市市長，北安省次長，東滿總省次長，總務廳弘報處長，興農部次長。

倉内善藏　朝鮮忠清北道人。明治三十三年生。東京帝國大學畢業。四平省民生廳長，間島省次長、省長。

倉持利平　茨城縣人。明治二十九年生。東北帝國大學畢業。東安市市長。

倉橋泰彦　新潟縣人。明治二十二年生。新潟縣立中學畢業。奉天市財務處長、實業處長。

高久田久吉　福島縣人。明治二十九年生。須賀川商業學校畢業。新京市實業處長。

高木三郎　岡山縣人。明治二十五年生。中央大學畢業。尚書府秘書官長。

高木喜平治　岡山縣人。明治三十二年生。東京外國語學校畢業。齊齊哈爾市副市長。

高比虎之助　富山市人。明治三十五年生。拓殖大學畢業。東安省警務廳長，熱河省警務廳長。

高松征二　高知縣人。明治三十八年生。九州帝國大學畢業。四平省警務廳長。

高倉正　大分縣人。明治三十六年生。大分師范學校畢業。興農部農產司長，總務廳企劃處長，企劃局副局長。

高野宗久　富山縣人。明治三十八年生。東京帝國大學畢業。濱江省交通廳長。

高綱信次郎　新潟縣人。明治二十九年生。東京外國語學校畢業。興安東省次長，署興安東省省長。

高橋威夫　茨城縣人。明治三十七年生。東京帝國大學畢業。交通部鐵路司長、運輸司長。

高橋重利　山口縣人。明治二十三年生。海拉爾警察廳長。

高橋康順　秋田縣人。明治二十四年生。東京帝國大學畢業。實業部總務司長兼臨時產業調查局長，實業部次長兼特許發明局長，參議府參議。

高嶺明達　冲繩縣人。明治三十一年生。東京帝國大學畢業。產業部工務司長，經濟部工務司長。

浦山武一　宮城縣人。明治三十七年生。東北帝國大學畢業。新京稅務監督署副署長。

酒井正已　茨城縣人。明治三十八年生。早稻田大學畢業。齊齊哈爾高等檢察廳次長，牡丹江高等檢察廳長。

袖岡静太　岡山縣人。明治二十三年生。陸軍士官學校畢業。間島省警務廳長。

桑山榮吉　錦州高等法院次長。

桑原英治　熊本縣人。明治三十二年生。東京帝國大學畢業。交通部土木統建司長。

十一畫

堀内一雄　漢名滿良。山梨縣人。明治二十六年生。陸軍大學畢業。總務廳弘報處長，安東省次長。

堀内竹次郎　福岡縣人。明治二十九年生。佛教專修學院修業。代哈爾濱航政局長。

梅本長四郎　新宮市人。明治三十七年生。中央大學畢業。熱河稅務監督署副署長，吉林稅務監督署副署長，禁煙總局副局長，鞍山市市長。

梅村園次郎　姬路市人。明治二十八年生。陸軍士官學校畢業。三江省警務廳長，錦州省警務廳長，興安西省次長。

梅原小茨郎　長崎市人。明治二十八年生。長崎高等商業學校畢業。齊齊哈爾市參與官。

副島種　東京市人。明治三十五年生。東京帝國大學畢業。興安北省警務廳長。

菊井實藏　興安總署次長。

菊池璋三　愛媛縣人。明治二十八年生。吉林市副市長。

菅太郎　愛媛縣人。明治三十七年生。東京帝國大學畢業。總務廳地方處長。

菅原達郎　宮城縣人。明治三十四年生。東京帝國大學畢業。司法部民事司長，間島省省長，通化省次長。

盛長次郎　青森縣人。明治三十年生。旅順工科大學畢業。北安省開拓廳長，通化省次長。

野田清武　佐賀縣人。明治三十四年生。東京帝國大學畢業。特產局長，四平省次長。

野田鞆雄　佐賀縣人。明治十五年生。東京帝國大學畢業。奉天高等檢察廳首席檢察官，奉天高等檢察廳次長。

野村佐太男　茨城縣人。明治三十六年生。早稻田大學畢業。新京高等檢察廳次長。

野澤北地　札幌市人。明治十七年生。陸軍士官學校畢業。興農部馬政局長，畜政司長。

國分友治　鹿兒島縣人。明治二十七年生。哈爾濱高等檢察廳次長，司法部刑事司長。

笠木良朋　資政局長。

笠原通夫　岡谷市人。明治四十一年生。東北帝國大學畢業。署特許發明局長。

笠原敏郎　東京市人。明治十五年生。東京帝國大學畢業。營繕需品局長，建築局長。

船山輔德　米澤市人。明治三十九年生。間島省開拓廳長。

猪苗代直躬　福島縣人。明治二十一年生。安東警察廳長，瀋陽警察廳副廳長，奉天市警察局副局長，間島省警務廳長。

猪野野正治　高知縣人。明治十九年生。高知中學畢業。熱河稅務監督署副署長，龍江稅務監督署副署長，吉林稅務監督署副

署長。

望月八十九　遼陽市警察局長。

望月幸三　山梨縣人。明治三十三年生。中央大學畢業。齊齊哈爾高等檢察廳次長。

鹿兒島虎雄　長崎縣人。明治十九年生。東京帝國大學畢業。宮內府次長，參議府參議。

清水良策　石川縣人。明治二十六年生。京都帝國大學畢業。民政部總務司長。

清原范益　原名李范益。朝鮮忠清北道人。1883年生。間島省長，參議府參議。

淺子英　崎玉縣人。明治四十年生。東京帝國大學畢業。四平市市長。

深川太郎　東京市人。明治三十五年生。東京帝國大學畢業。交通部航空司長、航空電政司長，郵政總局副局長。

深田袈裟吉　鹿兒島市人。明治二十九年生。明治大學畢業。撫順市警務處長。

隈元昂　東京市人。明治三十二年生。東京高等商業學校畢業。總務廳需用處長。

十二畫

植木鎮夫　久留米市人。明治二十一年生。陸軍士官學校畢業。安東省警務廳長，濱江省警務廳長，間島省次長。

植田貢太郎　香川縣人。明治二十六年生。香川縣高松商業學校畢業。新京市總務處長，治安部警務司長，吉林省次長兼建國十週年祝典事務局副局長。

植村秀一　愛知縣人。明治二十年生。高知醫學專科學校畢業。哈爾濱市民生處長、衛生處長，民生部保健司長。

椎名悅三郎　岩手縣人。明治三十一年生。東京帝國大學畢業。產業部礦工司長。

椎葉紅民　長崎縣人。明治二十一年生。東京帝國大學畢業。佳木斯市副市長，龍江稅務監督署副署長，牡丹江稅務監督署副

署長、署長。

喜井信雄　遼陽市警察局長。

萬歲規矩樓　京都市人。明治三十五年生。
　京都帝國大學畢業。司法部民事司長。

森田成之　直方市人。明治二十九年生。東
　京帝國大學畢業。交通部鐵道司長兼總務
　司長,路政司長,鐵路司長,錦州省次長,濱
　江省次長。

森田武雄　宮崎縣人。明治十五年生。鹽務
　署副署長。

森田貞男　鹿兒島縣人。明治三十八年生。
　京都帝國大學畢業。牡丹江省警務廳長,
　奉天省警務廳長,興安北省次長。

森重干夫　山口縣人。明治三十五年生。東
　京帝國大學畢業。民政部拓政司長,產業
　部拓政司長。

森哲三　兵庫縣人。明治二十八年生。東京
　帝國大學畢業。齊齊哈爾高等法院次長,
　錦州高等法院次長。

森　豐　香川縣人。明治三十一年生。哈
　爾濱日俄協會學校畢業。吉林省警務廳
　長。

黑田重治　石川縣人。明治三十五年生。北
　海道帝國大學畢業。安東省土木廳長,濱
　江省建設廳長、交通廳長。

筑紫熊七　熊本縣人。文久三年生。參議府
　參議、副議長。

筒井雪郎　靜岡縣人。明治十九年生。中央
　大學畢業。吉林高等法院首席庭長,代新
　京法政大學學長。

筒井潔　岡山市人。明治二十九年生。東京
　帝國大學畢業。外交部宣化司長。

奧津五郎　前橋市人。明治二十八年生。北
　海道帝國大學畢業。新京市水道處長。

御影池辰雄　兵庫縣人。明治二十五年生。
　東京帝國大學畢業。內務局長官,東安省
　省長。

飯野毅夫　奈良縣人。明治三十年生。東京
帝國大學畢業。交通部次長。

飯塚敏夫　新潟縣人。明治三十年生。東京
　帝國大學畢業。司法部刑事司長。

飯塚富太郎　櫪木縣人。明治三十五年生。
　東京帝國大學畢業。黑河省警務廳長,錦
　州省警務廳長。

飯澤重一　長野縣人。明治三十五年生。東
　北帝國大學畢業。代總務廳主計處長,主
　計處長,吉林省次長,民生部勞務司長,國
　民勤勞部勞務司長。

勝矢和三　廣島縣人。明治三十五年生。東
　京帝國大學畢業。奉天郵政管理局長,郵
　政總局副局長,交通部航空電政司長。

遊佐幸平　東京市人。明治十五年生。陸軍
　士官學校畢業。馬政局長。

曾根忠一　靜岡縣人。明治二十八年生。興
　安南省警務廳長。

渡會二一　山形縣人。明治二十八年生。憲
　兵訓練所畢業。佳木斯市警察局長。

渡邊三郎　愛媛縣人。明治三十四年生。慶
　應大學畢業。佳木斯市副市長。

渡邊久孝　福島縣人。明治三十三年生。國
　學院畢業。鐵嶺市副市長。

渡邊泰敏　茨城縣人。明治三十七年生。
　東京帝國大學畢業。牡丹江高等法院院
　長。

渡邊蘭治　富山縣人。明治三十一年生。早
　稻田大學畢業。龍江省警務廳長,錦州省
　警務廳長,熱河省次長,安東省次長。

渥美洋　靜岡縣人。明治三十五年生。中央
　大學畢業。營口市副市長。

富田直次　熊本縣人。明治二十七年生。京
　都帝國大學畢業。北安省警務廳長,濱江
　省警務廳長。

富田直耕　仙台市人。明治二十九年生。吉
　林稅務監督署副署長。

富田明完　間島市副市長。

富田勇太郎　東京市人。明治十六年生。東

京帝國大學畢業。滿洲興業銀行總裁。

富樫甚作　北海道人。明治三十三年生。扎幌中學畢業。吉林稅務監督署副署長。

登樂松　福井縣人。明治二十四年生。牡丹江市警務處長。

結城清太郎　山形縣人。明治二十七年生。京都帝國大學畢業。監察院總務處長，代國都建設局長，濱江省總務廳長，濱江省次長，代濱江省省長，開拓總局長，產業部次長。

十三畫

楠木實隆　治安部顧問部最高顧問。

楠見義男　神戶市人。明治三十八年生。東京帝國大學畢業。產業部農產司長，糧政司長，署特產局長，總務廳企劃處長。

遠山四男　長野縣人。明治三十九年生。東京帝國大學畢業。哈爾濱航務局副局長。

遠藤昌義　名古屋市人。明治三十九年生。東京帝國大學畢業。東滿總省交通廳長。

遠藤柳作　崎玉縣人。明治十九年生。東京帝國大學畢業。總務廳長兼大同學院院長。

當麻音治郎　奈良縣人。明治二十三年生。黑河省警務廳長，興安西省警務廳長。

照井隆三郎　秋田縣人。明治三十九年生。東京帝國大學畢業。交通部理水司長。

園山光藏　熊本縣人。明治十七年生。陸軍士官學校畢業。興安東省次長兼警務廳長。

園田莞爾　熊本縣人。明治二十四年生。哈爾濱警察廳副廳長，哈爾濱市警察局副局長。

鈴木三藏　宮城縣人。明治三十三年生。早稻田大學畢業。佳木斯市副市長。

鈴木健次郎　東京市人。明治二十三年生。牡丹江市市長。

鈴木梅太郎　靜岡縣人。明治七年生。東京帝國大學畢業。大陸科學院院長。

溝江五月　北海道人。明治二十七年生。東

北帝國大學畢業。奉天市工務處長，奉天省土木廳長、建設廳長，交通部建設司長。

源田松三　廣島縣人。明治三十二年生。東京帝國大學畢業。財政部稅務司長，總務廳人事處長，濱江省次長，民生部次長，總務廳次長，奉天省次長。

福田一　宮城縣人。明治四十一年生。法政大學畢業。東安省開拓廳長，三江省開拓廳長。

福田繁茂　海拉爾警察廳長。

福地家久　佐賀縣人。明治三十七年生。東京帝國大學畢業。興安總省警務廳長。

福岡謙吉　東京市人。明治二十三年生。明治大學畢業。印刷局長。

福原二一　鳥取縣人。明治十七年生。陸軍士官學校畢業。興安南省警務廳長。

福島安雄　熊本縣人。明治四十年生。東京帝國大學畢業。牡丹江郵政管理局長。

福島保家　荻市人。明治二十九年生。荻市商業學校畢業。佳木斯市警務處長。

十四畫

槙田猷太郎　鳥取縣人。明治三十五年生。九州帝國大學畢業。新京市財務處長，哈爾濱郵政管理局長。

樋口太郎　大阪府人。明治三十七年生。東京帝國大學畢業。經濟部工務司長。

樋口光雄　青森市人。明治二十三年生。東京帝國大學畢業。北滿特別區總務處長，三江省總務廳長。

對馬百之　弘前市人。明治二十一年生。陸軍士官學校畢業。三江省警察廳長。

廣部忠彥　佳木斯市副市長，阜新市市長。

廣崎貞雄　鹽務署副署長。

十五畫

增田昇平　福岡縣人。明治二十九年生。東

京帝國大學畢業。牡丹江高等檢察廳長。

增田增太郎　東京市人。明治二十九年生。明治大學畢業。撫順市市長,三江省省長。

橫山光彥　東京市人。明治三十四年生。東京帝國大學畢業。齊齊哈爾高等法院次長,錦州高等法院次長,哈爾濱高等法院次長。

橫山龍一　鳥取縣人。明治三十六年生。東京帝國大學畢業。經濟部金融司長、經濟司長。

橫川信夫　宇都宮市人。明治三十四年生。東京帝國大學畢業。東滿總省林政廳長,東滿省林政廳長。

橫堀善四郎　東京府人。明治十九年生。東京帝國大學畢業。興農部畜產司長。

駒井德三　滋賀縣人。明治十五年生。北海道帝國大學畢業。總務廳長官,參議府參議。

影仙八瀨樹　廣島縣人。明治二十八年生。憲兵訓練所畢業。撫順警察廳長,安東市警務處長,興安西省警務廳長,興安北省警務廳長。

稻次義一　兵庫縣人。明治三十八年生。東京帝國大學畢業。濱江稅務監督署副署長。

稻垣征夫　長野縣人。明治三十年生。東京帝國大學畢業。開拓總局長,興農部次長。

稻葉賢一　櫪木市人。明治三十一年生。明治大學畢業。遼陽市副市長,阜新市市長。

德田敬二郎　新京高等法院次長。

劉鴻洵　1940年改名中原鴻洵。

慶德敏夫　愛知縣人。明治二十六年生。中央大學畢業。海拉爾市政籌備處長。

澁谷三郎　宮崎縣人。明治二十一年生。陸軍大學畢業。濱江省警務廳長,治安部警務司長,牡丹江省省長,治安部次長。

十六畫

橋口勇九郎　鹿兒島縣人。明治二十六年生。東京帝國大學畢業。新京市總務處長。

橋本乙次　東京市人。明治三十四年生。京都帝國大學畢業。專賣總局副局長。

橋本虎之助　金澤市人。明治十六年生。陸軍士官學校畢業。參議府參議、副議長兼祭祀府總裁。

薄井友治　金澤市人。明治三十五年生。京都帝國大學畢業。熱河省警務廳長,四平街市市長。

薄田美朝　秋田縣人。東京帝國大學畢業。治安部次長,總務廳次長。

篠原吉丸　岡山縣人。明治二十九年生。東京帝國大學畢業。地政總局副局長,錦州省次長。

澤田貞一　東京市人。明治三十八年生。東京帝國大學畢業。撫順市市長。

隱岐猛男　廣島縣人。明治三十八年生。京都帝國大學畢業。奉天省經濟廳長兼勤勞廳長。

十七畫

橝尾信夫　福井縣人。明治三十七年生。東京帝國大學畢業。齊齊哈爾市副市長,新京市財務處長,鞍山市市長。

櫛田文男　福島縣人。明治三十三年生。東京帝國大學畢業。監察院總務處長,奉天稅務監督署副署長,牡丹江省次長。

鮫島光彥　鹿兒島市人。明治二十六年生。東京帝國大學畢業。本溪湖市市長。

齋藤武雄　奉天省警務廳長,民生部勞務司長。

齋藤直友　島根縣人。明治二十年生。鞍山警察廳長,鐵嶺市副市長。

齋藤重英　新潟縣人。明治二十七年生。明治大學畢業。安東警察廳長。

濱木宗三郎　姬路市人。明治十六年生。陸軍大學畢業。龍江稅務監督署副署長。

濱田陽兒　東京市人。明治十八年生。陸軍士官學校畢業。軍政部馬政局長，産業部畜産局長，黑河省省長。

十八畫

藥師神榮七　宇和島市人。明治三十五年生。東京帝國大學畢業。鞍山市工務處長。

藤山一雄　山口縣人。明治二十二年生。東京帝國大學畢業。實業部總務司長，監察院總務處長，恩賞局長。

藤井佳吉　廣島縣人。明治三十五年生。東北帝國大學畢業。錦州郵政管理局副局長，奉天郵政管理局長。

藤井貫一　柏崎市人。明治二十年生。陸軍大學畢業。鐵道警護總隊總監。

藤根壽吉　國道局長。

藤原保明　熊本縣人。明治二十二年生。東京帝國大學畢業。交通部郵務司長兼總務司長。

藤原健二　廣島縣人。明治二十九年生。九州帝國大學畢業。哈爾濱市工務處長。

藤原德茨郎　海拉爾警察廳長。

藤森園卿　山形縣人。明治二十三年生。橫濱商業學校畢業。齊齊哈爾市副市長。

鯉沼兵士郎　櫪木縣人。明治二十九年生。東京帝國大學畢業。新京市財務處長，撫順市市長，牡丹江市市長。

龜野勇次郎　通化市警察局長。

十九畫

難波經一　東京市人。明治三十四年生。東

京帝國大學畢業。專賣公署副署長。

蘆澤治道　山梨縣人。明治二十三年生。内務省警察講習所畢業。牡丹江警察廳長，牡丹江市警務處長。

瀨下清明　東京市人。明治三十三年生。東京帝國大學畢業。三江省開拓廳長。

瀨谷啓　櫪木縣人。明治二十二年生。鐵路警護總隊總監。

關口保　東京市人。明治三十二年生。東京帝國大學畢業。蒙政部總務司長，首都警察副總監，四平省次長。

關正雄　長崎縣人。明治四十三年生。東京高等商船學校畢業。署安東航務局長。

關田金作　黑河省開拓廳長。

關昌作　新潟縣人。明治三十七年生。東京帝國大學畢業。鞍山市工務處長。

關屋悌藏　上田市人。明治二十九年生。東京帝國大學畢業。新京市副市長兼臨時國都建設局長，民生部次長。

關根小鄕　總務廳法制處長。

二十一畫

鐮田生三　熊本縣人。明治二十九年生。東京農業大學畢業。滿洲里市市長。

二十四畫

鹽原時三郎　長野縣人。明治二十九年生。東京帝國大學畢業。總務廳人事處長。